48

ANNALES

CATÉGORIE C

CONCOURS d'AGENT de CONSTATATION des DOUANES

Concours administratifs

Conseils et méthode

Rappels de cours

Exercices

Sujets corrigés

- Ouvrage coordonné par Françoise Juhel
- Olivier Belbéoch (géographie économique, mathématiques)
- Sophie Chauvelin (connaissances économiques, juridiques et commerciales)
- Pascal Eynard (comptabilité commerciale)
- Stéphanie Phileau (connaissances économiques, juridiques et commerciales)
- Jean-Christophe Saladin (connaissances douanières, entretien)
- Françoise Thiébault-Roger (connaissances générales, français, logique)
- Monique Zeitoun (comptabilité commerciale)

vuibert

Maquette de couverture : Guillemette Morel et Linéale Production

ISSN 1285-2953
ISBN 2 7117 9650 7

Sommaire

Introduction

I- Présentation de la profession

Les agents de constatation des douanes et droits indirects assurent une mission fiscale, économique et effectuent divers contrôles nécessaires à la sécurité. Ils sont répartis en deux branches d'activité :

– la branche du contrôle des opérations commerciales et de l'administration générale (OC) ;
– la branche de la surveillance (S).

L'accès à ces deux branches de fonctions s'opère par la voie d'un concours unique. Selon son affectation, l'agent de constatation exerce dans l'une de ces fonctions :

A) Branche du contrôle des opérations commerciales et d'administration générale

– Contrôle des opérations commerciales avec l'étranger : exécution de tâches spécialisées concernant l'application des droits et taxes et le contrôle de l'accomplissement des formalités douanières auxquelles sont soumises les marchandises (agent dans un service de visite, agent dans le service comptable d'une recette, jaugeur, etc.).

– Spécialités dans les contributions indirectes (agent des services industriels de la garantie, agent d'assiette des contributions indirectes, agent des services de la viticulture, etc.).

– Exécution de travaux administratifs à la direction générale ou dans les services déconcentrés (en région).

B) Branche de la surveillance

• Les agents qui sont affectés dans la branche de surveillance, unité de base dans cette branche d'activités, sont soumis à l'obligation du port de l'uniforme et d'une arme de service. Une excellente condition physique est nécessaire à l'accomplissement de ces fonctions.

• Parmi les brigades on distingue notamment :

– les **brigades de contrôle**, chargées du contrôle des voyageurs dans un poste frontière. Depuis le 1er janvier 1993, date de l'entrée en vigueur du Grand Marché Intérieur (GMI), les postes frontières ne subsistent qu'aux frontières suisse et andorrane, dans les aéroports à trafic international et dans les ports ainsi que dans les départements et territoires d'outre-mer ;

– les **brigades de surveillance et d'intervention**, réparties sur l'ensemble du territoire national et chargées de la surveillance d'une zone déterminée ;

– les **brigades de recherche**, chargées du recueil de renseignements sur la fraude ;

– les **unités aéronavales**, composées d'agents spécialisés – marins et aviateurs – ayant pour mission la surveillance en mer ;

– **spécialités en surveillance** : maître-chien pour la détection des stupéfiants, des armes et explosifs ; technicien ou opérateur radio ; mécanicien auto ou naval ; motocycliste, etc.

Dans ce cadre, l'agent de constatation participe aux contrôles des voyageurs, des marchandises qui circulent sur le territoire, ainsi que de l'accomplissement des formalités douanières. Il surveille une partie du territoire terrestre ou maritime. Enfin, il exécute des actes concernant les droits et taxes, il réalise des travaux techniques pour la mise en œuvre et l'entretien des moyens matériels. Pour toutes ces tâches, l'agent doit faire preuve d'une grande disponibilité et, dans bien des cas, d'esprit d'initiative. Compte tenu de la nécessaire continuité du service de surveillance, les agents doivent souvent exercer leurs fonctions de nuit, ainsi que le samedi. le dimanche et les jours fériés.

II- Recrutement

Les agents de constatation des douanes et droits indirects sont exclusivement recrutés par voie de concours externe et interne.

Le concours interne est réservé aux fonctionnaires et agents non titulaires de l'État, des collectivités territoriales et des établissements publics qui en dépendent.

A) Conditions d'accès au concours externe

Pour pouvoir se présenter au concours, il faut :

• remplir les conditions générales requises pour avoir la qualité de fonctionnaire ;

• être de nationalité française ;

• avoir la jouissance des droits civiques ;

• que les mentions portées au bulletin n° 2 du casier judiciaire soient compatibles avec l'exercice des fonctions postulées ;

• avoir l'aptitude physique exigée pour l'exercice des fonctions ;

• satisfaire aux conditions particulières du concours d'agent de constatation des douanes, à savoir : être âgé de plus de 17 ans et de moins de 45 ans au 1er janvier de l'année du concours.

Cette limite d'âge peut être reculée :

– en faveur de candidats chargés de famille, d'un an par enfant ou par personne handicapée à charge ou par enfant élevé pendant neuf ans jusqu'à sa seizième année ;

– dans la limite de cinq ans pour les candidats n'ayant plus la qualité de sportif de haut niveau, d'un temps égal à la durée de leur inscription sur la liste arrêtée chaque année par le ministre chargé des Sports ;

– dans la limite de cinq ans pour les postulants ayant effectué certains services avant le 2/9/1972, et justifiant de services militaires obligatoires, de services effectués depuis 1945 au titre des rappels « sous les drapeaux ».

Ces reculs de limite d'âge sont cumulables.

De plus, la limite d'âge n'est plus opposable aux femmes dans l'obligation de travailler (mères d'au moins trois enfants, veuves non remariées, femmes divorcées et non remariées, femmes séparées judiciairement et femmes célibataires ayant au moins un enfant à charge), aux personnes ayant la qualité de travailleurs handicapés et déclarées aptes aux fonctions postulées (par la COTOREP), ainsi qu'aux sportifs de haut niveau inscrits sur la liste arrêtée chaque année par le ministre chargé des Sports.

Conditions de diplômes :

• pour le concours externe, il faut être titulaire d'un **brevet**, titres ou diplômes repris sur la liste déterminée par l'administration (voir à l'annexe page 332) ;

• les conditions de diplôme exigées aux concours externes ne sont pas opposables aux mères d'au moins trois enfants, qu'elles élèvent ou ont effectivement élevés, ainsi qu'aux sportifs de haut niveau agréés par le ministre chargé des Sports.

Conditions d'aptitude physique :

• *dans la branche des opérations commerciales et d'administration générale :*

– avoir l'usage des membres supérieurs et inférieurs ;

– avoir une acuité visuelle minimale de 5 dixièmes pour un œil et 1 vingtième pour l'autre après correction. Si l'acuité visuelle d'un œil est inférieure à 1 vingtième, l'autre œil doit présenter une acuité visuelle d'au moins 9 dixièmes après correction. La perte de la vision d'un œil n'est pas incompatible avec un emploi de bureau à la condition que l'autre œil ait une acuité minimale de 9 dixièmes.

• *dans la branche surveillance* :

– être de constitution robuste, n'être atteint d'aucune maladie ou infirmité incompatible avec l'exercice des fonctions, et apte à un service actif de jour comme de nuit, très souvent à l'extérieur et dans des conditions atmosphériques parfois difficiles ;

– avoir une acuité visuelle de 16 dixièmes pour les deux yeux après une correction maximale de cinq dioptries par œil (la perte de la vision d'un œil étant éliminatoire) ainsi qu'un champ visuel et un sens chromatique normaux.

Remarque : les candidats devront obligatoirement s'inscrire sur Minitel (3615 Code DOUANETEL) ou déposer auprès de la direction régionale des douanes et droits indirects dont dépend la localité où ils résident, une demande d'admission à concourir (DAC), établie sur un imprimé réglementaire, à laquelle devront être jointes les pièces éventuellement exigibles.

B) Épreuves : branche des opérations commerciales et d'administration générale

1. Épreuves d'admissibilité

– **N° 1 obligatoire** (durée : 1 h 30 ; coefficient : 3)

Des QCM destinés à vérifier les connaissances de base en :

• orthographe, vocabulaire et grammaire,

• mathématiques (programme : connaissances de base en arithmétique, algèbre et mathématiques),

• connaissances générales (histoire, géographie, sciences, littérature, instruction civique et actualité) ainsi que les capacités du candidat à suivre un raisonnement logique.

– **N° 2 obligatoire** (durée : 2 h ; coefficient : 3)

Épreuve à options : au choix parmi les suivantes :

• **Option a)** *Français* : à partir d'un texte remis aux candidats :

– questions permettant de juger la compréhension du texte,

– explication d'une ou de plusieurs expressions y figurant,

– réponse à une ou plusieurs questions de grammaire.

• **Option b)** *géographie économique*. Au programme :

– la France : la situation physique, la planification française et l'aménagement du territoire, la population, l'agriculture, la pêche et les ressources de la mer, l'industrie, les échanges intérieurs, les échanges extérieurs.

• **Option c)** *connaissances professionnelles douanières* : le champ d'intervention de l'administration des douanes, les fondements juridiques de l'action et de l'administration des douanes, le personnel de l'administration, l'organisation et le fonctionnement des services, les régimes douaniers, les procédures de dédouanement et les réglementations que la douane est chargée d'appliquer, le contentieux douanier, la comptabilité des receveurs, les contributions indirectes : législation, réglementation et contentieux.

• **Option d)** *comptabilité commerciale* : définition et utilité de la comptabilité commerciale, les documents commerciaux et les pièces comptables, les principaux documents, les modes de règlement des opérations commerciales, les comptes, les livres de comptabilité et leur tenue, l'inventaire et le bilan.

• **Option e)** *connaissances à caractère économique, juridique et commercial* : les connaissances économiques (problèmes économiques actuels, chômage, etc.), les connaissances juridiques (le statut juridique de l'entreprise, l'activité contractuelle de l'entreprise, les institutions, etc.), les connaissances commerciales (l'entreprise et son environnement, l'entreprise et la production, etc.).

2. Épreuves orales d'admission

– **N° 1 obligatoire** (durée : 10 à 15 min ; coefficient : 4)

• un entretien de culture générale avec le jury (sans préparation) sur un ou plusieurs sujets permettant d'apprécier les qualités de réflexion du candidat.

– **N° 2 facultative** (durée : 10 à 15 min ; coefficient : 1)

• une interrogation de langue étrangère (sans préparation) consistant en une conversation dans une langue étrangère choisie lors du dépôt de la demande d'admission à concourir. Les candidats ont le choix entre les langues suivantes : allemand, anglais, espagnol ou italien.

– **N° 3 facultative** (coefficient : 1)

• des exercices physiques :
– course à pied : 100 m pour les hommes, 60 m pour les femmes,
– course à pied : 1 000 m pour les hommes, 300 m pour les femmes,
– saut en hauteur,
– lancer du poids : 6 kg pour les hommes, 4 kg pour les femmes,
– natation : 50 m nage libre, départ plongé.

C) Épreuves « Branche de la surveillance »

1. Épreuves d'admissibilité

– **N° 1 obligatoire** (durée : 1 h 30 ; coefficient : 3)

Des QCM destinés à vérifier les connaissances de base en :
• orthographe, vocabulaire et grammaire,
• mathématiques (programme : connaissances de base en arithmétique, algèbre et géométrie),
• connaissances générales et les capacités du candidat à suivre un raisonnement logique.

– **N° 2 obligatoire** (durée : 2 h ; coefficient : 3)

Épreuve à options : au choix parmi les suivantes :
• français,
• géographie économique,
• connaissances professionnelles douanières,
• comptabilité commerciale,
• connaissances à caractère économique, juridique et commercial,
• connaissances techniques de la navigation maritime,
• connaissances techniques de mécanique maritime et de sécurité,
• connaissances techniques de mécanique automobile,
• connaissances techniques de télécommunications.

2. Épreuves orales d'admission

– **N° 1 obligatoire** (durée : 10 à 15 min ; coefficient : 4)

• un entretien de culture générale avec le jury (sans préparation) sur un ou plusieurs sujets permettant d'apprécier les qualités de réflexion du candidat.

– **N° 2 facultative** (durée : 10 à 15 min ; coefficient : 1)

• une interrogation de langue étrangère (sans préparation) consistant en une conversation dans une langue étrangère choisie lors du dépôt de la demande d'admission à concourir. Les candidats ont le choix entre les langues suivantes : allemand, anglais, espagnol ou italien.

– **N° 3 obligatoire** (coefficient : 1)

• des exercices physiques :

– course à pied : 100 m pour les hommes, 60 m pour les femmes,

– course à pied : 1 000 m pour les hommes, 300 m pour les femmes,

– saut en hauteur,

– lancer du poids : 6 kg pour les hommes, 4 kg pour les femmes,

– natation : 50 m nage libre, départ plongé.

Remarques : – Toute note inférieure à 5 sur 20 est éliminatoire.
– Pour les épreuves facultatives, seuls les points au-dessus de 10 sont pris en compte.

D) Épreuves du concours interne

Elles sont identiques à celles du concours externe, à l'exception de l'épreuve sportive qui devient facultative.

III- Carrière

Les lauréats du concours sont nommés agents de constatation stagiaires des douanes, et perçoivent un salaire brut mensuel de 7 211 F dès leur nomination (valeur 1er juillet 1999). À cette rémunération mensuelle peuvent s'ajouter des primes, et sous certaines conditions, une indemnité de stage, éventuellement les prestations familiales, le supplément familial de traitement et l'indemnité de résidence.

Ils accomplissent **un stage d'une durée d'un an**, qui se décompose en deux périodes distinctes :

– **un cycle d'enseignement professionnel (durée : 4 mois) :**

• à l'École nationale des douanes de Rouen pour les lauréats du concours de la branche du contrôle des opérations commerciales et d'administration générale ;

• à l'École nationale des brigades des douanes de La Rochelle pour les lauréats du concours de la branche de la surveillance. Dès leur entrée dans cet établissement, les stagiaires sont astreints au port de l'uniforme ;

– **une période de formation pratique dans les services extérieurs de la direction générale des douanes et droits indirects (durée : 8 mois) :** le lieu géographique du stage pratique dépend du classement par ordre de mérite effectué à l'issue du cycle d'enseignement professionnel et des besoins de l'administration.

Évolution de carrière

À l'issue de l'année de stage et sous réserve qu'ils aient satisfait aux divers contrôles des connaissances effectués durant cette période, les agents de constatation stagiaires sont **titularisés** et affectés dans les services.

Ils deviennent des agents de constatation des douanes et droits indirects. Ce grade comprend 11 échelons. Le passage de l'un à l'autre s'effectue par ancienneté.

Les agents de constatation peuvent accéder aux grades supérieurs par concours ou par promotion au choix, sous réserve de certaines conditions d'ancienneté de carrière.

Ils peuvent ainsi accéder au grade :
- d'agent de constatation principal de deuxième classe,
- d'agent de constatation principal de première classe,
- de contrôleur.

Par concours, les agents de constatation peuvent accéder à la catégorie B, au grade de contrôleur, puis passer en catégorie A au grade d'inspecteur, lequel ouvre lui-même l'accès au cadre supérieur.

IV- Conseils pratiques

Pour les inscriptions et tous renseignements complémentaires, s'adresser :

- à Paris et en région Île-de-France, à la direction interrégionale des douanes d'Île-de-France, service des examens et concours, 3 rue de l'Église – BP 21, 94471 Boissy-Saint-Léger Cedex ;
- en province et dans les Dom-Tom : auprès des directeurs interrégionaux et régionaux des douanes (voir les adresses en annexe).

V- La direction générale des douanes et droits indirects

Les effectifs de la douane s'élèvent à près de 20 000 agents dont 31 % de femmes, présents sur l'ensemble du territoire, dans plus de 200 bureaux de douane, 400 unités de contrôle, terrestres et aéronavales.

Les agents des douanes se répartissent en deux pôles d'activité : d'une part le contrôle des opérations commerciales et des contributions indirectes et d'autre part la surveillance du territoire et de ses points d'entrée.

Cette dernière mission est exercée par des agents en uniforme qui représentent près de la moitié de l'effectif total.

A) L'organisation de la direction générale

L'administration centrale de la direction générale des douanes et droits indirects se compose de six sous-directions, de l'inspection des services, du bureau de l'information et de la communication et du bureau de coordination des affaires européennes.

1. La sous-direction A, chargée du personnel et du budget

Elle est chargée de concevoir la politique générale du personnel et de veiller à sa mise en œuvre et assure la préparation et l'exécution de la loi de finances. Elle s'occupe également du contrôle de gestion en matière budgétaire et comptable et assure le suivi des recettes recouvrées par la direction générale des douanes et droits indirects.

Cette sous-direction comporte **trois bureaux** :
- la politique générale du personnel,
- la gestion du personnel,
- le budget et la comptabilité.

2. La sous-direction B, chargée de l'organisation et la surveillance et des moyens

Elle étudie la politique d'implantation des structures territoriales et celle des effectifs et définit la politique de l'administration en matière d'acquisition et d'utilisation de moyens mobiles terrestres, navals et aériens ainsi qu'en matière d'équipements spécifiques. Elle anime et coordonne aussi l'activité des laboratoires.

Cette sous-direction comporte **quatre bureaux** :
– l'organisation générale des services,
– la surveillance,
– la politique immobilière et les moyens de fonctionnement généraux,
– les laboratoires.

3. La sous-direction C, chargée de l'informatique, des statistiques et des études économiques

C'est elle qui s'occupe de la conception, de la réglementation et des études en matière de statistiques du commerce extérieur. Elle élabore aussi le schéma directeur de l'informatique, définit les méthodes d'organisation de l'informatisation et coordonne l'activité des centres informatiques. Elle participe par ailleurs aux travaux des instances internationales dans les domaines de l'informatique douanière et de la statistique du commerce extérieur.

Cette sous-direction comporte **trois bureaux** :
– les statistiques et études économiques,
– la politique informatique,
– la gestion des moyens informatiques.

4. La sous-direction D, chargée des affaires juridiques et contentieuses et de la lutte contre la fraude

C'est elle qui définit la politique des contrôles et élabore des stratégies opérationnelles et qui oriente l'action des services en matière de lutte contre la fraude et les trafics illicites.

Cette sous-direction comporte **trois bureaux** :
– les études juridiques et contentieuses,
– les affaires contentieuses,
– la politique des contrôles et la lutte contre la fraude.

5. La sous-direction E, chargée de l'union douanière et de la coopération internationale

Elle prépare et suit la politique générale de l'administration auprès des organisations internationales et coordonne les travaux qui y sont conduits. Elle est aussi chargée de la politique agricole commune en matière douanière, veille à la mise en œuvre de la politique commerciale et gère les embargos.

Cette sous-direction comporte **quatre bureaux** :
– la coopération et les relations internationales,
– la politique agricole commune et la politique commerciale,
– les procédures, les régimes économiques et les réglementations techniques,
– l'espèce, la valeur et l'origine des marchandises.

6. La sous-direction F, chargée des droits indirects

Elle s'occupe de toutes les questions ayant trait à la fiscalité et aux droits indirects et participe à la préparation des lois de finances. Elle prépare aussi les législations et les réglementations applicables aux produits pétroliers et veille à leur mise en œuvre.

Cette sous-direction comporte **trois bureaux** :
– la fiscalité et les transports,
– les produits pétroliers et les lois de finances,
– les contributions indirectes.

B) Ses missions

Traditionnellement tournée vers l'international, la douane exerce ses missions dans un cadre largement européen.

L'achèvement du Marché intérieur, le 1er janvier 1993, a eu pour conséquence de remplacer les procédures douanières appliquées précédemment à la circulation des marchandises à l'intérieur de la Communauté par de nouvelles obligations fiscales et statistiques qui ne nécessitent ni documents ni contrôles douaniers lors du passage dans un autre État membre.

S'il n'y a pas de politique douanière européenne proprement dite, la douane est cependant concernée par plusieurs des politiques communes :

– le Premier Pilier de la construction européenne, qui reprend une vingtaine de politiques communes,

– le Second Pilier, constitué par la politique étrangère et de sécurité commune,

– le Troisième Pilier, reprenant des dispositions relatives à la coopération policière et judiciaire en matière pénale.

Les administrations douanières sont conscientes de l'intérêt à former un bloc uni et cohérent face aux évolutions récentes des espaces économiques et commerciaux européens et internationaux. L'efficacité du Marché intérieur, la protection des consommateurs, la simplification des procédures les placent au cœur des défis à relever à l'aube du XXIe siècle.

1. La mission fiscale de la douane

– Le recouvrement

La douane perçoit des ressources pour le compte de l'État, de l'Union européenne, de collectivités locales (départements d'outre-mer), de collectivités publiques (ports) et d'établissements publics (Office national interprofessionnel des céréales).

Les principales perceptions pour le budget de l'État sont :

• la taxe intérieure sur les produits pétroliers (TIPP),

• la TVA,

• les contributions indirectes.

– La protection des intérêts financiers de l'État et de l'Union européenne

La douane veille à l'application correcte des mécanismes de la politique agricole commune (en relation avec le ministère de l'Agriculture et les organismes payeurs) et au respect des règles de facturation en matière de TVA intracommunautaire.

2. La mission économique de la douane

– La douane aide les entreprises : elle contribue à leur compétitivité sur le marché mondial en facilitant les échanges.

– La douane contrôle les échanges commerciaux internationaux.

– La douane gère les contributions indirectes : elle est chargée de faire respecter les règles de production, de commercialisation et de circulation des produits du secteur, de la viticulture, du tabac, des produits pétroliers, des métaux précieux, des céréales et des graines oléagineuses.

– La douane élabore les statistiques du commerce extérieur.

3. La mission de protection de l'espace national et européen

La douane participe à la sécurité et à la protection :

– des personnes,

– de leur environnement,
– de la propriété intellectuelle et du patrimoine national.

La douane vous protège ; son action s'exerce dans les domaines suivants :

– la sécurité publique (lutte contre le banditisme et le terrorisme sur l'ensemble du territoire, prévention des attentats dans les liaisons aériennes, contrôle des importations d'armes et d'explosifs),

– le maintien de la sécurité extérieure et le respect des engagements internationaux (contrôle des exportations de technologies sensibles et de matériels de guerre, mise en œuvre des embargos décidés par la communauté internationale),

– la lutte contre la drogue et la toxicomanie (un rôle dissuasif et répressif, essentiellement axé contre les réseaux de trafiquants internationaux),

– la lutte contre le blanchiment des capitaux,

– le contrôle de l'immigration et la lutte contre le travail clandestin (contrôle des mouvements internationaux de marchandises, des personnes, lutte contre le travail clandestin, activité préjudiciable à l'économie française, souvent liée à l'immigration clandestine),

– des missions spécifiques en mer (surveillance de la navigation maritime, assistance et sauvetage en mer en liaison avec les CROSS – centres opérationnels de surveillance et de sauvetage).

La douane protège l'environnement :

– protection des espèces de la faune et de la flore sauvage menacées d'extinction,
– participation à la police de la pêche en mer,
– lutte contre les pollutions marines,
– contrôle des déchets générateurs de nuisance,
– contrôle des mouvements transfrontaliers de produits radioactifs.

La douane protège la propriété intellectuelle et le patrimoine national :

– lutte contre les contrefaçons,
– protection du patrimoine culturel.

VI- Pourquoi les contrôles douaniers dans l'Union européenne existent-ils encore ?

Lorsque vous vous déplacez, vous pouvez être contrôlé par la douane, en tous lieux du territoire, de jour comme de nuit. Conduits avec le souci d'occasionner le moins de gêne possible à l'immense majorité des voyageurs en situation régulière, ces contrôles sont indispensables. Ils visent à lutter contre les trafics illicites et dangereux, et à concilier la sécurité et la libre circulation des personnes au sein de l'UE.

L'instauration du marché intérieur le 1er janvier 1993 a eu pour effet de supprimer les frontières et les formalités douanières qui s'imposaient au sein de la Communauté européenne. Or cette liberté de circulation ne doit pas laisser le champ libre aux trafiquants.

C'est la raison pour laquelle l'administration des douanes effectue encore certains contrôles sur les :

– stupéfiants,
– armes,
– contrefaçons,
– produits dangereux pour la santé et la sécurité des consommateurs.

Enfin, la douane effectue des contrôles d'immigration dans l'espace Schengen.

Les contrôles dans l'espace Schengen

L'entrée en vigueur de la convention d'application des accords Schengen, le 26 mars 1995, a posé le principe de la suppression des contrôles systématiques des personnes aux frontières communes à l'intérieur de l'espace Schengen.

Les 13 États membres de la convention sont les suivants : la Belgique, le Luxembourg, les Pays-Bas, la France, l'Allemagne, l'Italie, l'Espagne, le Portugal, la Grèce, l'Autriche, la Suède, la Finlande et le Danemark. En outre, la Norvège et l'Islande ont conclu un accord de coopération avec les États Schengen.

Pour que la libre circulation des personnes, instaurée entre ces États, ne se traduise pas par un déficit de sécurité, un certain nombre de mesures compensatoires ont été mises en place.

Parmi ces mesures, figurent la création d'un système informatique, le Système d'information Schengen (SIS) et le renforcement de la coopération policière et douanière (droits de poursuite et d'observation transfrontaliers).

Les agents des douanes constatent fréquemment des infractions de droit commun lors de leurs contrôles (vols, escroqueries, usage de faux documents, etc.) et arrêtent des individus recherchés pour terrorisme ou banditisme.

Les douaniers procèdent aussi à des contrôles de sécurité à l'entrée du tunnel sous la Manche et dans les gares de la ligne ferroviaire qui emprunte le tunnel. Ces contrôles visent à empêcher l'introduction d'armes et d'engins explosifs mettant en péril la sécurité des usagers. Enfin, la douane prend part aux plans Vigipirate.

VII- Bilan de la douane en 1999

A) La douane collecte l'impôt

Les chiffres clés

• La douane, administration fiscale, perçoit des droits et taxes pour le budget de l'État mais aussi pour les budgets de l'Union européenne, des collectivités locales et des établissements publics.

Avec 352,4 milliards de francs, soit 53,7 milliards d'euros, elle a perçu 16,2 % des recettes fiscales de l'État.

Les principales perceptions douanières pour le budget de l'État sont :

– la TIPP (taxe intérieure sur les produits pétroliers) : 161,7 milliards de francs (24,7 milliards d'euros),

– la TVA : 91,1 milliards de francs (13,9 milliards d'euros) (produits pétroliers et marchandises importées),

– le droit de consommation sur les tabacs : 41,5 milliards de francs (6,3 milliards d'euros).

• La douane, administration de contrôle :

– 85 000 infractions constatées (3,5 millions d'articles de contrefaçon, 194 tonnes de cigarettes de contrebande, 59 tonnes de drogue),

– 1,035 milliard de francs (158 milliards d'euros) de droits redressés (dans les secteurs agricole et industriel et en matière de contributions indirectes).

• La douane, administration à vocation internationale avec plus de 40 conventions et accords bilatéraux en vigueur :

– 30 tonnes de drogues saisies à l'étranger sur renseignement de la douane française,

– 180 kg de drogues et plus de 100 000 doses d'ecstasy saisies en France sur renseignement des douanes étrangères.

B) La douane lutte contre les fraudes

1. Protection des intérêts économiques et financiers de l'Union européenne

Le dédouanement a pour objectif la perception des droits et taxes qui sont destinés au budget de l'Union européenne. Dans le même temps, la douane française perçoit les recettes destinées au budget de l'État.

Les contrôles à l'importation consistent d'une part à vérifier l'application correcte des droits et taxes exigibles et d'autre part à détecter les infractions qui en éludent le paiement.

Les services douaniers ont relevé, en 1999, 42 450 infractions dans le domaine de la fraude commerciale qui ont mis en jeu un montant total de 949,5 millions de francs (144,75 millions d'euros) de droits et de taxes fraudés.

2. Le contrôle de la TVA dans les échanges intracommunautaires

Dans les échanges commerciaux intracommunautaires, le paiement de la TVA est effectué auprès de l'administration fiscale du pays de consommation, c'est-à-dire, en France, la Direction générale des impôts.

On effectue des contrôles :

– de facturation,

– à la circulation,

– des déclarations d'échanges de biens ; ces déclarations, transmises à la douane, ont pour but d'élaborer les statistiques du commerce extérieur avec les États membres de l'UE et de dresser l'état des ventes réalisées par des assujettis français à leurs clients communautaires destinés aux administrations fiscales des autres États membres.

Ces contrôles sont effectués à deux niveaux :

– 1er niveau : contrôle de la cohérence des informations contenues dans la déclaration,

– 2e niveau : contrôle de fond en entreprise et contrôle des documents justificatifs nécessaires.

3. Les trafics de drogues

Des résultats sans précédent obtenus en partie grâce aux informations transmises par les douanes étrangères dans le cadre de la coopération internationale :

– 59 tonnes de drogues diverses ont été saisies par la douane en 1999, soit une progression de 42 % par rapport à 1998 ;

– 30 tonnes de drogues ont été saisies à l'étranger grâce aux renseignements fournis par la douane française.

4. Les trafics de cigarettes

La France demeure un pays de transit :

– 194,2 tonnes interceptées ;

– 4 764 infractions relevées.

5. Les trafics d'alcool

Les résultats sont en nette augmentation en 1999 :

– près de 300 000 litres ;

– plus de 3 000 infractions relevées.

6. La contrefaçon

La plupart des contrefaçons proviennent de Chine et de Taiwan : 3 661 212 articles contrefaits ont été saisis.

7. La protection des espèces menacées d'extinction

La fraude porte essentiellement sur :

– l'ivoire (1 017 kg interceptés en provenance du Cameroun, de Côte-d'Ivoire, du Gabon, du Nigeria, du Sénégal, du Rwanda) ;

– les animaux vivants (reptiles, oiseaux) ;

– les autres produits (peaux de reptiles, caviar).

VIII- La coopération internationale

L'action de la douane doit s'adapter chaque année afin de répondre à l'évolution constante du commerce international et aux défis posés par la mondialisation des échanges. C'est dans ce contexte que s'exerce la coopération internationale opérationnelle, grâce notamment à l'Assistance Administrative Mutuelle Internationale (AAMI).

Développement du cadre juridique de l'AAMI

– **Le cadre conventionnel multilatéral**

En 1999, la France a engagé la procédure de ratification de deux conventions établies dans le cadre communautaire :

• la convention sur l'emploi de l'informatique dans le domaine des douanes dite convention « SID » (système informatique douanier), pour la mise en place d'un système informatique d'alerte sur les fraudes et infractions douanières, telles que trafics de stupéfiants, armes, explosifs, etc. ;

• la convention relative à l'assistance mutuelle et à la coopération entre les administrations douanières dite convention « Naples II » qui renforce les possibilités de coopération dans les domaines tels que les livraisons surveillées ou le droit de poursuite et d'observation transfrontalières.

– **Le cadre conventionnel bilatéral**

Afin de compléter la trentaine de conventions d'assistance administrative en vigueur, la procédure d'approbation parlementaire de cinq nouvelles conventions s'est poursuivie au cours de l'année 1999.

IX- Le contrôle du respect des règles de sécurité et de qualité des produits

L'année 1999 a été marquée par plusieurs crises mettant en jeu la protection des consommateurs européens et plus particulièrement ceux de notre pays : encéphalopathie spongiforme bovine, dioxine, champignons, etc.

La douane joue un rôle important pour protéger les consommateurs contre les risques liés à une économie ouverte. Avec ses pouvoirs et ses moyens propres, elle s'assure que des produits agricoles ou industriels présentant un danger ou un risque ne peuvent pénétrer ou circuler sur le territoire.

Cette action s'exerce en collaboration avec d'autres services de l'État, au premier rang desquels deux autres directions du ministère de l'Économie, des Finances et de l'Industrie : la direction générale de la concurrence, de la consommation et de la répression des fraudes et celle de l'industrie, des technologies de l'information et des postes.

– Des contrôles renforcés durant les crises sanitaires

• La crise de la « vache folle » : embargo vis-à-vis du Royaume-Uni et du Portugal.

• Les produits contaminés par la dioxine en provenance de Belgique.

• Les champignons contaminés par la radioactivité, provenant des pays de l'Est.

– Une vigilance permanente vis-à-vis de la sécurité des produits industriels à l'importation.

– La lutte contre la pollution de l'*Erika*.

Outre les missions traditionnelles de surveillance et d'application des réglementations douanières et fiscales, les services douaniers accomplissent des missions de service public au titre de l'**action de l'État en mer**, parmi lesquelles la lutte contre la pollution.

X- La fonction publique

A) Présentation

Par fonction publique on entend l'ensemble des personnes qui occupent un emploi civil et permanent de l'État, des collectivités territoriales et d'établissements publics comme les hôpitaux, mais aussi la Ville de Paris, la fonction publique européenne et le secteur public avec des entreprises publiques comme la SNCF.

Actuellement, un actif sur quatre travaille dans la fonction publique.

Toutes ces personnes n'ont pas le même statut ; il y a les titulaires, les non-titulaires et les contractuels, les vacataires.

– Les **titulaires** : pour devenir titulaire, il faut d'abord passer un concours, puis être nommé stagiaire (généralement pendant un an) avant d'être titularisé.

– Les **non-titulaires** : ce sont des agents qui n'ont pas passé de concours et qui ne sont donc pas titularisables.

– Les **contractuels** : ils sont recrutés hors concours par l'administration et bénéficient d'un contrat de travail. L'administration fait appel à des contractuels pour des emplois où il n'existe pas de corps de fonctionnaires. Les contrats sont de trois ans renouvelables par reconduction expresse.

Dans certains cas, on peut aussi embaucher des contractuels pour remplacer des fonctionnaires absents, dans la fonction publique hospitalière, par exemple, si on ne trouve pas de fonctionnaire pour l'emploi.

– Les **vacataires** : ils sont recrutés pour un emploi précis et un nombre d'heures fixé qui ne doit pas dépasser 120 heures par mois. Ils sont payés à l'heure.

On distingue trois fonctions publiques qui sont régies par le statut général des fonctionnaires et qui ont chacune des règles propres :

– la fonction publique d'État ;

– la fonction publique territoriale ;

– la fonction publique hospitalière.

Les métiers exercés par les fonctionnaires sont très variés et répartis dans différentes filières ; on trouve ainsi :

– la filière administrative,

– la filière de la culture,

– la filière de l'enseignement,

– la filière des finances,

– la filière de la justice,

– la filière de la santé,

– la filière du social,

– la filière technique.

B) Le principe du concours

« Tous les citoyens sont également admissibles à toutes dignités, places et emplois publics, selon leur capacité et sans autre distinction que celle de leurs vertus et de leurs talents. » (Article 6 de la Déclaration des droits de l'homme et du citoyen du 26 août 1789)

« Chacun a le droit de travailler et le droit d'obtenir un emploi. Nul ne peut être lésé dans son travail ou son emploi, en raison de ses origines, de ses opinions ou de ses croyances. » (Préambule de la Constitution du 27 octobre 1946)

C'est sur ce principe d'égale admissibilité aux emplois publics que se fonde la règle du concours qui est une sélection effectuée entre des candidats en compétition pour l'attribution d'un nombre limité de places.

Il existe plusieurs types de concours :

– **Les concours sur épreuves :** la nature et le programme des épreuves sont fixés par le règlement du concours.

– **Les concours sur titres :** le règlement du concours fixe la nature des titres que les candidats doivent posséder. Il a été admis par le Conseil d'État que l'expérience professionnelle pouvait être considérée comme un titre.

– **Les concours externes :** ils sont ouverts aux candidats justifiant de certains diplômes ou de certaines études.

– **Les concours internes :** ils sont réservés, sous certaines conditions, aux fonctionnaires et agents de l'administration, aux militaires et magistrats, aux agents des organisations internationales intergouvernementales.

1. Les conditions d'admission

Pour pouvoir entrer dans la fonction publique et être fonctionnaire, il faut remplir plusieurs conditions qui s'appliquent à **toute la formation publique** :

– être de nationalité française ; les ressortissants de l'Union européenne peuvent accéder à certains emplois, sauf dans la Police nationale et l'armée ;

– être en possession de ses droits civiques ;

– avoir un casier judiciaire vierge : n'avoir subi aucune condamnation incompatible avec l'exercice de la fonction ;

– être en situation régulière vis-à-vis du service national, c'est-à-dire l'avoir effectué ou en être exempté ;

– être apte physiquement.

Des **conditions particulières** s'appliquent à certains corps de la fonction publique.

– L'âge : la limite supérieure est en général fixée à 45 ans : mais elle peut être fixée à 30 ou 35 ans (et parfois moins) pour certains emplois de catégorie A. Pour les recrutements de la fonction publique territoriale, ainsi que pour l'enseignement, aucune limite d'âge n'est fixée.

Cette limite d'âge est **supprimée** pour :

• les mères de trois enfants et plus ;

• les veuves non remariées ;

• les femmes divorcées et non remariées ;

• les femmes séparées judiciairement ;

• les femmes célibataires ayant un enfant à charge. Cet enfant doit être âgé de moins de 16 ans et demi, ou de 17 ans s'il est demandeur d'emploi inscrit à l'ANPE, ou 18 ans s'il est apprenti, ou 20 ans s'il est étudiant ou incapable d'avoir une activité professionnelle par suite de maladie chronique ;

• les sportifs de haut niveau inscrits sur une liste arrêtée par le ministre de la Jeunesse et des Sports.

Cette limite d'âge est **reculée** de :

• un an par enfant à charge ;

• un an par enfant décédé ou non qui a été élevé et est resté à charge pendant au moins 9 ans avant son 16e anniversaire,

• un an par personne à charge ouvrant droit aux allocations prévues par la législation sur les handicapés.

– Le diplôme : le candidat à un concours externe doit être titulaire d'un diplôme correspondant au niveau des fonctions auxquelles il postule et dont la nature est précisée dans le statut particulier.

Catégorie A : licence ou maîtrise ou plus.

Catégorie B : baccalauréat ou diplôme équivalent.

Catégorie C : CAP, BEP, brevet des collèges ou parfois aucun diplôme.

Conditions particulières pour :

• les mères de famille de trois enfants ;

• certains sportifs de haut niveau.

Aucun diplôme n'est exigé, sauf quand l'exercice de la fonction requiert un titre : infirmière, etc.

– Les conditions physiques : certains corps de la fonction publique, ceux de la sécurité par exemple, demandent des qualités physiques particulières : la taille, l'acuité visuelle, la santé.

Remarque : en accédant à la fonction publique, le candidat s'engage à servir l'État pendant un certain temps, si cela est prévu par un règlement. En cas de rupture de cet engagement, le candidat doit rembourser le traitement perçu pendant les années de formation.

2. Les modalités

Pour devenir fonctionnaire, il faut subir avec succès un concours sur épreuves. Grâce aux concours, tous les citoyens ont les mêmes chances d'accéder à un emploi. Quand une administration a besoin de recruter, elle organise un concours.

La réussite à ce concours permet d'intégrer une école administrative et d'y suivre une formation professionnelle, comme l'ENA, l'École polytechnique, l'IRA etc. ; d'accéder directement à un corps.

– Les inscriptions

• Les dates

Les concours de la fonction publique sont ouverts par décision ministérielle publiée au *Journal officiel*. Cette décision fixe le nombre de places mises au concours.

Dès que la décision est prise de passer un concours de la fonction publique, il faut se renseigner sur les dates d'ouverture et de clôture des inscriptions qu'il est impératif de respecter.

Chaque année, le calendrier prévisionnel des concours ainsi que les coordonnées des services concernés sont publiés au *Journal officiel*, au minimum un mois avant la date limite de dépôt des dossiers d'inscription.

Il suffit donc de contacter le ministère chargé d'organiser le concours, un mois avant la date annoncée dans le calendrier.

• Le dossier

Le dossier est à retirer, remplir et renvoyer auprès du service qui organise le concours. Une convocation est envoyée pour les épreuves de sélection. On peut s'inscrire à un nombre illimité de concours, dans différents ministères, car cela multiplie les chances de réussite.

• Le concours

« Chaque concours donne lieu à l'établissement d'une liste classant par ordre de mérite les candidats déclarés aptes par le jury. »

Tous les concours sont soumis au principe de l'unicité du jury qui est une des conditions de l'égalité de traitement dont font l'objet tous les candidats à un même concours. Ce jury peut se constituer en groupes d'examinateurs.

Le jury doit être impartial et ne tenir compte que de la valeur des épreuves subies par les candidats.

• Les dérogations

a. Accès aux emplois réservés : les anciens militaires, les anciens combattants, les victimes de guerre et les handicapés[1] peuvent accéder à des emplois réservés, de catégorie B et C de la fonction publique de l'État et des collectivités territoriales, par voie d'examen.

b. Constitution initiale d'un corps : lorsqu'un corps est créé, l'administration pourvoit immédiatement aux emplois sans recourir à un concours.

c. Nomination discrétionnaire à certains emplois : des emplois supérieurs peuvent être pourvus, par décret en conseil des ministres, par des fonctionnaires ou des non-fonctionnaires, sans condition.

• Conseils pratiques

Il existe plusieurs services télématiques qui sont mis à jour régulièrement et qui renseignent sur les différents concours de la fonction publique.

– 3615 LETUDIANT : fiches des concours de toutes les fonctions publiques régulièrement mises à jour.

– 3615 PARIS : tous les concours de la Ville de Paris et du CCAS de la Ville de Paris.

– 3615 CNPFT : tous les concours du CNPFT (Centre national de la fonction publique territoriale).

– 3614 ou 3615 CDG + le numéro du département : tous les concours du centre de gestion du département.

– 3615 AP-HP : tous les concours de l'Assistance publique-Hôpitaux de Paris.

Adresse du *Journal officiel* : 26 rue Desaix, 75727 Paris Cedex 15 – Tél. : 01 40 58 76 00.

---

1. Le handicap doit être compatible avec l'emploi postulé.

C) La carrière d'un fonctionnaire

Tout fonctionnaire appartient à un **corps** (ou à un cadre d'emplois, dans la fonction publique territoriale).

Chaque corps comprend un ou plusieurs **grades** (ou classes).

On passe d'un grade (ou d'une classe) à un grade (une classe) supérieur(e) par avancement.

Le statut particulier de chaque corps indique la catégorie dans laquelle il est fixé (A, B ou C). Pour chacune de ces catégories des espaces indiciaires ont été fixés :

Catégorie C : de l'indice 224 à l'indice 479.

Catégorie B : de l'indice 298 à l'indice 638.

Catégorie A : de l'indice 379 à l'indice 1 015.

L'emploi, lui, est créé par la loi de finances. S'il n'existe pas d'emploi budgétaire, aucune nomination ne peut avoir lieu.

D) Les droits et les obligations des fonctionnaires

– **Les garanties :** tout fonctionnaire possède des garanties :

- en matière de recrutement, grâce aux concours,
- en matière d'avancement qui est continu d'échelon en échelon et de grade en grade,
- en matière de rémunération et de droit à une pension,
- en matière de droits de la personne : libre choix du conjoint.

– **La liberté d'opinion :** « Nul ne peut être lésé dans son travail ou dans son emploi en raison de ses origines, de ses opinions ou de ses croyances. » (Préambule de la Constitution)

Tout fonctionnaire jouit d'une entière **liberté d'opinion**, comme tout citoyen, et son dossier ne peut contenir aucune mention signalant ses opinions politiques ou religieuses.

Mais, dans l'exercice de ses fonctions, tout fonctionnaire a un devoir de réserve ; c'est-à-dire qu'il ne doit pas afficher ses convictions d'une façon ou d'une autre. Il doit être neutre vis-à-vis des usagers du service public.

Le fonctionnaire peut s'exprimer librement en dehors de ses fonctions même s'il est tenu à une **certaine réserve**. Quant aux hauts fonctionnaires, ils doivent faire preuve de **loyalisme** vis-à-vis du gouvernement.

– **La non-discrimination :** après avis des Conseils supérieurs des trois fonctions publiques, le gouvernement est obligé de faire tous les deux ans le bilan des mesures qui ont été prises à tous les niveaux de la hiérarchie, pour garantir le respect de l'**égalité des sexes** dans ces fonctions publiques.

– **La protection contre les attaques et les menaces :** les fonctionnaires et les magistrats sont protégés contre les menaces, les violences ou tout autre acte d'intimidation, les outrages, etc. C'est la collectivité publique dont relève le fonctionnaire qui doit assurer sa protection. Cette protection est un droit des fonctionnaires.

– **L'obligation d'assurer les fonctions :** tout fonctionnaire a l'obligation d'**assurer personnellement les fonctions liées à l'emploi qu'il occupe** et de se conformer aux règles du service.

Un fonctionnaire ne peut se décharger d'une partie de ses responsabilités que par voie de délégation autorisée.

Il doit **être présent aux heures de service** pour exécuter les obligations de service propres à sa fonction et dont la nature et les modalités sont définies par l'autorité compétente. L'abandon de poste est interdit.

Certains statuts particuliers de fonctionnaires prévoient que leur résidence personnelle est établie au lieu de leur résidence administrative.

Le **non-cumul d'emploi** est prévu par la loi du 13 juillet 1983 et interdit à tout fonctionnaire d'exercer, à titre professionnel, une activité privée lucrative « de quelque nature que ce soit ». Il existe des dérogations à ce principe : un fonctionnaire a le droit de faire des publications et d'en tirer des bénéfices, un enseignant peut exercer une profession en libéral (un professeur de la faculté de médecine peut avoir un cabinet, etc.)

Il est aussi interdit de cumuler plusieurs activités publiques.

– **L'obligation hiérarchique :** « Tout fonctionnaire est tenu de se conformer aux ordres qu'il reçoit de ses supérieurs hiérarchiques, sauf s'ils sont manifestement illégaux et de nature à compromettre gravement un intérêt public. » (Arrêt du 28 janvier 1972)

– **Le devoir de probité**

• **Prise illégale d'intérêt :** « Les fonctionnaires ne peuvent prendre, par eux-mêmes ou par personnes interposées, dans une entreprise soumise au contrôle de l'administration à laquelle ils appartiennent ou en relation avec cette dernière, des intérêts de nature à compromettre leur indépendance. » (Loi du 13 juillet 1983)

D'après le Code pénal, le fait, pour une personne dépositaire de l'autorité publique ou chargée d'une mission de service public, de « prendre, recevoir ou conserver directement ou indirectement un intérêt quelconque dans une entreprise ou dans une opération dont elle a, au moment de l'acte, en tout ou partie la charge d'assurer la surveillance, l'administration, la liquidation ou le paiement » constitue un délit.

• **La concussion :** selon le Code pénal, la concussion consiste à recevoir ou exiger une somme qui n'est pas due ou à exonérer de contributions, d'impôts, en violation des textes législatifs ou réglementaires.

• **La corruption active et le trafic d'influence :** un fonctionnaire ne doit pas céder aux offres, promesses, dons et tout avantage qui lui sont proposés par une personne pour obtenir l'accomplissement ou non d'un acte de sa fonction ; de même il ne doit pas abuser de son influence pour obtenir toute décision favorable.

• **La corruption passive et le trafic d'influence :** le 26 mai 1997, un acte du Conseil des Communautés européennes établit une convention relative à la lutte contre la corruption passive et active.

• **L'atteinte à la liberté d'accès et à l'égalité des candidats dans les marchés publics :** une simple complaisance, un simple favoritisme pour avantager une entreprise par rapport aux concurrentes, constitue un délit.

• **La soustraction et le détournement de biens :** le fait de détruire, de soustraire, de détourner un acte, des fonds, des titres, etc. constitue un délit pour un fonctionnaire.

– **Le secret professionnel :** « Les fonctionnaires sont tenus au secret professionnel dans le cadre des règles instituées par le Code pénal. [...] La révélation d'une information à caractère secret par une personne qui en est dépositaire soit par son état ou par sa profession, soit en raison d'une fonction ou d'une mission temporaire, est punie [...] » (Loi du 13 juillet 1983)

Mais la révélation d'un secret est permise dans certaines situations (pour prouver son innocence par exemple), et obligatoire dans d'autres (pour dénoncer un crime ou pour communiquer des documents propres à faciliter une mission).

– **La discrétion professionnelle :** les fonctionnaires ne doivent pas divulguer les faits et informations dont ils ont connaissance dans l'exercice de leurs fonctions ni détourner ou communiquer à des tiers des pièces ou documents de service.

L'indiscrétion peut faire l'objet d'une sanction disciplinaire.

– **Le secret des correspondances :** d'après le Code pénal, pour un fonctionnaire dans l'exercice de sa mission, le fait d'ordonner, de commettre ou de faciliter le détournement, la suppression, l'ouverture des correspondances et la révélation du contenu de ces correspondances écrites constitue un délit.

Il en est de même pour tout ce qui concerne les correspondances émises, transmises ou reçues par la voie des télécommunications.

– **L'obligation d'informer :** les fonctionnaires doivent satisfaire aux demandes d'information du public dans le respect des règles du secret et de la discrétion. (Loi du 13 juillet 1983)

– **La réserve et la dignité dans le comportement général :** le fonctionnaire doit, pendant son service et même en dehors du service, observer un comportement empreint de dignité.

E) Les responsabilités des fonctionnaires

– **La responsabilité pénale :** « Toute faute commise par un fonctionnaire dans l'exercice ou à l'occasion de l'exercice de ses fonctions l'expose à une sanction disciplinaire, sans préjudice, le cas échéant, des peines prévues par la loi pénale. » (Loi du 13 juillet 1983)

« Lorsqu'un fonctionnaire a été poursuivi par un tiers pour faute de service et que le conflit d'attribution n'a pas été élevé, la collectivité publique doit, dans la mesure où une faute personnelle détachable de l'exercice de ses fonctions n'est pas imputable à ce fonctionnaire, le couvrir des condamnations civiles prononcées contre lui. » (Loi du 13 juillet 1983)

Ainsi, un fonctionnaire peut porter atteinte à une administration publique s'il fait échec à l'exécution de la loi, s'il porte atteinte à la liberté individuelle, etc., s'il manque au devoir de probité.

– **La responsabilité civile :** la responsabilité du fonctionnaire peut être mise en jeu par la victime d'un dommage si ce dommage est dû à la faute personnelle du fonctionnaire, tandis que la responsabilité de l'administration peut être mise en jeu lorsque le dommage résulte d'une faute de service, donc impersonnelle.

– **La responsabilité disciplinaire :** tout manquement aux obligations du fonctionnaire constitue une faute disciplinaire qui peut entraîner une peine disciplinaire. Il en existe quatre sortes : avertissement, blâme ; radiation du tableau d'avancement, abaissement d'échelon, exclusion temporaire (15 jours au maximum), déplacement d'office ; rétrogradation, exclusion temporaire (de 3 mois à 2 ans) ; mise à la retraite d'office, révocation.

Il faut préciser que l'action disciplinaire est indépendante de l'action pénale éventuellement engagée sur la base des mêmes faits.

« Une sanction ne peut être prononcée légalement sans que l'intéressé ait été mis en mesure de présenter utilement sa défense. » (Arrêt du 26 octobre 1945)

Les sanctions disciplinaires prononcées à l'encontre des fonctionnaires de l'État peuvent faire l'objet d'un recours administratif devant le Conseil supérieur de la fonction publique de l'État et d'un recours contentieux devant le juge administratif.

F) Les congés et les arrêts de travail des fonctionnaires

Le fonctionnaire a droit à des congés pour différentes raisons.

– **Congés pour événements familiaux** (exemples) :

• 5 jours ouvrables pour son mariage ;

• 3 jours ouvrables pour la maladie grave ou le décès du conjoint, du père, de la mère ou d'un enfant ;

• 3 jours ouvrables pour la naissance ou l'adoption d'un enfant si le fonctionnaire est le père.

– **Congé parental** : le père ou la mère d'un enfant qui vient de naître ou d'un enfant adopté de moins de 16 ans peut bénéficier d'un congé parental non rémunéré jusqu'au troisième anniversaire de l'enfant ou de son arrivée au foyer si l'enfant adopté a moins de 3 ans au moment de l'adoption.

Si l'enfant adopté a plus de 3 ans et moins de 16 ans, la durée maximum de ce congé est d'un an. Ce congé peut être prolongé s'il naît un nouvel enfant ou si un autre enfant est adopté.

La durée de ce congé ne donne pas droit à la retraite, mais l'ancienneté d'échelon court pour moitié.

À l'issue du congé parental, le fonctionnaire est réintégré et réaffecté dans son emploi.

Les agents non titulaires doivent justifier d'un an d'ancienneté pour pouvoir bénéficier d'un congé parental et ils sont réemployés dans leur emploi précédent dans la mesure du possible ou dans un emploi équivalent.

– **Congé de maternité** : un fonctionnaire a droit à 16 semaines de congé, soit 6 semaines avant la date présumée de l'accouchement et 10 semaines après. En cas de naissances multiples, le congé est de 12 semaines avant et de 22 après pour des jumeaux ou de 24 semaines avant et 22 semaines après pour des triplés ou plus.

Le congé s'étend à 8 semaines avant l'accouchement et 18 semaines après à partir du troisième enfant. Pendant la grossesse et l'allaitement, les horaires peuvent être aménagés.

– **Congé pour adoption** : une mère adoptive bénéficie d'un congé de 10 semaines à partir de l'arrivée de l'enfant au foyer. S'il s'agit du troisième enfant, le congé est porté à 18 semaines. En cas d'adoptions multiples, il est porté à 22 semaines.

Si le fonctionnaire doit se rendre à l'étranger pour l'adoption, il peut bénéficier d'une mise en disponibilité (s'il est titulaire) ou d'un congé sans rémunération (s'il est non titulaire).

– **Congé maladie** : le fonctionnaire titulaire peut bénéficier d'un congé de 3 mois à plein traitement et de 9 mois à demi-traitement ; ce congé doit être appuyé par un certificat médical. Il existe aussi le congé longue maladie pendant lequel le fonctionnaire perçoit son salaire intégral la première année et la moitié pendant deux ans, et le congé de longue durée pendant lequel il perçoit un plein traitement les trois premières années et un demi-traitement les deux années suivantes.

XI- Comment réussir les concours

Certains candidats se présentent aux concours sans avoir pris connaissance des épreuves qui les attendent. Ce n'est pas la bonne formule. Même si l'on est très diplômé, la réussite aux concours est incertaine car les notions de base ont été oubliées ou font défaut. C'est pourquoi, avant de se présenter aux épreuves de sélection, il est très important d'en connaître le programme.

Mieux on est préparé, plus on a de chances de réussir. Il existe plusieurs façons de se préparer aux concours.

A) Les écoles spécialisées

Les tarifs des écoles privées sont souvent élevés pour un nombre d'heures de cours très inégal d'une école à l'autre. C'est pourquoi il faut se renseigner et choisir le meilleur rapport qualité / prix.

B) Les cours par correspondance

Chaque année, plus de 400 000 personnes préparent une formation ou un concours avec le CNED (Centre national d'enseignement à distance) qui est le plus grand centre d'enseignement à distance d'Europe. Ce chiffre représente un peu plus de la moitié du nombre total de personnes qui suivent une formation par correspondance.

On a le choix entre plusieurs formules : soit une mise à niveau afin de réviser les connaissances de base, soit une préparation complète à un concours. Chaque préparation comporte une série de matières à étudier, elles-mêmes divisées en séries de cours avec des devoirs d'entraînement et des devoirs soumis à la correction d'une équipe de professeurs.

Avant de choisir sa formation à distance, il est bon de comparer les tarifs et la quantité des devoirs à envoyer à la correction. Il est indispensable de comparer les prestations offertes : les méthodes de travail, la possibilité de joindre les enseignants par téléphone, etc.

Adresses utiles :

CNED – Centre national d'enseignement à distance (public), avenue du Téléport, BP 200, 86980, Futuroscope Cedex (coût d'une préparation : environ 1 500 F).
Tél. : 05 49 49 94 94.

École universelle (privé) – 139, avenue Jean-Jaurès, 75019 Paris (4 500 F).

Les Cours Legendre (enseignement privé à distance), 3 boulevard Morland, 75180, Paris (3 500 F).

Cours Bellevue – 19, rue Mathelin-Rodier, 44042, Nantes Cedex (6 500 F).

Cours académique de France (privé) – 4, rue Gabriel-Philippe, 92150 Suresnes (3 800 F).

Éducatel (privé) – 31, avenue de la Libération, 76100 Rouen (6 300 F).

France Enseignement : BP 43 – 81400 Carmaux.

CNFDI (Centre national privé de formation à distance), tél. : 01 60 46 55 50.

ANED (Association nationale privée pour l'enseignement à distance), BP 399, 90007 Belfort Cedex.

France Formation, tél. : 04 72 19 11 72.

C) Les livres

Il existe aussi des livres de préparation aux concours de la fonction publique qui peuvent vous permettre de vous préparer seul, à votre rythme. Ces livres sont d'excellents outils pédagogiques conçus par des enseignants des classes préparatoires à ces concours, bien placés donc pour donner tous les conseils utiles.

Aux éditions Vuibert, les ouvrages préparant aux concours de catégorie C sont nombreux :

N° 1 • *Français,* 2e édition.

N° 6 • *Mathématiques, tableaux numériques.*

N° 7 • *QCM et exercices.*

N° 14 • *Les Savoirs de base en français.*

N° 16 • *QCM et exercices de français.*

N° 17 • *Les Épreuves d'expression écrite,* 2e édition.

N° 18 • *QCM de mathématiques.*

N° 19 • *QCM de culture générale.*

N° 34 • *Les Épreuves orales.*

N° 39 • *La Culture générale aux concours administratifs.*

Première partie

Épreuves écrites d'admissibilité

I. Le QCM

II. L'option obligatoire

I. Le QCM

Méthodologie générale

Le questionnaire à choix multiple est de plus en plus souvent employé dans les concours car il se corrige à l'aide d'un ordinateur et réduit ainsi le coût et la durée des corrections. Le but de l'Administration qui soumet les candidats aux QCM est de tester chez eux aussi bien un niveau minimum de culture générale que leur faculté à s'adapter et leurs qualités de réflexion et de raisonnement.

Pour celui qui n'en connaît pas les règles, l'épreuve peut être d'autant plus mal vécue qu'elle n'aura pas été préparée.

Voici les différents types de QCM que vous pourrez rencontrer dans les concours que vous vous apprêtez à passer.

Les QCM peuvent se présenter :

– par matière ;

– toutes matières confondues.

Ils peuvent admettre :

– une seule réponse ;

– plusieurs réponses ;

– aucune réponse correcte.

Ils peuvent être notés différemment :

– seules les réponses justes sont comptabilisées ;

– les mauvaises réponses sont pénalisées.

L'entraînement aux QCM consiste donc à acquérir la technique pour cocher les bonnes réponses. Si sa culture générale ne suffit pas pour trouver d'emblée la réponse juste, il faut procéder par élimination. Et cela doit se faire très vite car le temps imparti pour ce genre d'épreuve est très court : un peu plus d'une minute par question !

Dans un premier temps, il est bon de parcourir toutes les questions et de cocher celles dont on connaît la réponse. Ensuite, on doit revenir en arrière et réfléchir. Si l'on a des doutes, mieux vaut ne rien cocher quand on sait que les fautes sont pénalisantes. Il est bien sûr très important de lire correctement la question et de bien la comprendre avant de répondre. Il faut se méfier des questions pièges et de la façon dont elles sont formulées. La concentration est de règle et il ne faut se laisser distraire par rien.

1. Français

En français, les QCM sont traîtres : ils permettent à la fois à ceux qui ne maîtrisent pas la grammaire, l'orthographe et la conjugaison de réussir assez bien, car il leur suffit d'éliminer les réponses qui leur semblent « bizarres » (mais cela n'est pas valable à chaque fois !) et perturbent ceux qui ont quelques connaissances mais qui perdent toute leur assurance devant des propositions erronées.

C'est pourquoi il est indispensable, pour tous, de revoir les notions de base du français pour réussir les QCM. Cela permet d'aborder l'épreuve en étant détendu et de ne pas perdre de temps en hésitations.

Il faut aussi connaître la signification d'un certain nombre de mots :

– **antonyme** : deux mots de sens contraires, ex. : *avouer, nier* ;

– **paronyme** : deux paronymes ont des sens différents mais des formes relativement proches : *collision* et *collusion* ;

– **homonyme** : *mer* et *maire* sont des homonymes : ils se prononcent de la même façon (homophones) mais n'ont pas le même sens ; ils peuvent avoir la même graphie (homographes) : il *joue*, une *joue* ;

– **synonyme** : deux mots sont synonymes s'ils ont des sens analogues ou voisins : *casser, briser.*

1. Rappels de base

Dans ce chapitre, vous trouverez les règles essentielles d'orthographe, de grammaire et de conjugaison, des QCM d'entraînement et leurs corrigés.

Ces questionnaires sont présentés sous la même forme que ceux auxquels seront confrontés les candidats le jour du concours (voir annales, p. 134).

Le pluriel des noms+

1. En général, on forme le pluriel d'un nom en ajoutant un S au singulier.

2. Les noms terminés par -EU, -AU et -EAU s'écrivent -AUX et -EAUX au pluriel *(des tuyaux, des noyaux, des fléaux).*

Exceptions : *des landaus, des pneus, des bleus.*

3. Les noms et les adjectifs terminés par -AL s'écrivent -AUX au pluriel *(des chevaux, des végétaux, des rivaux, verticaux, spatiaux).*

Exceptions : les noms suivants : *des bals, des chacals, des carnavals, des festivals, des récitals, des régals* ; les adjectifs suivants : *bancal, fatal, final, natal, naval* (*banal* s'écrit *banaux* dans les termes de féodalité et *banals* quand il signifie *ordinaire*).

4. Les noms terminés par -AIL s'écrivent -AILS au pluriel *(des gouvernails, des portails).*

Exceptions : *un bail, des baux – du corail, des coraux – de l'émail, des émaux – un soupirail, des soupiraux – un travail, des travaux – un vantail, des vantaux – un vitrail, des vitraux.*

5. Les noms terminés par -OU s'écrivent : -OUS au pluriel *(des verrous, des écrous).* **Exceptions** : *des bijoux, des cailloux, des choux, des genoux, des hiboux, des joujoux, des poux.*

6. Certains noms ne s'emploient qu'au pluriel :

a. Noms masculins : *agissements, agrès, aguets, alentours, arrérages, confins, décombres, dépens, fastes, gravats, honoraires, pénates, pourparlers, etc.*

b. Noms féminins : *affres, ambages, annales, archives, armoiries, arrhes, condoléances, entrailles, fiançailles, hardes, mœurs, obsèques, représailles, semailles, ténèbres, etc.*

7. Certains noms ne s'emploient pas au pluriel : *le nord, le sud, le boire et le manger, le beau, etc.*

8. Certains noms ont un sens différent au singulier et au pluriel : *les ciseaux, le ciseau* du sculpteur *; la lunette* de l'astronome et *les lunettes.*

9. Certains noms ont plusieurs pluriels : AIL : *des ails* ou *des aulx* ; ŒIL : *des yeux* ou des *œils* (dans certaines expressions) ; CIEL : *les cieux* (les nues) et *les ciels* (de lit) ou en poésie et en peinture ; AÏEUL : *des aïeuls* (grands-parents) ou *des aïeux* (ancêtres).

10. Les mots substantivés, les lettres, les chiffres (sauf *zéro*) et les notes de musique sont toujours invariables : *les pourquoi, les pour et les contre, deux, quatre, des mi, les zéros, des gens bien, des disques super, des lunettes extra.*

11. Les noms propres peuvent ou non prendre la marque du pluriel.

a. Les noms de personnes s'accordent s'ils sont pris comme modèles, s'ils sont des noms de vieilles familles royales ou princières. Ils restent invariables s'ils désignent une famille ordinaire, s'ils ont un article singulier, s'ils désignent les membres d'une même famille, si ce sont des noms d'artistes qui désignent des œuvres.

b. Les noms géographiques, de peuples, de pays s'accordent s'ils désignent des ensembles distincts et restent invariables s'il s'agit de la même ville, du même pays : *les deux Amériques, les Italiens, il y a plusieurs Angleterre.*

12. Les mots d'origine étrangère prennent un S au pluriel s'ils sont francisés ; d'autres gardent le pluriel de la langue d'origine et les autres restent invariables : *des agendas, des albums, des déficits, des muséums,* mais *des duplicata, des extra, des soprani, des ladies, des gentlemen, des errata.*

Le pluriel des noms composés

1. Noms composés d'un **NOM** et d'un **ADJECTIF** : ils prennent tous deux la marque du pluriel si le sens le permet : *des beau**x**-frère**s**, des cerf**s**-volant**s**.*

2. Noms composés de **DEUX NOMS** unis par une **préposition** : généralement seul le premier s'accorde : *des chef**s**-d'œuvre, des trait**s** d'union.*

3. Noms composés de **DEUX NOMS** dont le premier se termine par un **-O** : ce nom reste invariable : *des Angl**o**-Saxon**s**, des bronch**o**-pneumonie**s**.*

4. Noms féminins formés de **DEUX NOMS** dont le premier est **GRAND** : généralement, GRAND reste invariable : *les grand-mères, les grand-routes.*

5. Noms composés de **DEUX NOMS** dont le premier est **GARDE** : le nom GARDE ne s'accorde que s'il désigne une personne : *des gardes-chasses, des garde-boue.*

6. Noms composés d'un **VERBE** et d'un **NOM** : le verbe est toujours invariable et le nom s'accorde si le sens le permet : *des abat-jour, des monte-charges, des passe-montagnes.*

7. Noms composés qui portent la marque du pluriel au singulier, parce que le sens l'impose : *un mille-pattes, un vide-ordures, un porte-clefs, un essuie-mains,* etc.

8. Noms composés qui restent invariables au pluriel parce que le sens l'impose : *des faire-part, des réveille-matin, des grille-pain, des tête-à-tête,* etc.

9. Quelques noms composés au pluriel :

des avant-projets	*des porte-parole*	*des sauve-qui-peut*	*des contreordres*
des serre-tête	*des fac-similés*	*des sous-main*	*des tragi-comédies*
des passe-partout	*des sous-sols*	*des volte-face*	*des haut-parleurs*

10. Quelques noms composés au singulier :

un brise-lames	*un mille-pattes*	*un presse-papiers*	*un casse-noisettes*
un serre-livres	*un chasse-mouches*	*un porte-bagages*	*un porte-clefs*

Accord des noms précédés d'une préposition et sans article

1. En général, un nom sans article et précédé de l'une des prépositions **à**, **de**, **en**, **sans**, **avec**, peut s'écrire au singulier ou au pluriel selon le sens : *elle est arrivée en larmes, c'est le dernier verre à pied du service, un sac de billes, une brosse à dents, un sac de ciment, un kilo de farine, un mur en pierre, des bottes de cuir.*

2. Cas où le nom s'écrit plutôt au SINGULIER :

– le nom désigne une matière, une espèce : *une veste de cuir, un vase de cristal, un carré de chocolat,* etc. ;

– le nom désigne une réalité unique : *un tabouret de piano, un bateau à moteur, un sac de voyage,* etc. ;

– le nom désigne un sentiment, une réalité abstraite : *il est plein de haine, elle pleure de rage.*

3. Cas où le nom s'écrit plutôt au PLURIEL :

– le nom désigne plusieurs êtres ou objets : *un toit d'ardoises, une boîte de bonbons, un ciel sans nuages, une bouche sans dents, un bouquet de fleurs, une invasion de sauterelles,* etc. ;

– le nom est ESPÈCE ou SORTE et précède un nom au pluriel : *j'ai acheté toutes sortes de gravures, des voitures de toutes sortes.*

Le féminin des adjectifs

1. Le féminin des adjectifs se forme généralement en ajoutant un E à l'adjectif masculin *(vrai, vraie).*

2. Les adjectifs terminés par -GU : au féminin, le E est surmonté d'un tréma : *(ambigu, ambiguë ; aigu, aiguë).*

3. Des adjectifs particuliers *(favori, favorite ; coi, coite ; beau, belle ; nouveau, nouvelle ; fou, folle).*

4. Les adjectifs terminés par -ER, -IER prennent un accent grave sur le E de la dernière syllabe (*léger, légère ; ouvrier, ouvrière*).

5. Les adjectifs terminés par -EL, -EIL, -UL, -EN, -ON doublent la consonne finale *(officiel, officielle ; vermeil, vermeille ; nul, nulle ; indien, indienne ; breton, bretonne).*

6. Les adjectifs terminés par -AN ne doublent pas le N *(sultan, sultane ; persan, persane ; anglican, anglicane).*

Exception : *paysanne.*

7. Les adjectifs terminés par -AL s'écrivent -ALE *(amical, amicale ; frugal, frugale).*

Exceptions : *pâle, mâle, sale, ovale,* se terminent par E au masculin.

Il en est de même pour *fidèle, parallèle, grêle, frêle.*

8. Les adjectifs terminés par -ET doublent généralement le T *(fluet, fluette ; muet, muette, violet, violette).*

Exceptions : certains adjectifs prennent un accent grave sur le E : *(concret, concrète ; secret, secrète ; discret, discrète ; complet, complète ; inquiet, inquiète.)*

9. Les adjectifs terminés par -F s'écrivent -VE *(neuf, neuve ; vif, vive ; veuf, veuve).*

10. Les adjectifs terminés par -S doublent le S *(gras, grasse ; épais, épaisse ; bas, basse).*

Exceptions : *tiers, tierce ; gris, grise ; frais, fraîche ; ras, rase ; niais, niaise.*

11. Les adjectifs terminés par -OT doublent le T *(pâlot, pâlotte ; vieillot, vieillotte).*

Exceptions : *manchot, manchote ; dévot, dévote ; idiot, idiote.*

12. Pour certains adjectifs, il faut modifier la consonne finale *(blanc, blanche ; turc, turque ; grec, grecque ; bénin, bénigne ; malin, maligne ; long, longue ; rieur, rieuse ; créateur, créatrice ; vengeur, vengeresse).*

13. Les adjectifs terminés par -X s'écrivent -SE *(précieux, précieuse).*

Exceptions : *roux, rousse ; faux, fausse ; doux, douce.*

14. L'adjectif **FEU** ne s'accorde que s'il n'est pas séparé du nom auquel il se rapporte *(**Feu** ma mère, ma **feue** mère).*

15. DEMI et **NU** ne s'accordent que s'ils sont placés après le nom. Sinon, ils restent invariables *(une **demi**-lieue, deux lieues et **demie**, **nu**-jambes, jambes **nues**).*

16. CHIC, **SNOB** et **KAKI** restent invariables *(une robe **kaki**, une femme **snob**, une tenue **chic**).*

L'accord des adjectifs

1. L'adjectif qualificatif s'accorde en genre et en nombre avec le nom qu'il qualifie : *une jolie robe.*

Cas particuliers :

– si un seul adjectif qualifie deux noms de genres différents, il s'écrit au masculin et on place le masculin près de l'adjectif : *les filles et les garçons **absents*** ;

– si plusieurs adjectifs qualifient un nom au pluriel, l'accord se fait au singulier ou au pluriel, selon le contexte : *les capitales française et italienne, les supporters parisiens et italiens* ;

– si l'adjectif est attribut de ON, l'accord est au masculin singulier si ON a une valeur neutre, et selon le sens dans les autres cas : *on n'est jamais satisfait de ses résultats ; ma sœur et moi, on est inséparable**s**.*

2. Les adjectifs **MI**, **SEMI**, **DEMI**, **NU** restent invariables s'ils sont placés devant un nom et rattachés à lui par un trait d'union. Ils sont considérés comme des préfixes invariables *(à **mi**-jambes, des **semi**-remorques, des **nu**-pieds, des **demi**-heures).*

Quand NU est placé après le nom, il s'accorde en genre et en nombre *(les bras **nus**, les jambes **nues**).*

Quand DEMI est placé après le nom, il s'accorde en genre seulement *(deux pains et **demi**, trois heures et **demie**).*

Remarque : l'expression « **à nu** » reste invariable *(une gorge **à nu**).*

3. Au pluriel, les **adjectifs composés** s'accordent quand ils sont formés de deux adjectifs *(aigre**s**-douce**s**).*

Si l'un des éléments est un mot invariable, une abréviation, un adjectif adverbialisé, un mot terminé par -O ou -A, cet élément reste invariable : *(infr**a**-rouges ; ultr**a**-violets).*

4. Les **adjectifs numéraux** sont invariables.

Exceptions : *vingt* et *cent* s'accordent quand ils sont multipliés et non suivis d'un autre nombre *(**vingt** francs ; quatre-**vingts** pages ; **cent** livres ; deux **cents** navires ; **cent** vingt ans ; quatre-**vingt**-trois mots)* ; on met un **trait d'union** entre les dizaines et les unités si les éléments ne sont pas unis par **et** *(vingt-deux, vingt et un).*

MILLE est toujours **invariable** : *(quatre **mille** francs).*

Dans les dates, les pages et les numérotations de rues, on ne fait pas d'accord *(l'an mille deux **cent** ; page deux **cent** ; j'habite au cent quatre-**vingt** de la rue Neuve).*

5. Les **adjectifs de couleur** s'accordent en genre et en nombre quand ils ne comportent qu'un seul mot *(des filles **blondes**, des vélos **jaunes**).* Les adjectifs de couleur qui sont des mots dérivés s'accordent normalement *(des lèvres **purpurines**, des reflets **mordorés**, des teints **basanés**).*

Remarque : les adjectifs exprimant une couleur par un symbole sont invariables *(des chaussures **marron**, des pulls **orange**, des cravates **olive**, des rideaux **crème**).*

Exceptions : *châtain, écarlate, fauve, mauve, pourpre, rose, vermeil (des tissus **roses**, des soies **mauves**).*

Les adjectifs de couleur formés de plusieurs mots restent invariables *(des fleurs **rouge sang**, des lilas **mauve clair**, des pulls **bleu marine**).*

6. Certains adjectifs peuvent être employés adverbialement ; dans ce cas, ils restent invariables *(elles se tiennent **ferme** à la barre ; les fruits coûtent **cher**).*

7. AUCUN, adjectif indéfini, ne s'emploie qu'au singulier, sauf devant un nom qui n'a pas de singulier *(je ne fais **aucun** projet ; je n'engage **aucuns** frais).*

8. CHAQUE est toujours au singulier et toujours suivi d'un nom au singulier *(**chaque** homme, **chaque** enfant).* **CHACUN** est toujours au singulier *(**chacun** a pris un livre ; ils ont pris un livre **chacun**).*

9. TEL QUEL (TELLE QUELLE) est une locution adjective indéfinie qui s'accorde avec le nom auquel elle se rapporte *(je la prendrai **telle quelle**, il est arrivé **tel quel**).*

Difficultés particulières : tout, même, quelque…

1. TOUT s'accorde quand il est adjectif qualificatif, adjectif indéfini ou pronom indéfini *(**toutes** les filles, **tous** les jours, **toute** la classe, **toutes** ont réussi).*

TOUT reste invariable quand il est adverbe et signifie : « tout à fait, entièrement » *(ils sont **tout** seuls, elle est **tout** en fleurs).*

Remarques :

Tout, adverbe, s'accorde par euphonie quand il est placé devant un adjectif qui commence par une consonne ou un H aspiré (on ne fait pas la liaison quand un mot commence par un *H* aspiré) : *elle est **toute** seule, elles sont **toutes** hérissées.*

Tout, placé devant ***autre***, est un adjectif ; il s'accorde quand il signifie *n'importe quel* : *il préfère cette musique à **toute** autre.* Il est adverbe et reste invariable quand il a le sens de *tout à fait* : *elles sont devenues de **tout** autres commerçantes.*

2. MÊME s'accorde quand il est adjectif indéfini ou pronom indéfini : *les **mêmes** défauts, il a regardé les **mêmes**.*

MÊME reste invariable quand il est adverbe et signifie *aussi. (Les garçons **même** seront punis.)*

3. QUELQUE s'accorde s'il est adjectif indéfini : *il a **quelques** ennuis.*

QUELQUE reste invariable quand il est adverbe et signifie *environ* ou *si. (Il a reçu **quelque** mille francs. **Quelque** habiles qu'elles soient…)*

On écrit **QUEL(S) QUE (QUELLE(S) QUE)** devant un verbe au subjonctif : ***Quels que** soient leurs projets, **quelles que** soient ses envies…*

4. Remarque : ENSEMBLE, DEBOUT et **PÊLE-MÊLE** sont des adverbes et restent invariables : *Ne restez pas **debout** ; ils sont partis **ensemble** ; ces papiers sont **pêle-mêle** sur le sol.*

5. La formation des adverbes

L'adverbe formé à partir d'un adjectif masculin terminé par -ENT s'écrit -**EMMENT** *(fréquent, fréquemment).*

L'adverbe formé à partir d'un adjectif masculin terminé par -ANT s'écrit -**AMMENT** *(constant, constamment).*

Certains adverbes en -**UMENT** prennent un accent circonflexe, d'autres non : *assid**û**ment, contin**û**ment, d**û**ment, s**û**rement ; absolument, éperdument, résolument, etc.*

Participe présent et adjectif verbal

Il est très important de distinguer le **participe présent** de l'**adjectif verbal** pour deux raisons :

– l'adjectif verbal s'accorde alors que le participe présent reste invariable ;

– ils ne s'écrivent pas toujours de la même façon.

Exemples :

*Ils défilaient dans la rue, **hurlant** des slogans incompréhensibles.* (participe présent)

*Les sirènes **hurlantes** des usines marquaient la fin de la journée.* (adjectif verbal)

***Excellant** dans ce sport, elle a choisi d'en faire son métier.* (participe présent)

*Ces gâteaux sont **excellents**.* (adjectif verbal)

1. Le **participe présent** exprime une action en train de s'accomplir, se termine toujours par -ANT et reste invariable.

Quand il est précédé de EN, on l'appelle le **gérondif**.

Exemples :

***Pleurant et gémissant**, ils sortirent de l'incendie. Ils sortirent en **pleurant et en gémissant**.*

2. L'**adjectif verbal** exprime une qualité permanente et s'accorde avec le nom auquel il se rapporte, comme n'importe quel adjectif.

Exemples :

*Cette soirée au théâtre est **tentante**. Ce n'est pas une raison **suffisante** pour partir.*

*Les murs **luisants** d'humidité l'avaient repoussé.*

Remarque : il faut retenir l'orthographe des expressions suivantes : *des **ayants** droit, des **ayants** cause, toutes affaires **cessantes**, séance **tenante**, tambour **battant***, etc.

Cas particuliers :

Participe présent	Adjectif verbal	Participe présent	Adjectif verbal
adhérant	adhérent	intriguant	intrigant
coïncidant	coïncident	naviguant	navigant
détergeant	détergent	négligeant	négligent
convergeant	convergent	précédant	précédent
convainquant	convaincant	provoquant	provocant
fatiguant	fatigant	suffoquant	suffocant

Ne pas confondre

Ces règles sont très importantes car les confusions portent sur des homonymies grammaticales, c'est-à-dire des mots qui se prononcent de la même façon mais qui s'écrivent différemment. Il faut donc être très attentif au cours d'une dictée et ne pas laisser place à l'étourderie.

1. Il ne faut pas confondre **LEUR**, adjectif possessif qui s'accorde avec le nom qu'il accompagne, avec **LEUR**, pronom personnel pluriel de ***lui*** et qui est placé près du verbe : *Il **leur (lui)** donne un bonbon ; les chats lèchent **leurs** pattes – le chat lèche ses pattes.*

2. CES et SES

Ces est l'adjectif démonstratif, pluriel de *ce, cet, cette* : *ramasse **ces** livres* !

Ses est l'adjectif possessif, pluriel de *son, sa* : *il range **ses** affaires* (on peut dire les siennes).

3. CE et SE

CE est un adjectif ou un pronom démonstratif : *donne-moi* ***ce*** *journal* ! ***Ce*** *que tu me dis m'étonne.*

SE est un pronom personnel réfléchi de la conjugaison pronominale : *elle* ***se*** *lave ; je me lave.*

Si l'on ne peut pas remplacer SE par ME ou TE, il faut l'écrire CE.

4. C'EST et S'EST

C' est le pronom démonstratif **CE** élidé devant une voyelle, on peut le remplacer par ceci, cela : ***c'est*** *un peu difficile* ; *ceci est un peu...*

S' est le pronom personnel **SE** élidé devant une voyelle dans la conjugaison pronominale : *elle* ***s'est*** *blessée ; je me suis, tu t'es...*

La règle est la même si l'auxiliaire est à l'imparfait (***C'était*** *l'hiver. Elle* ***s'était*** *blessée.*)

5. SI et S'Y

Dans une dictée, il ne faut pas confondre **SI** et **S'Y** dont les prononciations sont les mêmes. Pour ne pas se tromper, il faut faire des remplacements.

Ces fleurs sont ***si*** *belles !* (On peut dire : *ces fleurs sont* ***tellement*** *belles.*)

Elle ***s'y*** *intéresse beaucoup* (On peut dire : *je m'y intéresse, elle s'intéresse à* ***cela****...*

6. NI et N'Y

Pour ne pas confondre **NI** et **N'Y**, il faut faire des remplacements.

Il ne craint ***ni*** *le froid* ***ni*** *la pluie.* (On peut dire : *il ne craint pas le froid, pas la pluie.*)

Il ***n'y*** *comprend jamais rien.* (On peut dire : *il ne comprend jamais rien* ***à cela****.*)

7. SANS, S'EN et C'EN

Pour ne pas confondre **SANS**, **S'EN** et **C'EN**, il faut procéder à des remplacements.

Il est parti ***sans*** *se retourner* : *sans* ne se remplace pas.

Il ***s'en*** *tient à ce qu'il dit.* On peut dire : *je* ***m'en*** *tiens, tu* ***t'en*** *tiens.*

C'en *est fait de mon repos !* On peut dire : ***cela*** *en est fait.*

8. DANS et D'EN

Pour ne pas confondre **DANS** et **D'EN**, il faut faire des remplacements quand c'est possible.

Il est parti ***dans*** *la nuit. Dans* introduit un complément de temps, de lieu ou de manière.

Il a envie ***d'en*** *acheter.* On peut dire : il a envie d'acheter de cela.

9. ÇÀ et ÇA

ÇÀ est une interjection ou un adverbe de lieu employé avec *là* ; il prend toujours un accent grave. *(Ah !* ***Çà****, m'écouteras-tu enfin ?* ***Çà*** *et là des papiers jonchaient le sol.)*

ÇA est un pronom démonstratif mis pour CELA. *(****Ça*** *m'étonne !* On peut dire : ***Cela*** *m'étonne.)*

10. LÀ, LA, L'A

LÀ est un adverbe de lieu, il s'écrit toujours avec un accent grave et signifie *(Viens* ***là*** *!).*

LA peut être un article défini ou un pronom personnel complément généralement placé devant un verbe (ou après, à l'impératif). *(Je* ***la*** *vois, attends-****la****.)*

L'A est formé du pronom personnel LE ou LA élidé devant une voyelle et du verbe *avoir.* On peut remplacer L'A par L'AVAIT. *(Il* ***l'a*** *attendue deux heures : Il* ***l'avait*** *attendue.)*

11. OU et OÙ

OU sans accent est une conjonction de coordination, on peut la remplacer par *ou bien. (Tu joues **ou** tu travailles ?)*

OÙ avec un accent est un adverbe ou un pronom relatif (dans ce cas, il a un antécédent). Il indique le lieu ou le temps. *(Voici la ville **où** je suis née. Tu iras **où** tu voudras.)*

12. PRÈS ou PRÊT

PRÈS est une préposition qui signifie *à côté. (Il habite **près** de l'église ; il habite à côté de l'église.)*

PRÊT est un adjectif qualificatif qui peut se mettre au féminin. *(Il est **prêt** à partir ; elle est prête à partir.)*

13. PLUS TÔT et PLUTÔT

PLUS TÔT, en deux mots, est le contraire de *plus tard.* (*Il est arrivé **plus tôt** que d'habitude ; il est arrivé plus tard.*)

Dans les autres cas, il faut écrire **PLUTÔT** en un seul mot. *(Je viendrai **plutôt** lundi que mardi !)*

14. PEU, PEUT et PEUX

PEU est soit un adverbe de quantité *(Il a **peu** dormi)*, soit un déterminatif indéfini *(Il a reçu **peu** de lettres)* soit un nom : *Il a utilisé son **peu** d'énergie.*

PEUX et **PEUT** sont des formes conjuguées du verbe *pouvoir (je **peux** chanter, il **peut** conduire).*

15. QUAND, QUANT À et QU'EN

QUAND exprime le plus souvent le temps et, quand il est une conjonction de subordination, on peut le remplacer par *lorsque. (**Quand** viendrez-vous ? Nous viendrons **quand** (lorsque) nous pourrons.)*

QUANT À *(au, aux)* peut se remplacer par en ce qui concerne... *(Je pars, **quant à** toi, fais ce que tu veux.)*

QU'EN est composé de la conjonction QU' et de EN. On peut le remplacer par *que... de cela, de lui, d'elle. (Je ne sais **qu'en** faire !* on peut dire : *je ne sais **que** faire **de cela**.)*

16. QUOIQUE et QUOI QUE

QUOIQUE est une conjonction de subordination qui signifie *bien que, encore que. (Je n'irai pas **quoique** j'en aie envie !* On peut dire : *je n'irai pas, **bien que** j'en aie envie.)*

QUOI QUE s'écrit en deux mots quand on peut le remplacer par **quelle que soit la chose que**. *(Je n'irai pas **quoi que** tu me racontes !* On peut dire : *je n'irai pas, **quelle que soit la chose que** tu me racontes.)*

17. QUEL et QU'ELLE

Il ne faut pas confondre **QUEL**, adjectif qui s'accorde en genre et en nombre, avec **QU'ELLE** qui s'écrit en deux mots et que l'on peut remplacer par *qu'il. (**Quel** beau pays ! **Qu'elle** entre ! Le fruit **qu'elle** mange est juteux. **Quelles** jolies fleurs !)*

18. ON

Il ne faut pas oublier la négation **N'** devant un verbe à la forme négative dont le sujet est **ON** et qui commence par une voyelle. *(**On n'**entend jamais ce bébé. **On n'**arrivera jamais à l'heure. **On n'**éprouve aucune sensation.)*

L'accord des verbes

1. Le verbe s'accorde en nombre et en personne avec son sujet : *les oiseaux chantent ; tu joues, il croit.*

Parfois, il est difficile de trouver le sujet. Il faut poser les questions : *Qui est-ce qui ? Qu'est-ce qui ?*

Difficultés particulières

2. En cas d'**inversion du sujet**, il faut se poser la question : **qui est-ce qui ?** : *Voici la cour où jouent **les enfants*** (qui joue ? les enfants).

3. **Plusieurs sujets** au singulier valent un pluriel : ***Sa mère et son père** sont arrivés.*

4. **Les verbes impersonnels** ne se conjuguent qu'à la 3e personne du singulier, avec le sujet IL, du genre neutre. *Il s'exhale de capiteux parfums. Il tombe des grêlons. Il vente.*

5. **Règle de priorité des personnes** : il faut savoir que la 1re personne l'emporte sur la 2e et la 3e et que la 2e personne l'emporte sur la 3e : *Ma mère et moi **partirons** demain* (3e et 1re personnes : accord à la 1re personne de pluriel).

*Mon frère et toi **irez** au cinéma ensemble* (3e et 2e personnes : accord à la 2e personne du pluriel).

*Toi et moi **resterons** ici* (2e et 1re personne : accord du verbe à la 1re personne du pluriel).

Particularité : en cas d'inversion des sujets, le verbe s'accorde avec le sujet le plus proche, c'est ce qu'on appelle un accord de proximité (*comme le **pensaient** mes amis et moi ;* mais on aurait écrit *: mes amis et moi le **pensions***).

6. Si le sujet est **ON**, pronom indéfini le verbe s'écrit à la 3e personne du singulier : *On frappe à la porte.*

Parfois, ON désigne plusieurs personnes (à la place de *nous*) ; dans ce cas, le verbe s'écrit au singulier, mais l'adjectif ou le participe passé qui suit s'accorde au pluriel : *On **était** complètement **malades** à la fin du repas.*

7. Le sujet est le pronom relatif **QUI** : il est indispensable de chercher son antécédent pour accorder correctement le verbe : *C'est moi qui **jouerai** la première* (accord avec ***moi***) *; ce sont les chiens qui **aboient*** (accord avec ***chiens***).

8. Quand un verbe a **plusieurs sujets** mais tous repris par un seul mot, le verbe s'accorde avec ce mot : *Le football, la course, le vélo, **tout** me **fatigue**.*

9. Quand un verbe a deux sujets unis par **OU** ou par **NI**, il s'écrit au pluriel sauf si le sens l'interdit : *C'est lui ou son frère qui **arrivera** le premier ; son père ou sa mère **viendront** à la réunion ; ni sa sœur ni son frère ne **l'ont** vu.*

10. Quand les sujets forment une **gradation**[1], le verbe s'écrit au singulier : *Le calme, la sérénité, la paix de cet endroit me **remplit** de joie.*

11. Quand le sujet est un adverbe de quantité comme **BEAUCOUP, PEU, COMBIEN**, le verbe s'écrit au pluriel : ***Peu** m'ont prévenu mais **beaucoup** viendront.*

---

1. Des mots qui se suivent, en exprimant la même idée mais de plus en plus fort, forment une gradation.

12. Si le sujet comprend la locution **LE PEU DE**, le verbe s'écrit au singulier ou au pluriel, selon l'importance accordée à « peu de » : *Elle a donné le peu de biens qui lui **restaient** ; le peu de compliments qu'elle fait **m'étonne** toujours.*

13. L'expression **PLUS D'UN** est suivie d'un verbe au singulier tandis que l'expression **MOINS DE DEUX** entraîne un pluriel ! : *Plus d'un m'**a raconté** cette histoire ; moins de deux mètres la **séparent** de la rive.*

Remarques : voici deux règles utiles pour les dictées, dans le cas où la terminaison d'un verbe est le son [é].

14. Après une préposition, le verbe s'écrit toujours à l'infinitif : *Il est entré **sans** frapper ; il vient **de** manger ; il commence **à** marcher.*

15. Quand deux verbes se suivent, le deuxième s'écrit toujours à l'infinitif : *Il vient **regarder** la TV, je l'entends **tousser**, il veut **manger**.*

Le présent de l'indicatif

1. Au présent de l'indicatif, les verbes en -**ER** se terminent par : -**E**, -**ES**, -**E** aux personnes du singulier *(je plie, tu joues, il chante)*.

Exception : le verbe **ALLER** fait : **je vais, tu vas, il va.**

2. Au présent de l'indicatif, les verbes **POUVOIR, VOULOIR, VALOIR** se terminent par -**X**, -**X**, -**T** aux personnes du singulier *(je peux, tu veux, il vaut)*.

3. Au présent de l'indicatif, les verbes en -**DRE** dont l'infinitif se termine par -**andre**, -**ondre**, -**endre**, -**ordre**, gardent le **D** *(je répan**d**s, tu ton**d**s, il pren**d**, je mor**d**s)*.

4. Au présent de l'indicatif, les verbes en -**INDRE** et -**SOUDRE** perdent le **D** du radical et font : -**S**, -**S**, -**T** *(je plains, tu rejoins, il résout)*.

Les verbes en -**INDRE** et -**OINDRE** s'écrivent avec **GN** aux personnes du pluriel *(nous plai**gn**ons, vous soi**gn**ez, ils tei**gn**ent)*.

Remarque : ne pas confondre les verbes en -**SOUDRE** et les verbes en -**OUDRE** *(je résous mais je couds)*.

5. Au présent de l'indicatif, les verbes en -**TRE** perdent un **T** de leur infinitif aux personnes du *singulier (je bats, tu mets, il apparaît)*.

Remarques :

– Les verbes comme **PARAÎTRE** et **CROÎTRE** conservent l'accent circonflexe quand l'**I** du radical est suivi d'un **T** *(il paraît, il croît)*.

– Le verbe **CROÎTRE** conserve l'accent circonflexe quand on peut le confondre avec le verbe **croire** *(je croîs* : croître et *je crois* : croire*)*.

6. Au présent de l'indicatif, les verbes en -**TIR** du 3e groupe perdent le **T** de l'infinitif aux deux premières personnes du singulier et se terminent par -**S**, -**S**, -**T** aux personnes du singulier *(je sens, tu pars, je sors, tu mens, il consent)*.

Remarque : le verbe **VÊTIR** est particulier : ***je vêts, tu vêts, il vêt, nous vêtons, vous vêtez, ils vêtent.***

7. Au présent de l'indicatif, les verbes en -**YER** changent l'**Y** en **I** devant un **E** muet *(j'essai**e**, tu nettoi**es**).*

Remarques :

– Les verbes en -**AYER** peuvent conserver ou perdre l'**Y** devant un **E** muet (*il essaye* ou *il essaie*).

– Les noms formés à partir d'un verbe en -**AYER** s'écrivent -**AI** *(un délai, un remblai, un balai)*, sauf : **un relais**.

8. Au présent de l'indicatif, les verbes comme **ESPÉRER** changent l'accent aigu en accent grave devant une terminaison muette (*j'esp**è**re*, mais *nous esp**é**rons*).

Au présent de l'indicatif, les verbes comme **ACHEVER** prennent un accent grave devant une terminaison muette (*j'ach**è**ve*, mais *nous ach**e**vons*).

9. Au présent de l'indicatif, les verbes en -**CER** prennent une cédille sous le **C** devant **A** et **O** pour conserver à la lettre **C** le son [S] *(nous traçons, nous coinçons).*

10. Au présent de l'indicatif, les verbes en -**ELER** et -**ETER** prennent généralement **deux L** ou **deux T** devant un **E** muet *(je renouve**ll**e, il je**tt**e,* mais *nous rappe**l**ons, vous cache**t**ez).* **Exceptions** : certains verbes ne doublent pas l'**L** ou le **T** devant un **E** muet *(ciseler, geler, marteler, peler, fureter).*

Remarque : les verbes comme **INTERPELLER** et **REGRETTER** gardent les **deux T** ou les **deux L** dans toute leur conjugaison.

11. Au présent de l'indicatif, certains verbes ont une conjugaison particulière (liste incomplète).

– **Dire** : je dis, tu dis, il dit, nous disons, vous **dites**, ils disent.

– **Médire** : je médis, tu médis, il médit, nous médisons, vous **médisez**, ils médisent.

– **Maudire** : je maudis, tu maudis, il maudit, nous maudissons, vous **maudissez**, ils maudissent.

– **Faire** : je fais, tu fais, il fait, nous faisons, vous **faites**, ils font.

– **Aller** : je vais, tu vas, il **va**, nous allons, vous allez, ils vont.

– **Asseoir** : j'assois, tu assois, il assoit, nous asseyons, vous asseyez, ils assoient.
Ou : j'assieds, tu assieds, il assied, nous asseyons, vous asseyez, ils asseyent.

– **Boire** : je bois, tu bois, il boit, nous **buvons**, vous **buvez**, ils boivent.

– **Croire** : je crois, tu crois, il croit, nous **croyons**, vous **croyez**, ils croient.

– **Voir** : je vois, tu vois, il voit, nous **voyons**, vous **voyez**, ils voient.

L'accord du participe passé

1. Accord du participe passé **employé avec ÊTRE.**

Le participe passé employé avec l'auxiliaire *être* s'accorde en genre et en nombre avec le sujet du verbe : *Elle est **tombée** ; vous étiez **fatigués**.*

2. Accord du participe passé employé avec **AVOIR : règle générale.**

Le participe passé employé avec l'auxiliaire **AVOIR** ne s'accorde **jamais** avec le sujet du verbe : *Elles ont mangé ici ; nous avons fini nos leçons.*

3. Accord du participe passé **employé avec AVOIR.**

Le participe passé employé avec l'auxiliaire **AVOIR** s'accorde avec le **complément d'objet direct** quand celui-ci est placé **avant le participe** *(les fleurs que j'ai **cueillies** ; le vase qu'elles ont **cassé** ; quel problème ont-ils **rencontré** ? Quels livres as-tu **achetés** ? Et cette voiture, il l'a **achetée** ?).*

4. Le participe passé employé avec l'auxiliaire **AVOIR** et précédé de **EN** est invariable si EN est complément d'objet du verbe : *Des fleurs ? J'en ai **acheté** ce matin.*

5. Le participe passé des verbes impersonnels ou employés à la forme impersonnelle est invariable : *Les grands froids qu'il y a **eu**... La chaleur qu'il a **fait** cet été...*

6. Accord du participe passé **suivi d'un infinitif.**

Le participe passé employé avec *avoir* et suivi d'un infinitif s'accorde si le complément d'objet direct placé avant le participe fait l'action du verbe à l'infinitif : *la voiture que j'ai **vue** rouler à 300 km/h* (c'est la voiture qui roule). *La voiture que j'ai **vu** réparer par le carrossier* (ce n'est pas la voiture qui répare).

Remarques :

– **FAIT** suivi d'un infinitif est toujours invariable *(la tarte que j'ai **fait** cuire).*

– **LAISSÉ** suivi d'un infinitif suit la règle ou reste invariable : *(les enfants qu'il a **laissé(s)** jouer...).*

– **CRU, DIT, PENSÉ, PU, SU, VOULU** sont invariables si l'infinitif est sous-entendu *(il a acheté tous les livres qu'il a **pu**, **voulu**,* sous entendu : acheter).

7. Le participe passé de certains verbes (**COÛTER, COURIR, VALOIR, DORMIR, PESER, RÉGNER, VIVRE**) employés avec **AVOIR** ne s'accorde pas quand le pronom relatif est complément circonstanciel de poids, de valeur, de durée et non complément d'objet direct : *Pendant les vingt ans qu'il a **régné**... Les deux heures qu'il a **attendu** l'ont énervé.*

8. Accord du participe passé des **verbes pronominaux.**

Le participe passé des verbes qui ne s'emploient qu'à la forme pronominale (comme **S'ÉVANOUIR, S'ABSENTER**) s'accorde avec le sujet du verbe : *elle s'est **évanouie**, ils se sont **absentés**.*

Le participe passé des verbes employés pronominalement (comme **SE JETER, SE PERDRE**) s'accorde avec le complément d'objet direct placé avant lui : *Elles se sont **lavées** :* elles ont lavé quoi ? *SE :* donc le participe passé s'accorde. *Elles se sont **lavé** les dents :* elles ont lavé quoi ? *LES DENTS ;* donc le participe passé ne s'accorde pas).

Remarques :

Certains verbes employés pronominalement (comme *se ressembler, se plaire, se rire, se parler, se succéder*) n'ont jamais de complément d'objet direct ; leur participe passé reste donc **invariable** : *Ils ne se sont jamais autant **ressemblé**, elles se sont **plu** à la montagne, ils se sont **ri** de ces difficultés.*

Particularité : le verbe pronominal **S'ARROGER** a toujours un complément d'objet direct, avec lequel il s'accorde donc quand il est placé avant le participe : *Elles se sont **arrogé** des droits ; les droits qu'elles se sont **arrogés**.*

9. Les participes passés comme **ATTENDU, APPROUVÉ, COMPRIS, CERTIFIÉ, ENTENDU, EXCEPTÉ, LU, REÇU, VU** s'accordent seulement s'ils sont placés après le nom. Placés devant le nom, ils sont considérés comme des prépositions et restent invariables.

***Excepté** les enfants, tout le monde est invité. Ils viendront tous, **excepté** les enfants. Les enfants **exceptés**, ils viendront tous.*

10. Les expressions **CI-JOINT, CI-INCLUS, CI-ANNEXÉ** s'accordent quand elles ont la valeur d'un qualificatif. Si elles ont la valeur d'un adverbe, elles restent invariables.

*Veuillez trouver **ci-joint** la copie de l'acte. La copie **ci-jointe** est celle de l'acte.*

L'imparfait de l'indicatif

1. À l'**imparfait** de l'indicatif, tous les verbes ont les mêmes terminaisons : **-AIS, -AIS, -AIT, -IONS, -IEZ, -AIENT** *(je marchais, tu écrivais, il essuyait, nous nettoyions, vous teigniez, ils appareillaient).*

2. Ne pas oublier le **I** aux deux premières personnes du pluriel dans les verbes en **-YER, -IER, -ILLER, -GNER** *(nous payions, vous payiez ; nous criions, vous pliiez, nous habillions, vous travailliez, nous peignions, vous grogniez)*, sinon c'est le présent.

3. À l'**imparfait** de l'indicatif, certains verbes ont une conjugaison particulière (liste incomplète).

– **Dire** : je disais, tu disais, il disait, nous disions, vous disiez, ils disaient.

– **Prédire** : je prédisais, tu prédisais, il prédisait, nous prédisions, vous prédisiez, ils prédisaient.

– **Maudire** : je maudissais, tu maudissais, il maudissait, nous maudissions, vous maudissiez, ils maudissaient.

– **Faire** : je faisais, tu faisais, il faisait, nous faisions, vous faisiez, ils faisaient.

Le passé simple

1. Au **passé simple**, tous les verbes du **1er** groupe et le verbe **ALLER** s'écrivent : **-AI, -AS, -A, -ÂMES, -ÂTES, -ÈRENT** *(je chantai, tu allas, il tomba, nous écoutâmes, vous pliâtes, ils coupèrent).*

2. Au **passé simple**, tous les verbes du **2e** groupe s'écrivent : **-IS, -IS, -IT, -ÎMES, -ÎTES, -IRENT** *(je finis, tu remplis, il s'accroupit, nous éclaircîmes, vous franchîtes, ils aplanirent).*

3. Au **passé simple**, les verbes **PRÉVOIR, ENTREVOIR** et **REVOIR** se conjuguent comme **voir** *(je prévis, tu entrevis, il revit)* mais **POURVOIR** fait : *je pourvus, tu pourvus, il pourvut, nous pourvûmes, vous pourvûtes, ils pourvurent.*

4. Au **passé simple**, certains verbes du **3e** groupe comme **COURIR, MOURIR, VALOIR, RECEVOIR, PARAÎTRE** s'écrivent : **-US, -US, -UT, -ÛMES, -ÛTES, -URENT** *(je courus, tu reçus, il perçut, nous accourûmes, vous voulûtes, ils parurent).*

5. Au **passé simple**, les verbes du **3e** groupe comme **TENIR** et **VENIR** s'écrivent : **-INS, -INS, -INT, -ÎNMES, ÎNTES, -INRENT** *(je vins, tu retins, il se souvint, nous parvînmes, vous contîntes, ils maintinrent).*

6. Au **passé simple** et à **l'imparfait,** les verbes en -**CER** prennent une cédille sous le **C** devant **A** et **O** pour conserver à la lettre **C** le son **[S]** *(j'annonçai, tu traças, il fronça, nous perçâmes, vous pinçâtes, je traçais, il enfonçait, ils lançaient).*

7. Au **passé simple** et à **l'imparfait,** les verbes en -**GER** prennent un **E** muet après le **G** devant **A** et **O** pour conserver à la lettre **G** le son **[z]** *(je mangeai, il rangea, nous obligeâmes, vous jugeâtes, ils plongeaient, nous encourageâmes).*

8. À tous les temps de leur conjugaison, les verbes en -**GUER** et -**QUER** conservent la lettre **U** de leur radical *(je distinguais, il évoquait, nous répliquâmes, vous divulguez, ils alléguaient).*

9. Ne pas confondre le passé simple et l'imparfait de l'indicatif.

Dans une dictée, il n'est pas toujours facile de distinguer le passé simple de l'imparfait à la première personne du singulier. Pour éviter la confusion, il faut se rapporter au sens de l'action ou remplacer par une autre personne : ***J'enlevai*** *mes lunettes et* ***entrai*** *dans la pièce.* On peut dire : *il* ***enleva*** *ses lunettes et* ***entra*** *dans la pièce.*

10. Au passé simple, certains verbes ont une conjugaison particulière.

– **Savoir** : je sus, tu sus, il sut, nous sûmes, vous sûtes, ils surent.

– **Mouvoir** : je mus, tu mus, il mut, nous mûmes, vous mûtes, ils murent.

– **Déchoir** : je déchus, tu déchus, il déchut, nous déchûmes, vous déchûtes, ils déchurent.

– **Devoir** : je dus, tu dus, il dut, nous dûmes, vous dûtes, ils durent.

Le futur simple

1. Au **futur simple**, tous les verbes ont les mêmes terminaisons : **-AI**, **-AS**, **-A**, **-ONS**, **-EZ**, **-ONT** toujours précédées de la lettre **R** *(je jouerai, tu plieras, il insinuera, nous simplifierons, vous évaluerez, ils convieront).*

Pour bien écrire un verbe au futur, il faut penser à son infinitif, parce que généralement les verbes du 1er et du 2e groupe conservent l'infinitif en entier.

2. Au **futur simple**, les verbes en -**ELER** et en -**ETER** prennent **deux L** et **deux T** *(j'appellerai, tu jetteras).*

Exceptions : certains verbes ne doublent pas le **L** ou le **T** et prennent un **accent grave** *(il gèlera, vous achèterez).*

3. Au **futur simple**, les verbes en -**YER** changent l'**Y** en **I**, mais les verbes en -**AYER** peuvent conserver le **Y** *(je nettoierai, tu balaieras* ou *tu balayeras, il ennuiera, vous nettoierez).*

4. Au **futur simple**, les verbes **MOURIR, COURIR, ACQUÉRIR** et ceux de leur famille doublent le **R** *(je mourrai, tu courras, nous acquerrons, vous secourrez, ils parcourront).*

5. Au **futur simple**, certains verbes ont une conjugaison particulière (liste incomplète).

– **Aller** : j'irai, tu iras, il ira, nous irons, vous irez, ils iront.

– **Asseoir** : j'assiérai, tu assiéras, il assiéra, nous assiérons, vous assiérez, ils assiéront.
Ou j'assoirai, tu assoiras, il assoira, nous assoirons, vous assoirez, ils assoiront.

– **Faire** : je ferai, tu feras, il fera, nous ferons, vous ferez, ils feront.

– **Cueillir** : je cueillerai, tu cueilleras, il cueillera, nous cueillerons, vous cueillerez, ils cueilleront.

– **Recevoir** : je recevrai, tu recevras, il recevra, nous recevrons, vous recevrez, ils recevront.

6. Au **futur simple**, les verbes **REVOIR** et **ENTREVOIR** se conjuguent comme **VOIR** : *(je reverrai, tu reverras, vous reverrez, nous entreverrons, ils entreverront).*

Mais les verbes **POURVOIR** et **PRÉVOIR** font : *je pourvoirai, tu pourvoiras, il pourvoira, nous prévoirons, vous prévoirez, ils prévoiront.*

Le verbe **S'ASSEOIR** se conjugue sans **E** mais le verbe **SURSEOIR** garde le **E** dans sa conjugaison *(je m'assoirai, ils surseoiront).*

Le conditionnel

1. Au **conditionnel présent**, tous les verbes ont les mêmes terminaisons : **-AIS, -AIS, -AIT, -IONS, -IEZ, -AIENT** précédées de la lettre **R** *(je jouerais, tu crierais, il chanterait, nous prendrions, vous feriez, ils descendraient).*

En général, les verbes du 1er et du 2e groupe conservent leur infinitif en entier. Et pour bien écrire un verbe au conditionnel présent, il faut penser à l'infinitif.

2. Au **conditionnel présent**, certains verbes ont une conjugaison particulière.

– **Rappeler** : je rappellerais, tu rappellerais, il rappellerait, nous rappellerions, vous rappelleriez.

– **Jeter** : je jetterais, tu jetterais, il jetterait, nous jetterions, vous jetteriez, ils jetteraient.

– **Employer** : j'emploierais, tu emploierais, il emploierait, nous emploierions, vous emploieriez.

– **Courir** : je courrais, tu courrais, il courrait, nous courrions, vous courriez, ils courraient.

– **Mourir** : je mourrais, tu mourrais, il mourrait, nous mourrions, vous mourriez, ils mourraient.

3. Futur de l'indicatif ou conditionnel ?

Dans une dictée, pour ne pas confondre le futur et le conditionnel, il faut penser au sens de l'action : *Je **prendrai** l'avion **demain**, pour aller à Rome. Je **prendrais** l'avion si j'avais des vacances.*

Remarque :

Quand le verbe de la subordonnée est au présent, le verbe de la principale est au futur : *Si tu **parles**, il te **punira**.*

Quand le verbe de la subordonnée est à l'imparfait, le verbe de la principale est au conditionnel présent : *Si tu **parlais**, il te **punirait**.*

L'impératif

1. La règle de l'impératif est très simple : au singulier du présent de l'impératif, si le verbe se termine par un **E**, **il ne prend pas d'S**, sauf par euphonie pour une liaison (*range ce livre, essuie la vaisselle, prends un livre, attends-moi. Donne**s**-en un, cueille**s**-en deux ; aie, sois*).

Exception : le verbe **ALLER : va**.

2. Si le verbe est suivi de **EN** ou **Y employé avec un infinitif**, le verbe s'écrit sans **S** puisqu'on ne fait pas de liaison : ***Va** en chercher ; **sache** y mettre bon ordre.*

3. Quand **EN** est une préposition (et non un pronom), les verbes du 1er groupe s'écrivent sans S : *Achète en toute tranquillité ! Chante en duo avec moi.*

2. QCM d'entraînement *(corrigés p. 64)*

QCM n° 1

1. Quel est le pluriel de « une garde-robe » ?

a. des gardes-robes ;
b. des garde-robe ;
c. des gardes-robe ;
d. des garde-robes.

2. Un « postulat » est :

a. une fonction provisoire ;
b. un principe premier ;
c. une introduction ;
d. un cocher.

3. Que signifie l'expression : « tomber de Charybde en Scylla » *?*

a. Retomber sur ses pattes.
b. Échapper à un danger pour tomber dans un autre.
c. Aller d'étonnement en étonnement.
d. Perdre ses illusions.

4. Parmi les phrases suivantes, une seule est à la voix passive, laquelle ?

a. On est passé par l'autoroute A 10.
b. Je l'ai rencontré par hasard.
c. Le blessé a été évacué.
d. Elle est arrivée en retard.

5. Parmi les adverbes suivants, un seul est mal orthographié, lequel ?

a. absolument ;
b. élégament ;
c. joliment ;
d. sciemment.

6. Parmi les propositions suivantes, une phrase est correctement orthographiée. Laquelle ?

a. En son fort intérieur, il se réjouissait de connaître cette panacée.
b. Elle a vendu son fond de commerce pour rembourser ses dettes.
c. Il souffrait le martyre mais le faisait par acquit de conscience.
d. Il l'a prise pour marraine et elle a porté son enfant sur les fonds baptismaux.

7. Le verbe « développer » a plusieurs sens. L'une de ces propositions est fausse. Laquelle ?

a. Étendre ce qui était plié.
b. Expliquer de manière détaillée.
c. Faire apparaître une image.
d. Écarter d'une direction.

8. Qu'est-ce qu'un « despote » ?

a. Une personne qui appartient à une élite.

b. Une personne très dévote.

c. Un débile.

d. Une personne qui impose sa volonté.

9. Dans la liste d'expressions suivantes, une seule est un pléonasme. Laquelle ?

a. descendre les escaliers ;

b. rentrer à nouveau ;

c. fermer une porte ouverte ;

d. un vieillard rajeuni.

10. Conjuguez le verbe « voir » à la première personne du pluriel du subjonctif présent.

a. que nous voyons ;

b. que nous vîmes ;

c. que nous voyions ;

d. que nous ayons vu.

11. Parmi les quatre verbes suivants, un seul est un verbe du premier groupe. Lequel ?

a. aller ;

b. chanter ;

c. avoir ;

d. cueillir.

12.Voici quatre phrases :

a. Elle est … seule.

b. Elle était … étonnée.

c. … est calme.

d. Une fille … honteuse.

Parmi ces quatre propositions, quelle est celle qui complète correctement ces phrases ?

1) toute – toute – toute – toute ;

2) toute – toute – tout – tout ;

3) toute – tout – tout – toute ;

4) toute – tout – tout – tout.

13.Quel est l'antonyme du verbe « dépouiller » ?

a. arnaquer ;

b. spolier ;

c. enrichir ;

d. détourner.

14.Que signifie le préfixe « per » ?

a. auprès ;

b. à côté ;

c. en arrière ;

d. au travers.

15. Quelle est la définition du mot « impudence » ?

a. insolence extrême qui indigne ;

b. manque de prudence ;

c. organisation rapide d'une chose ;

d. manque de prévision.

QCM n° 2

1. Quel est le pluriel de « un tête-à-tête » ?

a. des tête-à-tête ;

b. des têtes-à tête ;

c. des tête-à-têtes ;

d. des têtes-à-têtes.

2. Un « entregent » est :

a. un intermédiaire ;

b. un pis-aller ;

c. une façon habile de se conduire ;

d. un barbarisme.

3. Que signifie l'expression : « croquer le marmot » ?

a. faire une esquisse ;

b. manger un morceau ;

c. attendre longtemps ;

d. avouer une faute.

4. Parmi les phrases suivantes, une seule est à la voix active, laquelle ?

a. J'ai été surprise de sa réaction.

b. Il est parti par là.

c. Le blessé est évacué par l'ascenseur.

d. Les jupes se portent longues cette année.

5. Parmi les adverbes suivants, un seul est mal orthographié, lequel ?

a. indûment ;

b. étourdiment ;

c. spontanément ;

d. décement.

6. Parmi les propositions suivantes, une phrase est correctement orthographiée. Laquelle ?

a. Cette maison est construite de plein-pied et le salon est au rez-de-chaussée.

b. Il sut tout de suite qu'il avait à faire à un escroc.

c. Il eut des ennuis pécunières.

d. Il fallut qu'il s'arrêtât pour reprendre haleine.

7. Le mot « agiter » a plusieurs sens. L'une de ces propositions est fausse. Laquelle ?

a. remuer ;

b. exciter ;

c. accabler ;

d. débattre.

8. Qu'est-ce qu'une « gageure » ?

a. une idée reçue ;

b. une action incroyable ;

c. un défi ;

d. une indélicatesse.

9. Dans cette liste d'expressions, une seule est un pléonasme. Laquelle ?

a. avancer à reculons ;

b. réveiller un mort ;

c. voir de ses yeux ;

d. creuser un trou.

10. Conjuguez le verbe « appuyer » à la deuxième personne du pluriel du subjonctif présent.

a. que vous appuyiez ;

b. que vous appuyez ;

c. que vous appuyâtes ;

d. que vous ayez appuyé.

11. Parmi les quatre verbes suivants, un seul est un verbe du deuxième groupe. Lequel ?

a. partir ;

b. fleurir ;

c. mourir ;

d. écrire.

12. Voici quatre phrases :

a. … est cette ville ?

b. Je sais ce … veut.

c. … jolie maison !

d. Je le prends tel ….

Parmi ces quatre propositions, quelle est celle qui complète correctement ces phrases ?

1) quelle – quelle – quelle – quelle ;

2) quelle – qu'elle – quelle – quel ;

3) qu'elle – qu'elle – qu'elle – quelle ;

4) quelle – qu'elle – quelle – quelle.

13. Quel est l'antonyme du verbe « décrier » ?

a. calomnier ;

b. médire ;

c. prôner ;

d. vilipender.

14. Que signifie le préfixe « phil- » ?

a. homme ;

b. ami ;

c. penseur ;

d. savoir.

15. Quelle est la définition du mot « résipiscence » ?

a. discours religieux ;

b. souvenir permanent ;

c. résurrection ;

d. reconnaissance d'une faute.

QCM n° 3

1. Quel est le pluriel de « un va-nu-pieds » ?

a. des vas-nus-pieds ;

b. des va-nus-pieds ;

c. des va-nu-pieds ;

d. des vas-nu-pieds.

2. Un « brocart » est :

a. une moquerie ;

b. une étoffe brochée de soie ;

c. un chevreuil ;

d. un coup.

3. Que signifie l'expression : « jeter l'éponge » ?

a. laver à grande eau ;

b. se soigner énergiquement ;

c. renoncer à une entreprise ;

d. battre son adversaire.

4. Parmi les phrases suivantes, une seule est à la voix passive, laquelle ?

a. Il est entré par la fenêtre.

b. Elle a été vue en train de tricher.

c. C'est par hasard que je l'ai rencontré.

d. Il est reçu à son examen.

5. Parmi les adverbes suivants, un seul est mal orthographié, lequel ?

a. résolument ;

b. précédemment ;

c. innocemment ;

d. négligeamment.

6. Parmi les propositions suivantes, une phrase contient une erreur. Laquelle ?

a. La cravate à rayures orange foncé fait partie de l'uniforme.

b. Elles se sont préparé des petits sablés.

c. Ces poules, je ne les ai jamais vues pondre.

d. Elle portait des gants cerise et des souliers marrons.

7. Le mot « délicat » a plusieurs sens. L'une de ces propositions est fausse. Laquelle ?

a. exquis ;

b. aisé ;

c. exigeant ;

d. subtil.

8. Qu'est-ce qu'un « mentor » ?

a. un guide ;

b. un escroc ;

c. un traître ;

d. un mécène.

9. Dans la liste d'expressions suivantes, une seule est un pléonasme. Laquelle ?

a. la possibilité de pouvoir agir ;

b. manger jusqu'à satiété ;

c. boire sans soif ;

d. dormir debout.

10. Conjuguez le verbe « baigner » à la deuxième personne du pluriel du subjonctif présent.

a. que vous baignez ;

b. que vous ayez baigné ;

c. que vous baignâtes ;

d. que vous baigniez.

11. Parmi les quatre verbes suivants, un seul est un verbe du troisième groupe. Lequel ?

a. assaillir ;

b. frémir ;

c. compatir ;

d. répartir.

12. Voici quatre phrases :

a. … tu dises je n'irai pas.

b. Elle a raison, … je ne l'approuve pas.

c. … tu dises la vérité, personne ne te croit.

d. Elles partiront … on fasse.

Parmi ces quatre propositions, quelle est celle qui complète correctement ces phrases ?

1) quoique, quoique, quoique, quoiqu' ;

2) quoi que, quoique, quoi que, quoiqu' ;

3) quoi que, quoique, quoique, quoi qu' ;

4) quoi que, quoi que, quoi que, quoique ;

13. Quel est l'antonyme du verbe « relaxer » ?

a. affranchir ;

b. délier ;

c. émanciper ;

d. asservir.

14. Que signifie le préfixe « télé- » ?

a. au loin ;

b. image ;

c. fil ;

d. communication.

15. Quelle est la définition du mot « vergogne » ?

a. pudeur ;

b. impudeur ;

c. malice ;

d. bêtise.

QCM n° 4

1. Quel est le pluriel de « un porte-monnaie » ?

a. des porte-monnaies ;

b. des portes-monnaies ;

c. des porte-monnaie ;

d. des portes-monnaie.

2. Un « laïus » est :

a. un barbarisme ;

b. un pléonasme ;

c. un discours ;

d. un mensonge.

3. Que signifie l'expression : « battre la campagne » ?

a. vaincre l'ennemi ;

b. reculer et capituler ;

c. déraisonner ;

d. chercher.

4. Parmi les verbes suivants, un seul ne s'emploie qu'à la forme pronominale, lequel ?

a. se lasser ;

b. s'époumoner ;

c. s'épuiser ;

d. s'équiper.

5. Parmi les adverbes suivants, un seul est mal orthographié, lequel ?

a. ardamment ;

b. violemment ;

c. vaillamment ;

d. décemment.

6. Parmi les propositions suivantes, une phrase contient une erreur. Laquelle ?

a. Ils s'étaient imaginés qu'ils pourraient le faire chanter.

b. Chaque arbre, chaque herbe, chaque roseau était vivant.

c. La noria est une machine dont l'effet est d'élever les eaux du fond d'un puits.

d. Je les ai vus partir comme trois hirondelles.

7. Le verbe « décomposer » a plusieurs sens. L'une de ces propositions est fausse. Laquelle ?

a. dissocier ;

b. combiner ;

c. corrompre ;

d. altérer.

8. Qu'est-ce qu'une « épigramme » ?

a. la citation d'un auteur ;

b. une inscription sur un édifice ;

c. une petite pièce de vers souvent satirique ;

d. une dédicace.

9. Dans cette liste d'expressions, une seule est un barbarisme. Laquelle ?

a. un dilemme incroyable ;

b. un mécène généreux ;

c. un livre ouvert ;

d. entendre de ses oreilles.

10. Conjuguez le verbe « courir » à la première personne du singulier du subjonctif présent.

a. que je cours ;

b. que je courre ;

c. que je coure ;

d. que je coures.

11. Parmi les quatre verbes suivants, un seul est un verbe du deuxième groupe. Lequel ?

a. conduire ;

b. réduire ;

c. cueillir ;

d. atterrir.

12. Voici quatre phrases :

a. Il faut s'asseoir quand … est trop fatigué.

b. Ce jeu est fait pour qu'… y joue.

c. … y voit rien à cause du brouillard.

d. Ce soir, … entend aucune voiture.

Parmi ces quatre propositions, quelle est celle qui complète correctement ces phrases ?

1) on, on, on, on ;

2) on, on n', on n', on n' ;

3) on n', on, on n', on ;

4) on, on, on n', on n'.

13. Quel est le synonyme du verbe « exacerber » ?

a. évoquer ;

b. aborder ;

c. aiguiser ;

d. redoubler.

14. Que signifie le suffixe « -phage » ?

a. aile ;

b. faire ;

c. manger ;

d. écrire.

15. Quelle est la définition du mot « sollicitude » ?

a. goût pour l'isolement ;

b. soins attentifs ;

c. joie ;

d. prudence.

QCM n° 5

1. Quel est le pluriel de « un tire-bouchon » ?

a. des tires-bouchons ;

b. des tire-bouchons ;

c. des tire-bouchon ;

d. des tires-bouchon.

2. Un « jéroboam » est :

a. un prêtre juif ;

b. une grosse bouteille de champagne ;

c. un gros bidon de forme spéciale ;

d. un ermite.

3. Quelle est parmi, les expressions suivantes, celle qui n'est pas un pléonasme ?

a. voler en l'air ;

b. commencer d'abord ;

c. prévoir d'avance ;

d. raccourcir encore.

4. Parmi les phrases suivantes, une seule est à la voix passive, laquelle ?

a. Les soucis ravagent ton père.

b. Le train se vide de ses voyageurs.

c. Il est allé en ville chercher du travail.

d. A-t-il apporté ses livres ?

5. Parmi les adverbes suivants, un seul est mal orthographié, lequel ?

a. ambigument ;

b. éperdument ;

c. dument ;

d. résolument.

6. Parmi les propositions suivantes, une phrase contient une erreur. Laquelle ?

a. Elles se sont donné le plaisir d'une promenade.

b. Vous vous êtes amusés à l'observer.

c. Plusieurs s'étaient battus en duel pour quelques paroles légères.

d. Les numéros de cirque se sont succédés pendant toute la soirée.

7. Le mot « incliner » a plusieurs sens. L'une de ces propositions est fausse. Laquelle ?

a. fléchir ;

b. inciter à ;

c. s'obstiner ;

d. courber.

8. Qu'est-ce qu'un « ploutocrate » ?

a. une personne qui tire son pouvoir de sa fortune ;

b. un barbarisme ;

c. un agent diplomatique tout-puissant ;

d. un artiste qui étudie le peuple.

9. Dans la liste d'expressions suivantes, laquelle n'est pas un pléonasme ?

a. incessamment sous peu ;

b. collaborer ensemble ;

c. au grand maximum ;

d. un périple terrestre.

10. Conjuguez le verbe « mourir » à la deuxième personne du pluriel du conditionnel présent.

a. je mourais ;

b. je mourai ;

c. je mourrai ;

d. je mourrais.

11. Parmi les quatre verbes suivants, un seul est un verbe du 2e groupe. Lequel ?

a. cuire ;

b. bouillir ;

c. frémir ;

d. chauffer.

12. Voici quatre phrases :

a. … fût sa beauté, on ne pouvait la comparer à sa sœur.

b. … fût son désir, elle ne pourrait le satisfaire.

c. … aidée qu'elle soit, elle n'y arrivera pas.

d. Il sait très bien … viendra.

Parmi ces quatre propositions, quelle est celle qui complète correctement ces phrases ?

1) quelle que, quel que, quelque, qu'elle ;

2) quelle que, quel que, quelle que, qu'elle ;

3) quelque, quelque, quelque, qu'elle ;

4) quelque, quelque, quelle que, qu'elle.

13. Quel est l'antonyme du mot « captieux » ?

a. fallacieux ;

b. sophistiqué ;

c. spécieux ;

d. franc.

14. Que signifie le préfixe « homo- » ?

a. égal ;

b. semblable ;

c. autre ;

d. vie.

15. Quelle est la définition du mot « pusillanime » ?

a. qui manque de courage ;

b. qui a beaucoup d'influence ;

c. indulgent ;

d. rédhibitoire.

QCM n° 6

1. Quel est le pluriel de « une porte-fenêtre » ?

a. des porte-fenêtres ;

b. des portes-fenêtres ;

c. des porte-fenêtre ;

d. des portes-fenêtre.

2. **« Proroger » une réglementation signifie :**

a. la modifier ;

b. la renforcer ;

c. la prolonger ;

d. l'annuler.

3. **Que signifie l'adjectif « marmoréen » ?**

a. inaudible ;

b. qui a la blancheur du marbre ;

c. transparent ;

d. léger.

4. **Quelle est la bonne définition du mot « endiguer » ?**

a. protéger contre l'invasion des eaux ;

b. gagner à ses opinions ;

c. qui se forme à l'intérieur ;

d. décourager.

5. **Parmi les adverbes suivants, un seul est mal orthographié, lequel ?**

a. expressément ;

b. méchamment ;

c. récemment ;

d. soudainemment.

6. **Parmi les propositions suivantes, une phrase contient une erreur. Laquelle ?**

a. Il insista sur le coût faramineux d'une éventuelle indemnisation.

b. Nous n'avions plus chez nous que onze sous et demi rapportés le jour de Noël.

c. Elle s'était taillée une réputation de sorcière.

d. Toute cette fatigue qu'ils se sont donnée pour rien !

7. **Le mot « rapport » a plusieurs sens. L'une de ces propositions est fausse. Laquelle ?**

a. exposé ;

b. revenu ;

c. rassemblement ;

d. quotient.

8. **Qu'est-ce qu'un « aréopage » ?**

a. une clairière ;

b. une aire de repos ;

c. une assemblée de sages ;

d. ce mot n'existe pas.

9. **Dans cette liste d'expressions, quelle est celle qui n'est pas un pléonasme ?**

a. achever entièrement ;

b. des paroles réticentes ;

c. opposer son veto ;

d. monopole exclusif.

10. Conjuguez le verbe « acquérir » à la première personne du singulier du subjonctif présent.

a. que j'acquère ;

b. que j'acquière ;

c. que j'acquiers ;

d. que j'acquierre.

11. Où est l'erreur ?

a. mille six cents francs ;

b. trois milles deux cents francs ;

c. sept mille cinq cents francs ;

d. deux mille trois cent dix.

12. Quel est le synonyme de « consistoire » ?

a. composition ;

b. réquisitoire ;

c. consolation ;

d. assemblée.

13. Que signifie le préfixe « céphal- » ?

a. tête ;

b. mal ;

c. doigt ;

d. ancien.

14. Quelle est la définition du mot « somptuaire » ?

a. majestueux ;

b. relatif à la dépense ;

c. solennel ;

d. relatif au sacrifice.

15. Quel est le synonyme de « connivence » ?

a. connaissance ;

b. trahison ;

c. complicité ;

d. savoir.

QCM n° 7

1. Quel est le pluriel de « un arc-en-ciel » ?

a. des arc-en-ciel ;

b. des arcs-en-ciel ;

c. des arcs-en-ciels ;

d. des arc-en-ciels.

2. « sujétion » signifie :

a. doute ;

b. attente ;

c. dépendance ;

d. proposition.

3. Que signifie l'adjectif « tangible » ?

a. évident ;

b. inexact ;

c. correct ;

d. approximatif.

4. Quelle est la bonne définition du verbe « évincer » ?

a. changer ;

b. pourvoir ;

c. écarter ;

d. pardonner.

5. Parmi les adverbes suivants, un seul est mal orthographié, lequel ?

a. goulûment ;

b. debout ;

c. gaiement ;

d. prudamment.

6. Parmi les propositions suivantes, une phrase contient une erreur. Laquelle ?

a. Une demi-heure avant midi, l'administration s'empressa de faire passer les vivres.

b. Ils ont établi entre les deux hémisphères comme des ponts volants, rejoignants un continent à l'autre.

c. Les pénitents défilent, des flambeaux à la main.

d. C'est un des plus beaux prie-Dieu qui existent.

7. Le mot « rencontre » a plusieurs sens. L'une de ces propositions est fausse. Laquelle ?

a. entrevue ;

b. jonction ;

c. épreuve ;

d. apostolat.

8. Qu'est-ce qu'un « xénophobe » ?

a. ami des étrangers ;

b. hostile aux étrangers ;

c. adepte de Xénon ;

d. hostile aux philosophes.

9. Dans la liste d'expressions suivantes, où est « l'euphémisme » ?

a. mourir ;

b. rendre l'âme ;

c. avoir le bras long ;

d. pleurer de grosses larmes.

10. Conjuguez le verbe « cueillir » à la première personne du singulier du futur simple.

a. je cueillirai ;

b. je ceuillerai ;

c. je cueillerai ;

d. je cueillerais.

11. Où est l'erreur ?

a. des pneux ;

b. des feux ;

c. des vœux ;

d. des jeux.

12. Quel est le synonyme de « casanier » ?

a. sédentaire ;

b. claustrophobe ;

c. ambulant ;

d. bohème.

13. Que signifie le préfixe « péné- » ?

a. pour ;

b. dur ;

c. autour ;

d. presque.

14. Quelle est la définition du mot « déprédations » ?

a. dommages ;

b. dévaluations ;

c. migrations ;

d. dépréciations.

15. Quel est le synonyme de « asthénie » ?

a. faillite ;

b. faiblesse ;

c. prouesse ;

d. paroxysme.

QCM n° 8

1. Quel est le pluriel de « un croc-en-jambe » ?

a. des croc-en-jambe ;

b. des crocs-en-jambes ;

c. des crocs-en-jambe ;

d. des croc-en-jambes.

2. « pléthore » signifie :

a. existence ;

b. abondance excessive ;

c. présence ;

d. exactitude.

3. Que signifie l'adjectif « faramineux » ?

a. pharaonique ;

b. exemplaire ;

c. extraordinaire ;

d. épique.

4. Quelle est la bonne définition de l'expression : « être capable de délation » ?

a. faire preuve de maîtrise ;

b. dénoncer quelqu'un ;

c. spéculer ;

d. faire des prévisions.

5. Parmi les adjectifs verbaux suivants, un seul est mal orthographié, lequel ?

a. équivalant ;

b. intrigant ;

c. précédent ;

d. adhérent.

6. Parmi les propositions suivantes, une phrase contient une erreur. Laquelle ?

a. Les chiens étaient à leurs pieds, aboyant, hurlant, gémissant et les accablant de caresses.

b. Il vit avancer un chariot que tirait un cheval soufflant de la buée, des clochettes tintinnabulant à son harnais.

c. Le repas aurait pu sombrer dans un austère silence si l'apparition des desserts n'eut ressuscité l'exubérance.

d. Le dernier entrepont offrit de grands ballots d'étoffes, d'indiennes et cotonnades.

7. Le verbe « dépouiller » a plusieurs sens. L'une de ces propositions est fausse. Laquelle ?

a. arracher la peau ;

b. enlever ce qui couvre ;

c. troubler le fonctionnement ;

d. examiner attentivement ;

e. compter les votes d'un scrutin.

8. Quel est le mot qui correspond le mieux à la définition suivante : « Qui épuise à fond un sujet en le traitant complètement » ?

a. indigent ;

b. radical ;

c. exhaustif ;

d. parcimonieux.

9. Parmi les mots suivants, quel est l'antonyme de « versatile » ?

a. salutaire ;

b. vulgaire ;

c. malsain ;

d. stable.

10. Conjuguez le verbe « enfreindre » à la première personne du singulier du présent de l'indicatif.

a. j'enfreinds ;

b. j'enfreind ;

c. j'enfreins ;

d. j'enfreints.

11. Où est l'erreur à l'impératif présent singulier ?

a. Apportes !

b. Entre !

c. Prends une feuille.

d. Apportes-en deux !

12. Quel est le synonyme de « spolier » ?

a. dépouiller ;

b. spéculer ;

c. trafiquer ;

d. agioter.

13. Que signifie le préfixe « méta- » ?

a. grand ;

b. changement ;

c. au-delà de ;

d. avec.

14. Quelle est la définition du verbe « ignifuger » ?

a. passer de l'état liquide à l'état gazeux ;

b. occasionner la mort ;

c. se mêler d'une façon indiscrète d'une affaire ;

d. rendre ininflammable.

15. Quel est le synonyme de « diaphane » ?

a. translucide ;

b. opaque ;

c. mince ;

d. fantomatique.

Corrigés

QCM n° 1

1. d. des garde-robes

2. b. un principe premier

3. b. Échapper à un danger pour tomber dans un autre.

4. c. Le blessé a été évacué.

5. b. élégamment

6. c. (**a.** for ; **b.** fonds ; **d.** fonts)

7. d.

8. d. une personne qui impose sa volonté

9. b. rentrer à nouveau

10. c. que nous voyions

11. b. chanter

12. 3)

13. c. enrichir

14. d. au travers

15. a. insolence extrême

QCM n° 2

1. a. des tête-à-tête

2. c. une façon habile de se conduire

3. c. attendre longtemps

4. b.

5. d. décemment

6. d. (**a.** plain ; **b.** affaire ; **c.** pécuniaires)

7. c. accabler

8. b. action incroyable

9. c. voir de ses yeux

10. a. que vous appuyiez

11. b. fleurir (fleurissant)

12. 2)

13. c. prôner

14. b. ami

15. d. reconnaissance d'une faute

QCM n° 3

1. c. des va-nu-pieds

2. b. une étoffe

3. c. renoncer

4. b. Elle a été vue en train de tricher.

5. d. négligemment

6. d. marron

7. b. aisé

8. a. un guide

9. a. la possibilité de pouvoir

10. d. que vous baigniez

11. a. assaillir

12. 3)

13. d. asservir

14. a. au loin

15. a. pudeur

QCM n° 4

1. c. des porte-monnaie

2. c. un discours

3. c. déraisonner

4. b. s'époumoner

5. a. ardemment

6. a. imaginé

7. b. combiner

8. c. une petite pièce de vers

9. a. un dilemme

10. c. coure

11. d. atterrir

12. 4.

13. c. aiguiser

14. c. manger

15. b. soins attentifs

QCM n° 5

1. b. des tire-bouchons

2. b. une grosse bouteille de champagne

3. d. raccourcir encore

4. b. Le train se vide de ses voyageurs.

5. c. dûment

6. d. se sont succédé

7. c. s'obstiner

8. a. une personne qui tire son pouvoir de sa fortune

9. d. un périple terrestre

10. d. je mourrais

11. c. frémir

12. 1)

13. d. franc

14. b. semblable

15. a. qui manque de courage

QCM n° 6

1. b. des portes-fenêtres

2. c. prolonger

3. b. qui a la blancheur du marbre

4. a. protéger contre l'invasion des eaux

5. **d.** soudainement

6. **c.** s'était taillé

7. **c.** rassemblement

8. **c.** une assemblée de sages

9. **b.** des paroles réticentes

10. **b.** que j'acquière

11. **b.** mille

12. **d.** assemblée

13. **a.** tête

14. **b.** relatif à la dépense

15. **c.** complicité

QCM n° 7

1. **b.** des arcs-en-ciel

2. **c.** dépendance

3. **a.** évident

4. **c.** écarter

5. **d.** prudemment

6. **b.** rejoignant

7. **d.** apostolat

8. **b.** hostile aux étrangers

9. **b.** rendre l'âme

10. **c.** je cueillerai

11. **a.** des pneus

12. **a.** sédentaire

13. **d.** presque

14. **a.** dommages

15. **b.** faiblesse

QCM n° 8

1. **c.** des crocs-en-jambe

2. **b.** abondance excessive

3. **c.** extraordinaire

4. b. dénoncer

5. a. équivalent

6. c. eût

7. c. troubler le fonctionnement

8. c. exhaustif

9. d. stable

10. c. j'enfreins

11. a. apporte

12. a. dépouiller

13. b. changement

14. d. rendre ininflammable

15. a. translucide

2. Connaissances générales

La méthode pour réussir les QCM de culture générale est celle qu'il faut appliquer à tous les QCM :

– lire attentivement les questions ;

– parcourir tout le QCM une première fois pour cocher les réponses pour lesquelles on n'hésite pas ;

– revenir en arrière et procéder avec calme. Éliminer les réponses qui semblent très éloignées de la vérité par leur absurdité (on en trouve). Il faut aussi se méfier de deux réponses qui se ressemblent ; elles sont faites pour déstabiliser les candidats. Quant aux réponses qui comportent des chiffres, se méfier de celles qui semblent invraisemblables.

– Enfin, laisser parler son instinct, ne pas trop réfléchir, c'est souvent la première réponse qui est la bonne.

1. Rappels de base

Institutions françaises et internationales

1. L'organisation administrative et politique en France

Le président de la République

Selon la Constitution de 1958, il est élu au suffrage universel direct, il préside le conseil des ministres, il nomme le Premier ministre et peut dissoudre l'Assemblée nationale.

Les institutions et collectivités locales

	Principales compétences	Mode électoral
État Parlement (Assemblée nationale + Sénat)	– Politique étrangère – Défense – Police – Justice – Politique économique – *Solidarité* – Enseignement supérieur	Assemblée nationale : suffrage universel direct (mandat : 5 ans) Sénat : par tiers, suffrage universel indirect (mandat : 9 ans)

22 Régions Conseils régionaux	– Formation professionnelle et apprentissage – *Lycées* – Compétences dans le cadre de conventions avec l'État – Aménagement du territoire – Transports – Infrastructures – Politique économique	Élections régionales Suffrage universel direct (mandat : 6 ans)
96 départements Conseils généraux	– *Action sociale* – Transports scolaires – Routes départementales – *Collèges* – Actions culturelles – Environnement – Logement social	Élections cantonales Suffrage universel direct (mandat : 6 ans)
36 559 communes Conseils municipaux	– Plan d'occupation des sols – Voirie communale – *Écoles* – Gestion du patrimoine – *Action sociale*	Élections municipales Suffrage universel direct (mandat : 6 ans)

L'action sanitaire et sociale (ASS) : les compétences du département

• L'aide sociale à l'enfance et la protection de l'enfance maltraitée.

• La protection maternelle et infantile.

• L'aide aux personnes âgées.

• L'action pour l'insertion et la réinsertion (RMI).

L'ASS est le premier poste budgétaire d'un conseil général.

2. L'Union européenne

Les grands noms de la construction européenne

• **Jean Monnet** : surnommé « le père de l'Europe ». Initiateur en 1949 d'une Europe supranationale dans les domaines du charbon et de l'acier sur la base d'une entente franco-allemande.

• **Robert Schuman** : auteur du plan Schuman qui donne, en 1951, naissance à la Communauté européenne du charbon et de l'acier (CECA).

• Les « équipes » : de Gaulle/Adenauer – Giscard d'Estaing/Schmidt – Mitterrand/Kohl.

Les dates importantes

• 1949 : création du **Conseil de l'Europe**.

• 1951 : création de la **CECA** (Communauté européenne du charbon et de l'acier).

• 1957 : **traité de Rome** instituant la Communauté économique européenne (CEE ou Marché commun) et la Communauté européenne de l'énergie atomique (EURATOM).

• 1978-1979 : création du **Système monétaire européen**.

• 1986 : signature de l'**Acte unique européen** qui prévoit la mise en place, en 1993, d'un marché unique européen.

• 1990 : **accords de Schengen** réglant la suppression des contrôles douaniers entre la France, l'Allemagne, la Belgique, le Luxembourg, les Pays-Bas.

• 1992 : signature du **traité de Maastricht** qui :

– élargit les compétences communautaires dans le secteur social, celui de l'industrie et de la recherche, de la formation professionnelle, de la protection du consommateur ;

– transfère certains capitaux en matière de monnaie unique ;

– crée la Banque centrale européenne ;

– établit la citoyenneté européenne ;

– règle la délivrance des visas et du droit de vote aux élections européennes et municipales ;

– renforce la coopération des États dans le domaine de la politique étrangère commune, de la police, de la justice, de la défense, etc.

• 1998 : création de la **Banque centrale européenne.**

• 1er janvier 2002 : introduction (pièces et billets) de l'**euro.**

Les institutions européennes

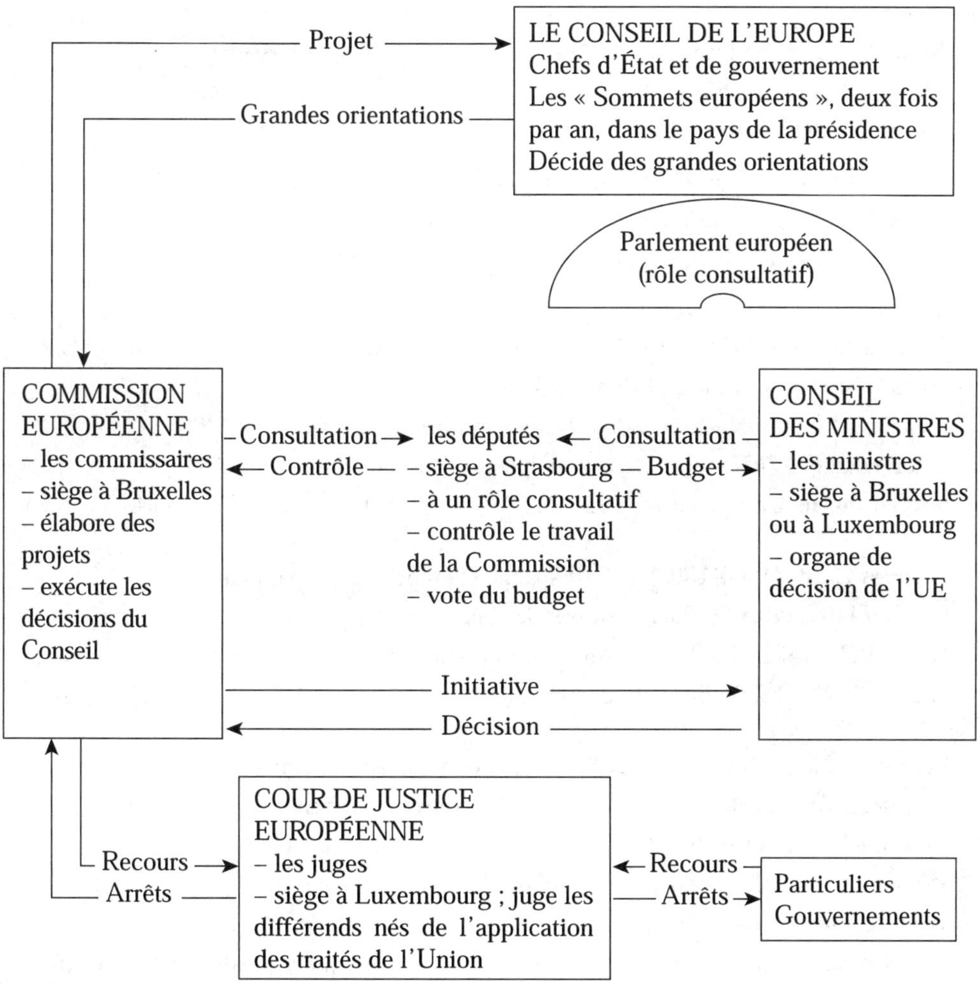

Histoire

Les rois de France au Moyen Âge

Clovis (461-511) de la dynastie mérovingienne.

Charlemagne (742-814) de la dynastie carolingienne (Berthe « au grand pied » était sa mère).

Hugues **Capet** (élu roi en 987).

Louis IX ou **Saint Louis** (1214-1270) (sa mère était Blanche de Castille).

C'est sous le règne de **Charles VII** que Jeanne d'Arc chassa les Anglais hors de France.

Louis XI (1423-1483).

Ce qu'il faut retenir du XVIe siècle

Les **guerres d'Italie** sous Charles VIII, Louis XII et François Ier.

Les **guerres de Religion**, à la fin du XVe siècle, opposent les catholiques et les protestants.

La **Renaissance**, mouvement venu d'Italie, est le renouveau des arts et des modes de vie.

Léonard de Vinci (*La Joconde* ou *Mona Lisa*) a fini sa vie à la cour du roi François Ier à Amboise.

Henri IV est roi de France en 1589 et assassiné en 1610 par Ravaillac.

Édit de Nantes en 1598.

La **Fronde** débute en 1648.

Ce qu'il faut retenir du XVIIe siècle

Louis XIII (1601-1643), gouverne avec **Richelieu**.

Louis XIV (1638-1715), gouverne avec **Louvois, Colbert**.

Quelques personnages illustres

Alexandre le Grand : IVe siècle avant J.-C., roi de Macédoine.

Jules César, né à Rome en 101 avant J.-C.

Charles Martel (688-741), vainqueur des musulmans à Poitiers en 732.

Charlemagne (747-814), couronné empereur d'Occident en 800.

Guillaume le Conquérant (1028-1087), roi d'Angleterre en 1066, après la victoire d'Hastings.

Charles Quint (1500-1558), roi d'Espagne et empereur germanique.

Ivan IV le Terrible (1530-1584), tsar de Russie en 1547.

Henri VIII (1491-1547), roi d'Angleterre, marié six fois, fondateur de l'anglicanisme.

Élisabeth Ire (1533-1603), fille d'Henri VIII et d'Anne Boleyn, reine d'Angleterre à partir de 1558.

Frédéric II le Grand (1712-1786), roi de Prusse, despote éclairé.

Napoléon Bonaparte (1769-1821), Premier consul et empereur des Français.

La reine Victoria (1819-1901) régna pendant 64 ans sur la Grande-Bretagne.

Winston Churchill (1874-1965), homme d'État britannique.

Jean Monnet (1888-1979) surnommé le « père de l'Europe ».

Général de Gaulle (1890-1970), président de la République française en 1958 et 1965.

Personnages célèbres du XXe siècle

Youri **Gagarine** : premier homme lancé dans l'espace en 1961.

Aldrin et **Armstrong** : premiers hommes qui ont marché sur la Lune le 21 juillet 1969.

Martin **Luther King**, prix Nobel de la paix en 1964, est assassiné en 1968.

Nelson **Mandela** et Frédéric **De Klerk** : prix Nobel de la paix en 1993 (fin de l'**Apartheid** en Afrique du Sud).

Ce qu'on ne peut ignorer

Le scandale du **Watergate** en 1972 aux États-Unis ; le président Nixon, impliqué, est obligé de démissionner en 1974.

Les **présidents des États-Unis** qui se sont succédé après Nixon : **Jimmy Carter** (de 1976 à 1980), **Ronald Reagan** (de 1980 à 1988), **George Bush** (de 1988 à 1992), **Bill Clinton** (de 1992 à 2000) et **G.W. Bush** à partir de 2000.

L'URSS, fondée en 1922 par Lénine, a disparu en 1991.

La **CEI** (Communauté des États indépendants) a remplacé l'URSS en 1991.

Anouar al-Sadate et Menahem Begin ont reçu le prix Nobel de la paix en 1978.

L'opération « Tempête du désert » a libéré le **Koweit** en février 1991.

Yasser Arafat (Palestinien), **Shimon Peres** et **Yitzhak Rabin** (assassiné en octobre 1995) (Israéliens) reçoivent le prix Nobel de la paix en 1994 pour les accords Israël/OLP.

Chronologie des grandes batailles

732 : Chartes **Martel** remporte la victoire contre les musulmans à Poitiers.

1214 : victoire de **Bouvines** remportée par Philippe Auguste contre le roi d'Angleterre et l'empereur d'Allemagne.

1429 : victoire de **Patay** remportée par Jeanne d'Arc contre les Anglais.

1515 : victoire de **Marignan** remportée par François Ier avec l'aide du chevalier Bayard sur les Suisses.

1805 : victoire d'**Austerlitz** remportée par Napoléon contre les empereurs d'Autriche et de Russie.

1859 : victoires de **Magenta** et de **Solferino** contre l'Autriche.

Assassinats en France

1588 : assassinat du duc de Guise sur l'ordre d'Henri III.

1589 : assassinat d'Henri III par Jacques Clément.

1610 : assassinat d'Henri IV par Ravaillac.

1793 : assassinat de Marat par Charlotte Corday.

1894 : assassinat du président Sadi Carnot par l'anarchiste Caserio.

1914 : assassinat de Jean Jaurès par Raoul Villain, à Paris.

Chronologie des présidents de la République en France

Ire République (1792-1804) : pas de président

– Napoléon Bonaparte était Premier consul et empereur.

IIe République (1848-1852)

– Louis Napoléon Bonaparte.

IIIe République (1870-1940) : 14 présidents

- Adolphe Thiers
- Maréchal de Mac-Mahon
- Jules Grévy
- François Sadi Carnot
- Jean Casimir-Périer
- Félix Faure
- Émile Loubet
- Armand Fallières
- Raymond Poincaré
- Paul Deschanel
- Alexandre Millerand
- Gaston Doumergue
- Paul Doumer
- Albert Lebrun

IVe République (1944-1958) : deux présidents

- Vincent Auriol
- René Coty

Ve République (depuis 1958)

- Général Charles de Gaulle
- Alain Poher (par intérim)
- Georges Pompidou
- Alain Poher (par intérim)
- Valéry Giscard d'Estaing
- François Mitterrand
- Jacques Chirac

Quelques dates à retenir

1598 : édit de Nantes.

1635 : fondation de l'Académie française.

1648 : la Fronde.

1685 : révocation de l'édit de Nantes.

1715 : mort de Louis XIV.

1783 : traité de Versailles.

4 août 1789 : abolition des privilèges.

26 août 1789 : Déclaration des droits de l'homme et du citoyen.

23 septembre 1792 : proclamation de la République.

1905 : loi ordonnant la séparation de l'Église et de l'État.

1914-1918 : Première Guerre mondiale.

1936 : Front populaire.

1939-1945 : Seconde Guerre mondiale.

6 juin 1944 : débarquement en Normandie.

25 août 1944 : Libération de Paris.

1949 : traité de l'Atlantique Nord (OTAN).

1957 : traité de Rome (CEE, six pays, Marché commun).

1958 : référendum constitutionnel (général de Gaulle) : Ve République.

1960 : création de l'OPEP (Organisation des pays exportateurs de pétrole).

1962 : accords d'Évian (fin de la guerre d'Algérie).

1968 : accords de Grenelle.

1969 : Pompidou succède à de Gaulle à la présidence de la République.

1973 : l'Europe des Six devient l'Europe des Neuf.

1974 : mort de Pompidou : Giscard d'Estaing, président.

1981 : Mitterrand, président.

1981 : abolition de la peine de mort en France.

1986 : Chirac, Premier ministre.

1988 : réélection de Mitterrand, Rocard Premier ministre.

1988 : création du RMI.

1989 : ouverture du mur de Berlin.

1991 : guerre du Golfe.

1992 : référendum sur le traité de Maastricht.

1994 : l'OMC remplace le GATT.

1995 : Chirac, président.

1997 : Jospin, Premier ministre.

1999 : au Kosovo, guerre de l'OTAN contre la Serbie.

Géographie

Généralités

– La vitesse de rotation de la Terre sur elle-même est de 1 674 km/h à l'équateur et de 1 100 km/h à Paris.

– La vitesse de rotation de la Terre autour du Soleil est de plus de 100 000 km/h.

– Le point culminant de l'Amérique du Nord est le mont McKinley (6 200 m).

– Le point culminant de l'Amérique du Sud est l'Aconcagua (6 959 m).

– Superficie des pays européens : France : 550 000 km^2, Espagne : 500 000 km^2, Suède : 450 000 km^2, Allemagne : 360 000 km^2.

– Superficie des grands États : Russie : 17 millions de km^2 ; Canada : 10 millions de km^2 ; Chine : 9 millions de km^2 ; États-Unis : 9 millions de km^2 ; Brésil : 8 500 000 km^2.

– Les États-Unis se composent de 50 États.

– Le Vatican est le plus petit État du monde (44 hectares).

– La plus grande place du monde est la place Tian'anmen à Pékin (40 hectares).

Les capitales

L'Europe de l'Ouest

Grande-Bretagne :	Londres
Irlande :	Dublin
Belgique :	Bruxelles
Luxembourg :	Luxembourg
Pays-Bas :	Amsterdam

Les pays de la Méditerranée orientale

Grèce :	Athènes
Malte :	La Valette
Chypre :	Nicosie
Turquie :	Ankara

L'Europe du Nord

Danemark :	Copenhague
Finlande :	Helsinki
Islande :	Reykjavik
Norvège :	Oslo
Suède :	Stockholm

L'Europe centrale

Allemagne :	Berlin
Autriche :	Vienne
Suisse :	Berne
Hongrie :	Budapest
Pologne :	Varsovie
République tchèque :	Prague
Slovaquie :	Bratislava

L'Europe latine

France :	Paris
Espagne :	Madrid
Italie :	Rome
Portugal :	Lisbonne
Andorre :	Andorre-la-Vieille

Les pays des Balkans

Albanie :	Tirana
Bulgarie :	Sofia
Roumanie :	Bucarest
Bosnie-Herzégovine :	Sarajevo
Croatie :	Zagreb
Macédoine :	Skopje
Serbie-Monténégro :	Belgrade
Slovénie :	Ljubljana

Les Pays baltes

Estonie :	Tallin
Lettonie :	Riga
Lituanie :	Vilnius

Les pays d'Europe orientale

Ukraine :	Kiev
Géorgie :	Tbilissi
Russie :	Moscou
Biélorussie :	Minsk

Les pays du Caucase

Arménie :	Erevan
Azerbaïdjan :	Bakou

Littérature

LA LITTÉRATURE AU MOYEN ÂGE

La Chanson de Roland

Écrite vers 1070, elle raconte la vie de l'empereur Charlemagne.

Roland était le **neveu** de Charlemagne.

La bataille célèbre de la *Chanson de Roland* a lieu au col de **Roncevaux**.

L'épée de Roland s'appelle **Durandal**.

Roland sonne de l'**olifant** pour avertir l'empereur.

La légende d'Arthur et des chevaliers de la Table ronde

Le plus célèbre chevalier au service du roi Arthur était **Lancelot**.

Lancelot aimait **Guenièvre**, la femme d'Arthur.

La fée **Morgane** s'opposait souvent à **Merlin l'Enchanteur**.

Les chevaliers de la Table ronde sont en quête du **Graal**.

LES POÈTES LYRIQUES DU MOYEN ÂGE

Bernard de Ventadour, **Rutebeuf** : *Que sont mes amis devenus ?*, **Christine de Pisan**, **Charles d'Orléans**, **François Villon** : *Ballade des dames du temps jadis.*

LA LITTÉRATURE AU XVIe *SIÈCLE (LES HUMANISTES)*

Rabelais (v. 1483-1553) : *Pantagruel. Le Tiers Livre, Le Quart Livre* (Gargantua est le père de Pantagruel).

Montaigne (1533-1592) : *Les Essais.* Il était l'ami de La Boétie.

En Italie : **Pétrarque** (1304-1374) au XIVe siècle.

• ***Les poètes de la Pléiade***

Ronsard (*Les Amours* ; il y célèbre Cassandre, Marie et Hélène).

Baïf, du Bellay *(Les Regrets)*, Jodelle, Belleau, Pontus de Tyard, Peletier du Mans.

LA LITTÉRATURE AU XVIIe *SIÈCLE*

La Princesse de Clèves de Mme de la Fayette est considéré comme le premier roman moderne.

Le XVIIe siècle est l'âge d'or du théâtre.

Pierre **Corneille** (1606-1684) : *Horace, Polyeucte, Cinna, Le Cid* (dont le héros est Rodrigue aimé de Chimène).

Jean-Baptiste Poquelin dit **Molière** (1622-1673) : *Le Malade imaginaire, L'École des femmes, Les Précieuses ridicules, le Tartuffe, le Bourgeois gentilhomme,* etc.

Jean **Racine** (1639-1699) : *Bérénice, Phèdre, les Plaideurs,* etc. Il a écrit deux pièces pour Madame de Maintenon.

Blaise **Pascal** (1623-1662) : *Les Pensées.*

LA LITTÉRATURE AU XVIIIe *SIÈCLE*

Le XVIIIe siècle est le siècle des Lumières.

• ***Les philosophes du XVIII***[e]

Montesquieu : *Les Lettres persanes.*

Diderot : *L'Encyclopédie.*

Voltaire a écrit des contes philosophiques : *Zadig, Micromégas, Candide.*

Rousseau : *Du contrat social, Émile, Rêveries du promeneur solitaire, Julie ou la Nouvelle Héloïse.*

• ***Le théâtre du XVIII***[e]

Marivaux : *Le Jeu de l'amour et du hasard, Les Fausses Confidences, La Surprise de l'amour,* etc.

Beaumarchais : *Le Barbier de Séville, Le Mariage de Figaro.*

• ***Le roman au XVIII***[e]

L'abbé **Prévost** : *Manon Lescaut.*

Bernardin de Saint-Pierre : *Paul et Virginie.*

Diderot : *Jacques le Fataliste, La Religieuse.*

Rousseau : *La Nouvelle Héloïse.*

Pierre **Choderlos de Laclos** : *Les Liaisons dangereuses.*

LA LITTÉRATURE AU XIXe *SIÈCLE*

• ***Les romans du XIX***[e] ***siècle***

Chateaubriand : *Atala.* (Il a aussi écrit *Les Mémoires d'outre-tombe.*)

Victor Hugo : *Notre-Dame de Paris, Les Misérables* (Jean Valjean est un ancien forçat évadé, Cosette et Gavroche sont d'autres personnages des *Misérables*).

Émile **Zola** : *Les Rougon-Macquart.*

Balzac : *Le Père Goriot, Les Illusions perdues, Le Lys dans la vallée, La Comédie humaine.*

Henri Beyle dit **Stendhal** : *Le Rouge et le Noir* (le héros est Julien Sorel).

Gustave **Flaubert** : *Madame Bovary.*

• La poésie au XIXe

Lamartine : *Les Méditations poétiques.*

Alfred de **Musset** : *Les Nuits.*

Alfred de **Vigny** : *Les Destinées.*

Gérard de **Nerval** : *Les Chimères.*

Victor **Hugo** : *Les Contemplations, La Légende des siècles.*

Charles **Baudelaire** : *Les Fleurs du mal.*

Arthur **Rimbaud** : *Le Bateau ivre, Les Illuminations, Une saison en enfer.*

Paul **Verlaine** : *Les Poèmes saturniens.*

• Le théâtre au XIXe

Victor **Hugo** : *Hernani, Ruy Blas.*

Alfred **de Musset** : *Lorenzaccio, Les Caprices de Marianne.*

LA LITTÉRATURE AU XXe SIÈCLE

Raymond **Queneau** : *Zazie dans le métro.*

Boris **Vian** : *Le Déserteur, L'Écume des jours.*

• La poésie au XXe

Guillaume **Apollinaire** : *Alcools, Calligrammes.*

André **Breton** : *Manifeste du surréalisme.*

Philippe **Soupault** : *Les Champs magnétiques* avec André **Breton**.

Robert **Desnos** : *La Liberté ou l'Amour, Domaine public.*

Paul **Eluard** : *L'Amour, la poésie.*

Louis **Aragon** : *Le Fou d'Elsa.*

Jacques **Prévert** : *Paroles.*

• Le théâtre au XXe

Georges **Courteline** : *Messieurs les ronds-de-cuir.*

Paul **Claudel** : *Le Soulier de satin.*

Georges **Feydeau** a excellé dans le vaudeville, comédie de boulevard qui se moque des défauts de ses contemporains.

Jean **Giraudoux** : *La guerre de Troie n'aura pas lieu.*

Jean **Anouilh** : *Antigone.*

Jean-Paul **Sartre** : *Huis clos.*

Eugène **Ionesco** : *La Cantatrice chauve, La Leçon.*

Samuel **Beckett**, d'origine irlandaise, a écrit *En attendant Godot.*

• ***Le roman au XXe***

Marcel **Proust** : *À la recherche du temps perdu* (*Du côté de chez Swann*, *À l'ombre des jeunes filles en fleurs*, *Le Temps retrouvé*, etc.).

Raymond **Radiguet** : *Le Diable au corps*.

François **Mauriac** : *Le Nœud de vipères, Thérèse Desqueyroux*.

Antoine de **Saint-Exupéry**, pilote de chasse, a écrit *Vol de nuit, Le Petit Prince, Courrier sud*.

Albert **Camus** : *La Peste, L'Étranger*.

Jean-Paul **Sartre** : *Les Mots, Le Mur*.

Alain **Robbe-Grillet**, Nathalie **Sarraute**, Michel **Butor** sont des écrivains du « nouveau roman ».

Patrick **Modiano**, Yann **Queffélec**, Tahar **Ben Jelloun** et bien d'autres ont reçu le prix **Goncourt**.

Maurice **Leblanc** : *Arsène Lupin*.

Georges **Simenon** a écrit les aventures du commissaire **Maigret**.

Frédéric **Dard**, disparu en juin 2000, a créé le personnage de **San-Antonio**.

René **Barjavel** a écrit des romans de **science-fiction**.

QUELQUES GRANDES ŒUVRES DE LA PENSÉE EUROPÉENNE

Le Prince de **Machiavel** (1513).

Le Discours de la méthode de René **Descartes** (1637).

De l'esprit des lois de **Montesquieu** (1748).

Discours sur l'origine de l'inégalité de Jean-Jacques **Rousseau** (1755).

L'Encyclopédie de **Diderot** et **d'Alembert** (1751-1772).

De la démocratie en Amérique d'Alexis de **Tocqueville** (1835-1840).

Le Manifeste du parti communiste de Karl **Marx** et Friedrich **Engels** (1848).

Ainsi parlait Zarathoustra de **Nietzsche** (1885).

QUELQUES GRANDS PENSEURS EUROPÉENS

Socrate : philosophe grec (Ve siècle avant J.-C.). Sa maxime célèbre : « Connais-toi toi-même. »

Érasme Didier : humaniste hollandais (1469-1536). Il a écrit *Éloge de la folie*.

Copernic Nicolas : astronome polonais (1473-1543).

Galilée : physicien et astronome italien (1564-1642).

Blaise Pascal : savant et philosophe français (1623-1662). Il a écrit *Les Pensées*.

Newton Isaac (1642-1727), mathématicien et philosophe anglais.

Voltaire (François Marie Arouet) (1694-1778), écrivain français.

Kant Emmanuel, philosophe allemand (1724-1804).

Goethe (1749-1832), le plus grand écrivain allemand.

Marx Karl, philosophe et homme politique allemand (1818-1883).

Nietzsche Friedrich, philosophe allemand (1844-1900).

Freud Sigmund, neurologue et psychiatre autrichien (1856-1939), fondateur de la psychanalyse.

Einstein Albert (1879-1955), physicien allemand, prix Nobel de physique en 1921.

DES HOMMES DE LETTRES

Homère, poète grec mythique, IXe siècle avant J.-C. : *L'Iliade* et *L'Odyssée*.

Virgile, poète latin, Ier siècle avant J.-C. : *L'Énéide*.

Platon (IVe siècle avant J.-C.) : *Le Banquet*.

Dante, poète italien (1265-1321) : *La Divine Comédie*.

William **Shakespeare**, écrivain anglais (1564-1616) : *Hamlet, Roméo et Juliette, Le Songe d'une nuit d'été*, etc.

Daniel **Defoe**, écrivain anglais (1660-1731) : *Robinson Crusoé*.

Jonathan **Swift**, écrivain irlandais (1667-1745) : *Les Voyages de Gulliver*.

Robert Louis **Stevenson**, romancier britannique (1850-1894) : *L'Île au trésor* et *Docteur Jekyll* et *Mister Hyde*.

Léon **Tolstoï** (russe, 1828-1910) : *Anna Karénine*.

Les écrivains français suivants ont obtenu le prix Nobel de littérature : André **Gide** (en 1947), François **Mauriac** (en 1952), Albert **Camus** (en 1957).

Gabriel **Garciá Márquez**, écrivain colombien, obtint le prix Nobel de littérature en 1982.

Ernest **Hemingway**, écrivain américain, a obtenu le prix Nobel de littérature en 1954.

Alexandre **Soljenitsyne**, auteur russe, obtint le prix Nobel de littérature en 1970.

2. QCM d'entraînement corrigés *(corrigés p. 103)*

QCM n° 1

1. Laquelle de ces œuvres n'est pas de Verdi ?

a. *La Traviata* ;

b. *Tosca* ;

c. *Rigoletto* ;

d. *Aïda*.

2. De quand date la dernière Constitution française ?

a. du 2 novembre 1945 ;

b. du 27 octobre 1946 ;

c. du 4 octobre 1958.

3. Quel compositeur a écrit la sonate *Clair de lune* ?

a. Beethoven ;

b. Mozart ;

c. Debussy.

4. Quelle est la durée du mandat d'un député en France ?

a. 3 ans ;

b. 4 ans ;

c. 5 ans ;

d. 7 ans.

5. Quel est le mot qui correspond à la définition suivante : « Composition orchestrale de forme suite ou sonate qui a pour caractère essentiel l'opposition entre l'orchestre et un ou plusieurs solistes » ?

a. une sonate ;

b. un oratorio ;

c. une symphonie ;

d. un concerto.

6. À quelle date les Françaises ont-elles obtenu le droit de voter et d'être élues ?

a. 1793 ;

b. 1848 ;

c. 1884 ;

d. 1944.

7. Quel est le compositeur allemand (1770-1827) qui a écrit neuf symphonies dont la 9e : *L'Hymne à la joie* ?

a. Schubert ;

b. Mendelssohn ;

c. Beethoven ;

d. Haydn.

8. Quel est l'âge requis pour pouvoir être candidat à la présidence de la République ?

a. 18 ans ;

b. 20 ans ;

c. 21 ans ;

d. 23 ans.

9. De ces œuvres musicales, laquelle n'est pas de Rossini ?

a. *Le Barbier de Séville* ;

b. *La Bohème* ;

c. *Guillaume Tell* ;

d. *L'Italienne à Alger.*

10. Quand a été abolie la peine de mort en France ?

a. en 1792 ;

b. en 1945 ;

c. en 1977 ;

d. en 1981.

11. Quel compositeur a écrit *Pierre et le Loup, Roméo et Juliette* ?

a. Prokofiev ;

b. Stravinski ;

c. Tchaïkovski ;

d. Rachmaninov.

12. Quand a eu lieu le référendum sur le traité de Maastricht ?

a. le 8 avril 1962 ;

b. le 27 avril 1969 ;

c. le 23 avril 1972 ;

d. le 20 septembre 1992.

13. Qui a écrit l'œuvre musicale : *Les Quatre Saisons* ?

a. Verdi ;

b. Mozart ;

c. Gluck ;

d. Vivaldi.

14. La loi du 1er juillet 1901 est relative :

a. aux congés payés ;

b. aux associations ;

c. au syndicalisme ;

d. au droit de grève.

15. Quelle était la spécialité du musicien Yehudi Menuhin ?

a. le piano ;

b. le violoncelle ;

c. le violon ;

d. la trompette.

16. Qu'appelle-t-on l'ENA

a. l'École normale d'administration ;

b. l'École nationale d'administration ;

c. l'École nationale de l'audiovisuel ;

d. l'École nationale d'application.

17. De qui est l'opéra *Carmen* ?

a. Dvorak ;

b. Lalo ;

c. Wagner ;

d. Bizet.

18. Quelle est la plus petite division administrative ?

a. la commune ;

b. le canton ;

c. le département ;

d. l'arrondissement.

19. Quel est le compositeur qui a écrit *La Petite Musique de nuit* ?

a. Smetana ;

b. Mendelssohn ;

c. Mozart ;

d. Brahms.

20. Les députés européens sont élus :

a. au suffrage universel ;

b. par les députés des quinze pays de l'Union européenne ;

c. par les maires de toutes les communes.

QCM n° 2

1. Quel est, parmi ces monuments mondialement connus, celui qui n'est pas situé en Italie ?

a. la basilique Saint-Marc ;

b. la tour de Pise ;

c. le palais de l'Escurial ;

d. le palais des Doges.

2. Quel est, parmi ces pays, celui qui n'a pas de frontière avec la France ?

a. Italie ;

b. Portugal ;

c. Espagne ;

d. Allemagne.

3. Qui a écrit *La Mare au diable* ?

a. Madame de La Fayette ;

b. Françoise Sagan ;

c. George Sand ;

d. Alphonse Daudet.

4. Qui a peint *La Montagne Sainte-Victoire* ?

a. Renoir ;

b. Cézanne ;

c. Degas ;

d. Monet.

5. Le 1er-Mai, jour de la fête du travail, est devenu un jour de fête légal en :

a. 1947 ;

b. 1936 ;

c. 1890 ;

d. 1836.

6. Quelle est l'œuvre de Kafka parmi les titres suivants ?

a. *La Métamorphose* ;

b. *Le Manifeste du surréalisme* ;

c. *D'un château l'autre* ;

d. *Les Cloportes.*

7. Quel est l'acteur qui chante et danse dans *Chantons sous la pluie* ?

a. Fred Astaire ;

b. Charlie Chaplin ;

c. Gene Kelly ;

d. Frank Sinatra.

8. En quelle année eut lieu la chute du mur de Berlin ?

a. 1981 ;

b. 1985 ;

c. 1989 ;

d. 1991.

9. Quel est le nom des accords qui prévoient la suppression des contrôles aux frontières ?

a. Maastricht ;

b. Schengen ;

c. Bruxelles ;

d. Rome.

10. De quelle invention Graham Bell est-il l'auteur ?

a. le téléphone ;

b. le phonographe ;

c. le sous-marin ;

d. le télescope.

11. Quel peintre a peint *Guernica* ?

a. Chagall ;

b. Picasso ;

c. Kandinski ;

d. Modigliani.

12. Parmi ces œuvres, quelle est celle qui n'a pas été écrite par Ionesco ?

a. *Le roi se meurt* ;

b. *La Cantatrice chauve* ;

c. *Le Rhinocéros* ;

d. *Huis clos.*

13. De quand date la loi concernant l'informatique et les libertés ?

a. 1975 **b.** 1978 **c.** 1981 **d.** 1984

14. De qui Abélard était-il amoureux ?

a. Virginie ;

b. Hélène ;

c. Héloïse ;

d. Laure.

15. Quel est le nom du télescope spatial mis en orbite en 1990 ?

a. Saturne ;

b. Hobbes ;

c. Hubble ;

d. Uranus.

16. Par qui est délivrée la carte d'électeur ?

a. la préfecture ;

b. la mairie ;

c. le tribunal d'instance ;

d. le commissariat de police.

17. Quel est l'âge minimum requis pour pouvoir être juré ?

a. 18 ans **b.** 21 ans **c.** 23 ans **d.** 25 ans

18. De quels fleuves la Gironde est-elle l'estuaire ?

a. de la Garonne et de la Dordogne ;

b. de la Dordogne et du Lot ;

c. du Lot et du Tarn ;

d. de la Garonne et du Lot.

19. Qui est le héros du film ***Le Huitième Jour*** **?**

a. un autiste ;

b. un trisomique 21 ;

c. un sourd-muet ;

d. un robot.

20. Qui a inventé le premier disque compact ?

a. Philips ;

b. Thomson ;

c. Grundig ;

d. Akaï.

QCM n° 3

1. Qui a obtenu le prix Nobel de la paix en 1999 ?

a. SOS Racisme ;

b. Médecins sans frontières ;

c. Association Handicap International ;

d. Mère Teresa.

2. Le saturnisme c'est :

a. une maladie causée par le plomb ;

b. l'étude des comportements de la planète Saturne ;

c. une religion minoritaire ;

d. une espèce de dépression nerveuse.

3. En France, qui nomme le Premier ministre ?

a. les députés ;

b. les sénateurs ;

c. le président de la République ;

d. le Parlement.

4. Qui a peint *les Demoiselles d'Avignon* ?

a. Picasso ;

b. Matisse ;

c. Van Gogh ;

d. Monet.

5. Qui a écrit *Les Yeux d'Elsa* ?

a. Louis Aragon ;

b. Victor Hugo ;

c. Guillaume Apollinaire ;

d. Alphone de Lamartine.

6. Les talibans sont :

a. des manuscrits arabes du XIIIe siècle ;

b. un groupe politique islamique au pouvoir en Afghanistan ;

c. une caste privilégiée en Inde ;

d. des amulettes au pouvoir magique.

7. Que signifie OMS ?

a. Organisation mondiale de la santé ;

b. Organisme médico-social ;

c. Observatoire du ministère de la Solidarité ;

d. Organisation médico-sociale.

8. Qui est José Bové ?

a. un coureur automobile ;

b. un écrivain ;

c. un syndicaliste agricole ;

d. un commentateur politique.

9. Quel ancien garde des Sceaux, grand connaisseur de la Chine, s'est éteint en novembre 1999 ?

a. Jacques Toubon ;

b. Robert Badinter ;

c. Jacques Chaban Delmas ;

d. Alain Peyrefitte.

10. Parmi ces quatre titres, il y a un hebdomadaire. Lequel ?

a. *La Voix du Nord* ;

b. *Le Monde diplomatique* ;

c. *Télérama* ;

d. *Esprit*.

11. Quand a été votée définitivement la loi d'orientation relative à la lutte contre les exclusions ?

a. en juillet 1998 ;

b. en janvier 1999 ;

c. en mars 1999 ;

d. en juillet 1999.

12. L'euro sera en circulation en France sous sa forme fiduciaire (en pièces et en billets) à partir du :

a. 1er juillet 2001 ;

b. 1er janvier 2002 ;

c. 1er juillet 2002 ;

d. 1er janvier 2003.

13. Qui a composé *Les Noces de Figaro* ?

a. Verdi ;

b. Mozart ;

c. Rossini ;

d. Vivaldi.

14. Le nombre d'êtres humains vivant actuellement sur la Terre est de :

a. 5 milliards **b.** 6 milliards **c.** 7 milliards **d.** 8 milliards

15. Qui a écrit *Docteur Jekyll et Mister Hyde* ?

a. Stevenson **b.** Shaw **c.** Eliot **d.** Dickens

16. Quel est le plus long fleuve du monde ?

a. l'Amazone **b.** le Nil **c.** le Mississipi **d.** le Congo

17. Classez dans l'ordre chronologique ces événements.

A. mise en place de la CMU ;

B. sommet de l'OMC à Seattle au sujet de l'utilisation des OGM ;

C. adoption de la loi Chevènement sur la régularisation partielle des « sans-papiers » ;

D. loi sur la bioéthique.

a. D-B-C-A

b. D-C-B-A

c. D-C-A-B

d. C-D-B-A

18. Qui est le président des États-Unis depuis janvier 2001 ?

a. Bush **b.** Gore **c.** Cole **d.** Clinton

19. Que signifie l'expression « être sous l'égide de quelqu'un » ?

a. être sous son emprise ;

b. être sous son joug ;

c. être sous sa protection ;

d. être sous sa dépendance.

20. Qu'est-ce qu'un sovkhose ?

a. une grande ferme modèle en Russie ;

b. un conseil de délégués des ouvriers en Russie ;

c. une tente de nomade en Sibérie ;

d. une décision prise par les dirigeants soviétiques.

QCM n° 4

1. De quand date l'abolition de l'esclavage en France ?

a. 1790 **b.** 1836 **c.** 1848

2. Depuis quand le travail des enfants est-il interdit ?

a. 1850 **b.** 1900 **c.** 1919

3. Comment appelle-t-on une réaction physiologique qui se fait dans l'organisme ?

a. *in vivo* **b.** *in vitro*

4. Par qui furent découverts les rayons X ?

a. Röntgen **b.** Pierre et Marie Curie **c.** Alexander Fleming

5. Qu'est-ce que l'épicurisme ?

a. Un système philosophique selon lequel nos connaissances ne proviennent que de nos expériences.

b. Une attitude se caractérisant par le refus des théories.

c. Une morale que se propose la recherche du plaisir.

6. Que mesure un anémomètre ?

a. la pression atmosphérique ;

b. la vitesse du vent ;

c. la rotation du plan de polarisation de la lumière ;

d. la pression artérielle.

7. Quel est le réalisateur de ces films : *Léon, Jeanne d'Arc, Le Cinquième élément*?

a. Spielberg **b.** Polanski **c.** Besson

8. Qu'appelle-t-on la CSG ?

a. la caisse de sécurité générale ;

b. la cotisation sociale généralisée ;

c. la contribution sociale généralisée.

9. À quelle définition correspond *le Graal*?

a. récipient qui aurait servi à Jésus pour son dernier repas ;

b. coupe fétiche des chevaliers de la Table ronde ;

c. symbole de la longue marche des croisés vers Jérusalem.

10. Que produisent les émissions de dioxyde de carbone, d'azote et d'autres gaz retenues dans l'atmosphère par les rayons infrarouges émis par la Terre ?

a. la couche d'ozone **b.** l'effet de serre

11. Dans le sang, les plaquettes servent à :

a. réaliser l'immunisation contre les virus ;

b. réaliser le processus de la coagulation ;

c. déterminer le groupe sanguin.

12. Qu'est-ce que Wall Street ?

a. une rue de New York ;

b. le nom de la Bourse de Londres ;

c. la Bourse de New York.

13. Que veut dire TVA ?

a. taxe valable sur les achats ;

b. taxe sur la valeur ajoutée ;

c. taxe à la valeur augmentée.

14. Que calcule l'échelle de Richter ?

a. la dureté d'une substance ;

b. la force du vent ;

c. la magnitude d'un tremblement de terre.

15. Où se trouve Le Capitole ?

a. à Londres **b.** à Berlin **c.** à Rome **d.** à Washington

16. À quel mouvement artistique se réfère l'œuvre de Claude Monet ?

a. le fauvisme **b.** le cubisme **c.** le surréalisme **d.** l'impressionnisme

17. À quelle forme musicale correspond cette définition : « Composition orchestrale qui a pour caractère essentiel l'opposition entre l'orchestre et un ou plusieurs solistes » ?

a. une sonate **b.** une symphonie **c.** un concerto

18. Quel philosophe allemand a écrit *Ainsi parlait Zarathoustra* ?

a. Leibniz **b.** Kant **c.** Nietzsche

19. Quel roman de Sartre est autobiographique ?

a. *Le Mur* **b.** *L'Imaginaire* **c.** *Les Mots*

20. Le musicien Alexandre Lagoya est décédé le 24 août 1999. De quel instrument jouait-il ?

a. piano **b.** trompette **c.** violon **d.** guitare

QCM n° 5

1. La réglementation de l'interdiction de fumer dans les lieux publics date de :

a. juillet 1976 **b.** juillet 1986 **c.** juillet 1996

2. Quel est le père de la psychanalyse ?

a. Sigmund Freud **b.** Jacques Lacan **c.** Françoise Dolto **d.** Jean Piaget

3. *La Flûte enchantée* est un opéra de :

a. Lully **b.** Mozart **c.** Vivaldi **d.** Haendel

4. La photosynthèse est :

a. une image virtuelle produite par un ordinateur ;

b. un portrait-robot ;

c. une réaction chimique produite par les plantes sous l'effet de la lumière.

5. Lucien de Rubempré est le héros de :

a. *Le Rouge et le Noir* ;

b. *Les Illusions perdues* ;

c. *L'Idiot* ;

d. *Le Lys dans la vallée.*

6. *Les Demoiselles d'Avignon* ont été peintes par :

a. Cézanne **b.** Picasso **c.** Miró **d.** Degas

7. *Thérèse Desqueyroux* est un roman de :

a. Balzac **b.** Zola **c.** Flaubert **d.** Mauriac

8. Que signifie l'adjectif « immarcescible » ?

a. qu'on ne peut atteindre ;

b. qui ne peut couler ;

c. qu'on ne peut égaler ;

d. qui ne peut se flétrir.

9. Le traité sur l'Union européenne est entré en vigueur le :

a. 1er juillet 1990 ;

b. 1er novembre 1993 ;

c. 1er janvier 1993 ;

d. 1er janvier 1995.

10. Le revenu minimum d'insertion a été créé en :

a. 1986 **b.** 1988 **c.** 1990 **d.** 1993

11. L'initiative de la révision de la Constitution (art. 89) appartient :

a. au Premier ministre ;

b. au président de la République ;

c. au président de la République sur proposition du Premier ministre ;

d. aux membres du Parlement.

12. Le préfet est nommé :

a. par décret du président de la République en conseil des ministres ;

b. par décret du Premier ministre ;

c. par décret du Premier ministre sur proposition du ministre de l'Intérieur.

13. Quelle est la durée de la campagne présidentielle officielle en France ?

a. 15 jours pour le premier tour et 15 jours pour le second tour ;

b. un mois pour le premier tour et 15 jours pour le second tour ;

c. trois mois à compter de l'ouverture officielle de la campagne.

14. Quel est le statut de la Polynésie française ?

a. département d'outre-mer ;

b. zone franche ;

c. territoire d'outre-mer.

15. Internet est :

a. un ensemble de réseaux interconnectés ;

b. un réseau interne ;

c. un réseau européen ;

d. un réseau informatique réservé aux entreprises.

16. Qui était Clovis ?

a. un pape ;

b. un impressionniste ;

c. le premier président de la République ;

d. le premier roi de France.

17. Quel est le nom scientifique de la « maladie de la vache folle » ?

a. encéphalopathie spongiforme bovine ;

b. Alzheimer ;

c. délirium tremens ;

d. Parkinson.

18. Qu'est-ce que le CSA ?

a. une autorité consultative de régulation de l'audiovisuel ;
b. une instance de recherche de l'agriculture ;
c. un organisme consulaire européen ;
d. un centre de ressources de l'aviation civile.

19. Où se trouve l'Académie qui décerne le prix Nobel de la paix ?

a. en Finlande ;
b. en Suède ;
c. en Norvège ;
d. au Danemark.

20. En économie, qu'est-ce que l'inflation ?

a. l'augmentation du chômage ;
b. l'augmentation des prix continue et généralisée ;
c. l'augmentation des salaires ;
d. l'augmentation du nombre des naissances.

QCM n° 6

1. *De l'esprit des lois* est de :

a. Voltaire **b.** Montesquieu **c.** Diderot **c.** Rousseau

2. Comment s'appelait le dernier empereur de Chine ?

a. Deng Xiaoping ;
b. Puyi ;
c. Hirohito ;
d. Tchang Kaï-chek.

3. Anouar el Sadate fut un homme politique :

a. égyptien **b.** israélien **c.** libyen **d.** tunisien

4. Le président de la République ne nomme pas :

a. les conseillers d'État ;
b. les ambassadeurs ;
c. les préfets ;
d. les conseillers généraux.

5. Une personne atteinte d'agoraphobie a peur :

a. de monter en avion ;
b. de prendre l'ascenseur ;
c. de se trouver dans la foule, dans les grands espaces ;
d. des araignées.

6. Le film *Jean de Florette*, avec Yves Montand, a été tiré d'un roman de :

a. Jean Giono **b.** Marcel Pagnol **c.** Joseph Joffo **d.** Yann Queffélec

7. Le RMI a été créé en :

a. 1986 **b.** 1988 **c.** 1980

8. Quel navigateur a entrepris la première navigation autour du globe ?

a. Vasco de Gama ;
b. Fernand de Magellan ;
c. Jacques Cartier ;
d. Francis Drake.

9. Qui a inventé l'expression *tiers monde* ?

a. Alfred Sauvy ;
b. l'abbé Pierre ;
c. René Dumont ;
d. le père Wrezinski.

10. *Carpe diem* est une formule d'Horace qui invite à :

a. se taire dans l'épreuve ;
b. jouir du temps présent ;
c. s'obstiner dans la recherche ;
d. consommer du poisson quotidiennement.

11. Quelle est la capitale de la Slovénie ?

a. Ljubljana ;
b. Zagreb ;
c. Trieste ;
d. Dubrovnik.

12. La chute du mur de Berlin a eu lieu en :

a. 1987 **b.** 1989 **c.** 1990 **d.** 1992

13. De combien de membres se compose la Commission européenne ?

a. 15 **b.** 17 **c.** 20 **d.** 22

14. L'arrondissement est :

a. une collectivité territoriale de la République ;
b. une circonscription de l'État ;
c. un découpage du territoire de la Communauté européenne.

15. Qui était Roland Garros ?

a. un homme politique ;
b. un joueur de tennis professionnel ;
c. un écrivain ;
d. un aviateur.

16. Le Dow Jones est :

a. un indice de construction ;
b. une monnaie ;

c. un indice boursier ;

d. un indice de l'inflation.

17. Combien y a-t-il de départements en Corse ?

a. 1 **b.** 2 **c.** 3 **d.** 4

18. En France, quel est le taux légal d'alcoolémie ?

a. 0,5 g/L **b.** 0,7 g/L **c.** 0, 8 g/L **d.** 1 g/L

19. Parmi ces élections, laquelle ne relève pas du suffrage universel direct ?

a. les députés ;

b. les sénateurs ;

c. les députés européens ;

d. les conseillers généraux.

20. La superficie de la France est de :

a. 550 000 km^2 ;

b. 329 000 km^2 ;

c. 745 000 km^2.

QCM n° 7

1. La Cour européenne de justice siège à :

a. Strasbourg ;

b. Bruxelles ;

c. Luxembourg ;

d. La Haye.

2. Une FIVETE, c'est :

a. une méthode de procréation ;

b. un oiseau exotique ;

c. une petite fièvre.

3. Le quart-monde, c'est :

a. la partie de la population la plus défavorisée dans un pays développé ;

b. le continent asiatique ;

c. le quart de la population mondiale.

4. Un « laguiole » est :

a. un tableau célèbre ;

b. une marque de couteau ;

c. un simple d'esprit.

5. L'accord de Schengen prévoit :

a. la création de l'Union douanière ;

b. la création de l'Institut monétaire européen ;

c. la libre circulation des personnes.

6. Le traité de Rome date du :

a. 5 mai 1949 ;

b. 18 avril 1951 ;

c. 25 mars 1957.

7. La PAC désigne :

a. la politique agraire de la Communauté ;

b. la politique agricole commune ;

c. la planification de l'agriculture communautaire.

8. Les « eurodollars » sont :

a. les dollars investis par les Américains en Europe ;

b. la monnaie européenne ;

c. les dollars détenus par les banques européennes.

9. Le 1er juillet 2000 a été ouvert aux trafics routier et ferroviaire un pont-tunnel long de 16 km qui relie deux pays. Lesquels ?

a. la Suède et la Norvège ;

b. la Suède et le Danemark ;

c. la Norvège et le Danemark.

10. Quand a eu lieu la dernière éclipse de soleil visible en France ?

a. le 11 juillet 1999 ;

b. le 11 août 1999 ;

c. le 21 août 1999.

11. Quelle est la population de l'Inde en août 1999 ?

a. 800 000 **b.** 900 000 **c.** 1 milliard.

12. Quel est l'actuel président de la Russie (juin 2000) ?

a. Boris Eltsine ;

b. Sergueï Stepachine ;

c. Vladimir Poutine ;

d. Mickaïl Gorbatchev.

13. Quel est le nouveau roi du Maroc qui a succédé à son père Hassan II, en juillet 1999 ?

a. Mohammed V ;

b. Mohammed VI ;

c. Hassan III ;

d. Rachid IV.

14. Qu'est-ce que le CAC 40 ?

a. un groupe de rock ;

b. un groupement de 40 pays industrialisés ;

c. un indice boursier ;

d. une référence agricole.

15. Lequel de ces pays n'est pas traversé par le Nil ?

a. l'Égypte ;
b. le Soudan ;
c. l'Ouganda ;
d. la Somalie.

16. Alexandre le Grand a vécu au :

a. Ier siècle avant Jésus-Christ ;
b. IIe siècle avant J.-C. ;
c. IIIe siècle avant J.-C. ;
d. IVe siècle avant J.-C.

17. Les traités de Westphalie ont mis fin à la guerre :

a. de Trente Ans ;
b. de Cent Ans ;
c. des « Deux Roses » ;
d. de 1870.

18. *Belle du Seigneur* est un roman de :

a. Albert Cohen ;
b. Joseph Kessel ;
c. Romain Gary ;
d. J.M.G. Le Clézio.

19. Dans le roman *Le Rouge et le Noir*, le personnage principal, Julien Sorel, devient :

a. séminariste ;
b. ministre plénipotentiaire ;
c. intendant militaire ;
d. conseiller d'État.

20. Henri Matisse est considéré comme le chef de file du :

a. cubisme ;
b. surréalisme ;
c. fauvisme ;
d. pointillisme.

21. Le Web est :

a. un jeu électronique fonctionnant sur écran d'ordinateur et sur écran de télévision ;
b. l'ensemble des ondes sur lesquelles peuvent circuler les messages du réseau Internet ;
c. un modem permettant de recevoir les télécopies (fax) sur un téléphone de voiture.

QCM n° 8

1. Quel est le nom du pétrolier qui a provoqué la marée noire sur les côtes françaises au début de l'année 2000 ?

a. *Monica* ;
b. *Erika* ;
c. *Mitch.*

2. Qui a peint *La Danse*, huile sur toile (260 × 391 cm) ?

a. Picasso ;

b. Chagall ;

c. Matisse.

3. Qui est l'auteur, mort en juin 2000, de nombreux livres dont les *San-Antonio* ?

a. Frédéric Dard ;

b. Alphonse Boudard ;

c. Georges Simenon.

4. Qui était Yehudi Menuhin ?

a. un philosophe ;

b. un violoniste ;

c. un peintre ;

d. le président de l'ARC.

5. Quelle est la durée du mandat présidentiel aux États-Unis ?

a. 4 ans **b.** 5 ans **c.** 6 ans **d.** 7 ans

6. Marie Curie a découvert :

a. le radium ;

b. l'uranium ;

c. les rayons X ;

d. le kryptium.

7. L'hypoténuse est :

a. une partie du cerveau ;

b. un élément d'une colonne antique ;

c. la somme des carrés des côtés d'un triangle isocèle ;

d. le côté opposé à l'angle droit d'un triangle rectangle.

8. L'entomologie est :

a. une partie de la zoologie qui étudie les insectes ;

b. une partie de la médecine rattachée à la gastro-entérologie ;

c. une doctrine philosophique basée sur la valeur rédemptrice de la souffrance.

9. Qu'est-ce que l'ISF ?

a. l'institut de sondage spécialisé dans les sondages politiques ;

b. l'impôt de solidarité sur la fortune ;

c. l'impôt spécial sur les foires.

10. Quelle Française a été élue à la tête de l'Assemblée européenne en juillet 1999 ?

a. Nicole Nottat ;

b. Nicole Fontaine ;

c. Michèle Alliot-Marie.

11. Quel est le nom de la ligne E du RER inaugurée en juillet 1999 ?

a. Euro **b.** Éole **c.** Étoile

12. Cinq millions d'Éthiopiens sont menacés par la famine. Quelle est la capitale de l'Éthiopie ?

a. Djibouti ;

b. Khartoum ;

c. Lomé ;

d. Addis-Abeba.

13. Abdelaziz Bouteflika est le président de :

a. l'Irak **b.** l'Algérie **c.** la Tunisie **d.** l'Iran

14. Comment s'appelle la Bourse de Paris ?

a. le palais Bourbon ;

b. le palais Brongniart ;

c. le palais-Royal ;

d. le palais du Luxembourg.

15. Où se sont déroulés les jeux Olympiques d'été en 2000 ?

a. Los Angeles **b.** Montréal **c.** Atlanta **d.** Sydney

16. Que signifie le mot « hacker » en langage informatique ?

a. un site ;

b. un pirate ;

c. un mouchard ;

d. un bourdonnement.

17. Être séropositif veut dire :

a. que l'on est porteur du VIH (virus de l'immunodéficience humaine) ;

b. que l'on est malade du sida (syndrome d'immunodéficience acquise) ;

c. que l'on est atteint de l'hépatite B.

18. Quel est l'auteur de *Balzac et la petite tailleuse chinoise* ?

a. Emmanuel Carrère ;

b. Dai Sijie ;

c. Marc Levy ;

d. Jean Echenoz.

19. Le roman d'Erik Orsenna (2000), *Portrait d'un homme heureux,* retrace la vie d'André Le Nôtre. Qui était-il ?

a. un cuisinier de Louis XIV ;

b. un architecte de Louis XIV ;

c. un dessinateur de jardins (Versailles).

20. Où ont eu lieu les JMJ (Journées mondiales de la jeunesse) en août 2000 ?

a. Paris ;

b. Séville ;

c. Rome ;

d. Avignon.

QCM n° 9

1. ***Les Caves du Vatican* est une œuvre :**

a. du révérend père Bruckberger ;

b. de Mgr Lustiger, archevêque de Paris ;

c. du pape Urbain V ;

d. d'André Gide.

2. Quelle est la distance entre la Terre et la planète Mars ?

a. 300 000 km ;

b. 1 million de km ;

c. 20 millions de km ;

d. 500 millions de km.

3. En quelle année les femmes ont-elles obtenu le droit de vote ?

a. 1794 **b.** 1918 **c.** 1936 **d.** 1944

4. Le site archéologique d'Angkor se situe :

a. en Birmanie **b.** en Thaïlande **c.** au Viêt-nam **d.** au Cambodge

5. Parmi ces personnalités, laquelle n'a pas reçu le prix Nobel de la paix ?

a. mère Teresa ;

b. Yitzhak Rabin ;

c. le mahatma Gandhi ;

d. le dalaï-lama.

6. Qui a dit : « Du haut de ces pyramides, quarante siècles vous contemplent » ?

a. Jules César ;

b. Napoléon Bonaparte ;

c. Chateaubriand ;

d. l'amiral Nelson.

7. Laquelle de ces monnaies n'est pas une monnaie d'un État de l'Union européenne ?

a. la drachme **b.** le schilling **c.** la lire **d.** le peso

8. L'Organisation mondiale du commerce a été créée en :

a. 1945 **b.** 1968 **c.** 1971 **d.** 1993

9. Le chômage dû à la mobilité de la main-d'œuvre est qualifié de chômage :

a. structurel **b.** conjoncturel **c.** classique **d.** frictionnel

10. Que désigne le sigle OPEP ?

a. l'Organisation des producteurs et exportateurs de pétrole ;

b. l'Organisation des producteurs et entreprises de pétrochimie ;

c. l'Organisation des pays exportateurs de pétrole ;

d. l'Organisation des pays excédentaires en pétrole.

11. La fête du travail, le 1er-Mai, est devenue légale en :

a. 1947 **b.** 1936 **c.** 1890

12. Qui est représenté sur le billet français de 200 F ?

a. Gustave Eiffel ;

b. les frères Lumière ;

c. Anatole France.

13. Qui a succédé à Julien Green à l'Académie française en juin 2000 ?

a. Franz Olivier Giesbert ;

b. René de Obaldia ;

c. José Cabanis ;

d. Bertrand Poirot-Delpech.

14. De quel pays Hafez al-Assad, mort en juin 2000, était-il le président ?

a. le Liban :

b. la Syrie ;

c. le Maroc ;

d. la Turquie.

15. Qui a affronté Mary Pierce en finale de Roland-Garros en juin 2000 ?

a. Monica Sélès ;

b. Martina Hingis ;

c. Conchita Martinez.

16. Quel chorégraphe a créé « Arcimboldo 2000 » au Palais Garnier en juin 2000 ?

a. Patrick Dupond ;

b. Jiri Kylian ;

c. Maurice Béjart.

17. Qui est l'auteur de *La Guerre des Gaules* ?

a. Michel Debré **b.** Jules César **c.** Victor Hugo

18. La place Tianan men se trouve à :

a. Pékin ;

b. Moscou ;

c. dans les quartiers chinois de New York ;

d. Hong-Kong.

19. Qui a écrit le premier *Manifeste du surréalisme* ?

a. André Breton **b.** Louis Aragon **c.** Albert Camus

20. Quelle est la capitale de la Suisse ?

a. Genève **b.** Zurich **c.** Berne **d.** Bâle

QCM n° 10

1. Qui a dit : « Veni, vidi, vici ! » ?

a. Octave **b.** Auguste **c.** César

2. Dans la mythologie grecque, comment s'appelaient les monstres ailés à têtes de femmes ?

a. les Gorgones ;

b. les Centaures ;

c. les Méduses ;

d. les Harpies.

3. Qu'est-ce que le taylorisme ?

a. un mode de comportement dans la société bourgeoise anglaise ;

b. un mode d'organisation du travail ;

c. un mouvement de défense initié par Elizabeth Taylor.

4. Quel est le nom du Premier ministre britannique (2000) ?

a. Margaret Thatcher ;

b. Tony Blair ;

c. Bill Gates.

5. Le palais des Papes se trouve à :

a. Nîmes ;

b. Rome ;

c. Avignon.

6. Qu'est-ce que la thérapie génique ?

a. l'étude des théories relatives au génie ;

b. une mesure prophylactique de l'hygiène ;

c. une méthode thérapeutique consistant à intervenir sur le génome de certaines affections.

7. Qui est l'auteur de *Nous ne nous sommes pas dit au revoir* ?

a. Marie de Hennezel ;

b. Nathalie Nothomb ;

c. Claude Sarraute.

8. La prochaine Coupe du monde de football se déroulera en :

a. 2001 **b.** 2002 **c.** 2003

9. Les prochains jeux Olympiques d'hiver auront lieu en 2002 à :

a. Grenoble **b.** Helsinki **c.** Salt Lake City

10. Où aura lieu la prochaine Coupe du monde de football ?

a. au Mexique **b.** au Brésil **c.** au Japon-Corée

11. RDS signifie :

a. remboursement de la dette sociale ;

b. rendement différentiel synchrone ;

c. retour définitif sociologique ;

d. réinsertion des salariés.

12. François Truffaut est connu comme :

a. réalisateur de cinéma ;

b. peintre-paysagiste ;

c. auteur-compositeur ;

d. metteur en scène de théâtre.

13. Que recouvre la notion de « zone franche urbaine » ?

a. une zone d'exonération des charges sociales et fiscales en faveur des entreprises implantées dans des « quartiers difficiles » ;

b. une zone de détaxe douanière ;

c. une zone de libre circulation des personnes étrangères ;

d. une zone de prohibition du port d'arme.

14. Qui est Claudie André-Deshays ?

a. une mathématicienne ;

b. un jockey ;

c. un ministre ;

d. une spationaute.

15. Qui est Jeannie Longo ?

a. une présentatrice de la météo à la télévision ;

b. une championne cycliste ;

c. une navigatrice solitaire du Vendée-Globe ;

d. une actrice de théâtre.

16. Où a eu lieu le sommet du « G15 », groupe des pays en voie de développement, du 17 au 21 juin 2000 ?

a. en Algérie **b.** au Kenya **c.** en Inde **d.** en Égypte

17. Quel est le cinéaste britannique qui a présenté son dernier film *Bread and Roses* à Cannes en juin 2000 ?

a. Ken Follet **b.** Robert Aldrich **c.** Woody Allen **d.** Ken Loach

18. Qui a succédé à Hafez al-Assad à la présidence de la Syrie ?

a. Bachar al-Assad (son fils).

b. Rifaat al-Assad (son frère).

c. Ehud Barak.

19. Un quart de la population du Zimbabwe est séropositive (juin 2000). Où se trouve ce pays ?

a. au nord de l'Inde ;

b. en Amérique du Sud ;

c. en Afrique subsaharienne.

20. Le 23 avril 2000, des rebelles musulmans ont pris 21 étrangers en otage dans l'île de Jolo. Où se situe cette île ?

a. aux Philippines ;

b. en Nouvelle-Calédonie ;

c. entre l'Afrique et Madagascar.

Corrigés

QCM n° 1

1. b. *Tosca* est de Puccini

2. c. 1958

3. c. Debussy

4. c. 5 ans

5. d. un concerto

6. d. 1944

7. c. Beethoven

8. d. 23 ans

9. b. *La Bohème* est de Puccini

10. d. en 1981

11. a. Prokofiev

12. d. 1992

13. d. Vivaldi

14. b. aux associations

15. c. le violon

16. b.

17. d. Bizet

18. a. la commune

19. c. Mozart

20. a. au suffrage universel

QCM n° 2

1. c. le palais de l'Escurial est en Espagne

2. b. le Portugal

3. c. George Sand

4. b. Cézanne

5. a. 1947

6. a. *La Métamorphose*

7. c. Gene Kelly

8. c. 1989

9. b. Schengen

10. a. le téléphone

11. b. Picasso

12. d. *Huis clos* de Sartre

13. b. 1978

14. c. Héloïse

15. c. Hubble

16. b. la mairie

17. c. 23 ans

18. a.

19. b.

20. a. Philips associé à Sony

QCM n° 3

1. b. MSF

2. a. intoxication par le plomb

3. c.

4. a. Picasso

5. a. Aragon

6. b. un groupe politique islamique en Afghanistan

7. a.

8. c.

9. d.

10. c. *Télérama*

11. a. juillet 1998

12. b. janvier 2002

13. b. Mozart

14. b. 6 milliards

15. a. Stevenson

16. a. 7 025 km (le Nil : 6 671 km)

17. b. D-C-B-A (juillet 1994, mai 1998, décembre 1998, janvier 2000)

18. a. Bush

19. c.

20. a.

QCM n° 4

1. c.

2. c.

3. a.

4. a.

5. c.

6. b.

7. c.

8. c.

9. a.

10. b.

11. b.

12. a. et **c.**

13. b.

14. c.

15. c. et **d.** (à Washington, c'est le siège du Congrès)

16. d.

17. c.

18. c.

19. c.

20. d.

QCM n° 5

1. a. 1976

2. a. Freud

3. b.

4. c.

5. b. de Balzac

6. b. Picasso

7. d. Mauriac

8. d.

9. b.

10. b.

11. c.

12. a.

13. a .

14. c.

15. a.

16. d.

17. a.

18. a.

19. b.

20. b.

QCM n° 6

1. b.

2. b.

3. a.

4. d.

5. c.

6. b.

7. b.

8. b. en 1519

9. a.

10. b.

11. a.

12. b. 1989

13. c.

14. b.

15. d.

16. c.

17. b.

18. a.

19. b.

20. a.

QCM n° 7

1. c.

2. a.

3. a.

4. b.

5. c.

6. c.

7. b.

8. c.

9. b.

10. c.

11. c.

12. c.

13. b.

14. c.

15. d.

16. d.

17. a.

18. a.

19. a.

20. c.

21. b.

QCM n° 8

1. b.

2. c.

3. a.

4. b.

5. a.

6. a.

7. d.

8. a.

9. b.

10. b.

11. b.

12. d.

13. b.

14. b.

15. d.

16. b.

17. a.

18. b.

19. c.

20. c.

QCM n° 9

1. d.

2. c.

3. d.

4. d.

5. c.

6. b.

7. d. Argentine

8. d.

9. d.

10. c.

11. a.

12. a.

13. b.

14. b.

15. c.

16. b.

17. b.

18. a.

19. a.

20. c.

QCM n° 10

1. c.

2. d.

3. b.

4. b.

5. c.

6. c.

7. a.

8. b.

9. c.

10. c.

11. a.

12. a.

13. a.

14. d.

15. b.

16. d.

17. d.

18. a.

19. c.

20. a.

3. Mathématiques

Rappels de base

L'épreuve d'admissibilité en mathématiques est très sélective car elle nécessite de maîtriser les techniques opératoires, de connaître les recettes du calcul mental pour aller vite et de pouvoir retrouver, sans se tromper, les « formules » d'algèbre et de géométrie que l'on a parfois apprises il y a bien longtemps sans en connaître le sens.

Les techniques opératoires et les règles de base à connaître

La plupart des techniques opératoires reposent sur quelques propriétés algébriques remarquables des nombres.

– La **commutativité** de l'addition et de la multiplication :

$$a + b = b + a$$
$$a \times b = b \times a$$

– L'**associativité** de l'addition et de la multiplication :

$$a + (b + c) = (a + b) + c$$
$$a \times (b \times c) = (a \times b) \times c$$

– La **distributivité** de la multiplication par rapport à l'addition :

$$a \times (b + c) = (a \times b) + (a \times c)$$

1. Conseils généraux

N'hésitez pas, en cas de doute sur les égalités, à recourir à la visualisation sous la forme d'une balance.

– Trouver x pour l'égalité suivante : $x + 3 = 5$.

Pour isoler x, il faut transférer +3 de l'autre côté de l'égalité en changeant son signe. Cela revient en fait à enlever une même quantité de chaque côté de l'égalité :

$$x + 3 + (-3) = 5 + (-3)$$
$$x + 3 - 3 = 5 - 3$$
$$x + 0 = 2$$
$$x = 2$$

[×] 3 ↑ 5

Pour isoler ×, j'enlève le 3 à gauche : la balance va pencher à droite.

[×] ↗ 5

Pour rétablir l'équilibre, je dois enlever 3 sur le plateau de droite.

[×] ↑ 2

– Trouver x pour l'égalité suivante : $3x = 18$.

Pour isoler x, il faut transférer 3 de l'autre côté de l'égalité en effectuant l'opération inverse de la multiplication, c'est-à-dire la division. Cela revient en fait à diviser par 3 de chaque côté de l'égalité :

$$\frac{3x}{3} = \frac{18}{3}$$

$$\left(\frac{3}{3}\right)x = \frac{18}{3}$$

$$1x = 6$$

$$x = 6$$

$\boxed{\times} + \boxed{\times} + \boxed{\times} \quad \uparrow \quad 18$

$\boxed{\times} + \boxed{\times} + \boxed{\times} \quad \uparrow \quad 6 + 6 + 6$

Si je divise par 3 la quantité sur le plateau de gauche, la balance va pencher à droite.

$\boxed{\times} \quad \nearrow \quad 6 + 6 + 6$

Pour rétablir l'équilibre de la balance, je dois diviser par 3 sur le plateau droit.

$\boxed{\times} \quad \uparrow \quad 6$

Passer un membre de l'autre côté du signe égal consiste donc à effectuer l'opération inverse : c'est ce que l'on a appris à travers des formules un peu « magiques » :

– le plus se transforme en moins ;

– le moins se transforme en plus ;

– la multiplication se transforme en division ;

– la division se transforme en multiplication ;

– la puissance se transforme en puissance inverse.

2. L'addition de deux nombres

– S'ils sont de même signe, la somme est égale à la valeur absolue de leur somme précédée du signe commun.

– S'ils sont de signes contraires, la somme est égale à la différence entre la plus grande valeur absolue et la plus petite précédée du signe du plus grand nombre.

$$+5 + (-12) = -(|12| - |5|) = -(7) = -7.$$

3. La soustraction de deux nombres

La soustraction est l'opération inverse de l'addition, c'est-à-dire une addition « à trou ». Effectuer la soustraction $832 - 244$, c'est chercher le nombre x tel que $244 + x = 832$.

Conseils pour soustraire : la soustraction engendre souvent des erreurs de calcul à cause des retenues. En cas de difficulté, n'hésitez pas à faire comme les commerçants quand ils rendent la monnaie c'est-à-dire à effectuer… une addition.

$$832 - 244 = ?$$

Partez de 244. Il faut ajouter 6 pour arriver à 250 puis 50 pour arriver à 300 puis 500 pour arriver à 800 puis 32 pour arriver à 832.

$$832 - 244 = 6 + 50 + 500 + 32$$

$$832 - 244 = 588.$$

4. La multiplication et la division

Il n'existe aucun nombre qui, multiplié par 0, donne un résultat différent de 0. La division étant l'opération inverse de la multiplication, on ne peut pas diviser par 0.

Le résultat d'une multiplication ou d'une division entre des nombres de même signe est **positif**.

Le résultat d'une multiplication ou d'une division entre des nombres de signes contraires est **négatif**.

Ce principe connu sous le nom de « règle des signes » (– par – égale + ; + par + égale + ; – par + égale – ; + par – égale –) est lié à la nature du nombre négatif : –10 est le nombre qu'il faut ajouter à +10 pour obtenir 0. Le caractère symétrique de l'addition et de la soustraction, de la multiplication et de la division que l'on a vu plus haut fait que **soustraire un nombre revient à additionner son contraire**.

Soustraire –10, c'est-à-dire –(–10), c'est additionner son contraire, c'est-à-dire +10. On retrouve ainsi la règle des signes : « – par – égale + ».

Un nombre est divisible par un autre *si* le reste de la division est égal à 0. On dit que le quotient est **exact**.

a. Conseils pour multiplier ou diviser rapidement par 5 : 5 étant la moitié de 10 $\left(5 = \frac{10}{2}\right)$,

– pour multiplier par 5, il suffit de multiplier par 10 (ajouter un 0) et de diviser par 2 ;

– pour diviser par 5, il suffit d'effectuer les opérations inverses : multiplier par 2 et diviser par 10 (enlever un 0 ou décaler la virgule d'un rang vers la gauche).

$$\begin{aligned} 137 \times 5 &= 137 \times 10 \text{ divisé par } 2 \\ &= 1370 \text{ divisé par } 2 \\ &= 685. \end{aligned}$$

$$\begin{aligned} \frac{223}{5} &= 223 \times 2 \text{ divisé par } 10 \\ &= 446 \text{ divisé par } 10 \\ &= 44{,}6. \end{aligned}$$

b. Conseil pour retrouver la table de 9 : la distributivité de la multiplication par rapport à l'addition permet de retrouver facilement la table de 9 en utilisant ses 10 doigts.

$$8 \times 9 = 8 \times (10 - 1).$$

Plier le 8e doigt de vos deux mains.

À gauche du doigt plié vous aurez les dizaines (7 doigts, soit 70) et à droite du doigt plié vous aurez les unités (2 doigts, soit 2).

$$8 \times 9 = 72.$$

c. Conseil pour vérifier une multiplication : la preuve par 9.

$$6\,897 \times 654 = 4\,510\,638$$

Tracer une croix et inscrivez dans la case du haut l'addition des chiffres du premier facteur. Si cette addition donne un nombre à plusieurs chiffres, additionner de nouveau les chiffres jusqu'à ce qu'il n'en reste plus qu'un. Si ce chiffre est 9, le remplacer par 0.

Dans la case du bas, suivre les mêmes consignes pour le deuxième facteur.

Dans la case de gauche, suivre les mêmes consignes avec le résultat de votre multiplication.

Dans la case de droite, inscrivez le résultat de la multiplication entre les chiffres de la case du haut et celle du bas.

S'il y a une différence entre la case de gauche et celle de droite alors refaites votre opération car elle est fausse.

6 897 : $6 + 8 + 9 + 7 = 30$; $3 + 0 = 3$

4 510 638 : $4 + 5 + 1 + 0 + 6 + 3 + 8 = 27$; $2 + 7 = 9$; 9 remplacé par un 0

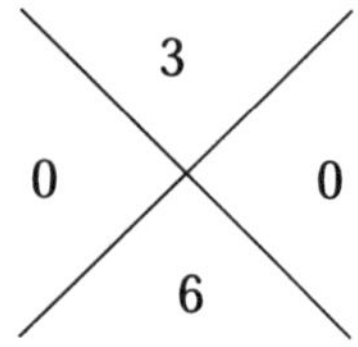

$6 \times 3 = 18$; $8 + 1 = 9$; 9 remplacé par un 0

645 : $6 + 5 + 4 = 15$; $1 + 5 = 6$

d. Conseils pour retrouver rapidement les caractères de divisibilité

Un nombre est divisible par :

– 2 s'il est pair (832 est divisible par 2) ;

– 3 si la somme de ses chiffres est divisible par 3 :

443 n'est pas divisible par 3 car $4 + 4 + 3 = 11$

(11 n'est pas divisible par 3) ;

– 4 si le nombre formé par les deux derniers chiffres est divisible par 4 :

1 112 012 est divisible par 4 car 12 est divisible par 4 ;

– 5 si le nombre se termine par 0 ou 5 ;

– 6 si le nombre est pair et divisible par 3 ;

5 436 est divisible par 6 car il est pair et divisible par 3 ($5 + 4 + 3 + 6 = 18$, 18 divisible par 3) ;

– 8 si le nombre formé par les trois derniers chiffres est divisible par 8 :

12 376 est divisible par 8 car $\frac{376}{8} = 47$;

– 9 si la somme des chiffres est divisible par 9 :

486 est divisible par 9 ($4 + 8 + 6 = 18$, 18 est divisible par 9) ;

– 10 si le nombre se termine par 0 ;

– 11 si la différence entre la somme des chiffres des rangs pairs et celle des rangs impairs est divisible par 11 ou égal à 0 :

108 625 est divisible par 11 car la somme des chiffres de rang pair est $2 + 8 + 1 = 11$ et la somme des chiffres de rang impair est $5 + 6 + 0 = 11$

$11 - 11 = 0$;

– 20 si le chiffre des unités est un 0 et si le chiffre des dizaines est pair :

12 560 est divisible par 20 (se termine par un 0 et 6 est pair).

Les caractères de divisibilité peuvent se combiner entre eux. Un nombre est divisible par $a \times b$ s'il est divisible à la fois par a et par b. Mais il faut que a et b n'aient pas de diviseur commun.

On peut combiner 11, 3, 2 et 5 car ces nombres n'ont pas de diviseurs communs.

– Un nombre est divisible par 55 s'il est divisible par 5 et par 11.

– Un nombre est divisible par 22 s'il est divisible par 11 et par 2.

– Un nombre est divisible par 33 s'il est divisible par 11 et par 3.

– Un nombre est divisible par 165 s'il est divisible par 11, par 3 et par 5.

En revanche, on ne peut pas combiner 3 et 9 car 9 est divisible par 3. Il n'est pas possible de reconnaître rapidement si un nombre est divisible par 27 (3×9).

5. Les arrondis d'une division

Une division peut se poursuivre de manière infinie.

C'est, par exemple, le cas de :

$$\frac{4}{3} = 1{,}333333333\ldots$$

Arrondir c'est donner un résultat approché d'une division :

– arrondir à l'unité près, c'est donner un nombre entier comme résultat ;

– arrondir à 0,1 près c'est donner un nombre avec un chiffre après la virgule comme résultat ;

– arrondir à 0,01 près c'est donner un nombre avec deux chiffres après la virgule comme résultat.

On peut arrondir **par défaut** en tronquant le résultat au rang de l'arrondi souhaité ou **par excès** en ajoutant une unité au rang de l'arrondi souhaité.

Généralement, on arrondit par défaut si le chiffre du rang suivant est 0, 1, 2, 3 ou 4.

On arrondit par excès si le chiffre du rang suivant est 5, 6, 7, 8 ou 9.

Arrondir à 0,01 près les nombres :

32,124 32,12 (le chiffre du rang suivant est 4 donc arrondi par défaut) ;

25,828 25,83 (le chiffre du rang suivant est 8 donc arrondi par excès).

Attention, la nature de l'arrondi dépend aussi du problème posé !

« Combien faut-il de boîtes contenant 6 œufs pour en placer 43 ? »

$\frac{43}{6} = 7{,}16666.$ On doit arrondir à l'unité près (la boîte), la règle de l'arrondi par défaut ne peut évidemment pas s'appliquer ici. 43 œufs ne tiennent pas dans 7 boîtes mais dans 8 !

Les priorités opératoires

Dans une suite de calculs, il existe des priorités à respecter :

1. calculs à l'intérieur des parenthèses ;

2. multiplication et division ;

3. addition et soustraction.

À égalité de priorité, on effectue les calculs dans l'ordre qui facilite l'opération en utilisant la **commutativité**.

- $12 + \underbrace{8 \times 4}_{32} - \underbrace{12 : 2}_{6} =$

$12 + 32 - 6 = 38$

$\underbrace{(3 \times 6)}_{18} - \underbrace{(12 \times 2)}_{24} =$

$-24 + 18 = -6$

- $14 \times 5 : 2 =$

$\underbrace{14 : 2}_{7} \times 5 =$

$7 \times 5 = 35.$

Les fractions

Une fraction est un rapport entre deux nombres décimaux. Le nombre du haut est le **numérateur**, le nombre du bas le **dénominateur**. Un dénominateur ne peut pas être égal à 0.

1. Quelques règles

$\frac{0}{a} = 0$ (avec $a \neq 0$)

$\frac{a}{a} = 1$ (avec $a \neq 0$)

$\frac{a}{1} = a$

$\frac{a \times n}{b \times n} = \frac{a}{b} \times \frac{n}{n} = \frac{a}{b}$ (avec b et $n \neq 0$).

Simplifier une fraction, c'est diviser le numérateur et le dénominateur par un même nombre non nul. Il faut décomposer le numérateur et le dénominateur en produits de facteurs premiers, d'où l'importance de connaître les caractères de divisibilité des nombres abordés plus haut.

Ex : Simplifier la fraction $\frac{510}{2635}$.

$$\frac{510}{2635} = \frac{5 \times 3 \times 17 \times 2}{5 \times 17 \times 31} = \frac{3 \times 2 \times 5 \times 17}{31 \times 5 \times 17} = \frac{3 \times 2}{31} = \frac{6}{31}.$$

Les **facteurs premiers** sont des **nombres premiers**.

Ce sont des nombres non nuls qui ne sont divisibles que par 1 et par eux-mêmes.

Nombres premiers jusqu'à 100 :

2	3	5	7	11
13	17	19	23	29
31	37	41	43	47
53	59	61	67	71
73	79	83	89	97

2. Effectuer des opérations sur des fractions

On ne peut effectuer des additions et des soustractions sur les numérateurs que **si les fractions ont le même dénominateur**. Si les fractions n'ont pas le même dénominateur, il faut trouver au préalable un **dénominateur commun**. Pour que le calcul soit le plus simple possible, il s'agit de trouver **le plus petit commun multiple** (PPCM).

- Simplifier toutes les fractions.
- Trouver le PPCM à partir des facteurs premiers des dénominateurs.
- Multiplier chaque numérateur par les facteurs premiers permettant d'atteindre le PPCM.
- Effectuer les opérations sur les numérateurs.
- Simplifier si possible le résultat obtenu.

$$\frac{36}{15}+\frac{15}{10}-\frac{4}{9} =$$

$$\frac{3\times 12}{3\times 5}+\frac{3\times 5}{5\times 2}-\frac{4}{9} =$$

$$\frac{12}{5}+\frac{3}{2}-\frac{4}{9}.$$

Recherche du PPCM (5, 2, 9) : $5\times 2\times 9 = 90$

$$\frac{12\times 18}{5\times 18}+\frac{3\times 45}{2\times 45}-\frac{4\times 10}{9\times 10} =$$

$$\frac{216}{90}+\frac{135}{90}-\frac{40}{90} = \frac{311}{90}.$$

3. Multiplier et diviser des fractions

- Pour multiplier des fractions, il suffit de multiplier les numérateurs entre eux et les dénominateurs entre eux :

$$\frac{a}{b}\times\frac{c}{d} = \frac{a\times c}{b\times d} \text{ (avec } b \text{ et } d \neq 0)$$

$$\frac{2}{3}\times\frac{7}{5} = \frac{2\times 7}{3\times 5} = \frac{14}{15}.$$

- Pour diviser deux fractions, il suffit de multiplier la première par l'inverse de la seconde (la division étant l'opération inverse de la multiplication) :

$$\frac{a}{\frac{c}{d}} = \frac{a\times d}{c} \quad \text{(avec } c \text{ et } d \neq 0)$$

$$\frac{2}{\frac{1}{3}} = \frac{2\times 3}{1} = 6.$$

$$\frac{\frac{a}{b}}{\frac{c}{d}} = \frac{a\times d}{b\times c} \quad \text{(avec } b, c \text{ et } d \neq 0)$$

$$\frac{\frac{1}{2}}{\frac{1}{3}} = \frac{1\times 3}{2\times 1} = \frac{3}{2}.$$

La factorisation et les identités remarquables

$$(a+b)^2 = a^2+b^2+2ab$$
$$(a-b)^2 = a^2+b^2-2ab$$
$$a^2-b^2 = (a+b)(a-b)$$

Conseils : si vous avez des difficultés pour retrouver ces égalités, vous pouvez visualiser le résultat de manière géométrique.

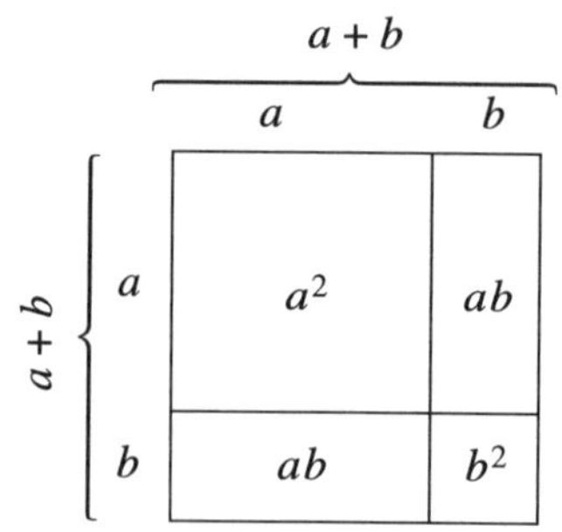

carré de $a+b$ de côté, de surface $(a+b)^2$
ce qui donne, en additionnant chaque parcelle
a^2+b^2+2ab

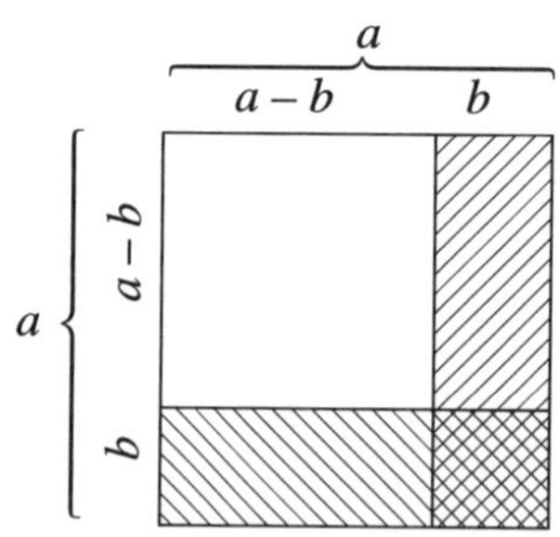

Pour trouver le carré de $a-b$ de côté de surface $(a-b)^2$, c'est le grand carré (a^2) auquel on enlève le rectangle vertical (ab), le rectangle horizontal (ab), mais le petit carré de b de côté (b^2) est enlevé deux fois, il faut donc le rajouter une fois.
$(a-b)^2 = a^2-2ab+b^2$.

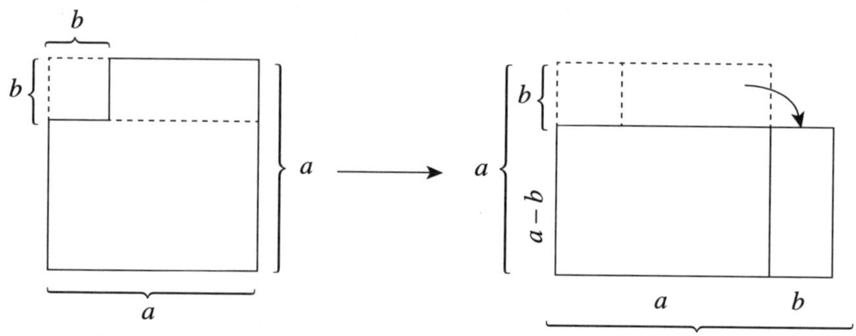

$a^2-b^2 = (a+b)(a-b)$

N'importe quelle factorisation peut être retrouvée en utilisant cette visualisation géométrique.
$(3x+2)(2x+3) = 6x^2+13x+6$.

$3x + 2$

	x	x	x	1	1
x	x^2	x^2	x^2	$1 \cdot x$	$1 \cdot x$
x	x^2	x^2	x^2	$1 \cdot x$	$1 \cdot x$
1	$1 \cdot x$	$1 \cdot x$	$1 \cdot x$	1	1
1	$1 \cdot x$	$1 \cdot x$	$1 \cdot x$	1	1
1	$1 \cdot x$	$1 \cdot x$	$1 \cdot x$	1	1

$2x + 3$

$= 6x^2 + 13x + 6$

Les pourcentages

Un pourcentage est une représentation particulière d'un nombre que l'on a multiplié par 100. De manière implicite % signifie × 100.

Pour passer d'un nombre quelconque à sa représentation en pourcentage, on multiplie par 100 :

$$0{,}6 \longrightarrow 0{,}6 \times 100 = 60\ \%.$$

Pour passer d'un pourcentage quelconque au nombre réel, on divise par 100 :

$$24\ \% \longrightarrow \frac{24}{100} = 0{,}24.$$

L'utilisation des pourcentages provient du fait que l'on a une très mauvaise image mentale des nombres compris entre 0 et 1.

6,5 % est beaucoup plus parlant que 0,65.

Les pourcentages de proportion :

Pour calculer la part que représente un nombre par rapport à un ensemble :

$$\frac{\text{Part}}{\text{Total}} \times 100.$$

Exemple : Quelle est la part des moins de 20 ans (15 158 730), des 20-64 ans (34 319 648) et des 65 ans et plus (9 013 256) dans la population totale (58 491 634) de la France en 1997 ?

– de 20 ans : $\dfrac{15\,158\,730}{58\,491\,634} \times 100 = 25{,}9\%$

20-64 ans : $\dfrac{34\,319\,648}{58\,491\,634} \times 100 = 58{,}7\ \%$

65 ans et + : $\dfrac{9\,013\,256}{58\,491\,634} \times 100 = 15{,}4\ \%.$

Les pourcentages d'évolution :

$$\frac{(\text{Valeur de comparaison} - \text{Valeur de référence})}{\text{Valeur de référence}} \times 100.$$

Exemple : De combien l'espérance de vie a-t-elle augmenté (en %) entre 1983 (74,6 ans) et 1997 (78,0 ans) ?

$$\frac{(78{,}0 - 74{,}6)}{74{,}6} \times 100 = \frac{3{,}4}{74{,}6} \times 100 = 4{,}6\ \%.$$

La valeur de référence est donnée par l'énoncé du problème à travers les expressions « entre » ou « par rapport à ».

Attention

Dans le cadre de la confection de tableaux numériques, il faut souvent calculer des pourcentages de proportion par rapport à un ensemble.

Il se peut qu'à force d'arrondis successifs, le total des pourcentages calculés ne fasse pas 100,0 mais 99,9 ou 100,1.

Dans ce cas, il est généralement admis que l'on « ajuste » les résultats en ajoutant ou en retirant la différence pour arriver à 100 au pourcentage le plus grand.

Exemple :

	Nombre	% arrondis	% à indiquer
Catégorie A	60	45,5	45,4
Catégorie B	34	25,8	25,8
Catégorie C	38	28,8	28,8
Ensemble	132	100,1	100,0

– Une augmentation de 100 % correspond à un doublement, de 200 % à un triplement, de 300 % à un quadruplement.

– Un taux d'inflation de 900 % signifie que les prix ont augmenté d'un facteur 10.

– Une diminution ne peut pas être supérieure à 100 %. Dire qu'une monnaie a perdu 250 % de sa valeur n'a pas de sens.

La résolution des équations

Quel que soit le problème posé, la grande difficulté pour le résoudre consiste à le formaliser en langage mathématique.

On commencera par se poser la question « Que me demande-t-on de trouver ? ». C'est « l'inconnue » que l'on nommera x.

– On transformera toutes les informations contenues dans l'énoncé du problème en utilisant une notation mathématique incluant le signe =.

– On effectuera les transformations et les calculs nécessaires pour trouver la valeur de x.

• **Équation du 1er degré à une inconnue :**

$ax + b = 0 \quad x = -\frac{b}{a}$ (avec $a \neq 0$).

• **Système d'équations du 1er degré à plusieurs inconnues :**

$ax + by + c = 0 \quad a'x + b'y + c' = 0.$

Plusieurs méthodes existent pour résoudre ce système d'équations.

* S'il existe des relations simples entre a et a' ou entre b et b', on multiplie chacune des équations par des coefficients choisis de telle manière qu'en ajoutant ou en soustrayant les deux équations, l'une des deux inconnues disparaisse.

Exemple : $\begin{cases} 2x + 3y + 5 = 0 \\ 4x + 2y + 8 = 0 \end{cases}$

Il existe une relation simple entre a et a' $(a' = 2a)$. On multiplie les termes de la première équation par 2 :

$$2 \times (2x + 3y + 5) = 2 \times 0$$
$$4x + 6y + 10 = 0.$$

On pose de nouveau le système :

(1) $4x + 6y + 10 = 0$

(2) $4x + 2y + 8 = 0$

(2) valant 0, on peut enlever 0 à (1)

$$4x + 6y + 10 - (4x + 2y + 8) = 0$$
$$4x + 6y + 10 - 4x - 2y - 8 = 0$$
$$4y + 2 = 0$$
$$4y = -2$$
$$y = -\frac{2}{4}$$
$$y = -\frac{1}{2} = -0{,}5.$$

Connaissant y, il est maintenant possible de tirer x en remplaçant y par sa valeur dans l'une ou l'autre des équations :

$$4x + 2(-0{,}5) + 8 = 0$$
$$4x - 1 + 8 = 0$$
$$4x + 7 = 0$$
$$4x = -7$$
$$x = -\frac{7}{4} = -1{,}25.$$

* S'il n'existe pas de relations simples (ou visibles rapidement) entre a et a' ou entre b et b', on utilisera la méthode par substitution qui consiste à exprimer une inconnue en fonction de l'autre dans la première équation et de la remplacer dans la deuxième :

(1) $2x + 3y + 5 = 0$

(2) $4x + 2y + 8 = 0$

De (2) on tire : $4x = -(2y + 8)$

$$x = -\frac{(2y + 8)}{4} = \frac{-2y - 8}{4} = \frac{-y - 4}{2}.$$

On substitue ce résultat dans l'autre équation :

$$2\left(\frac{-y - 4}{2}\right) + 3y + 5 = 0$$
$$-y - 4 + 3y + 5 = 0$$
$$2y + 1 = 0$$
$$2y = -1$$
$$y = -\frac{1}{2} = -0{,}5.$$

• **Système d'équation simple du deuxième degré à une inconnue :**

$$ax^2 + bx + c = 0.$$

Il s'agit d'utiliser les identités remarquables afin d'arriver à un système d'équation de type $(ax + b)(cx + d) = 0$.

D'où l'on tire deux équations du 1er degré

$ax + b = 0 \qquad x_1 = -\frac{b}{a} \quad$ (avec $a \neq 0$)

$cx + d = 0 \qquad x_2 = -\frac{d}{c} \quad$ (avec $c \neq 0$)

La règle de trois, le produit en croix, le tableau de proportionnalité

Pour utiliser ces règles, dont bon nombre de problèmes des concours sont issus, il faut considérer que l'on peut trouver l'inconnue x car elle est proportionnelle à y que l'on connaît.

x	y
a	b

La difficulté consiste à bien remplir le tableau :

x est l'inconnue que l'on cherche ;

y représente une valeur de même nature que x ;

a représente une quantité appariée à x ;

b représente une quantité appariée à y.

– Règle de trois : $x = \frac{ay}{b}$.

– Produit en croix : $xb = ya$, d'où l'on tire $x = \frac{ay}{b}$.

– Proportionnalité : $\frac{x}{a} = \frac{y}{b}$, d'où l'on tire $x = \frac{ay}{b}$.

Conseil : dans ce type de problème, on a trois nombres et l'on sait que l'on doit effectuer une division et une multiplication. Si vous avez des difficultés pour vous rappeler la formule, essayez d'abord de vous représenter l'ordre de grandeur du résultat à trouver et vous éviterez ainsi bien des erreurs.

Exemple :

30 kg de pommes sont vendus 90 F. Combien valent 8 kg ?

Il y a trois nombres (30, 90 et 8 que l'on appellera b, y et a) à partir desquels il faut trouver le quatrième.

Nombre inconnu x, le prix.

Les combinaisons possibles à partir d'une multiplication et d'une division sont :

$x = \frac{ay}{b}$ (le bon résultat)

$x = \frac{ab}{y}$ et $x = \frac{by}{a}$

Soit comme résultats :

$$\frac{90 \times 8}{30} = 24{,}00$$

$$\frac{90 \times 30}{8} = 337{,}50$$

$$\frac{30 \times 8}{90} = 2{,}67$$

En vous représentant l'ordre de grandeur du résultat à trouver (8 kg c'est forcément moins cher que 30 kg, donc le résultat doit être inférieur à 90 F et c'est forcément plus cher que pour 1 kg soit 3,00), vous anticipez que le résultat ne peut pas être supérieur à 90,00 ni inférieur à 3,00. Vous éliminez immédiatement, avant même le calcul, les résultats aberrants 337,50 F et 2,67 F que vous obtiendriez en posant mal votre tableau.

Calculs sur le temps

Les opérations sont les mêmes que pour les nombres décimaux, mais les « retenues » n'ont pas la même valeur !

– **Additionner**

	3 j	12 h	52 min	34 s
+	2 j	14 h	28 min	56 s
=	5 j	26 h	80 min	90 s
			1 min	30 s
		1 h	21 min	
	1 j	3 h		
=	6 j	3 h	21 min	30 s

Une fois que l'addition est effectuée pour chacune des unités (jours, heures, minutes et secondes), il s'agit de convertir dans l'unité supérieure dès que l'on dépasse 60 (pour les secondes et les minutes) et 24 (pour les heures).

– **Soustraire**

Le principe est le même, mais la classique retenue prendra, selon les unités, la valeur de 60 ou de 24.

	3 j	12 h	42 min	14 s
–	1 j	14 h	54 min	32 s
	3 j	12 h	41 min	74 s
–	1 j	14 h	54 min	32 s
	3 j	11 h	101 min	74 s
–	1 j	14 h	54 min	32 s
	2 j	35 h	101 min	74 s
–	1 j	14 h	54 min	32 s
=	1 j	21 h	47 min	42 s

– **Multiplier**

On effectue les opérations de manière indépendante pour chaque unité de temps, puis on convertit le résultat final en partant de la droite vers la gauche.

– **Diviser**

La division est plus complexe car il faut être rigoureux en abaissant les unités.

8 h 29 min 8 s	7
– 7 h	1 h 12 min 44 s
1 h 29 min	
60 + 29 min	
89 min	
– 84 min	
5 min 8 s	
300 + 8 s	
308 s	
–308 s	
0 s	

Géométrie

– **Périmètres**

- d'un carré de côté a $\mathcal{P} = 4a$;
- d'un rectangle de côtés a et b $\mathcal{P} = 2(a + b)$;
- d'un cercle de rayon r $\mathcal{P} = 2\pi r$.

– **Aires**

- d'un carré de côté a $\mathcal{A} = a^2$;
- d'un rectangle de côtés a et b $\mathcal{A} = a \times b$;
- d'un cercle de rayon r $\mathcal{A} = \pi r^2$;
- d'un triangle de base a et de hauteur h $\mathcal{A} = \frac{1}{2}(a \times h)$;
- d'un losange de diagonales d et d' $\mathcal{A} = \frac{1}{2}(d \times d')$.

N'hésitez pas à représenter vos figures géométriques par le dessin pour retrouver des formules « oubliées ».

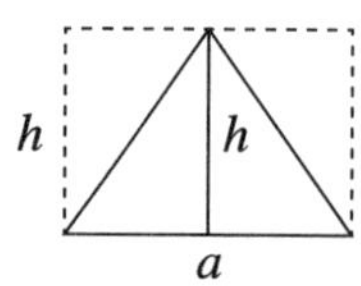

L'aire du triangle représente la moitié de l'aire du rectangle.

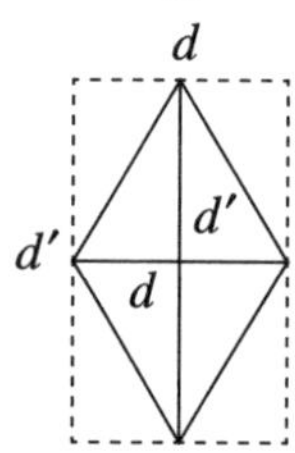

L'aire du losange représente la moitié de l'aire du rectangle.

– **Volumes**

• d'un cube d'arête a $\mathcal{V} = a^3$;

• d'un parallélépipède d'arêtes a, b et c $\mathcal{V} = a \times b \times c$;

• d'un cylindre de rayon r et de hauteur h $\mathcal{V} = \pi r^2 \times h$;

• d'une sphère de rayon r $\mathcal{V} = \frac{4}{3}\pi r^3$.

– **Comparer des longueurs et des aires**

Pour comparer des longueurs et des aires, il faut qu'elles soient exprimées dans la même unité.

mètre : m	décimètre : dm
décamètre : dam	centimètre : cm
hectomètre : hm	millimètre : mm
kilomètre : km	

• **Tableau de correspondance pour les longueurs :**

km	hm	dam	m	dm	cm	mm
1	0	0	0	0	0	0

1 km = 10 hm = 100 dam = 1 000 m = 10 000 dm = 100 000 cm = 1 000 000 de mm.

Pour passer d'une unité à l'autre, on multiplie (ou on divise) par 10.

• **Tableau de correspondance pour les aires :**

<table>
<tr><td colspan="2">km²</td><td colspan="2">hm²</td><td colspan="2">dam²</td><td colspan="2">m²</td><td colspan="2">dm²</td><td colspan="2">cm²</td><td colspan="2">mm²</td></tr>
<tr><td></td><td>1</td><td>0</td><td>0</td><td>0</td><td>0</td><td>0</td><td>0</td><td>0</td><td>0</td><td>0</td><td>0</td><td>0</td><td>0</td></tr>
</table>

1 km^2 = 100 hm^2 = 10 000 dam^2 = 1 000 000 de m^2.

Pour passer d'une unité à l'autre, on multiplie (ou on divise) par $10 \times 10 = 100$.

Pour les volumes, on multiplie (ou on divise) par $10 \times 10 \times 10 = 1\,000$.

1 dm^3 = 1 000 cm^3.

1 m^3 = 1 000 dm^3 = 1 000 000 de cm^3.

• **Les unités particulières**

On utilise aussi le centiare (ca), l'are (a) et l'hectare (ha).

1 ca = 1 m^2.

1 a = 100 ca = 100 m^2.

1 ha = 100 a = 10 000 ca = 10 000 m^2.

1 km^2 = 100 ha.

Quelques propriétés concernant les figures géométriques.

La somme des trois angles d'un triangle est égale à 180°.

– Triangle **isocèle** : triangle ayant deux côtés de même longueur.

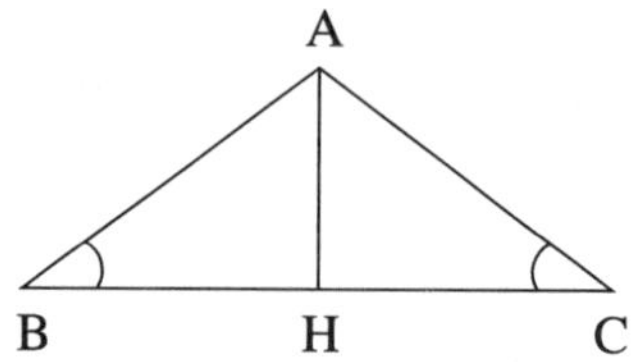

Les angles ($\widehat{ABC}$) et ($\widehat{ACB}$) sont égaux.

Les segments BH et CH sont égaux.

– Triangle **équilatéral** : triangle ayant les trois côtés de même longueur.

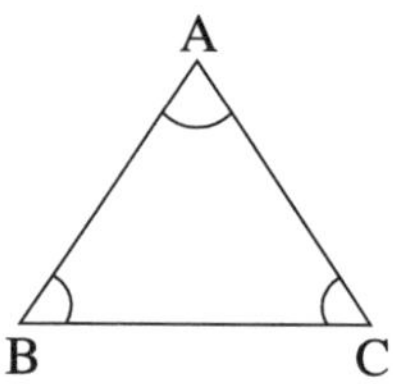

Les trois angles sont égaux (60°).

– Triangle **rectangle** : triangle ayant un angle droit.

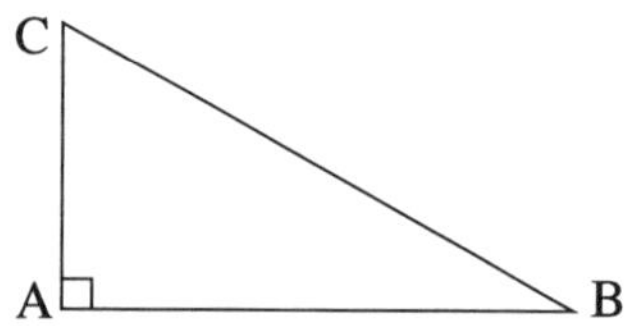

Le côté opposé à l'angle droit est appelé l'hypoténuse.

Théorème de Pythagore : Le carré de l'hypoténuse est égal à la somme des carrés des deux autres côtés.

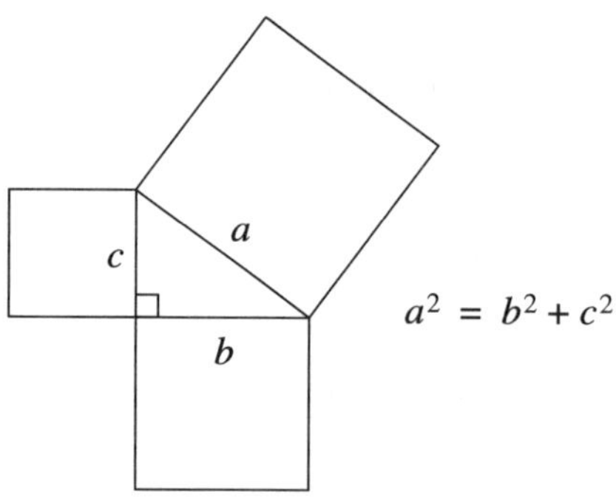

Les puissances

La multiplication (ou produit) de plusieurs nombres égaux est appelée une puissance. $2 \times 2 \times 2 \times 2$ s'écrit 2^4.

4 est appelé l'**exposant**.

– Lorsque l'exposant est 2 on lit 4^2 4 au carré.

– Lorsque l'exposant est 3 on lit 4^3 4 au cube.

– Lorsque l'exposant est n on lit 4^n 4 puissance n.

$a^0 = 1$ avec $a \neq 0$

$a^1 = a$ avec $a \neq 0$

$a^n \times a^p = a^{n+p}$ ce qui explique que $a^0 = 1$ car $a^{n+0} = a^n = a^n \times a^0$

$$\frac{a^n}{a^p} = a^{n-p}$$

$$a^{-n} = \frac{1}{a^n}.$$

Les derniers conseils

• Si vous ne trouvez pas rapidement la réponse ou la méthode pour y parvenir c'est certainement parce que vous avez mal posé le problème. Reprenez calmement l'énoncé et toutes les informations contenues.

• En formalisant de manière mathématique, on gagne un temps précieux.

• Attention aux erreurs de calcul : prenez quelques secondes pour vérifier que votre résultat correspond à l'ordre de grandeur attendu.

• Attention aux pièges des QCM : il se glisse parfois un problème où aucune réponse ne correspond. Pensez à bien cocher la case « Aucune des solutions proposées n'est la bonne. »

– Vous pouvez désormais vous entraîner, grâce aux annales, pages 134 à 136 (session 2000), pages 150 à 152 (session 1999) et pages 164 à 168 (session 1998). Nous vous conseillons de n'avoir recours aux corrigés qu'après avoir bien cherché les solutions.

4. Logique

1. Rappels de base

Il existe un grand nombre de tests à raisonnement logique et leur résolution exige de la méthode, du calme et de la persévérance.

Il faut trouver la logique de la disposition des chiffres, des figures, des dominos, des cartes à jouer… les uns par rapport aux autres, pour pouvoir suivre le même raisonnement et terminer la série.

La méthode est simple ; on peut procéder de deux façons différentes :

– soit on part de l'énoncé de la question, on le décortique si nécessaire jusqu'à ce qu'on trouve le raisonnement logique qui a amené l'agencement des figures telles qu'on les voit, on trouve la solution seul et il ne reste plus qu'à cocher la bonne réponse parmi celles qui sont proposées ;

– soit on part des réponses proposées et on les essaie l'une après l'autre jusqu'à ce qu'on trouve celle qui convient le mieux. Cette démarche est celle qu'il faut utiliser en dernier recours, quand on n'a pas trouvé le raisonnement. Elle convient aussi quand les énoncés comportent des chiffres et un petit problème ; il est alors quelquefois plus facile d'utiliser les réponses proposées comme point de départ et de les éliminer jusqu'à ce qu'on trouve celle qui est correcte.

Par exemple : *Quel est le nombre qui manque* ?

5 7 ? 15 23 36

Cocher l'une des réponses suivantes :

a. 9 **b.** 10 **c.** 11 **d.** 12

Recherche de la solution : que constate-t-on ?

– on passe de 5 à 7 en ajoutant 2,

– on passe de 7 à ? en ajoutant x,

– on passe de ? à 15 en ajoutant y,

– on passe de 7 à 15 en ajoutant 8 $(x + y = 8)$,

– on passe de 15 à 23 en ajoutant 8,

– on passe de 23 à 36 en ajoutant 13.

C'est insuffisant pour trouver la réponse.

On change de tactique : on essaie les propositions.

Si le nombre manquant est 9 : on passe de 7 à 9 en ajoutant 2 et de 9 à 15 en ajoutant 6, ce qui ne constitue aucune suite logique avec le reste. On élimine donc 9.

Si le nombre manquant est 10 : on passe de 7 à 10 en ajoutant 3 et de 10 à 15 en ajoutant 5.

On constate alors que :

– on passe de 5 à 7 en ajoutant 2,

– on passe de 7 à [10] en ajoutant [3],

– on passe de 10 à 15 en ajoutant [5],

– on passe de 15 à 23 en ajoutant 8,

– on passe de 23 à 36 en ajoutant 13.

Si on observe les nombres de droite, on constate que : 2 + 3 = 5, 3 + 5 = 8, 5 + 8 = 13. On pourrait même compléter cette suite par : 36 + (8 + 13) = 57.

Conclusion : **10** est le nombre manquant, il faut cocher la réponse **b**.

Autre exemple : *Quelles lettres poursuivent la série ?*

58 CT 12 DE 25 VQ 81 ...

Cocher l'une des réponses suivantes :

a. ZA **b.** LH **c.** QN **d.** TU

Il faut être très observateur ou un habitué des exercices de ce genre pour remarquer que les lettres CT correspondent, pour l'une à la première lettre de *cinquante* et pour l'autre à la dernière lettre de *huit* ; il en est de même pour DE qui sont les première et dernière lettres de *douze*, et pour VQ qui représente la première lettre de *vingt* et la dernière lettre de *cinq*.

Conclusion : la réponse est **c.**

2. QCM d'entraînement *(corrigés p. 132)*

QCM n° 1

1. Quelle proposition cache le nom d'une ville française dont l'ordre des lettres a été modifié ?

a. RDUOESLR.

b. BLONEGR.

c. NAOSLRE.

d. MNSAIEE.

2. Quel nombre remplace le point d'interrogation ?

3	6	18
51	?	21
48	36	33

a. 26 **b.** 38 **c.** 41 **d.** 63

3. En divisant le triple d'un nombre par 4, on obtient 3/10e. Quel est ce nombre ?

a. 1 **b.** 2/5 **c.** 1/15 **d.** 12/20

4. Quel nombre vient après le dernier dé ?

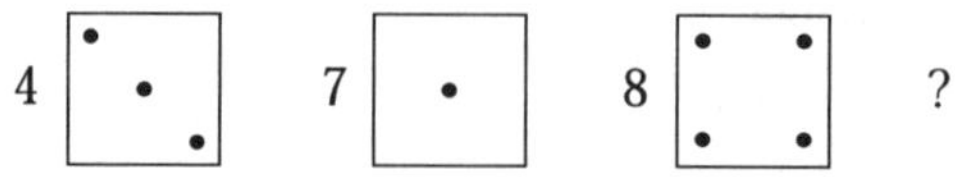

a. 12 **b.** 4 **c.** 15 **d.** 9

5. Quelle lettre manque ?

B V P J D ?

a. L **b.** A **c.** Z **d.** X

6. DGJ est à MPS ce que EHK est à …

a. AIU **b.** OQP **c.** NQT **d.** NRU

7. Quel nombre manque ?

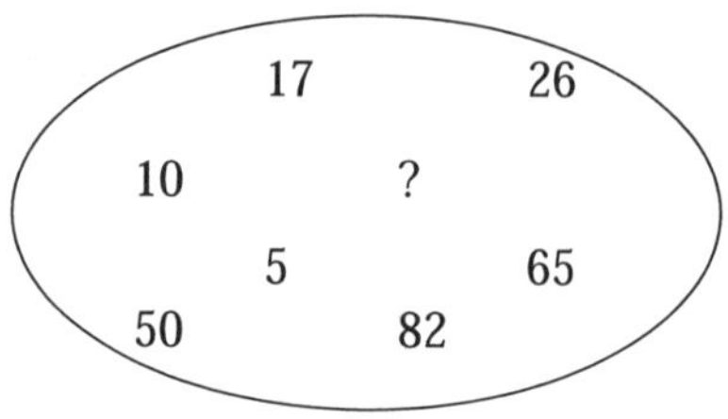

a. 37 **b.** 39 **c.** 15 **d.** 73

8. Cette figure a été retournée recto verso, puis tournée. Quelle figure en est le résultat ?

a. **b.** **c.** **d.**

9. Quel carré complète cette série ?

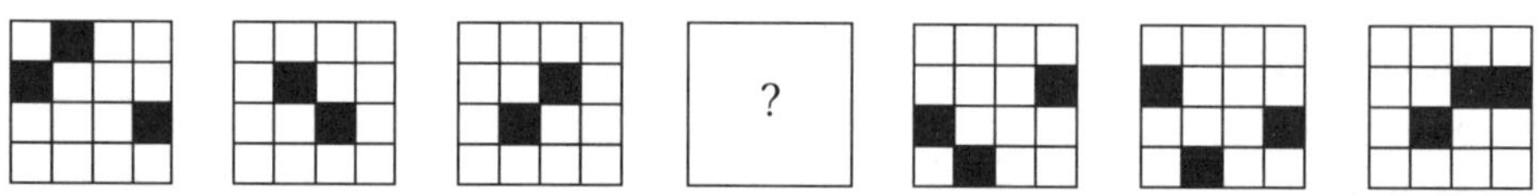

a. **b.** **c.**

10. Remplacez les tirets par le chiffre qui convient.

BEURRE 2 ; JOUG 10 ; DANSE 4 ; LOUP ----

a. 12 **b.** 15 **c.** 1 **d.** 6

QCM n° 2

Inscrivez la solution qui paraît la plus plausible à la place du point d'interrogation.

1. 1 – 10 – 2 – 11 – 3 – 12 – ? – ?

2. 1 – 20 – 2 – 19 – 3 – 18 – ? – ?

3. a b a b c a b c d a b c d [?] [?]

4. 2 – 3 – 5 – 9 – 17 – [?] – [?]

5. a c a d a e a f [?] [?]

6. A B E F I J [?] [?]

7. 0 – 1 – 2 – 1 – 2 – 3 – 2 – 3 – 4 – 3 – 4 – [?] – [?]

8. 10 – 16 – 15 – 21 – 20 – 26 – [?] – [?]

9. A B E F G K L M [?] [?]

10. A Z B Y C X D [?] [?]

QCM n° 3

1. Quel nombre faut-il placer logiquement dans le dernier cercle ?

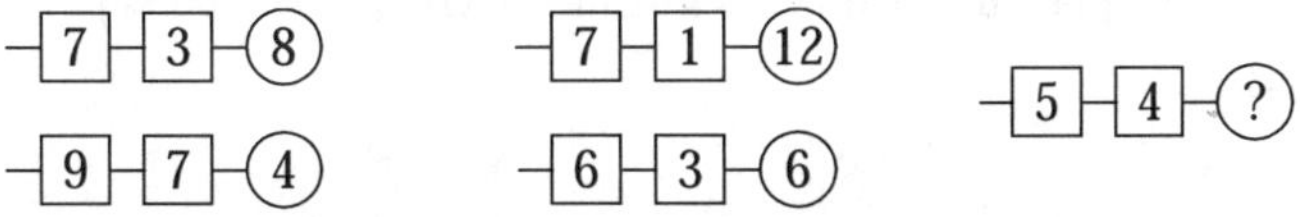

2. Quelle case faut-il supprimer pour que celles qui restent forment une égalité juste ? (On effectue les calculs successivement de gauche à droite.)

5	+ 3	: 2	× 5	– 7	+ 4	– 9	= 28
	a.	b.	c.	d.	e.	f.	

3. Quelle est la figure a, b, c, d ou e qui complète le carré ci-dessous ?

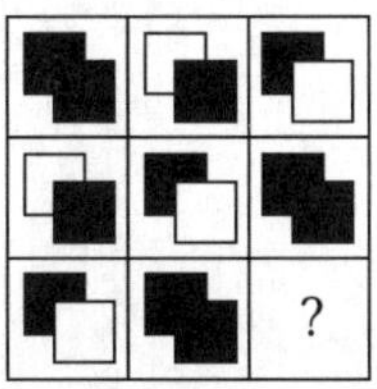

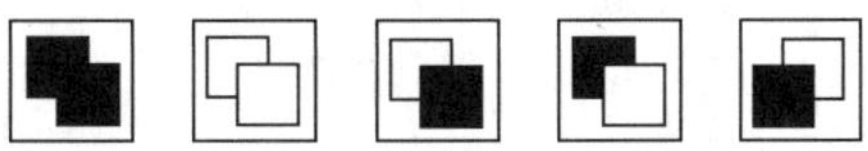

a. b. c. d. e.

4. Quel nombre faut-il placer sur les pointillés pour poursuivre cette série ?

4 7 13 25 49 …

a. 65 **b.** 56 **c.** 85 **d.** 97 **e.** 106

5. Permutez la position de deux jetons pour que chaque alignement ait le même nombre de jetons de chaque couleur.

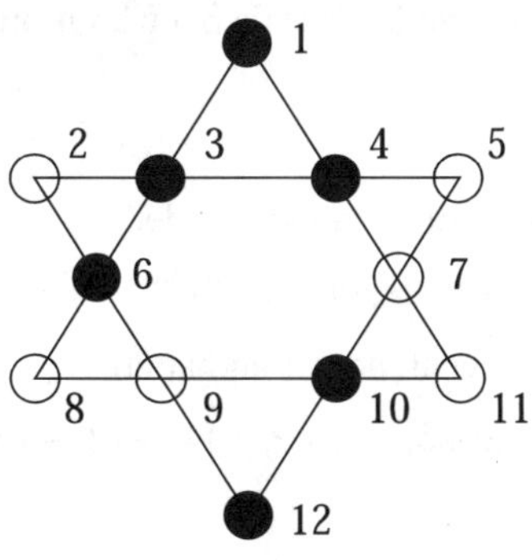

6. Quel nombre complète logiquement la dernière paire de cercles ?

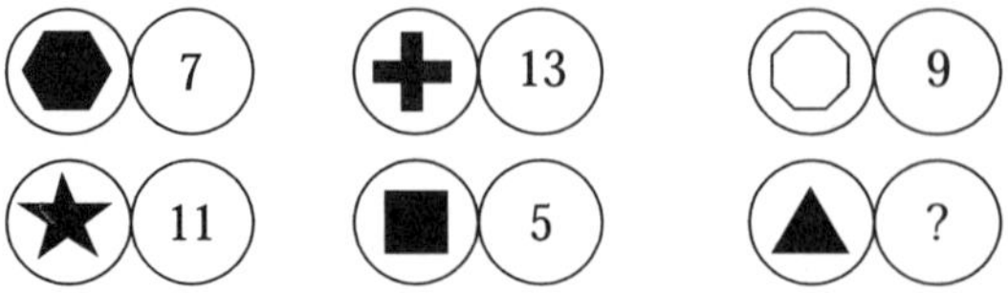

7. Parmi les propositions a, b, c, d, quelle est celle qui continue la série suivante ?

60 · 12 → 60 · 10 · 7 → 4 · 20 · 3 → 4 · 20 · 10 → 4 · 20 · 10 · 8 → ?

a.	b.	c.	d.
80 · 12	100 · 7	50 · 50 · 43	4 · 20 · 10 · 18

8. Combien de mots peut-on former en utilisant à chaque fois les sept lettres ci-dessous ?

E U O S T R B

a. 1 **b.** 2 **c.** 3 **d.** 4

9. Quel nombre faut-il placer logiquement dans le dernier cercle ?

(M)(50) (E)(42) (L)(49) (P)(53) (R)(55) (J)(?)

a. 63 **b.** 59 **c.** 45 **d.** 47

10. Une chemise vaut autant que deux cravates et un mouchoir. Une cravate vaut autant que cinq mouchoirs. Une chemise vaut 66 F.

Combien vaut un mouchoir ?

a. 6 F **b.** 7 F **c.** 10 F **d.** 2 F

Corrigés

QCM n° 1

1. c. ORLÉANS.

2. d. 63 (Les nombres progressent à partir de 3, en s'enroulant en spirale vers la droite, de +3 et +12).

3. b.

4. a. Il suffit d'ajouter à 8 la somme du dernier dé.

5. d. (lettres de l'alphabet à l'envers, de 6 en 6).

6. c. (ce sont les lettres qui suivent, dans l'alphabet).

7. a. (On part de 5 et on ajoute +5, +7, +9, +11, +13, +15, +17.)

26 + 11 = [37] + 13 = 50.

8. a. (Seule figure où la flèche est à gauche par rapport à l'axe de symétrie).

9. a. (Le carré du haut se déplace verticalement d'une case à la fois vers le bas ; le carré de gauche vers la droite et le carré de droite vers la gauche.)

10. 12 (Le nombre qui suit chaque mot correspond à la place de sa 1re lettre dans l'alphabet.)

QCM n° 2

1. 4 13

2. 4 17

3. e a

4. 33 55 (on passe d'un chiffre à l'autre en ajoutant 1 puis 2 fois 1, puis 2 fois 2, puis 2 fois 4, etc.)

5. a g

6. M N (2 lettres se suivent et sont séparées par 2 lettres.)

7. 5 4 (on réécrit les deux derniers chiffres et on ajoute le suivant.)

8. 25 31 (Les nombres se suivent en ajoutant +6 et en retranchant –1 alternativement.)

9. N S (Les lettres se suivent en sautant 2 puis 3 puis 4 lettres, etc., autant de lettres que dans le groupe de lettres lisibles.)

10. W E (l'alphabet à l'endroit et à l'envers alternativement.)

QCM n° 3

1. 2. Ce nombre correspond au double de la différence des deux nombres qui figurent dans les carrés.

2. b.

3. c.

4. d. La différence entre deux nombres est doublée à chaque fois : 3, 6, 12, 24, 48.

5. 1 avec 11 ou 6 avec 9.

6. 4. Chaque nombre est supérieur de 1 au nombre de côtés de la figure qu'il accompagne.

7. b. Il faut lire les chiffres à voix haute : 72, 77, 83, 90, 98 et s'apercevoir qu'ils progressent de 5, 6, 7, 8, 9.

8. c. robuste – tourbes – broutes.

9. d. On passe d'un chiffre à l'autre en ajoutant ou retranchant l'écart entre les lettres dans l'alphabet (ex. : on passe de M à E en retranchant 8).

10. a.

5. Annales et corrigés

1. Annales, 2000 *(corrigés p. 145)*

Durée de l'épreuve : 1 h 30. Coefficient : 3. 60 questions.

Français : 15 questions.

Connaissances générales : 20 questions.

Mathématiques : 15 questions.

Logique : 10 questions.

N.B. :

– Le candidat vérifiera que le sujet comporte bien l'ensemble des questions.

– Le candidat veillera au strict respect des consignes indiquées sur le document réponse. Il devra notamment déterminer par matière le nombre de questions ayant fait l'objet d'une réponse. À défaut, le document réponse ne pourra pas être traité.

– L'usage des calculatrices et de tout document est interdit.

QCM de français

1. Parmi les expressions suivantes, une seule est mal orthographiée. Laquelle ?

a. Tous adroits qu'ils sont, ils ratent le but.

b. Il court à toute vitesse.

c. À toute autre ville, je préfère Paris.

d. Ces vêtements sont tout neufs.

2. Parmi les quatre propositions suivantes, quelle est celle qui complète correctement cette phrase ?

La course cycliste s'achev(...), les derniers arriv(...) paraiss(...) épuis( ) ; tous ét(...) fatigu(...) d'avoir tant pédal(...).

a. é, aient, aient, é, ait, é, er ;

b. ait, é, ait, és, ait, er, é ;

c. ait, és, aient, és, aient, és, é ;

d. ée, aient, é, é, ait, és, er.

3. Quelle est la phrase correcte ?

a. Regarde cette lame aigue !

b. Regarde cette lame aiguë !

c. Regarde cette lame aigüe !

d. Regarde cette lame aïgue !

4. Qui est l'auteur de cette strophe ?

« Je fais souvent ce rêve étrange et pénétrant
D'une femme inconnue, et que j'aime, et qui m'aime,
Et qui n'est, chaque fois, ni tout à fait la même
Ni tout à fait une autre, et m'aime et me comprend ».

a. Paul Verlaine ;

b. Louis Aragon ;

c. Théophile Gautier ;

d. Jacques Prévert.

5. Parmi les propositions suivantes, quelle est celle qui ne contient pas deux antonymes ?

a. beauté, laideur ;

b. impétrant, candidat ;

c. désagrégation, morcellement ;

d. interminable, instantané.

6. Associer aux professions suivantes la dénomination de leur rémunération.

1 - acteur	A - honoraires
2 - médecin	B - commission
3 - agent de constatation des douanes	C - cachet
4 - vendeur représentant placier (VRP)	D - traitement

a. 1D ; 2A ; 3C ; 4B ;

b. 1C ; 2A ; 3D ; 4B ;

c. 1C ; 2B ; 3A ; 4D ;

d. 1D ; 2B ; 3C ; 4A.

7. Parmi les mots suivants, lequel n'est pas une conjonction de coordination ?

a. mais **b.** où **c.** or **d.** car

8. Que signifie l'expression « faire fi de quelque chose » ?

a. s'habituer à quelque chose ;

b. s'étonner de quelque chose ;

c. ne pas tenir compte de quelque chose ;

d. offrir quelque chose.

9. « Les recherches sur le fonctionnement du cerveau, jusqu' … présent …, vont être … en commun. La formation de la mémoire … ainsi être comprise. »

Parmi les propositions suivantes, laquelle complète correctement cette phrase ?

a. à ; morceler ; mis ; pourré ;

b. a ; morceler ; mises ; pourrait ;

c. à ; morcelées ; mises ; pourrait ;

d. à ; morcelées ; mis ; pourrait.

10. Associez les expressions suivantes à leur définition.

1 - Propos opportuns	A - Propos mensongers qui attaquent la réputation
2 - Propos fabulateurs	B - Propos par lesquels on flatte et on exploite les passions des masses
3 - Propos calomnieux	C - Propos qui conviennent dans un cas déterminé
4 - Propos démagogiques	D - Propos imaginaires mais présentés comme réels par leur auteur

a. 1D ; 2A ; 3B ; 4C ;
b. 1C ; 2D ; 3A ; 4B ;
c. 1C ; 2B ; 3A ; 4D ;
d. 1D ; 2B ; 3A ; 4C.

11. Qu'est-ce qu'une « loi tombée en désuétude » ?

a. C'est une loi qui est en discussion au Parlement.
b. C'est un projet de loi qui n'a jamais été voté.
c. C'est une loi dont on a cessé depuis longtemps de faire usage.
d. C'est une loi dont les effets sont annulés par une loi postérieure.

12. Voici trois phrases :

– ... à cette idée d'être marin, elle me charmait.
– ... savez-vous ? Vous m'agacez à la fin.
– ... il fait beau, je siffle mon chien et en route.

Parmi ces quatre propositions, laquelle complète correctement ces phrases ?

a. Quand – Qu'en – Quant ;
b. Quant – Quand – Quand ;
c. Qu'en – Quant – Quand ;
d. Quant – Qu'en – Quand.

13. Combien y a-t-il de fautes d'orthographe dans le texte suivant ?

« Un port est un séjour charmant pour une ame fatiguée des lutes de la vie. Les formes élancés des navires, au gréement compliqué, auxquelles la houle imprime des ocillations harmonieuses servent à entretenir le goût du rythme et de la beautée. »

a. 5 **b.** 6 **c.** 7 **d.** 8

14. Qu'est-ce qu'un compte rendu exhaustif ?

a. un compte rendu édulcoré ;
b. un compte rendu fantaisiste ;
c. un compte rendu élogieux ;
d. un compte rendu complet.

15. Quelle proposition complète correctement la phrase suivante ?

« Il était parti ... lui dire au revoir. »

a. avant que j'aie pu ;
b. avant que j'ai pu ;
c. avant que je puis ;
d. avant que je puisse.

QCM de connaissances générales

1. Quelle est l'altitude du mont Blanc ?

a. 5 216 m ;

b. 3 598 m ;

c. 7 844 m ;

d. 4 807 m.

2. Sous l'Ancien Régime, la gabelle était un impôt sur :

a. le sel ;

b. le bétail ;

c. la farine ;

d. les épices.

3. Rendez à chacun de ces mandats leur durée en France.

1 - Président de la République	A - 6 ans
2 - Maire	B - 5 ans
3 - Député	C - 7 ans
4 - Conseiller régional	D - 6 ans

a. 1C – 2A – 3B – 4D ;

b. 1D – 2C – 3A – 4B ;

c. 1C – 2B – 3A – 4D ;

d. 1C – 2A – 3D – 4B.

4. Dans quel bâtiment résident les responsables politiques ci-dessous ?

1 - Premier ministre	A - palais Bourbon
2 - président de la République	B - Élysée
3 - Assemblée nationale	C - Luxembourg
4 - Sénat	D - Matignon

a. 1A – 2B – 3D – 4C ;

b. 1D – 2A – 3C – 4B ;

c. 1C – 2B – 3A – 4D ;

d. 1D – 2B – 3A – 4C.

5. Quelle est la signification de SIDA ?

a. Syndrome d'ImmunoDéficience Acquise ;

b. Système Immunitaire Déficient Acquis ;

c. Syndrome Infectieux à Défenses Anémiées ;

d. Système ImmunoDéfensif Atteint.

6. La superficie de la France (Corse comprise hors DOM-TOM) est d'environ :

a. 15 0000 km^2 ;

b. 350 000 km^2 ;

c. 450 000 km^2 ;

d. 550 000 km^2.

7. Parmi les propositions suivantes, quelle est celle qui reprend les quatre régions colorées ?

a. Pays de la Loire, Limousin, Provence-Alpes-Côte d'Azur, Lorraine ;

b. Pays de la Loire, Limousin, Provence-Alpes-Côte d'Azur, Alsace ;

c. Pays de la Loire, Auvergne, Languedoc-Roussillon, Lorraine ;

d. Pays de la Loire, Auvergne, Provence-Alpes-Côte d'Azur, Midi-Pyrénées.

8. Le maire est élu par :

a. les notables de la commune ;

b. le suffrage universel ;

c. le conseil municipal ;

d. le conseil général.

9. En Italie, « Forza Italia » désigne :

a. une organisation mafieuse ;

b. une équipe de football ;

c. un parti politique ;

d. l'armée italienne.

10. Chez l'être humain, quelle glande située sous l'encéphale produit notamment l'hormone de croissance ?

a. hypophyse ;

b. surrénale ;

c. thyroïde ;

d. sudoripare.

11. Où siège la Commission européenne ?

a. Strasbourg ;

b. Luxembourg ;

c. Bruxelles ;

d. Berlin.

12. Qui est l'auteur de cette photographie ?

a. Henri Cartier-Bresson ;

b. Robert Doisneau ;

c. Jacques-Henri Lartigue ;

d. Helmut Newton.

13. Sur Internet, à quoi sert un « moteur de recherche » ?

a. C'est un outil permettant de trouver des sites à partir de mots clés.

b. Dans une page Web, c'est une zone de l'écran sur laquelle on peut cliquer pour passer d'un site à un autre.

c. C'est un outil permettant de parcourir les pages Web déjà consultées et archivées dans l'ordinateur.

d. C'est un outil permettant de décrypter des messages.

14. Qui a peint ce tableau ?

a. Renoir **b.** Van Gogh **c.** Monet **d.** Picasso

15. En quelle année a été adoptée la Constitution de la Vᵉ République ?

a. 1968 **b.** 1958 **c.** 1946 **d.** 1974

16. En quelle année a été abolie la peine de mort en France ?

a. 1945 **b.** 1981 **c.** 1988 **d.** 1789

17. Parmi les propositions suivantes, laquelle reprend des événements classés dans l'ordre chronologique ?

a. La fin de l'Empire romain d'Occident ; l'assassinat d'Henri IV ; la découverte de l'Amérique par Christophe Colomb ; le sacre de Napoléon Ier.

b. Clovis est roi des Francs ; Charlemagne est couronné empereur ; Jeanne d'Arc est brûlée à Rouen ; la révocation de l'édit de Nantes.

c. La mort de Louis XIV ; la Saint-Barthélemy ; « la longue marche » de Mao Tsé-toung ; Kennedy est élu président des États-Unis d'Amérique.

d. Le premier vol habité dans l'espace ; Charles de Gaulle est élu président de la République française ; la chute du mur de Berlin ; François Mitterrand est élu pour la première fois président de la République française.

18. La CNIL est :

a. un organisme chargé de la régulation de l'audiovisuel ;

b. un organisme chargé de veiller au respect de la vie privée dans le traitement informatique de données nominatives ;

c. un organisme chargé de conseiller le ministre de l'Économie, des Finances et de l'Industrie ;

d. un organisme chargé de la politique d'investissement en matière de logement.

19. En matière de prestations d'assurance-maladie, qu'est-ce que le ticket modérateur ?

a. un ticket donné par la Sécurité sociale aux bénéficiaires du RMI et leur permettant de payer les frais médicaux à moindre coût ;

b. la part des frais médicaux restant à la charge de l'assuré ou de sa mutuelle ;

c. un justificatif donné par la mutuelle à présenter en cas d'hospitalisation dans une clinique privée ;

d. une indemnité journalière versée par la Sécurité sociale en cas d'hospitalisation.

20. À quoi correspondent les événements suivants ?

1- catastrophe du Pinatubo

2- catastrophe de Tchernobyl

3- catastrophe de l'*Amoco Cadiz*

4- catastrophe de Bhopal

A - éruption d'un volcan philippin

B - accident dans une usine chimique indienne

C - accident dans une usine nucléaire ukrainienne

D - marée noire sur les côtes bretonnes

a. 1A ; 2D ; 3C ; 4B ;

b. 1A ; 2C ; 3D ; 4B ;

c. 1B ; 2C ; 3D ; 4A ;

d. 1B ; 2A ; 3C ; 4B.

QCM de mathématiques

1. François ajoute la moitié de 450, le tiers de 930 et le quart d'un troisième nombre. Il obtient un total de 1 000. Quel est le troisième nombre ?

a. 1 750 **b.** 1 870 **c.** 1 860 **d.** 1 760

2. Plusieurs personnes se cotisent pour faire un cadeau à un ami.

Si chacun verse 61 francs, alors il manque 28 francs.

Si chacun verse 70 francs, alors il y a 35 francs de trop.

Combien de personnes *(x)* se cotisent, et quel est le prix *(y)* du cadeau ?

a. 5 personnes et 505 francs ;

b. 6 personnes et 450 francs ;

c. 7 personnes et 455 francs ;

d. 6 personnes et 445 francs.

3. À la terrasse d'un café, Franck et ses amis consomment 4 cafés et 1 thé. Ils doivent payer 37,50 francs. À la table voisine, Alain et ses amis consomment 2 cafés et 2 thés. Ils doivent payer 36,00 francs. Quel est le prix d'un thé ?

a. 6,50 F **b.** 9,50 F **c.** 10,50 F **d.** 11,50 F

4. On peut obtenir une égalité en plaçant trois signes entre ces chiffres :

$$((9 \quad 11) \quad 3) \quad 5 = 28.$$

Parmi ces quatre signes, lequel n'est pas utilisé ?

a. (+) **b.** (–) **c.** (:) **d.** (×)

5. Résoudre sous la forme d'une fraction aussi simple que possible :

$$\frac{52}{13} - \frac{21}{7} - \frac{14}{35} + \frac{4}{3} - \frac{98}{105} = ?$$

a. $\frac{9}{5}$ **b.** $\frac{21}{3}$ **c.** $\frac{42}{14}$ **d.** $\frac{27}{21}$

6. Neuf cent quatre-vingt-dix-sept milliards trois millions sept cent quatre-vingt-quinze mille deux cent soixante-dix-huit s'écrit, en chiffres :

a. 997 300 795 278 ;

b. 997 003 795 278 ;

c. 987 003 795 278 ;

d. 997 003 795 268.

7. Jean-Christophe part en vacances de neige. Dans la station de sports d'hiver où il se trouve, il dispose d'un domaine skiable de 46 kilomètres, comportant des pistes vertes, bleues, rouges et noires. Il y a 200 hectomètres de pistes bleues, mais quatre fois moins de pistes noires. La longueur totale des pistes rouges équivaut à 50 % de celle des pistes vertes.

Quelle différence de longueur y a-t-il entre les pistes rouges et les pistes noires ?

a. 7 kilomètres ;

b. 14 kilomètres ;

c. 2 kilomètres ;

d. 50 hectomètres.

8. Isabelle bénéficie d'un salaire mensuel net de 1 500 euros. Son loyer s'élève à 280 euros tous les mois. Chaque trimestre, elle consacre 1 300 euros à la nourriture. Sur une année, elle parvient à épargner 3 600 euros.

Sachant que tous les semestres, elle envoie 520 euros à sa famille, combien lui reste-t-il d'euros à la fin de chaque mois pour l'habillement et les loisirs ?

a. 560 euros ;

b. 400 euros ;

c. 600 euros ;

d. 320 euros.

9. Quelle est l'égalité de $(a-b)^2 + (a+b)^2$?

a. $2ab^2$;

b. $2a^2 - 2b^2$;

c. $4a + 2b$;

d. $2a^2 + 2b^2$.

10. Chaque mois d'octobre, la « fête de la bière » bat son plein à Munich (Allemagne). Deux millions de visiteurs y sont attendus, dont les trois quarts viennent de l'étranger et 15 % de toute l'Allemagne excepté Munich. Le reste des visiteurs de cette fête vient de la ville elle-même.

Au titre de la fiscalité sur les alcools, la ville de Munich perçoit 2 euros sur chaque litre de bière consommé au cours de ces festivités.

Un visiteur étranger boira en moyenne deux fois plus de bière qu'un Allemand non munichois, mais trois fois moins qu'un Munichois. Ces derniers, à eux seuls, boiront six millions de litres de cette boisson.

À combien s'élèveront les rentrées fiscales occasionnées par la consommation de bière au cours de cette fête ?

a. 18 millions d'euros.

b. 36 millions d'euros.

c. 45 millions d'euros.

d. 60 millions d'euros.

11. François souhaite clôturer son champ avec du grillage mesurant 1 m de haut. Ce champ peut être représenté par un triangle rectangle dont l'hypoténuse mesure 50 m et un des côtés 30 m. Le prix du m^2 de grillage est de 10 francs. Quel budget doit prévoir François pour clôturer son champ ?

a. 1 000 francs ;

b. 1 200 francs ;

c. 1 400 francs ;

d. 1 600 francs.

12. Calculez 3 j 21 h 55 min 29 s + 2 j 22 h 42 min 36 s.

a. 6 j 19 h 38 min 05 s ;

b. 6 j 19 h 37 min 05 s ;

c. 6 j 20 h 37 min 05 s ;

d. 6 j 20 h 38 min 05 s.

13. On donne :

$p = 6\,225 \quad q = \frac{2}{3} \quad r = 4\sqrt{5}$

Calculez : $\frac{r^2}{q} - \sqrt{p}$.

a. 95 **b.** 105 **c.** 80 **d.** 75

14. Un chauffeur de poids lourd décide de partir à 7 h pour effectuer une livraison à 520 km de son domicile et prévoit 3 arrêts d'1/4 d'heure et 1 arrêt de 75 minutes.

À quelle vitesse moyenne devra-t-il rouler pour arriver à destination à 17 h ?

a. 52 km/h **b.** 65 km/h **c.** 83 km/h **d.** 90 km/h

15. Sur un plan à l'échelle 1/20 000, un champ rectangulaire mesure 6 cm de long et 4,5 cm de large. Quelles sont, en mètres, ses dimensions réelles ?

a. (600 m ; 450 m) ;

b. (120 m ; 90 m) ;

c. (1 200 m ; 900 m) ;

d. (120 000 m ; 9 000 m).

QCM de logique

1. Parmi les vues en perspective d'un même dé, une vue fausse s'est glissée. Laquelle ?

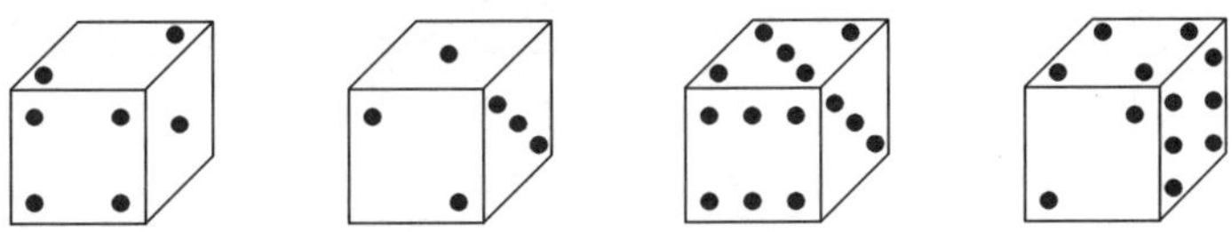

a. **b.** **c.** **d.**

2. Quelle est la lettre manquante ?

A	C	F	J	O	?

a. T **b.** U **c.** V **d.** Z

3. Quel est le nombre manquant ?

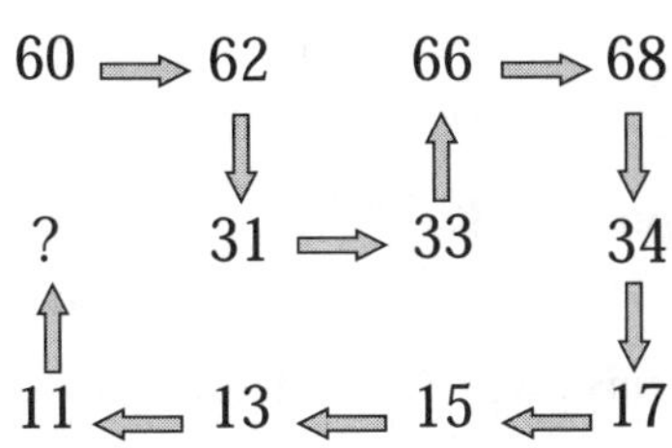

a. 29 **b.** 22 **c.** 30 **d.** 25

4. Quel domino remplace les points d'interrogation ?

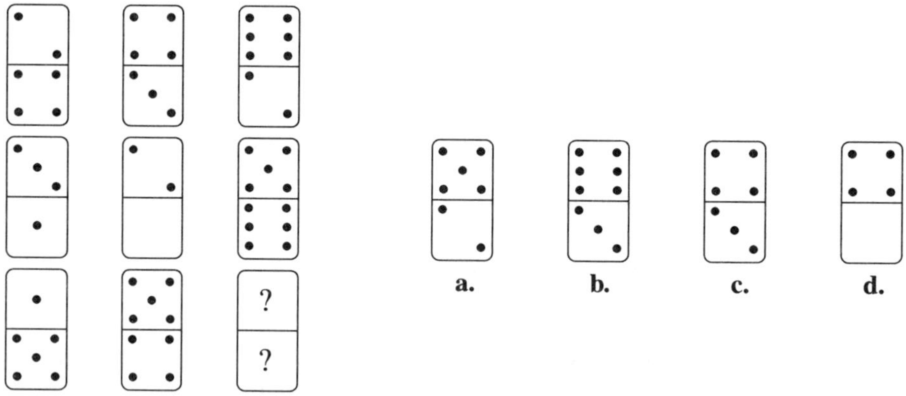

5. Complétez cette suite : 23 – 51 – 34 – 62 – 45 – 64 – ?

a. 38 **b.** 51 **c.** 55 **d.** 61

6. Remplacez le point d'interrogation : CT = GP AW = DT EE = CG BF = ?

a. AG **b.** AD **c.** DU **d.** GX

7. Remplacer *x* et *y*.

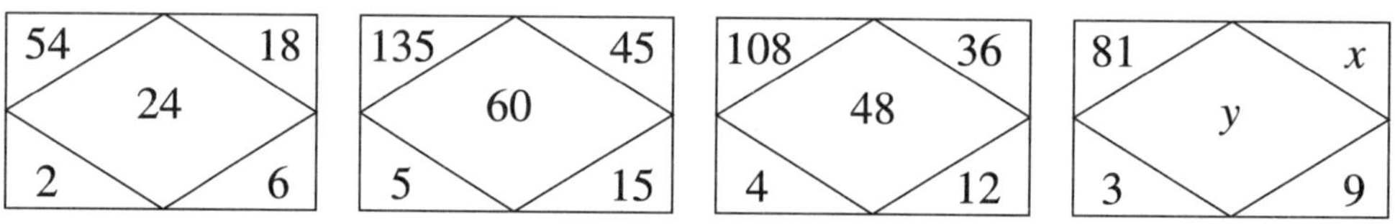

a. $x = 27$ et $y = 36$;
b. $x = 54$ et $y = 18$;
c. $x = 63$ et $y = 9$;
d. $x = 75$ et $y = 18$.

8. Remplacez le point d'interrogation.

9. Complétez la suite logique : 8 – 12 – 9 – … – 10 – 14.

a. 11 **b.** 12 **c.** 13 **d.** 14

10. Un grand-oncle a sept fois l'âge de sa nièce, leur différence d'âge est de 54 ans. Quel est l'âge de la nièce ?

a. 4 ans **b.** 7 ans **c.** 9 ans **d.** 11 ans

Corrigés

QCM de français

1. a. ; 2. c. ; 3. b. ; 4. a. ; 5. c. ; 6. b. ; 7. b. ; 8. c. ; 9. c. ; 10. b. ; 11. c. ; 12. d. ; 13. b. ; 14. d. ; 15. a.

QCM de connaissances générales

1. d. ; 2. a. ; 3. a. ; 4. d. ; 5. a. ; 6. d. ; 7. a. ; 8. c. ; 9. c. ; 10. a. ; 11. c. ; 12. b. ; 13. b. ; 14. b. ; 15. b. ; 16. b. ; 17. b. ; 18. b. ; 19. b. ; 20. b.

QCM de mathématiques

Question 1. Formalisation de l'énoncé sous la forme d'une égalité :

$$\frac{1}{2} \times 450 + \frac{1}{3} \times 930 + \frac{1}{4}x = 1\,000$$

$$225 + 310 + \frac{1}{4}x = 1\,000$$

$$\frac{1}{4}x = 1\,000 - 225 - 310 = 465$$

$$x = 4 \times 465 = 1\,860.$$

Réponse c.

Question 2. Posons x le nombre de cotisants et y le prix du cadeau.

Système de deux équations à deux inconnues :

(1) $61x = y - 28$

(2) $70x = y + 35$

Résolution par substitution :

$$\begin{aligned} 70x - 61x &= (y + 35) - (y - 28) \\ 9x &= y + 35 - y + 28 \\ 9x &= 63 \\ x &= 7. \end{aligned}$$

Détermination de y :

$$\begin{aligned} 61 \times 7 &= y - 28 \\ 427 &= y - 28 \\ 427 + 28 &= y \\ y &= 455. \end{aligned}$$

Réponse c.

Question 3. Posons x le prix du thé et y le prix du café.

Système de deux équations à deux inconnues.

Formalisation de l'énoncé :

(1) $4y + x = 37{,}50$

(2) $2y + 2x = 36{,}00$

De l'équation (2) on tire : $4y + 4x = 72{,}00$ puis :

$$4y + 4x - (4y + x) = 72{,}00 - 37{,}50$$
$$4y + 4x - 4y - x = 34{,}50$$
$$3x = 34{,}50$$
$$x = 11{,}50.$$

Réponse d.

Question 4. $((9 \times 11) : 3) - 5 = 28.$

On constate immédiatement qu'en ajoutant 5 à 28 on obtient 33 divisible par 3 et par 11.

Le signe + n'est pas utilisé.

Réponse a.

Question 5. $\frac{52}{13} - \left(\frac{21}{7} - \frac{14}{35}\right) + \frac{4}{3} - \frac{98}{105} = ?$

Simplification des fractions :

$$\frac{52}{13} = \frac{4 \times 13}{13} = 4$$
$$\frac{21}{7} = \frac{7 \times 3}{7} = 3$$
$$\frac{14}{35} = \frac{7 \times 2}{7 \times 5} = \frac{2}{5}$$
$$\frac{98}{105} = \frac{7 \times 14}{7 \times 15} = \frac{14}{15}$$

$$4 - \left(3 - \frac{2}{5}\right) + \frac{4}{3} - \frac{14}{15} = ?$$
$$\frac{4 \times 15}{15} - \left(\frac{3 \times 15}{15} - \frac{2 \times 3}{15}\right) + \frac{4 \times 5}{15} - \frac{14}{15} = ?$$
$$\frac{60}{15} - \left(\frac{45}{15} - \frac{6}{15}\right) + \frac{20}{15} - \frac{14}{15} = ?$$
$$\frac{60}{15} - \left(\frac{39}{15}\right) + \frac{20}{15} - \frac{14}{15} = ?$$
$$\frac{60 - 39 + 20 - 14}{15} = ?$$
$$\frac{27}{15} = ?$$
$$\frac{9 \times 3}{5 \times 3} = \frac{9}{5}.$$

Réponse a.

Question 6.

– neuf cent quatre-vingt-<u>dix</u>-sept milliards	réponse **c.** exclue (9<u>8</u>7) ;
– trois millions	réponse **a.** exclue (300) ;
– sept cent quatre-vingt-quinze mille (795)	réponses **b.** et **d.** possibles ;
– deux cent soixante-<u>dix</u>-huit (278)	réponse **d.** exclue (2<u>6</u>8) ;

997 003 795 278. **Réponse b.**

En cas de difficulté concernant ce type de question, n'hésitez pas à remplir un tableau de ce type :

milliards			millions			milliers					
c	d	u	c	d	u	c	d	u	c	d	u
9	9	7			3	7	9	5	2	7	8

puis de compléter les cases vides par des « 0 ».

Question 7. Il s'agit de formaliser l'ensemble des informations contenues dans l'énoncé.

Posons : v longueur pistes vertes

b longueur pistes bleues

r longueur pistes rouges

n longueur pistes noires

x l'inconnue à trouver

$x = r - n$

$v + b + r + n = 46$ km

$b = 200$ hm $= 20$ km

$n = \frac{b}{4} = \frac{20}{4} = 5$ km

$r = \frac{1}{2}v.$

De toutes ces égalités, on tire le système d'équations :

(1) $v + 20 + r + 5 = 46$

(2) $r - \frac{1}{2}v = 0$

(1) $v + r = 46 - 20 - 5 = 21$

(2) $r - \frac{1}{2}v = 0$

(2) $\left(r - \frac{1}{2}v\right) \times 2 = 0 \times 2$

$2r - v = 0$

(1) + (2) : $v + r + 2r - v = 21 + 0$

$3r = 21$

$r = 7$

$x = r - n = 7 - 5 = 2.$

Question 8. Il s'agit d'un problème « à tiroirs » qu'il convient de décomposer.

Posons x la somme qui lui reste dans l'année :

salaire annuel :	1 500 × 12 = 18 000 euros
loyer annuel :	280 × 12 = 3 360 euros
nourriture annuelle :	1 300 × 4 = 5 200 euros
épargne annuelle :	3 600 × 1 = 3 600 euros
envois à la famille :	520 × 2 = 1 040 euros

$x = 18\,000 - 3\,360 - 5\,200 - 3\,600 - 1\,040 = 4\,800$ euros.

La question posée n'est pas ce qui lui reste dans l'année mais mensuellement.

Posons y la somme mensuelle.

$$y = \frac{x}{12} = \frac{4\,800}{12} = 400 \text{ euros.}$$

Réponse b.

Question 9. Développement puis simplification des « identités remarquables » :

$$\begin{aligned}(a-b)^2 &= a^2+b^2-2ab\\(a+b)^2 &= a^2+b^2+2ab\\(a-b)^2+(a+b)^2 &= a^2+b^2-2ab+a^2+b^2+2ab\\&= a^2+a^2+b^2+b^2+2ab-2ab\\&= 2a^2+2b^2.\end{aligned}$$

Réponse d.

Question 10. Là encore, le problème se décompose en sous-problèmes :

– évaluation du nombre de visiteurs par catégorie ;

– évaluation de la consommation moyenne par type de visiteurs ;

– évaluation de la consommation totale de bière ;

– évaluation des rentrées fiscales.

• Posons : E le nombre d'étrangers

A le nombre d'Allemands (hors Munich)

M le nombre de Munichois

V le nombre total de visiteurs

$V = E + A + M = 2\,000\,000$

$E = 2\,000\,000 \times \frac{3}{4} = 1\,500\,000$

$A = 2\,000\,000 \times \frac{15}{100} = 300\,000$

$M = 2\,000\,000 - 1\,500\,000 - 300\,000 = 200\,000.$

• Posons : e la consommation moyenne pour les étrangers

a la consommation moyenne pour les Allemands

m la consommation moyenne pour les Munichois

$$m = \frac{6\,000\,000}{200\,000} = 30 \text{ L}$$

$$e = \frac{m}{3} = \frac{30}{3} = 10 \text{ L}$$

$$a = \frac{e}{2} = \frac{10}{2} = 5 \text{ L}$$

• Posons y la consommation totale de bière et x les rentrées fiscales (en euros).

$$\begin{aligned}x = 2y &= 2(1\,500\,000 \times 10 + 300\,000 \times 5 + 6\,000\,000)\\&= 2 \times (15\,000\,000 + 1\,500\,000 + 6\,000\,000)\\&= 2 \times 22\,500\,000 = 45\,000\,000.\end{aligned}$$

Réponse c.

On peut calculer directement une moyenne pondérée à partir de la consommation moyenne de bière des Munichois.

$$x = 2\,000\,000 \times 2 \times \left(30 \times 0{,}1 + \frac{30}{3} \times 0{,}75 + \frac{30}{6} \times 0{,}15\right)$$

$$= 4\,000\,000 \times (3 + 7{,}5 + 0{,}75)$$

$$= 4\,000\,000 \times 11{,}25 = 45\,000\,000.$$

Question 11. Calcul de la longueur a du dernier côté à partir du théorème de Pythagore.

$$a^2 + 30^2 = 50^2$$

$$a^2 = 50^2 - 30^2.$$

On peut effectuer les calculs mais il est plus rapide de passer par les « identités remarquables » :

$$a^2 - b^2 = (a + b)(a - b)$$

$$a^2 = (50 + 30)(50 - 30) = 80 \times 20 = 1\,600$$

$$a = \sqrt{1\,600} = \sqrt{2^2 \times 10^2} = 20 \text{ m}.$$

Posons x le prix et L la longueur totale du périmètre :

$$x = 10\,\mathrm{L} = 10\,(50 + 30 + 20) = 10 \times 100 = 1\,000.$$

Réponse a.

Question 12.

$$\begin{array}{rrrr}
 & 3\text{ j} & 21\text{ h} & 55\text{ min} & 29\text{ s} \\
+ & 2\text{ j} & 22\text{ h} & 42\text{ min} & 36\text{ s} \\
\hline
 & 5\text{ j} & 43\text{ h} & 97\text{ min} & 65\text{ s} \\
 & & & 1\text{ min} & 05\text{ s} \\
 & & 1\text{ h} & 38\text{ min} & \\
 & 1\text{ j} & 20\text{ h} & & \\
 & 6\text{ j} & & &
\end{array}$$

Réponse d.

Question 13. $$\frac{r^2}{q} - \sqrt{p} = \frac{(4\sqrt{5})^2}{\frac{2}{3}} - \sqrt{625}$$

$$= \frac{4^2 \times 5}{\frac{2}{3}} - \sqrt{5 \times 5 \times 5 \times 5} = \frac{16 \times 5 \times 3}{2} - (5 \times 5)$$

$$= 120 - 25 = 95.$$

Réponse a.

Question 14. La réponse peut se trouver en décomposant le problème (temps de transport, temps total des arrêts, etc.) ou se poser directement :

$$v = \frac{\text{distance}}{\text{temps}} = \frac{520}{\left(17 - 10 - 3 \times \frac{1}{4} - \frac{5}{4}\right)} = \frac{520}{8}$$

$v = 65$ km/h.

Réponse b.

Question 15. Le piège consiste à oublier de convertir les cm en m :

$a = 6 \times 20\,000 = 120\,000$ cm = 1 200 m

$b = 4{,}5 \times 20\,000 = 90\,000$ cm = 900 m.

Réponse c.

QCM de logique

1. b.

2. b. (les lettres se suivent avec un écart qui s'accroît d'une lettre à chaque fois).

3. b. (les chiffres se succèdent suivant la règle suivante : déplacement vers la droite : +2 ; déplacement vers la gauche : –2 ; vers le bas : : 2 ; vers le haut : × 2).

4. b. (dans chaque rangée de dominos, la somme des chiffres de la partie supérieure des dominos est égale au chiffre de la partie supérieure du domino de droite et les chiffres qui s'inscrivent dans la partie inférieure des dominos se suivent en retranchant 1 à chaque fois).

5. a. (la somme des deux chiffres constituant chaque nombre est égale à 5, puis 6, puis 7, puis 8, puis 9, puis 10 ; elle doit donc être de 11, c'est-à-dire : 5 + 6).

6. a. On doit remplacer les lettres par le rang qu'elles occupent dans l'alphabet et on obtient les mêmes sommes de chiffres ; exemple :

CT = 3 + 20 = 23

et GP = 7 + 16 = 23

donc BF = 2 + 6 = 8

donc AG = 1 + 7 est la seule proposition qui convienne.

7. a. On remarque que dans chaque figure x est égal au chiffre du bas à droite × 3, donc $x = 9 \times 3 = 27$; et $y = x +$ le chiffre du bas à droite donc, ici, $y = 27 + 9 = 36$.

8. c. Sur chaque ligne, on compte 4 traits verticaux, 4 traits horizontaux et un nombre pair de traits obliques.

9. c. (les nombres se suivent en ajoutant 4 et en retranchant 3 alternativement.)

10. c.

2. Annales, 1999 *(corrigés p. 160)*

Durée : 1 h 30. Coefficient : 3. 60 questions.

Français : 15 questions.

Connaissances générales : 20 questions.

Mathématiques : 10 questions.

Logique : 15 questions.

QCM de français

1. Quel est le pluriel de « un coffre-fort » ?

a. des coffres-forts ;

b. des coffre-fort ;

c. des coffre-forts ;

d. des coffres-fort.

2. Une désaffection est :

a. un désaccord ;

b. un désordre ;

c. un délassement ;

d. une perte de l'intérêt.

3. Que signifie l'expression « passer sous les fourches Caudines » ?

a. partir en vacances au sud de l'Italie ;

b. être interrogé avec empressement ;

c. subir des conditions humiliantes ;

d. retirer les grains de blé de leur épi.

4. Parmi les phrases suivantes, une seule est à la voix passive. Laquelle ?

a. Il a été vu devant le cinéma.

b. Ils vont partir à l'heure.

c. Ils ont pris un verre.

d. Il était venu très tôt.

5. Parmi les adverbes suivants, un seul est mal orthographié. Lequel ?

a. assidûment ;

b. conséquement ;

c. hardiment ;

d. savamment.

6. Parmi les propositions suivantes, une phrase est correctement orthographiée. Laquelle ?

a. Ils sont emmitouflés dans un uniforme molletonné jaune moutarde.

b. Ils portent des chapeaux de fourrure, simples écrans face aux raffales de vent glacé qui soufflent de Mongolie.

c. Nul combat, nul effraction, une sentinelle a bien tenté de leur adresser une vaine et cocasse semonce.

d. Le visage austère, presque inexpressif, le pas discipliné, les soldats se répendent dans les rues de la cité.

7. Le mot « appréhender » a plusieurs sens. L'une de ces propositions est fausse. Laquelle ?

a. craindre un examen ;

b. comprendre, saisir un système philosophique ;

c. détester une personne ;

d. arrêter un malfaiteur.

8. Qu'est-ce qu'une « harangue » ?

a. une bande de terre entre deux mers ;

b. un instrument de cuisine ;

c. un poisson de l'océan Atlantique ;

d. un discours solennel.

9. Dans la liste d'expressions suivantes, une seule est un pléonasme. Laquelle ?

a. l'obscure clarté des étoiles ;

b. rouge comme une tomate ;

c. prévoir à l'avance ;

d. nager comme un fer à repasser.

10. Conjuguez le verbe « asseoir » à la première personne du pluriel du subjonctif présent.

a. que nous assayons ;

b. que nous asseyons ;

c. que nous assayions ;

d. que nous asseyions.

11. Parmi les quatre verbes suivants, un seul est un verbe du deuxième groupe. Lequel ?

a. tenir ;

b. vouloir ;

c. devenir ;

d. finir.

12. Voici quatre phrases :

1 : … y voit plus beaucoup.

2 : … en avait vu quelques-uns.

3 : … avait rien dit.

4 : … avait remarqué aucun signe.

Parmi ces quatre propositions, quelle est celle qui complète correctement ces phrases ?

a. On n' – On – On n' – On n' ;

b. On – On n' – On n' – On n' ;

c. On n' – On – On – On ;

d. On – On – On – On n'.

13. Quel est l'antonyme du verbe « affadir » ?

a. pimenter ;

b. affaisser ;

c. enlaidir ;

d. écœurer.

14. Que signifie le préfixe « intra » ?

a. auprès de ;

b. privé de ;

c. à l'intérieur ;

d. vers.

15. Quelle est la définition du mot « dramaturgie » ?

a. art de la composition théâtrale ;

b. ensemble des règles fixant le déroulement des actes du culte ;

c. tragédie dont le dénouement est heureux ;

d. œuvre comique.

QCM de connaissances générales

1. Laquelle de ces quatre œuvres n'est pas de Mozart ?

a. *Don Giovanni* ;

b. *La Flûte enchantée* ;

c. *Les Quatre Saisons* ;

d. *Les Noces de Figaro.*

2. En France, en quelle année la majorité électorale a-t-elle été fixée à 18 ans ?

a. 1968 **b.** 1974 **c.** 1977 **d.** 1981

3. Associez les personnages historiques suivants à leur surnom.

1 - Joseph Staline	A - Le Fils du Peuple.
2 - Mao Tsé-toung	B - Le Génie des Carpates
3 - Maurice Thorez	C - Le Petit Père des Peuples
4 - Nicolae Ceauşescu	D - Le Grand Timonier

a. 1A – 2D – 3C – 4B ;

b. 1A – 2B – 3C – 4D ;

c. 1A – 2C – 3B – 4D ;

d. 1C – 2D – 3A – 4B.

4. Le « côlon » est l'autre nom :

a. du gros intestin ;

b. de l'intestin grêle ;

c. du foie ;

d. du pancréas.

5. Parmi les conséquences de la mise en place de l'euro, une des propositions suivantes est fausse. Laquelle ?

a. Les cours des actions sont exprimés en francs jusqu'au 1er janvier 2002.

b. La mise en circulation de l'euro aura lieu le 1er janvier 2002 sous forme de billets et de pièces dans les pays de la zone euro.

c. Pour les particuliers, les déclarations fiscales restent en francs jusqu'en 2002.

d. De 1999 à 2002, les paiements par carte bancaire pourront être effectués en francs ou en euros.

6. Qui est le successeur de Jacques Santer à la présidence de la Commission européenne ?

a. Jacques Delors ;

b. Helmut Kohl ;

c. Romano Prodi ;

d. Felipe Gonzalez.

7. On appelle le passage d'un corps de l'état solide à l'état gazeux, sans passer par l'état liquide :

a. la sublimation ;

b. l'évaporation ;

c. la compression ;

d. l'ébullition.

8. Quel est le lien de parenté entre Louis XVI et Louis XVIII ?
a. Louis XVI est le père de Louis XVIII ;
b. Louis XVI et Louis XVIII sont frères ;
c. Louis XVI et Louis XVIII sont cousins ;
d. aucun.

9. Associez les amants célèbres suivants.

1 - Roméo	A - Virginie
2 - Tristan	B - Juliette
3 - Abélard	C - Iseut
4 - Paul	D - Héloïse

a. 1D – 2A – 3B – 4C ;
b. 1B – 2C – 3A – 4D ;
c. 1B – 2C – 3D – 4A ;
d. 1B – 2D – 3A – 4C.

10. Quelle est, en francs fançais, la valeur d'un euro ?
a. 5,55957 ;
b. 6,55957 ;
c. 6,65957 ;
d. 6,95557.

11. Combien d'États sont membres permanents du Conseil de sécurité de l'ONU ?
a. 4 **b.** 5 **c.** 15 **d.** 185

12. À quels auteurs se rattachent les héros suivants ?

1 - Hercule Poirot	A - Gaston Leroux
2 - Nestor Burma	B - Léo Malet
3 - Rouletabille	C - Maurice Leblanc
4 - Arsène Lupin	D - Agatha Christie

a. 1D – 2B – 3A – 4C ;
b. 1D – 2B – 3C – 4A ;
c. 1A – 2D – 3C – 4B ;
d. 1D – 2A – 3B – 4C.

13. Qui a écrit *La Chartreuse de Parme* ?
a. Balzac ;
b. Stendhal ;
c. Flaubert ;
d. Marivaux.

14. Qui est le créateur de *Lucky Luke* ?
a. Morris ;
b. Hergé ;
c. Franquin ;
d. Van Hamme.

15. Quel est le pays noirci sur la carte de l'Europe ?

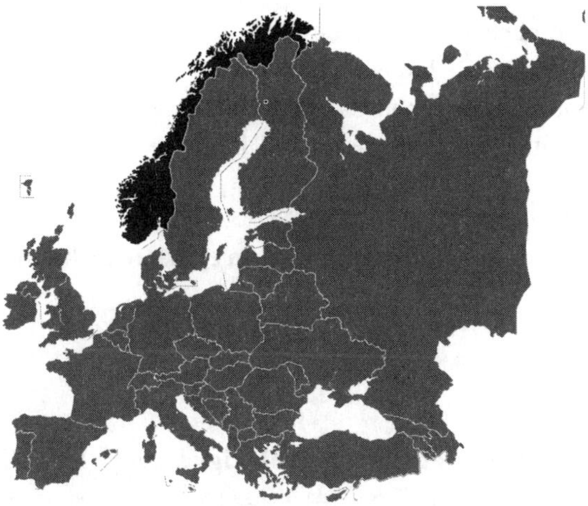

a. la Finlande ;

b. la Suède ;

c. la Norvège ;

d. le Danemark.

16. Quel groupe sanguin est « donneur universel » ?

a. A **b.** B **c.** O **d.** AB

17. Que signifie le sigle « OTAN » ?

a. Organisation du Traité de l'Atlantique Nord ;

b. Organisation du Traité de l'Amérique du Nord ;

c. Organisation du Traité de l'Afrique du Nord ;

d. Organisation du Traité de l'Asie du Nord.

18. Associez les animaux suivants à leur cri.

1 - dindon	A - feulement
2 - tigre	B - glougloutement
3 - grenouille	C - coassement
4 - corbeau	D - croassement

a. 1A – 2D – 3B – 4C ;

b. 1B – 2A – 3C – 4D ;

c. 1B – 2A – 3D – 4C ;

d. 1B – 2D – 3B – 4C ;

19. Une seule de ces quatre capitales ne se trouve pas en Afrique. Laquelle ?

a. Freetown ;

b. Sanaa ;

c. Nouakchott ;

d. Niamey.

20. En France, quel est l'intitulé exact, actuellement en vigueur, du ministère dont dépend l'administration des douanes ?

a. ministère de l'Économie et des Finances ;

b. ministère des Finances et de l'Industrie ;

c. ministère de l'Économie, des Finances et du Budget ;

d. ministère de l'Économie, des Finances et de l'Industrie.

QCM de mathématiques

1. Quelle est la formule de calcul du volume d'un cylindre de hauteur *h* et de rayon *r* ?

a. $\pi \times r \times h$;

b. $2\pi \times r^2 \times h$;

c. $\pi \times r^2 \times h$;

d. $\pi \times r \times h^2$.

2. On peut obtenir une égalité en plaçant trois signes entre les chiffres :

$$((9 \quad 8) \quad 4) \quad 2 = 16.$$

Parmi ces quatre signes, lequel n'est pas utilisé ?

a. (+) **b.** (–) **c.** (:) **d.** (×)

3. Un stylo et une gomme valent 52 francs, trois crayons et une gomme valent 67 francs, un stylo et un crayon valent 45 francs. Combien vaut un crayon ?

a. 15 francs **b.** 22 francs **c.** 30 francs **d.** 42 francs

4. Le prix d'une minute de communication téléphonique est de 0,75 franc. Le montant de la facture pour un abonné comprend le prix des communications et un abonnement de 80 francs. Un abonné paie une facture de 167 francs.

Quelle est la durée des communications indiquée sur la facture ?

a. 1 h 48 **b.** 1 h 52 **c.** 1 h 56 **d.** 2 h 04

5. Le prix affiché d'une voiture est de 55 000 francs. Vous négociez avec l'agent commercial qui vous propose la voiture au prix de 52 800 francs. Quel est le pourcentage de la remise ?

a. 3 % **b.** 3,5 % **c.** 4 % **d.** 4,5 %

6. Résoudre sous la forme d'une fraction aussi simple que possible :

$$\frac{5}{7} - \frac{2}{7} \times \frac{4}{3} = ?$$

a. $\frac{7}{3}$ **b.** $\frac{1}{3}$ **c.** $\frac{12}{14}$ **d.** $\frac{7}{21}$

7. Douze milliards cent cinq mille trois cent cinq s'écrit en chiffres :

a. 12 000 105 305 ;

b. 12 105 305 ;

c. 12 000 000 105 305 ;

d. 1 200 105 305.

8. Jean-Christophe a dépensé la moitié de ses économies pour l'achat de livres. Il a en plus acheté des fournitures scolaires pour 35 francs. Il lui reste exactement un tiers de ses économies.

Quel était le montant des économies de Jean-Christophe ?

a. 70 francs **b.** 105 francs **c.** 190 francs **d.** 210 francs

9. M. Dupont achète un terrain de forme carrée et de côté 20 m.

Si $x = 2{,}5$ m, quelle est la surface de sa maison (partie noire) ?

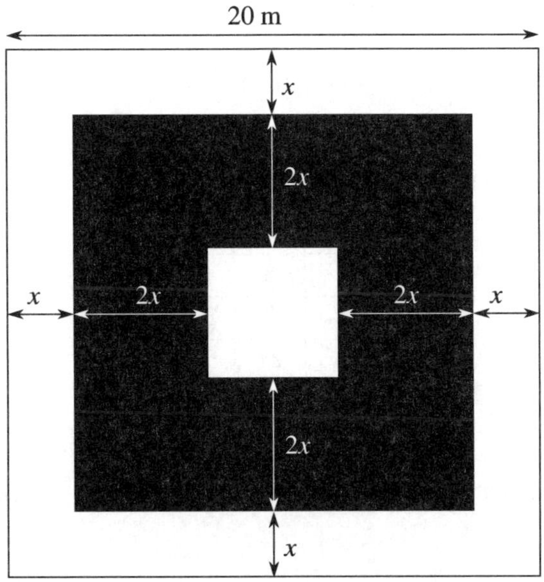

a. 150 m^2 **b.** 160 m^2 **c.** 200 m^2 **d.** 215 m^2

10. Quel nombre est divisible par 9 et donne comme résultat un nombre entier ?

a. 420 **b.** 480 **c.** 378 **d.** 168

QCM de logique

1. Quel est le plus petit nombre de flèches nécessaires pour marquer exactement 50 points ?

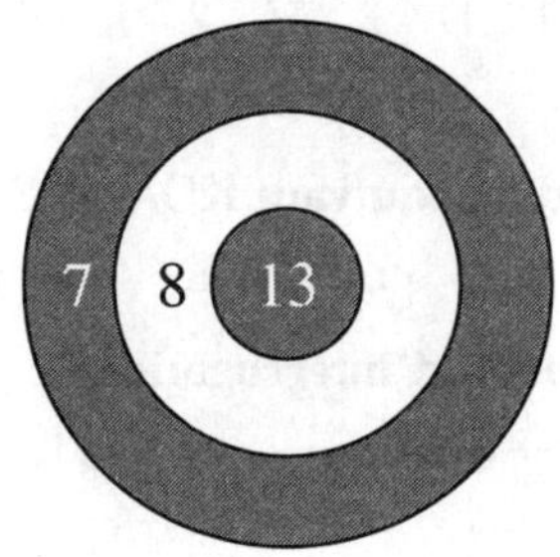

a. 4 **b.** 5 **c.** 6 **d.** 7

2. Quelle proposition cache le nom d'un pays d'Afrique dont l'ordre des lettres a été modifié ?

a. TQUURIE ;

b. NTEUNIIS ;

c. ERGILAE ;

d. UCAMERMO.

3. Quel est le mot qui complètera logiquement cette suite ?

CHAT ; TACHE ; ACHÈTE ; CHANTÉE...

a. ÉTANCHES ;

b. CHANTEUR ;

c. TRANCHES ;

d. ATTACHÉE.

4. Quel nombre remplace le point d'interrogation ?

2	3	8
3	8	63
4	?	224
5	24	575

a. 15 **b.** 13 **c.** 18 **d.** 16

5. Par quel mot doit-on remplacer le point d'interrogation ?

SURVEILLANCE ; STUPÉFIANT ; CONTRÔLE ; AMENDE ; ?

a. CONTREFAÇON ;

b. FRONTIÈRE ;

c. IMPÔT ;

d. TAXE.

6. Déterminez la lettre manquante :

27(V) – 18(D) – 46(Q) – 57(?)

a. R **b.** F **c.** C **d.** S

7. Complétez la série :

B – 1 – D – 3 – H – 2 – K – 5 – ?

a. L **b.** N **c.** Q **d.** T

8. Si GIRAFE = TRIZUV, à quoi équivaut KOALA ?

a. BCZIZ **b.** PLZOZ **c.** CKRNR **d.** DMFZEZ

9. Quelle figure remplace le point d'interrogation ?

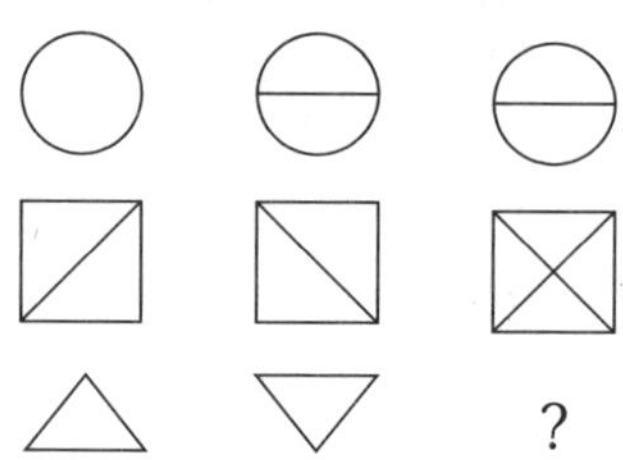

a. **b.** **c.** **d.**

10. Quel domino remplace les points d'interrogation ?

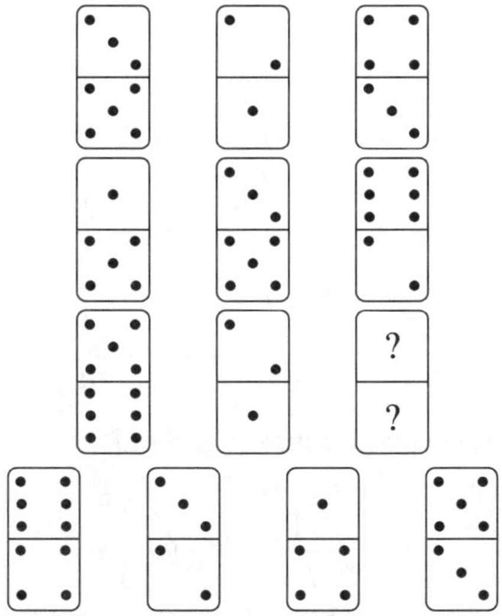

a. **b.** **c.** **d.**

11. Quelle carte remplace le point d'interrogation ?

a. **b.** **c.** **d.**

12. Quel numéro remplace le point d'interrogation ?

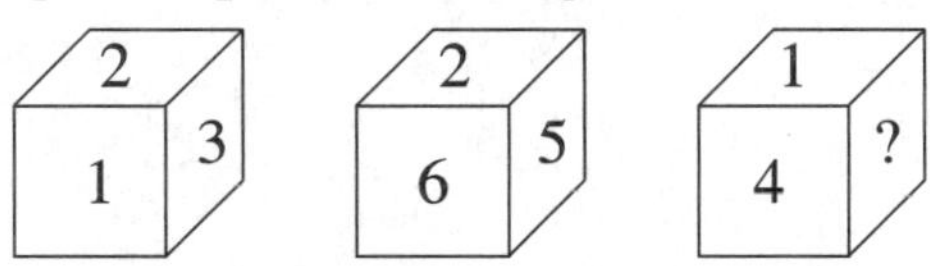

a. 2 **b.** 3 **c.** 5 **d.** 6

13. Quelle lettre remplace le point d'interrogation ?

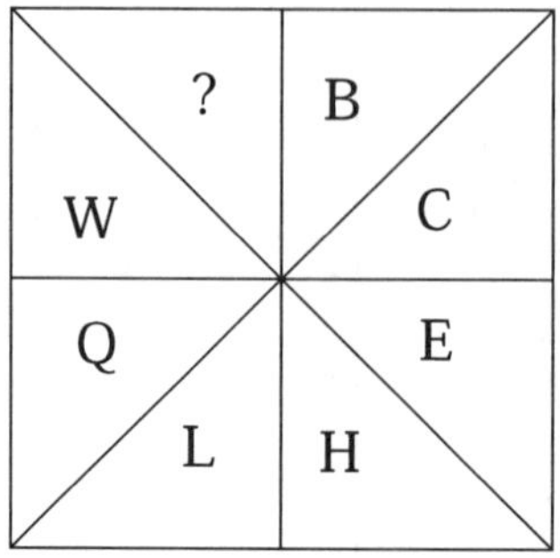

a. A **b.** D **c.** X **d.** Z

14. Quel numéro remplace le point d'interrogation ?

a. 4 **b.** 5 **c.** 9 **d.** 12

15. Quel nombre remplace le point d'interrogation ?

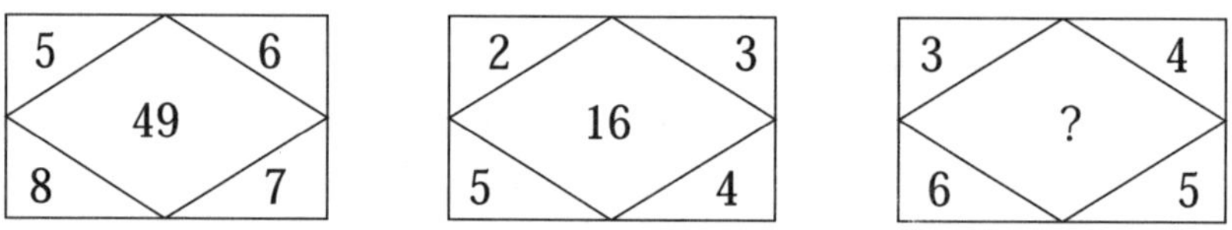

a. 22 **b.** 27 **c.** 29 **d.** 35

Corrigés

QCM de français

1. a. des coffres-forts

2. d. une perte de l'intérêt

3. c.

4. a.

5. b. conséquemment

6. a.

7. c.

8. d.

9. c.

10. d.

11. d.

12. a.

13. a.

14. c.

15. a.

QCM de connaissances générales

1. c. de Vivaldi ; **2. b.** 1974 ; **3. d.** ; **4. a.** ; **5. a.** ; **6. c.** ; **7. a.** ; **8. b.** ; **9. c.** ; **10. b.** ; **11. c.** ; **12. a.** ; **13. b.** ; **14. a.** ; **15. c.** ; **16. c.** ; **17. a.** ; **18. b.** ; **19. b.** ; **20. d.**

QCM de mathématiques

Question 1. Formule du volume d'un cylindre :

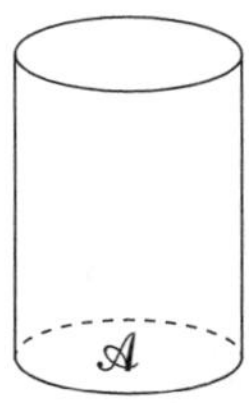

$$v = \mathcal{A} \cdot h$$
$$v = \pi r^2 \cdot h$$

Réponse c.

Question 2. $((9 \times 8) \div 4) - 2 = 16$

le signe + n'est pas utilisé.

Réponse a.

Question 3. Système de 3 équations à 3 inconnues :

posons x le prix d'un crayon

y le prix d'une gomme

z le prix d'un stylo

$$\begin{cases} (1) \quad y + z = 52 \\ (2) \quad 3x + y = 67 \\ (3) \quad x + z = 45 \end{cases}$$

À partir de (2) et (3), en additionnant terme à terme, on trouve :

$$3x + y + x + z = 67 + 45$$
$$4x + \underbrace{y + z}_{52 \ (1)} = 112$$

d'où
$$4x + 52 = 112$$
$$4x = 112 - 52$$
$$4x = 60$$
$$x = \frac{60}{4} = 15.$$

Réponse a.

Question 4. Posons x le nombre de minutes :

$$\begin{aligned} 0{,}75x + 80 &= 167 \\ 0{,}75x &= 167 - 80 \\ 0{,}75x &= 87 \\ x &= \frac{87}{0{,}75} = 116 \end{aligned}$$

$$x = 116 \text{ min} \quad \text{soit} \quad 1 \text{ h } 56 \text{ min}$$

Réponse c.

Question 5. Posons x le pourcentage de la remise :

$$x = \frac{(55\,000 - 52\,800)}{55\,000} \times 100 = 4\ \%.$$

Réponse c.

Question 6. $\frac{5}{7} - \frac{2}{7} \times \frac{4}{3}.$

Propriété opératoire sur la multiplication :

$$\frac{5}{7} - \left(\frac{2}{7} \times \frac{4}{3}\right) = \frac{5}{7} - \frac{8}{21}.$$

Recherche du PPCM entre 7 et 21 (7 ; 3)

$$\frac{5}{7} - \frac{8}{21} = \frac{5 \times 3}{7 \times 3} - \frac{8}{21} = \frac{15}{21} - \frac{8}{21} = \frac{7}{21}.$$

Simplification de la fraction :

$$\frac{7}{21} = \frac{7}{3 \times 7} = \frac{1}{3}.$$

Réponse b.

Question 7. 12 000 105 305

Réponse a.

Question 8. Système d'équations à deux inconnues :

posons x les économies de Jean-Christophe

y le prix des livres

$$\begin{cases} x - y = \frac{1}{2}x & (1) \\ x - y - 35 = \frac{1}{3}x & (2) \end{cases}$$

Développement (1)

$$\begin{aligned} 2(x - y) &= x \\ 2x - 2y &= x \\ 2x - x - 2y &= 0 \\ x - 2y &= 0. \end{aligned}$$

Développement (2)

$$\begin{aligned} 3(x - y - 35) &= x \\ 3x - 3y - 105 &= x \\ 2x - 3y - 105 &= 0. \end{aligned}$$

Le système d'équations devient :

(1) $\quad x - 2y = 0 \qquad (ax + by + c = 0)$

(2) $\quad 2x - 3y - 105 = 0 \qquad (a'x + b'y + c' = 0)$.

Il existe un rapport simple entre $a = 1$ et $a' = 2$

(1) $\quad 2(x - 2y) = 0$

$$2x - 4y = 0.$$

Élimination d'une des inconnues :

$$\begin{aligned}(2x - 3y - 105) - (2x - 4y) &= 0\\ 2x - 3y - 105 - 2x + 4y &= 0\\ (2x - 2x) + (4y - 3y) - 105 &= 0\\ 4y - 3y - 105 &= 0\\ y - 105 &= 0\\ y &= 105.\end{aligned}$$

Recherche de x (les économies de Jean-Christophe) :

$$\begin{aligned}x - 2y &= 0\\ x - 2 \times 105 &= 0\\ x - 210 &= 0\\ x &= 210.\end{aligned}$$

Réponse d.

Question 9. Il est inutile de calculer l'aire du terrain, seule la longueur du côté du terrain est nécessaire.

Posons $\mathcal{A}_1$ l'aire du carré moyen.

$$\mathcal{A}_1 = a_1^2.$$

Posons $\mathcal{A}_2$ l'aire du petit carré.

$$\mathcal{A}_2 = a_2^2.$$

Recherche de a_1 et a_2 :

$$\begin{aligned}a_1 &= 20 - 2x \quad \text{avec} \quad x = 2{,}5\\ a_1 &= 20 - 5 = 15\\ a_2 &= 20 - 6x \quad \text{avec} \quad x = 2{,}5\\ a_2 &= 20 - 15 = 5.\end{aligned}$$

La surface de la maison (S) est égale à la différence des deux carrés :

$$S = a_1^2 - a_2^2 = 15^2 - 5^2 = 225 - 25 = 200.$$

Les identités remarquables nous permettent de calculer le résultat sans passer par le calcul de 15^2 (source d'erreur de calcul) :

$a_1^2 - a_2^2 = (a_1 + a_2)(a_1 - a_2)$

$S = (15 + 5) \times (15 - 5) = 20 \times 10 = 200.$

Réponse c.

Question 10. Caractère de divisibilité par 9 : la somme des chiffres doit être égale à 9.

420 : $4 + 2 + 0 = 6$ non divisible

480 : $4 + 8 + 0 = 12$ $1 + 2 = 3$ non divisible

378 : $3 + 7 + 8 = 18$ $8 + 1 = 9$ divisible

168 : $1 + 6 + 8 = 15$ $1 + 5 = 6$ non divisible

Réponse c.

QCM de logique

1. c. $(7 \times 3) + (8 \times 2) + 13$

2. c. (Algérie).

3. a. (une nouvelle lettre à chaque fois).

4. a. 1re ligne : $3^2 = 8 + 1$; 2e ligne : $8^2 = 63 + 1$; 3e ligne : $15^2 = 224 + 1$; 4e ligne : $24^2 = 575 + 1$; on passe d'un chiffre à l'autre en le multipliant par lui-même moins 1.

5. c. (5 lettres).

6. c. (cette lettre correspond à la première lettre du nombre 57).

7. c. (le chiffre correspond au nombre de lettres de l'intervalle).

8. b. (on prend l'alphabet à l'envers).

9. c. (les deux premières figures se superposent pour former la troisième).

10. a.

11. d. (le total des cartes rouges de la ligne est 8).

12. b.

13. b. (on passe du B au C, puis du C au E en sautant une lettre, du E au H en sautant 2 lettres, donc du W au D en sautant 6 lettres).

14. b. (le chiffre à l'intérieur du triangle correspond au produit des chiffres du haut moins le chiffre du bas : $(2 \times 9) - 13 = 5$).

15. b. (le 2 est le chiffre qui précède cette suite de chiffres et 7 le chiffre qui la suit).

3. Annales, 1998 *(corrigés p. 174)*

Durée : 1 h 30. Coefficient : 3. 60 questions.

Français : 20 questions.

Connaissances générales : 20 questions.

Mathématiques : 10 questions.

Logique : 10 questions.

QCM de français

1. Dans la phrase suivante : « Je suis mort de faim. », la figure de style employée est :

a. un euphémisme ;

b. une hyperbole ;

c. une litote ;

d. une anaphore.

2. Voici une série de cinq mots :

1 - thermostable ;

2 - thermosphère ;

3 - thermoscope ;

4 - thermosiphon ;

5 - thermothérapie.

Parmi ces quatre propositions, quelle est celle qui reprend le classement par ordre alphabétique de ces mots ?

a. 2 – 1 – 4 – 5 – 3 ;

b. 4 – 3 – 2 – 1 – 5 ;

c. 3 – 4 – 2 – 1 – 5 ;

d. 4 – 2 – 3 – 1 – 5.

3. Auquel de ces verbes du premier groupe manque-t-il un *n* ?

a. ramoner ;

b. téléphoner ;

c. s'époumoner ;

d. sermoner.

4. Le mot « discobole » désigne :

a. un engin circulaire qu'on lance ;

b. un lanceur de disque ;

c. un gymnaste sans le sou ;

d. un disc-jockey chanceux.

5. Conjuguez le verbe « croître » à la première personne du singulier du passé simple de l'indicatif.

a. je crus ;

b. je crûs ;

c. je cru ;

d. je crois.

6. Voici quatre phrases :

1 - Le bateau était [...] faire naufrage.

2 - Cet homme est toujours [...] bien faire.

3 - L'autobus est [...] partir.

4 - L'ignorance est toujours [...] s'admirer.

Parmi ces quatre propositions, quelle est celle qui complète correctement ces phrases ?

a. prêt à – prêt à – près de – prête à ;

b. prêt de – près de – prêt à – prête à ;

c. près de – prêt à – près de – prête à ;

d. près de – prêt à – prêt à – prête à.

7. Quel est le nombre de fautes dans le texte suivant ?

« Lorsque le Chevalier de la Barre, jeune homme de beaucoup d'esprits et d'une grande espérance, mais ayant toute l'étourderie d'une jeunesse effrennée, fut convaincu d'avoir chantées des chansons inpies, et même d'avoir passer devant une procecion de capucins sans avoir oté son chapeau, les juges d'Abbeville ordonèrent, non seulement qu'on lui arrachat la langue, qu'on lui coupât la main, et qu'on brûlat son corps à petit feu, mais ils l'appliquèrent encore à la torture pour savoir combien de chansons il avait chanté, et combien de processions il avait vues passer, le chapeau sur la tête. »

a. 9 **b.** 10 **c.** 11 **d.** 12

8. Une « tétralogie », c'est :

a. un ensemble de quatre œuvres ;

b. un discours en quatre parties ;

c. une œuvre commune à trois auteurs ;

d. une œuvre musicale en trois mouvements.

9. Parmi ces quatre noms, lequel est du genre féminin ?

a. anagramme ;

b. acrostiche ;

c. éclair ;

d. effluve.

10. Le mot « abhorrer » signifie :

a. dresser, élever ;

b. porter ostensiblement ;

c. repousser avec horreur ;

d. admirer.

11. Combien faut-il mettre d'accents circonflexes pour que la phrase suivante soit bien orthographiée ?

« Un marin futé se tenait à babord du trois-mats. »

a. aucun ;

b. un ;

c. deux ;

d. trois.

12. Quel est le pluriel du mot « œil-de-bœuf » ?

a. des yeux-de-bœufs ;

b. des œils-de-bœufs ;

c. des œils-de-bœuf ;

d. des yeux-de-bœuf.

13.Voici un texte :

« C'est grâce aux faits que l'esprit humain a [...] l'un après l'autre et avec les lois qu'il en a [...] que s'est [...] la science. Le vrai savant recueille donc avec soin toutes les constatations ; d'humbles travailleurs en ont [...] parfois de première importance. »

Parmi les quatre propositions qui suivent, quelle est celle qui convient pour compléter ce texte ?

a. observés – dégagé – constituer – fait ;

b. observé – dégagés – constitué – fait ;

c. observés – dégagé – constituées – faits ;

d. observés – dégagées – constituée – fait.

14. Après quel signe de ponctuation n'y a-t-il pas de majuscule (à l'exception des noms propres) ?

a. un point ;

b. un point-virgule ;

c. des points de suspension ;

d. un point d'exclamation.

15. Quelle est la définition du mot « misanthrope » ?

a. une personne qui hait ou méprise les femmes ;

b. une personne qui mérite le mépris ;

c. une personne qui manifeste un orgueil démesuré ;

d. une personne qui manifeste de l'aversion pour le genre humain.

16. Parmi ces quatre phrases, laquelle ne comporte pas d'attribut du sujet ?

a. Vous avez l'air déconcerté par ma remarque.

b. Leur chien est gentil mais envahissant.

c. Ce magazine paraît toutes les semaines.

d. Il a été nommé directeur de la promotion.

17. Quel est l'antonyme du mot « lénifiant » ?

a. relaxant ;

b. amusant ;

c. irritant ;

d. soporifique.

18. Quel est le mot correctement orthographié ?

a. rododendron ;

b. rhododindron ;

c. rhododendron ;

d. rododindron.

19. Remettez les cinq phrases suivantes dans l'ordre chronologique.

1 - Malheureusement, il était déjà trop tard.

2 - Alors, pris au piège, il se prépara à son dernier combat.

3 - Les chasseurs et leur meute l'encerclèrent.

4 - Le cerf, entendant à présent les hurlements sauvages des chiens, s'élança au milieu des arbres.

5 - La chasse était lancée.

a. 5 – 1 – 3 – 2 – 4 ;

b. 2 – 4 – 5 – 3 – 1 ;

c. 4 – 3 – 1 – 5 – 2 ;

d. 5 – 4 – 1 – 2 – 3.

20. Parmi les noms suivants, lequel peut aussi s'employer au singulier ?

a. fiançailles ;

b. hardes ;

c. honoraires ;

d. dépenses.

QCM de connaissances générales

1. Parmi ces quatre peintres, lequel n'est pas un peintre impressionniste ?

a. Claude Monet ;

b. Camille Pissarro ;

c. René Magritte ;

d. Alfred Sisley.

2. Au 1er janvier 1998, combien y a-t-il d'étoiles sur le drapeau européen ?

a. 12 **b.** 13 **c.** 14 **d.** 15

3. Dans quel pays a eu lieu la finale de la Coupe du monde de football de 1994 ?

a. en France ;

b. aux États-Unis ;

c. au Mexique ;

d. en Espagne.

4. Lequel de ces quatre acteurs n'a jamais réalisé un film ?

a. Harrison Ford ;

b. Al Pacino ;

c. Mel Gibson ;

d. Robert De Niro.

5. Classez les quatre événements suivants dans l'ordre chronologique.

1 - mise en place du SME ;

2 - adoption par référendum du traité de Maastricht par la France ;

3 - signature de l'Acte unique européen ;

4 - accession pour la première fois de Jacques Delors à la présidence de la Commission européenne.

a. 1 – 3 – 4 – 2 ;

b. 4 – 1 – 3 – 2 ;

c. 1 – 4 – 3 – 2 ;

d. 4 – 3 – 1 – 2.

6. Parmi ces attributions, laquelle n'est pas de la compétence du maire ?

a. la publication et l'exécution des lois et règlements ;

b. l'exécution des mesures de sûreté générale ;

c. la représentation de l'État en justice ;

d. le rôle d'officier d'état civil.

7. L'Exposition universelle de 1998 se déroule à Lisbonne. Où a eu lieu la précédente ?

a. à Paris ;

b. à Madrid ;

c. à Barcelone ;

d. à Séville.

8. Le nombre normal de paires de chromosomes chez l'homme est de :

a. 21 **b.** 22 **c.** 23 **d.** 24

9. Parmi ces îles, lesquelles se situent dans l'océan Indien ?

a. les Maldives ;

b. îles des Bermudes ;

c. îles du Cap-Vert ;

d. îles Galapagos.

10. « Avocat et homme politique français, ministre de la Justice après le 10 août 1792, il laisse s'accomplir les massacres de Septembre. Conventionnel montagnard, il participa à la création du Tribunal révolutionnaire et du Comité de salut public. Chef des Indulgents, il est accusé de vénalité et guillotiné. » Qui est-ce ?

a. Maximilien Robespierre ;

b. Jacques Danton ;

c. Jean-Paul Marat ;

d. Louis Antoine Saint-Just.

11. Le régime politique des États-Unis d'Amérique est :

a. un régime parlementaire ;

b. une monarchie constitutionnelle ;

c. un régime fédéral ;

d. un régime présidentiel.

12. Parmi ces quatre groupes de rock, lequel n'est pas britannique ?

a. The Beatles ;

b. Nirvana ;

c. Oasis ;

d. The Rolling Stones.

13. De quels métaux se constitue le laiton ?

a. cuivre et étain ;

b. fer et zinc ;

c. cuivre et zinc ;

d. cuivre et nickel.

14. Qu'instituent les accords de Bretton Woods ?

a. la libéralisation du commerce mondial ;

b. la définition des monnaies par rapport au dollar ;

c. la naissance du GATT ;

d. la désindexation des monnaies par rapport à l'or.

15. Quel est le plus long fleuve du monde ?

a. l'Amazone ;

b. le Nil ;

c. le Danube ;

d. le Zaïre.

16. De quand date la création de l'État d'Israël ?

a. 1923 ;

b. 1948 ;

c. 1953 ;

d. 1968.

17. Quel compositeur de musique classique le festival de Bayreuth célèbre-t-il annuellement ?

a. Ludwig van Beethoven ;

b. Giacomo Puccini ;

c. Antonio Vivaldi ;

d. Richard Wagner.

18. Associez les auteurs suivants à leur œuvre.

1 - Louis Ferdinand Céline	A. *D'un château l'autre*
2 - Jean-Paul Sartre	B. *Les Mémoires d'Hadrien*
3 - Albert Camus	C. *Le Mur*
4 - Marguerite Yourcenar	D. *La Chute*

a. 1B – 2C – 3D – 4A ;

b. 1C – 2B – 3D – 4A ;

c. 1A – 2B – 3D – 4C ;

d. 1A – 2C – 3D – 4B.

19. Où se situe le siège de la Banque centrale européenne ?

a. à Strasbourg ;

b. à Bruxelles ;

c. à Francfort ;

d. à Luxembourg.

20. Le calendrier en vigueur en France à l'heure actuelle, porte le nom de :

a. calendrier julien ;

b. calendrier magdalénien ;

c. calendrier républicain ;

d. calendrier grégorien.

QCM de mathématiques

1. Un cargo transportant du vin italien arrive au port du Havre, où il effectue le déchargement de sa cargaison.

Le volume de vin transporté équivaut à la moitié du volume d'un cylindre de longueur $l = 30$ m et de base un cercle de rayon $R = 5$ m.

Sachant qu'il faut une heure pour transvaser 2 000 hectolitres dans la cuve du port, quel est le temps, arrondi à la minute supérieure, nécessaire pour effectuer la manœuvre complète de transbordement ?

(On prendra $\pi = 3,14$.)

a. 5 h 53 ;

b. 7 h 11 ;

c. 9 h 26 ;

d. 10 h 47.

2. 7 heures 56 minutes 37 secondes sont égales à :

a. 27 517 secondes ;

b. 28 597 secondes ;

c. 28 610 secondes ;

d. 29 737 secondes.

3. Un bébé de 4 mois ingurgite un biberon toutes les 3 heures et sa préparation nécessite 60 g de lait en poudre et 180 mL d'eau minérale. Le premier biberon de la journée est à 01 h 00 et le dernier à 22 h 00. Quelles sont les quantités de lait en poudre et d'eau utilisées pour la journée ?

a. 0,54 kg de lait et 1,44 L d'eau ;

b. 0,54 kg de lait et 1,62 L d'eau ;

c. 0,48 kg de lait et 1,62 L d'eau ;

d. 0,48 kg de lait et 1,44 L d'eau.

4. Trouvez la figure qui possède la plus grande surface parmi les quatre propositions suivantes.

a. un cercle de rayon $r = 1$ cm (on prendra $\pi = 3,14$) ;

b. un triangle rectangle dont le côté opposé mesure 5 cm et le côté adjacent mesure 4 cm ;

c. un carré de côté $A = 4,5$ cm ;

d. un rectangle de grand côté $L = 6$ cm et de petit côté $l = 3$ cm.

5. Quel est le treizième chiffre après la virgule de l'écriture décimale qui correspond à la fraction $\frac{136}{83}$?

a. 2 **b.** 3 **c.** 4 **d.** 7

6. Soit un rectangle ABCD de centre O. L'angle $\widehat{AOD}$ mesure 42°. Quelle est la mesure de l'angle $\widehat{ABD}$?

a. 21° **b.** 42° **c.** 69° **d.** 138°

7. Un pétrolier s'échoue et libère dans la mer 1 256 m^3 de pétrole de masse volumique 900 kg/m^3. En supposant que la nappe de pétrole soit circulaire et d'une épaisseur de 1 cm, quel est son diamètre ?

a. 100 m **b.** 200 m **c.** 300 m **d.** 400 m

8. Une personne achète une moto d'une valeur de 45 000 F à crédit. Elle verse un acompte de 22 000 F et s'engage à verser 12 mensualités de 2 500 F chacune. Quel est le pourcentage d'augmentation du prix ?

a. 15,5 % **b.** 16,3 % **c.** 17,8 % **d.** 18,6 %

9. Un produit avec un prix P subit une première augmentation de 10 %. Deux mois plus tard, ce produit subit une nouvelle augmentation de 5 %.

Par rapport à son prix de départ *P*, quel est le nouveau prix de ce produit, après les deux augmentations ?

a. $\left(P \times \frac{10}{100}\right) \times \frac{5}{100}$;

b. $P + \left(P \times \frac{15}{100}\right)$;

c. $\left(P + \frac{10}{100}\right) + \frac{5}{100}$;

d. $P \times 1{,}1 \times 1{,}05$.

10. Trouvez le résultat de cette opération :

$$\frac{\left(\frac{8}{11} + \frac{3}{8}\right) \div \frac{3}{4}}{\left(\frac{17}{3} - \frac{21}{2}\right) + \frac{45}{11}}.$$

a. $-\frac{97}{49}$ **b.** $\frac{8}{387}$ **c.** $-\frac{97}{66}$ **d.** $\frac{8}{113}$

QCM de logique

1. Bernard est de 3 ans plus vieux que sa sœur Céline et 7 ans plus jeune que son cousin Laurent. Laurent a 56 ans de différence avec sa grand-mère Régine. Céline est née en 1972. **Quelle est l'année de naissance de Régine ?**

a. 1926 **b.** 1920 **c.** 1912 **d.** 1906

2. Quel est l'intrus parmi les quatre propositions suivantes ?

a. (A, E) **b.** (N, R) **c.** (G, K) **d.** (V, Y)

3. Remplacez le point d'interrogation par le bon nombre.

FACTEUR	CHIFFRE	TERREUR	RÉACTIF
3285719	8643397	5799719	?

a. 9726543 **b.** 9728543 **c.** 9728563 **d.** 9729543

4. Trouvez la lettre manquante.

O	C	F	A	V	?
72	12	27	2	107	62

a. B **b.** S **c.** M **d.** U

5. Trouvez la bonne figure.

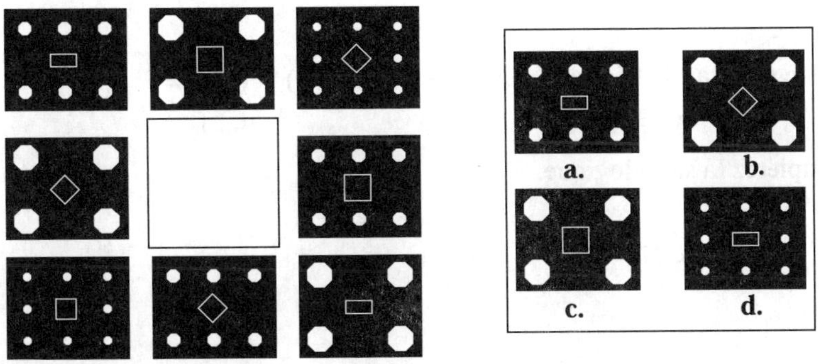

6. Trouvez le bon panneau.

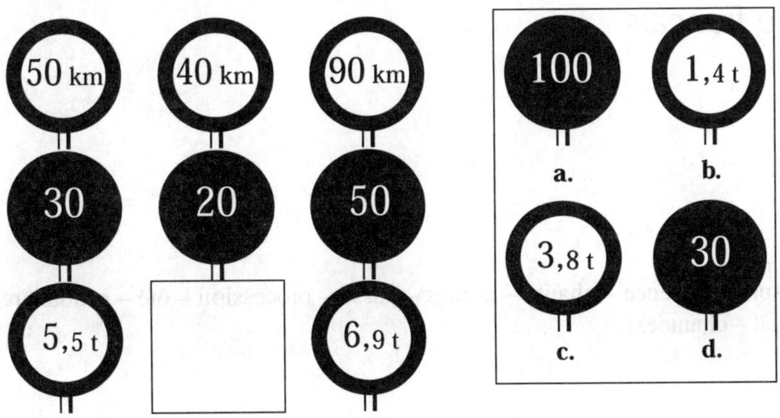

7. Dans une boulangerie, un petit garçon achète 1 croissant et 3 pains au chocolat qu'il paye 20 francs et 20 centimes. Son camarade achète 1 pain au chocolat et 2 croissants qu'il paye 11 francs et 90 centimes. **Quel est le prix d'un croissant ?**

a. 2 francs et 70 centimes ;

b. 3 francs et 10 centimes ;

c. 4 francs et 30 centimes ;

d. 5 francs et 70 centimes.

8. Trouvez le huitième élément de la série de mots suivante.

VOYAGEUR – SAUCIÈRE – NAVARIN – TÉMÉRITÉ – PATRIOTE – TERMINAL – TRIBUNAL – …

a. MYSTÈRE ;

b. HYSTÉRIE ;

c. NATIVITÉ ;

d. RELIGION.

9. Si, à partir d'une nouvelle écriture mathématique, il existe les équations suivantes :

(4 ➘ 3) ✱ 5 = 6 ;

(3 ✱ 7) = 10 ;

(3/2) ✱ 1 = 5 ;

trouvez le résultat de l'équation suivante : (11 ➘ 3) ✱ (5/2) = ?

a. 7 **b.** 13 **c.** 18 **d.** 21

10. Complétez la suite logique.

11 – 13 – 17 – 23 – …

a. 25 **b.** 27 **c.** 31 **d.** 35

Corrigés

QCM de français

1. b.

2. c.

3. d.

4. b.

5. b.

6. d.

7. c. (esprit – effrénée – chanté – impies – passé – procession – ôté – ordonnèrent – arrachât – brûlât – chantées)

8. a.

9. a.

10. c.

11. c. (bâbord – mâts)

12. c.

13. d.

14. b.

15. d.

16. c.

17. c.

18. c.

19. d.

20. d.

QCM de connaissances générales

1. c. ; **2. a.** ; **3. b.** ; **4. a.** ; **5. c.** ; **6. c.** ; **7. d.** ; **8. c.** ; **9. a.** ; **10. b.** ; **11. d.** ; **12. b.** ; **13. c.** ; **14. a. b. c. d.** ; **15. a** ; **16. b.** ; **17. d.** ; **18. d.** ; **19. c.** ; **20. d.**

QCM de mathématiques

Question 1. – Volume du vin transporté :

$$v = \frac{1}{2}\pi r^2 \cdot l$$

$$= \frac{1}{2} \times 3{,}14 \times 5^2 \times 30 = 1\,177{,}5 \text{ m}^3$$

soit 11 775 hL.

– Temps de transbordement :

$$T = \frac{V}{2\,000} = \frac{11\,775}{2\,000} = 5{,}88 \text{ h}$$

0,88 h équivalent à 0,88 × 60 = 52,8 min soit 53 min (arrondi par excès).

Réponse a. 5 h 53.

Question 2. Il faut transformer en secondes :

	37
56 min = 56 × 60 =	3 360
7 h = 7 × 60 × 60 =	25 200
	28 597

Réponse b.

Question 3. Nombre de biberons par jours : $\frac{24}{3} = 8$.

Quantité de lait : 8 × 60 g = 480 g = 0,48 kg.

Quantité d'eau : 8 × 180 mL = 1 440 mL = 1,44 L.

Réponse d.

Question 4. Calcul de la surface des quatre figures :

– cercle : $S = \pi r^2 = 3{,}14 \times 1^2 = 3{,}14 \text{ cm}^2$;

– triangle : $S = \frac{1}{2}ah$

On ne connaît pas h, il faut le calculer en utilisant le théorème de Pythagore :

$5^2 = 4^2 + h^2$

$25 = 16 + h^2$

$h^2 = 25 - 16 = 9 \quad h = 3$

$S = \frac{1}{2} \times 3 \times 5 = 7{,}5 \text{ cm}^2$;

– carré : $S = a^2 = 4{,}5^2 = 20{,}25 \text{ cm}^2$;

– rectangle : $S = a \times b = 6 \times 3 = 18 \text{ cm}^2$.

Réponse c.

Question 5. 83 étant un nombre premier, impossible de simplifier la fraction :

$$\frac{136}{83} = 1{,}638554216867470.$$

Le treizième chiffre après la virgule est un 4.

Réponse c.

Question 6. La réalisation de la figure géométrique permet de trouver rapidement la solution.

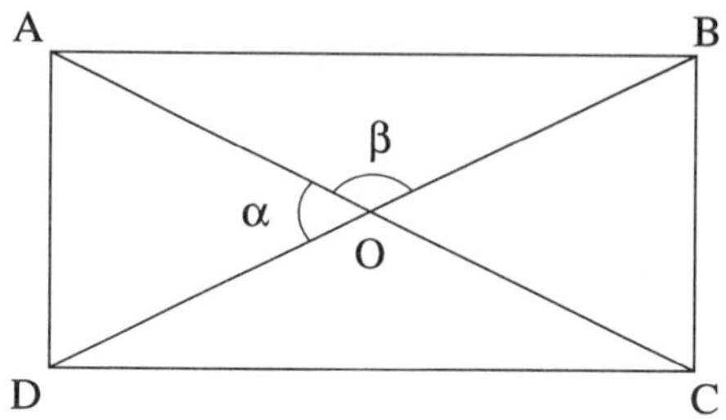

– L'angle $\widehat{ABD}$ est égal à l'angle $\widehat{BAC}$.

– L'angle β est égal à 180° – α.

– La somme des trois angles d'un triangle est égale à 180°, d'où

$$\begin{aligned}\widehat{ABD} &= \frac{1}{2}(180 - \beta)\\ &= \frac{1}{2}(180 - (180 - \alpha))\\ &= \frac{1}{2}(180 - 180 + \alpha) = \frac{1}{2}\alpha\\ &= 21°.\end{aligned}$$

Réponse a.

Question 7. Le problème contient un piège avec l'existence d'une donnée inutile (la masse volumique du pétrole).

$$v = S \times h$$

$$S = \frac{v}{h} = \frac{1\,256}{0{,}01} = 125\,600 \text{ m}^2.$$

Surface d'un cercle : $S = \pi r^2$.

D'où l'on tire $$r^2 = \frac{S}{\pi}$$

$$r = \sqrt{\frac{S}{\pi}}$$

$$r = \sqrt{\frac{125\,600}{3{,}14}} = \sqrt{40\,000} = 200.$$

Réponse b.

Question 8. Coût total de la moto :

$$P = 22\,000 + 12 \times 2\,500 = 52\,000.$$

Différence en pourcentage :

$$\frac{(52\,000 - 45\,000)}{45\,000} \times 100 = 15{,}5\ \%.$$

Réponse a.

Question 9. Cet exercice nécessite de bien comprendre les pourcentages d'évolution successifs.

Appelons P le prix initial et P_1 le nouveau prix.

Une augmentation de 10 % sur le prix initial signifie que le prix a augmenté de

$$\frac{P \times 10}{100} = P \times 0{,}1.$$

Le nouveau prix sera égal au prix initial auquel on ajoute l'augmentation :

$$P_1 = P + P \times 0{,}1 = P(1 + 0{,}1) = 1{,}1P.$$

Si le prix augmente à nouveau de 5 %, il faut multiplier de nouveau par $\left(1 + \frac{5}{100}\right)$ soit 1,05.

$$P_1 = P \times 1{,}1 \times 1{,}05.$$

Réponse d.

Question 10. Il faut trouver les facteurs premiers à l'intérieur des parenthèses :

$$\frac{8}{11} + \frac{3}{8} = \frac{64}{88} + \frac{33}{88} = \frac{97}{88}$$

$$\frac{17}{3} - \frac{21}{2} = \frac{34}{6} - \frac{63}{6} = -\frac{29}{6}.$$

L'opération se transforme en :

$$\frac{\frac{97}{88} \div \frac{3}{4}}{-\frac{29}{6} + \frac{45}{11}}.$$

Il faut recommencer la même opération sur le dénominateur :

$$\begin{aligned} -\frac{29}{6} + \frac{45}{11} &= -\frac{(29 \times 11)}{6 \times 11} + \frac{(45 \times 6)}{6 \times 11} \\ &= -\frac{319 + 270}{66} \\ &= -\frac{49}{66}. \end{aligned}$$

L'opération devient :

$$\frac{\frac{97}{88} \div \frac{3}{4}}{-\frac{49}{66}}.$$

• Opération sur le numérateur :

$$\frac{97}{88} \div \frac{3}{4} = \frac{97}{88} \times \frac{4}{3} = \frac{97}{22 \times 3} = \frac{97}{66}.$$

• Résultat final :

$$\frac{\frac{97}{66}}{-\frac{49}{66}} = \frac{97}{-49} = -\frac{97}{49}.$$

Réponse a.

QCM de logique

1. d.

2. d. (3 lettres d'écart)

3. b. (R = 9, E = 7, A = 2, C = 8, T = 5, I = 4, F = 3)

4. c.

5. d. chaque figure se trouve 3 fois : (les petits points et le triangle 2 fois seulement)

6. b. la somme des deux premiers panneaux donne le panneau de droite.

7. b. équation à 2 inconnues :

$$\begin{cases} 1C + 3P = 20 \text{ F et } 20 \text{ c} \\ 1P + 2C = 11 \text{ F et } 90 \text{ c} \quad (\times -3) \end{cases}$$

$$\begin{cases} 1C + 3P = 20 \text{ F} + 20 \text{ c} \\ -3P - 6C = -33 \text{ F} - 90 \text{ c} \end{cases}$$

$$\begin{cases} -5C = -13 \text{ F} - 2{,}50 \text{ c} \\ +5C = +15 \text{ F} + 50 \text{ c} \rightarrow 1 \text{ C} = 3 \text{ F et } 10 \text{ c.} \end{cases}$$

8. a.

9. d. (la flèche signifie – ; l'étoile +)

10. c. (les nombres se suivent avec des intervalles pairs : 2, 4, 6, 8)

11 + 2 = 13

13 + 4 = 17

17 + 6 = 23

donc 23 + 8 = 31

II. L'option obligatoire

1. L'épreuve de compréhension de texte

Méthodologie générale

L'épreuve consiste en un texte accompagné de cinq ou six questions. Ces questions comportent généralement des explications de mots et/ou de phrases à donner, des commentaires à faire sur des points précis et un thème plus général à développer, en rapport avec le texte.

La plupart des candidats ont envie de prendre connaissance des questions avant de lire le texte lui-même, afin de savoir au plus vite ce qui les attend. Même si je leur conseille de n'en rien faire, cela ne les dissuadera pas. Donc, ceux qui sont impatients de savoir s'ils connaissent la définition des mots demandés et si la dernière question posée est compréhensible n'ont qu'à lire tout de suite les questions : ignorant le contexte, ils vont les trouver bien hermétiques et le découragement va les gagner. Et quand ils liront enfin le texte, ils seront déjà battus dans leur tête et ne réussiront pas à se concentrer sur l'histoire.

Pour ceux qui acceptent de suivre les conseils, les voici :

– lire une première fois le texte, savoir de quoi il s'agit et pouvoir en dégager l'idée principale ;

– prendre alors connaissance des questions ;

– répondre.

Le temps imparti est de deux heures, ce qui vous laisse assez de temps pour utiliser une feuille de brouillon. Si vous vous sentez assez sûr pour traiter directement une question, lancez-vous, vous gagnerez un temps précieux pour les questions qui vous laissent perplexe.

***Conseils** : exprimez-vous avec des phrases courtes et bien construites. Utilisez un vocabulaire que vous maîtrisez suffisamment et soignez l'orthographe.*

1. Explication d'un mot

Il faut d'abord donner le sens général du mot, ou ses différents sens – s'il en existe plusieurs – avant de donner sa signification dans le contexte.

Exemple : le mot ORDRE possède de nombreuses définitions. Voici celles du Larousse *:*

– manière dont les éléments d'un ensemble sont rangés : ordre alphabétique ;

– action, fait de ranger, d'être rangé : mettre de l'ordre dans une pièce ;

– catégorie, rang, classe : ordre d'idées ;

– en sciences naturelles : groupe de plantes, d'animaux entre la classe et la famille : l'ordre des orthoptères ;

– stabilité d'une société, absence de troubles : le maintien de l'ordre ;

– association professionnelle : l'ordre des médecins ;

– compagnie religieuse : ordre monastique ;

– commandement : recevoir un ordre.

Si dans le texte, le mot ordre appartient à la phrase : « Un ordre bref déchira l'obscurité. », il s'agit de la sommation rendue par une personne et à laquelle doivent se soumettre les autres.

***Conseil** : il faut rédiger entièrement votre réponse et ne pas vous contenter d'énumérer quelques synonymes.*

*2. **Explication d'une expression***

Ce qu'il ne faut surtout pas faire, c'est donner une explication partielle. Tous les mots ont leur importance, dans le groupe, puis dans le texte.

Vous devez connaître le sens propre de chaque mot pour lui donner son sens exact dans le membre de phrase à expliquer.

Ensuite, l'explication de l'expression donnée doit se situer dans le contexte général.

Il faut donc donner d'abord une définition générale puis préciser cette définition dans l'idée de l'auteur. Vous devez vous demander pourquoi il a écrit cela à cet endroit du texte.

Exemple : l'expression : « une conviction entière »

Une conviction est une façon de penser que l'on adopte selon ses sentiments et à laquelle on croit fermement.

Entière signifie complète, totale.

Cette expression est extraite de la phrase : « La conviction du concierge restait entière : il n'y avait pas de rats dans la maison, il s'agissait d'une farce. »

Cela signifie que le concierge est sûr de la position qu'il adopte. Ses sentiments sont tels qu'il pense fermement que c'est la seule attitude qu'on puisse reconnaître comme convenable, sans faille.

*3. **Explication d'une phrase***

Il faut procéder comme pour une explication d'expression ou de mot. Il faut rédiger entièrement la réponse qui peut contenir deux ou trois phrases. Attention, il ne s'agit pas d'un commentaire, n'écrivez pas une page !

Exemple : « Une fois de plus, les prophètes avaient parlé dans le désert. »

Les prophètes, dans la Bible, sont des hommes qui parlent au nom de Dieu. Ce sont aussi des personnes qui tiennent des propos sur l'avenir et qui peuvent mettre en garde leurs contemporains.

Extrait du texte d'où est tirée cette phrase :

« Une fois de plus, les prophètes avaient parlé dans le désert. Les cris d'alarme poussés dans les années 70 n'avaient pas été entendus et si, en ce dernier quart du XXe siècle, on marchait régulièrement sur la Lune, la Terre dans son entier avait fini par ressembler à un dépôt d'immondices… »

L'auteur désigne donc ici ceux qui avaient prévu que si l'on ne faisait rien pour recycler les déchets, la Terre ressemblerait vite à une décharge, et en avaient averti tous les hommes. Mais c'est comme s'ils avaient lancé leur discours dans une région inhabitée puisque personne ne les avait écoutés. Leurs prédictions ont donc été lancées mais n'ont pas été entendues.

*4. **Donner un titre à un texte***

Le titre doit renseigner sur le contenu d'ensemble d'un texte. Il faut donc le relire dans cet objectif et essayer de relever une expression, une phrase jugée essentielle dans la démonstration de l'auteur et qui exprime le mieux l'idée générale. Il suffit alors de la réduire à quelques mots, empruntés au texte ou non.

Si le texte dénonce une contradiction, ou une progression, ou une comparaison, le titre doit l'indiquer ; il faut utiliser pour cela des petits mots comme : « mais » pour l'opposition, « et » pour la progression, « comme » pour la comparaison.

5. Indiquer les sentiments, réactions, impressions du (ou des) personnage(s)

Il ne s'agit pas d'un jugement personnel sur le personnage et ses actions, mais du personnage lui-même, à travers ses faits, gestes et paroles.

Il faut relire le texte et relever les mots, les expressions qui traduisent tous les faits, les gestes et les paroles.

Ensuite, il faut procéder à l'analyse de ce vocabulaire et en faire ressortir l'essentiel.

Enfin, on peut passer à la rédaction de la réponse qui transcrit cette analyse que l'on doit alors illustrer des expressions (partielles ou complètes) relevées préalablement.

6. Impressions laissées par la lecture d'un texte

La démarche à suivre est presque toujours la même.

– Introduction : indiquer la première impression provoquée par le texte : enthousiasme, désappointement, gêne, malaise, émotion, etc.

– Développement : pourquoi avoir éprouvé cette impression ?

– Analyse des impressions successives qui ont conduit là : vivacité, humour, gaieté, tendresse, tristesse, regret, etc.

– Justification de chacune d'elles à l'aide du texte : idées, style, vocabulaire, etc.

– Conclusion : rappeler l'impression première et ajouter une réflexion personnelle.

1. Rappels de base

1. Nature et fonction des mots ?

1. Nature

Un mot peut être un nom, un déterminant, un adjectif, un adverbe, un verbe.

1. Les noms

	Exemples
– **Nom propre** Il commence toujours par une majuscule.	les Français, Paris, les Alpes
– **Nom commun**	une table, un arbre
Remarque : des verbes ou des adjectifs peuvent devenir des noms s'ils sont précédés d'un déterminant :	le boire et le manger, le bleu, le pourquoi, le comment, un parvenu

2. Les déterminants

1) les **articles** – définis	le, la, les, l'
– définis contractés	au (à le), du (de le), aux (à les), des (de les)
– indéfinis	un, une, des
– partitifs	de, de la, de l', du, des
2) les **adjectifs démonstratifs**	ce, cet, cette, ces
3) les **adjectifs possessifs**	mon, ton, son, ma, ta, sa, leur, etc.
4) les **adjectifs numéraux**	un, dix, premier, etc.
5) les **adjectifs indéfinis**	chaque, plusieurs, aucun, nul, tel, etc.
6) les **adjectifs interrogatifs, exclamatifs**	quel, lequel, etc.

3. Les adjectifs qualificatifs

1) les adjectifs **épithètes**	un *beau* camion
2) les adjectifs **attributs**	Cette fille est *grande*.
3) les adjectifs en **apposition**	*Petite*, elle riait beaucoup.

4. Les pronoms personnels	je, tu, me, moi, nous, le, leur je *les* vois, tu *leur* donnes
5. Les pronoms démonstratifs	celui, ça, celle, ceux, ce
6. Les pronoms possessifs	le mien, le sien, le leur, le vôtre
7. Les pronoms indéfinis	tout, même, chacun, aucun, on
8. Les pronoms interrogatifs	qui, que, quoi, lequel
9. Les pronoms relatifs	qui, que, quoi, dont, où, lequel

10. Les verbes

1) transitifs	
(suivis d'un complément d'objet)	Il construit *le mur.*
2) intransitifs	
(pas de complément d'objet)	il dort, il vrombit
3) pronominaux	s'évanouir, s'écrier
4) impersonnels	il gèle, il pleut

11. Les adverbes

Ce sont des mots invariables.	beaucoup, ensemble, debout, doucement, trop, jamais

12. Les prépositions

Ce sont des mots invariables.	à, de, par, pour, sans, à cause de

13. Les conjonctions

1) de coordination	mais, ou, et, donc, or, ni, car
2) de subordination	quand, si, lorsque, comme, dès que

2. Fonction

1. Le sujet

Le sujet peut être un nom, un pronom, un infinitif, un adverbe, une proposition	**Marcher** est excellent, **peu** l'ont vu. **Il** pleut.
1) le sujet apparent	**Il** arrive souvent ce genre d'aventure.
2) le sujet réel	Il est arrivé **un accident**.

2. Le complément d'objet

1) le COD	Elle attend **le facteur**.
Il répond à la question quoi ? qui ?	Il regarde **un film**.
2) le COI	Je **lui** donne une fleur.

3. Les compléments circonstanciels

1) de lieu	(où)	Il vit **chez ses parents**.
2) de temps	(quand)	Il viendra **dans la soirée**.
3) de moyen	(avec quoi)	Il l'a cassé **avec un marteau**.
4) de manière	(comment)	**En te dépêchant**, tu y arriveras.
5) de cause	(à cause de quoi)	Il a été puni **pour son insolence**.
6) de conséquence	(c'est pourquoi)	Elle a réussi **de sorte qu'ils sont heureux.**
7) de but	(pourquoi)	Je lui ai écrit **pour le prévenir.**

4. Les compléments du nom

introduits ou non par une préposition	Il a le droit **de rester.** J'ai lu un livre **qui m'a beaucoup plu.**

5. Les compléments de l'adjectif

toujours introduits par une préposition	Il est fou **de joie** !

2. Entraînements corrigés *(corrigé p. 194)*

Entraînement n° 1

Compréhension de texte

La chaleur nous accablait ; le vaisseau, dans un calme plat, sans voiles et trop chargé de ses mâts, *était tourmenté du roulis* : brûlé sur le pont et fatigué du mouvement, je me voulus baigner et, quoique nous n'eussions point de chaloupe dehors, je me jetai du *beaupré* à la mer. Tout alla d'abord à merveille et *plusieurs passagers m'imitèrent*. Je nageais sans regarder le vaisseau ; mais quand je vins à tourner la tête, je m'aperçus que le courant l'entraînait déjà loin. Les matelots, alarmés, avaient filé un *grelin* aux autres nageurs. Des requins se montraient dans les eaux du navire et on leur tirait des coups de fusil pour les écarter. La houle était si grosse qu'elle retardait mon retour, en épuisant mes forces. J'avais un gouffre au-dessous de moi, et les requins pouvaient à tout moment m'emporter un bras ou une jambe. Sur le bâtiment, le maître d'équipage cherchait à descendre un canot dans la mer, mais il fallait établir un *palan* et cela prenait un temps considérable.

Par le plus grand bonheur, une brise presque insensible se leva ; le vaisseau, *gouvernant un peu*, se rapprocha de moi ; je me pus emparer du bout de la corde ; mais les compagnons de ma *témérité* s'étaient accrochés à cette corde ; quand on nous tira au flanc du bâtiment, me trouvant à l'extrémité de la file, ils pesaient sur moi de tout leur poids. On nous repêcha ainsi un à un, ce qui fut long. Les roulis continuaient ; à chacun de ces roulis en sens opposé, nous plongions de six ou sept pieds dans la vague, ou nous étions suspendus en l'air à un même nombre de pieds, comme des poissons au bout d'une ligne : à la dernière *immersion*, je me sentis prêt à m'évanouir ; un roulis de plus et c'en était fait. On me hissa sur le pont à demi mort…

CHATEAUBRIAND,
Mémoires d'outre-tombe.

Questions

1. Donnez un titre à ce texte.

2. Chateaubriand, passager d'un vaisseau à voiles immobilisé sur l'océan, éprouve le besoin de prendre un bain. Pour quelles raisons ?

3. Brusquement, le bain devient dramatique. Quels dangers guettent le jeune homme et ses compagnons ?

4. Que fait-on à bord pour venir en aide aux nageurs en péril ? À quelles difficultés se heurte le maître d'équipage ?

5. Comment cette aventure va-t-elle se terminer ?

6. Expliquez les mots et expressions ci-dessous, en rédigeant chaque réponse :

– « était tourmenté du roulis » ;

– « beaupré » ;

– « plusieurs passagers m'imitèrent » ;

– « grelin » ;

– « palan » ;

– « le vaisseau, gouvernant un peu » ;

– « témérité » ;

– « immersion ».

7. Donnez le synonyme de chacun des mots suivants, en tenant compte du sens du texte :

– « jetai » ;

– « houle » ;

– « bras » ;

– « extrémité » ;

– « m'évanouir ».

8. Donnez le contraire des mots suivants :

– « mouvement » ;

– « alarmés ».

9. Trouvez un homonyme du mot « mer ».

10. Analysez les mots soulignés.

Entraînement n° 2

Compréhension de texte

La boulangère et la demi-baguette

La boulangère fait son bilan. Elle n'a jamais vendu tant de bûches, tant de gâteaux, tant de galettes des rois. Aussi en ces lendemains de fête est-elle un peu fatiguée. Ses bras au-dessus du comptoir font passer les baguettes, les ficelles, les pains complets avec moins d'élan et d'allégresse qu'à l'ordinaire. Et sous ses beaux yeux noirs, elle n'a pas son sourire des meilleurs jours.

D'ailleurs, dans le magasin, les gens n'ont pas l'air spécialement réjoui. On murmure que le café va augmenter et que <u>les prix des légumes flambent</u>. Une cliente explique que le moment est venu de payer la note des festivités de fin d'année : selon elle, la plupart des Français dépensent à ce moment-là sans lésiner, bien au-delà de leurs possibilités, et sont ensuite bien obligés de faire le compte de leurs débours[1],

1. débours : nom masculin, surtout au pluriel. Argent avancé, dépensé.

de leurs dettes, de leurs traites, un compte qui n'en finit jamais. Une autre réplique qu'au point où les choses sont arrivées, elle renonce, elle rend à la lettre son tablier, elle ne peut plus boucler son budget familial, elle en a assez de voir le coût de la vie grimper et de traîner misère.

On se récrie alors dans la boutique en disant qu'il y a des mots qu'il ne faut pas <u>prononcer à la légère</u>, qu'on ne doit rien exagérer, qu'après tout la France continue à manger et à boire. Il suffit, dit un vieux retraité, de voir ce que les gens emportent dans leur filet. Ou de respirer l'odeur chaude du bon pain dans cette boulangerie, remarque une dame d'âge mûr capée et bottée. Mieux, de constater tout ce dont elle regorge : des pains, des miches, des croissants, des brioches, des biscottes, des triscottes, des tartes, des glaces, des entremets, des desserts. La boulangère retrouve son sourire.

C'est alors qu'elle se souvient d'une chose qu'on lui a dite la veille et qui la préoccupe. Il paraît qu'entre Noël et le jour de l'An, on a trouvé un homme mort dans un local froid et insalubre du quartier. C'était un de ses clients. Un peu bizarre, pas très engageant, mais client tout de même, et régulier. Il venait tous les trois jours acheter une demi-baguette, dit la boulangère à voix très basse. Oui, vous avez bien entendu, madame, une demi-baguette tous les trois jours. On chuchote dans la boutique. On se met à parler d'autre chose. Léger froid, parmi le pain chaud.

Je n'ai pas raconté cette histoire par goût du misérabilisme. Mais je ne l'ai pas inventée.

Raymond JEAN, *Le Monde.*

Questions

Explication et vocabulaire

1. Expliquez les expressions soulignées :

« les prix des légumes flambent » ;

« prononcer à la légère ».

2. Construisez une phrase en y intégrant une expression synonyme de « sans lésiner » (ligne 9).

3. Parmi les mots suivants, choisissez ceux que l'on peut rapprocher du verbe « regorger de » :

pénurie, abondance, profusion, disette.

4. Parmi les définitions suivantes, indiquez celle qui correspond au mot « misérabilisme » :

connaissance de la misère ; description apitoyée de la misère ; lutte contre la misère.

5. Donnez deux homonymes du nom « compte », et employez-les dans une phrase qui en fera apparaître le sens.

Compréhension

1. Pourquoi la boulangère est-elle « un peu fatiguée » (ligne 2) ? Justifiez votre réponse en citant une phrase du texte.

2. Pourquoi les gens n'ont-ils pas « l'air spécialement réjoui » (ligne 6) ? Relevez les trois arguments majeurs.

3. Quelle est la réaction des clients lorsqu'une dame déclare qu'on « traîne misère » (ligne 14) ? Justifiez votre réponse à l'aide de trois expressions du texte.

4. Justifiez le titre de cet article en vous appuyant sur le 4e paragraphe.

5. Cette histoire est-elle réelle ou fictive ? Justifiez votre réponse à l'aide du texte.

Analyse grammaticale

Donnez la nature des mots de la première phrase : « La boulangère fait son bilan. »

Entraînement n° 3

Compréhension de texte

Pourquoi la bande ?

S'il est vrai que les trois besoins essentiels de l'enfant et de l'adolescent sont d'être aimé, sécurisé et valorisé, il en résulte que les sujets qui ont été frustrés à cet égard sont enclins à rechercher dans la bande de copains une compensation.

En effet, la bande répond d'abord, au moins partiellement, au besoin d'affection, en ce sens qu'elle constitue un milieu solidaire dont la complicité et le secret qui lui est lié renforcent les liens. Les modalités affectives du groupe ne sont pas tout à fait assimilables à celles d'une famille normale, mais à ceux qui souffrent de parents déficients ou négligents, elle ôte l'impression de solitude et d'abandon.

De la même manière, la bande satisfait au désir de sécurité : devant un univers encore mal connu, impressionnant par son ampleur et sa complexité, devant des problèmes dont il ressent les données, mais dont il entrevoit mal l'évolution, tout adolescent éprouverait une impression de désarroi si ses éducateurs ne lui apportaient l'aide de leur présence. Quand ceux-ci sont absents, indifférents ou indignes, c'est le groupe qui permet d'échapper à l'insécurité. L'autorité du chef remplace à sa manière celle de la famille : elle indique une ligne de conduite, propose des loisirs, attribue un rôle.

Elle satisfait enfin le désir de valorisation. La bande ne recrute-t-elle pas surtout des sujets infériorisés : infériorisés d'abord parce qu'ils n'ont pas reçu l'affection qui leur aurait donné le sentiment d'être considérés, reconnus, traités en personne humaine, infériorisés ensuite à cause des échecs divers qui ont déjà marqué leur vie ? Bien souvent, ils sont mal classés scolairement, rejetés par leurs maîtres, voire exclus des établissements scolaires pour des raisons de discipline ou l'insuffisance de leurs résultats, non orientés et dépourvus de formation professionnelle, incapables de trouver une situation qui les intéresse et les occupe, astreints à des besognes mineures incapables de retenir leur attention, parfois privés de tout travail et par conséquent de ressources financières quoique désireux de s'en procurer. Ils ont ainsi le vif sentiment que l'univers leur est hostile, qu'ils n'y ont pas leur place et, plus ou moins explicitement selon leur niveau intellectuel, se révoltent contre lui. Marqués par l'échec, installés dans le sentiment d'infériorité, ils trouvent dans et par la bande l'occasion et la possibilité d'une revalorisation : la publicité qui leur est assurée par la presse, la place qu'ils savent occuper dans l'opinion, la peur qu'ils suscitent chez bien des adultes, tout cela leur redonne une certaine place au sein de cette société par laquelle simultanément ils se sentent méprisés et repoussés. De même, le personnage qu'ils jouent, les risques qu'ils prennent, parfois le courage qu'ils manifestent ou l'initiative dont ils se montrent capables, tout cela leur assure au sein de leur groupe un certain prestige qui contribue à les réévaluer à leurs propres yeux.

On voit donc que la déficience du climat familial, quelles qu'en soient les raisons, est déterminante et affecte gravement l'équilibre de l'enfant. Tout se passe comme si les expériences sociales acquises au début de sa vie dans le milieu familial déterminaient les expériences ultérieures : lorsque les premières ont été manquées, les suivantes s'en ressentent et sont faussées à leur tour.

D'après Guy Avanzini, *Le Temps de l'adolescence*, Éditions universitaires, 1978.

Questions sur le texte

Vocabulaire

1. Qu'est-ce que « des besoins essentiels » ? (ligne 1)

2. Expliquez le sens de « frustrés » dans la 1re phrase du texte. (ligne 2)

3. Dans la phrase « [...] les sujets qui ont été frustrés à cet égard sont enclins à rechercher dans la bande de copains une compensation. » (lignes 2 et 3), remplacez l'expression « sont enclins » par une expression de sens équivalent.

4. Dans la phrase « Les modalités affectives du groupe ne sont pas tout à fait assimilables à celles d'une famille normale » (lignes 6 et 7) :

a. Remplacez l'adjectif « assimilables » par un synonyme qui pourrait convenir dans le texte.

b. Cherchez le verbe de la même famille de mots et employez-le dans une phrase que vous imaginerez, avec un sens différent de celui du texte.

5. Que sont, selon vous, des « parents déficients ou négligents » ? (lignes 7 et 8)

Compréhension

1. a. Selon l'auteur du texte, que doit apporter la famille à l'adolescent et à l'enfant ?

b. Que se passe-t-il si la famille ne remplit pas son rôle ?

2. Quelles sont les différentes raisons qui incitent l'adolescent à intégrer une bande ? Répondez en vous appuyant sur le texte.

3. En quoi la revalorisation par la bande peut-elle conduire les jeunes à des délits plus ou moins graves ?

4. En vous appuyant sur les événements qui se sont déroulés ces derniers mois dans les établissements scolaires et dans les banlieues en particulier, dites (en une quinzaine de lignes) en quoi ce texte est particulièrement d'actualité et quelles solutions vous proposez au problème.

Analyse grammaticale

Faites l'analyse de la phrase soulignée.

Entraînement n° 4

Compréhension de texte

Une ville désertée

Au bord du fleuve sec, il y a la cité des HLM. C'est une véritable cité en elle-même, avec des dizaines d'immeubles, grandes falaises de béton gris debout sur les esplanades de goudron, dans tout le paysage de collines de pierres, de routes, de ponts, avec le lit de galets poussiéreux du fleuve, et l'usine de crémation qui laisse flotter son nuage âcre et lourd au-dessus de la vallée. Ici, on est loin de la mer, loin de la ville, loin de la liberté, loin de l'air même, à cause de la fumée de l'usine de crémation, et loin des hommes, parce que c'est une cité qui ressemble à une ville désertée.

Peut-être qu'il n'y a personne en vérité, personne dans ces grands immeubles gris aux milliers de fenêtres rectangulaires, personne dans ces cages d'escalier, dans ces ascenseurs, et personne encore dans ces grands parkings où sont arrêtées les autos ?

Peut-être que ces fenêtres et ces portes sont murées, aveuglées, et que plus personne ne peut sortir de ces murs, de ces appartements, de ces caves ? Mais ceux qui vont et viennent entre les grandes murailles grises, hommes, femmes, enfants, chiens parfois, ne sont-ils pas comme ces fantômes sans ombre, insaisissables, introuvables, aux yeux vides, perdus dans l'espace sans chaleur, et ils ne peuvent jamais se rencontrer, jamais se trouver, comme s'ils n'avaient pas de vrai nom.

De temps en temps passe une ombre, fuyante entre les murs blancs. On voit le ciel parfois, malgré la brume, malgré l'épais nuage qui descend de la cheminée de l'usine de crémation, à l'ouest. On voit des avions aussi, un instant échappés des nuées, traçant derrière leurs ailes étincelantes de longs filaments cotonneux,

Mais il n'y a pas d'oiseaux par ici, ni de mouches, ni de sauterelles. Parfois il y a une coccinelle égarée sur les grands parkings de ciment. Elle marche sur le sol, puis elle essaie d'échapper, volant lourdement vers les bacs à fleurs pleins de terre craquelée, où il y a un géranium brûlé.

J.M.G Le Clézio, *La Ronde et autres faits divers*, Gallimard, 1982.

Questions

Vocabulaire

1. Que désignent, dans le premier paragraphe, les « grandes falaises de béton gris » ? Justifiez votre réponse.

Comment s'appelle une telle figure de style ?

Trouvez-en un autre exemple dans le même paragraphe.

2. Qu'est-ce qu'une « esplanade » ?

Citez une esplanade célèbre.

3. Donnez le sens de l'adjectif « âcre » dans le texte. Puis employez ce même terme dans une phrase de votre choix en lui donnant un sens figuré (que vous préciserez).

4. Qu'est-ce que la « crémation » ? Donnez un terme synonyme.

Compréhension

1. Après une lecture attentive, dégagez les principaux aspects sur lesquels le narrateur insiste tout particulièrement. À l'appui de votre réponse, relevez des détails précis dans le texte.

2. Que pensez-vous de la description de cette « cité des HLM » faite par Le Clézio ?

3. Après avoir dégagé l'impression générale, vous vous efforcerez de faire la part de la vérité (objective) et celle de la fiction (imagination du romancier).

4. Selon vous, la forme de l'habitat (type d'habitation, aménagements divers, situation, aspect esthétique, conception architecturale générale, etc.) peut-elle avoir des conséquences sur les mentalités des personnes qui y vivent quotidiennement ? Précisez lesquelles en donnant des exemples à l'appui de votre point de vue.

Analyse grammaticale

Donnez la nature et la fonction des mots soulignés.

Entraînement n° 5

Compréhension de texte

Une parcelle de foule

Je traversais la France, notre belle France, par une journée sereine et ensoleillée de la fin mai. Les campagnes se succédaient, épanouies dans leur nouvelle robe verte, heureuses d'exploser en milliards de jeunes pousses. Après les grandes plaines vinrent les <u>collines</u> boisées, *couronnées de denses frondaisons*, <u>ruisselantes</u> d'une vie retrouvée. Que notre campagne est belle au joli mois de mai !

Et je me retrouve dans la grande cité bruyante, anonyme, inquiète. Alors, c'est l'hostilité, l'agitation, les pollutions de toute nature, depuis l'odeur lourde et toxique de la rue ou du métro jusqu'au *martèlement de notre cerveau* par les annonces, les publicités d'une part, les grands titres des journaux et de l'audiovisuel d'autre part. Toujours pressés, méfiants, peu accueillants, visages tristes pour ne pas dire sinistres, les condamnés au métro restent isolés dans la foule, sans trouver le moindre signe de <u>sympathie</u>.

Nous sommes tristes, spécialement dans les grandes villes, où la vie est grégaire, dépersonnalisée. [...] Le gigantisme des cités apporte son cortège de troubles, d'insatisfactions, de contraintes à subir. Il y a d'abord le temps perdu. Dans les files des voitures immobilisées à touche-touche, que faire d'intéressant ? C'est un véritable esclavage, sauf pour les puissants qui téléphonent de leur voiture, dictent des lettres, presque comme au bureau. Il y a ensuite la monotonie et l'ennui dus à la répétition des formes dans la construction des immeubles. *Une triste banalisation s'ensuit* qui est encore une forme d'esclavage. Alors que les cellules de notre corps portent toutes sans exception notre marque personnelle, la grande ville, avec le logement, le transport, l'habillement, la nourriture, les heures de travail, parvient à supprimer, à effacer toute originalité. L'individu n'est plus qu'une parcelle de foule.

Enfin, il y a la solitude, ce fruit amer du gigantisme. *On est beaucoup plus seul dans une grande cité que dans un de nos villages.* On se croise dans les rues, par milliers parfois, sans se rencontrer une seule fois. On peut, si l'on vit sans famille, ce qui est le cas de beaucoup, être malade, mourir chez soi, sans que personne le sache. D'où un terrible anonymat dans la vie, dans la souffrance, dans la mort.

Louis LEPRINCE-RINGUET. *Le Grand Merdier ou l'espoir pour demain*, Flammarion, 1978.

Questions

1. Quelle opposition laisse apparaître la structure de ce texte ?

Montrez par des exemples précis comment l'auteur la met en valeur.

2. Expliquez les expressions suivantes :

a. « couronnées de denses frondaisons » ;

b. « martèlement de notre cerveau » ;

c. « une triste banalisation s'ensuit ».

3. a. Pourquoi les grands ensembles provoquent-ils l'ennui ?

b. Ce type d'habitat est-il compatible, d'après l'auteur, avec la nature humaine ? Quelle est la phrase qui le prouve ?

4. Expliquez la conclusion à laquelle parvient l'auteur dans le dernier paragraphe : « On est beaucoup plus seul dans une grande cité que dans un de nos villages. »

5. Donnez la nature et la fonction des mots soulignés.

Corrigés

Entraînement n° 1

1. Le titre de ce texte pourrait être : « Une baignade dangereuse », ou bien « Sauvé *in extremis* ».

2. Chateaubriand éprouve le besoin de prendre un bain parce qu'il fait très chaud et qu'il en a assez du mouvement du bateau : « La chaleur nous accablait », « [...] était tourmenté du roulis », « brûlé sur le pont et fatigué du mouvement ».

3. Plusieurs dangers guettent Chateaubriand et les autres : la mer est mauvaise et le courant les éloigne du bateau, et des requins surgissent ! « je m'aperçus que le courant l'entraînait déjà loin », « Des requins se montraient dans les eaux » ; « la houle était si grosse [...] ».

4. Pour venir en aide aux nageurs, les matelots restés sur le pont leur jettent une corde : « Les matelots, alarmés, avaient filé un grelin aux autres nageurs » « tirent des coups de feu pour éloigner les requins », « on leur tirait des coups de fusil pour les écarter ». Le maître d'équipage essaie de mettre un canot à la mer mais il faut installer un palan et cela prend du temps : « le maître d'équipage cherchait à descendre un canot dans la mer, mais il fallait établir un palan et cela prenait un temps considérable ».

5. Mais heureusement, un vent commence à se lever et à souffler dans le bon sens, c'est-à-dire qu'il rapproche le vaisseau des nageurs, « une brise [...] se leva » ; « le vaisseau, gouvernant un peu, se rapprocha de moi ».

Les nageurs peuvent s'accrocher à la corde et se faire hisser sur le pont du navire : « je me pus emparer du bout de la corde » ; « On nous repêcha ainsi un à un. »

6. était tourmenté du roulis : en parlant de la mer, cet adjectif « tourmenté » veut dire très agité. Quant au roulis, il s'agit du mouvement d'oscillation d'un bord sur l'autre que prend un bateau. Cette expression signifie donc que le bateau était remué à cause du mouvement que lui transmettait la mer agitée.

– **beaupré :** mât placé sur l'avant d'un bateau. C'est donc de l'avant du bateau que Chateaubriand plonge à la mer.

– **plusieurs passagers m'imitèrent :** lorsque les autres passagers, qui avaient eux aussi sans doute très chaud, virent Chateaubriand nager et se rafraîchir dans l'eau, ils eurent envie d'en faire autant et sautèrent à l'eau.

– **grelin :** il s'agit d'un gros cordage qui sert à amarrer les bateaux.

– **palan :** c'est un appareil de levage constitué de poulies, de cordes ou de chaînes. Les poulies sont installées de telle manière qu'avec une seule main on réussit à soulever de fortes charges en démultipliant les forces.

– **le vaisseau, gouvernant un peu :** cette expression nous apprend que le bateau peut se mouvoir et que l'on peut diriger sa course. Il ne faut pas oublier que du temps de la marine à voiles, les bateaux n'avançaient qu'avec les courants et le vent. S'il n'y a ni courant ni vent, les navires sont condamnés à l'immobilité en attendant que le vent se lève. Ensuite, quand le vent s'est levé, il suffit d'orienter correctement le bateau pour se diriger vers le but à atteindre.

– **témérité :** la témérité est une espèce de courage irréfléchi. Ici, Chateaubriand s'est jeté à l'eau sans réfléchir, avec audace, hardiesse.

– **immersion :** c'est l'action de plonger un corps dans un liquide. Dans le récit, Chateaubriand, du fait du roulis qui entraînait le bateau tantôt sur un bord, tantôt sur l'autre, se retrouvait tantôt soulevé hors de l'eau, tantôt complètement immergé, sous l'eau.

7. jeter : plonger : « je plongeai du beaupré ».
– **houle :** l'agitation de la mer.
– **bras :** un membre.
– **extrémité :** au bout.
– **m'évanouir** : perdre connaissance.

8. – **mouvement** *:* immobilité, calme.
– **alarmés** *:* tranquilles, rassurés.

9. mère *:* ou **maire**.

10. grosse *:* adjectif qualificatif, féminin singulier, attribut du sujet « houle ».
En épuisant *:* gérondif, complément de manière du verbe « retardait ».
mes forces *:* nom commun, féminin pluriel, complément d'objet du gérondif « en épuisant ».

Entraînement n° 2

Explication et vocabulaire

1. Les prix des légumes flambent : le verbe *flamber*, au sens propre signifie : brûler vite. Ici, il est employé au sens figuré et veut dire que les prix des légumes augmentent très rapidement, qu'ils grimpent.

« prononcer à la légère » : à la légère signifie : sans réfléchir. Dans le texte, cette expression signifie qu'il ne faut pas dire certains mots inconsidérément.

2. sans lésiner veut dire : sans regarder à la dépense, sans compter.

Elle allait à Paris pour la première fois et a dépensé son argent sans compter.

3. regorger de : cette expression signifie avoir en abondance. Les mots « abondance » et « profusion » peuvent donc se rapprocher de ce verbe. Les deux autres mots, *pénurie* et *disette* désignent exactement le contraire : le manque de quelque chose.

4. misérabilisme : description apitoyée de la misère.

5. compte : ce mot a deux homonymes : *comte* et *conte.*

Cette société ne comptait que des comtes, des barons et des marquis.

J'aime toujours relire les contes des Mille et Une Nuits.

Compréhension

1. La boulangère est un peu fatiguée parce que, en ces jours de fête, elle a beaucoup travaillé. « Elle n'a jamais vendu tant de bûches, tant de gâteaux, tant de galettes des rois. »

2. Les gens n'ont pas « **l'air spécialement réjoui** » parce qu'ils ont des fins de mois difficiles :

– « **le café va augmenter » ;**

– « **les prix des légumes flambent » ;**

– « **[...] ne peut plus boucler son budget familial, [...] le coût de la vie grimper** »

3. Lorsqu'une dame déclare qu'on « **traîne misère** », les autres clients se récrient parce que l'expression est trop forte et qu'il est exagéré de l'employer.

« On se récrie [...] il y a des mots qu'il ne faut pas prononcer à la légère [...] on ne doit rien exagérer. »

4. Le titre de cet article fait allusion à la demi-baguette que la boulangère avoue avoir vendu régulièrement, tous les trois jours, à un client un peu bizarre qu'on a retrouvé mort de froid dans le quartier. C'est le côté extraordinaire de cet achat qui justifie le titre de l'article. « Oui, vous avez bien entendu, une demi-baguette tous les trois jours. »

5. Cette histoire est bien réelle, comme le prouvent les deux dernières phrases : « Je n'ai pas raconté cette histoire par goût du misérabilisme. Mais je ne l'ai pas inventée. »

Analyse grammaticale

1. ***La*** : article défini, féminin singulier, détermine le nom « boulangère ».

Boulangère : nom commun, féminin singulier, sujet du verbe « fait ».

Fait : verbe *faire*, 3e groupe, voix active, mode indicatif, temps présent, 3e personne du singulier.

Son : adjectif possessif, masculin singulier, détermine le mot « bilan ».

Bilan : nom commun, masculin singulier, complément d'objet direct du verbe « fait ».

Entraînement n° 3

Vocabulaire

1. des besoins essentiels : on appelle besoin ce qui est nécessaire. On qualifie d'essentielle une chose très importante, voire indispensable. Des « besoins essentiels » désignent donc des désirs qu'il est indispensable de satisfaire. Dans le texte, ces nécessités vitales chez l'enfant sont l'amour, la sécurité et l'estime de soi.

2. frustrés : être frustré, c'est être privé d'une chose qu'on était en mesure d'attendre. Dans le texte on veut dire que les enfants qui ont été privés de ces trois choses primordiales doivent ressentir un manque.

3. Sont enclins : on pourrait remplacer cette expression par : « ont tendance ».

4. « Les modalités affectives du groupe ne sont pas tout à fait assimilables à celles d'une famille normale ».

Le synonyme de « assimilable » est l'adjectif « comparable » par lequel on pourrait le remplacer dans la phrase.

Le verbe qui correspond à l'adjectif *assimilable* est *assimiler*. Ce verbe peut avoir le sens de *transformer*, quand il s'agit d'aliments, ou de *comprendre*, d'*acquérir* quand il s'agit de connaissances.

5. des parents déficients ou négligents : ce sont des parents qui ne donnent pas à leurs enfants tout ce dont ils ont besoin, soit parce qu'ils ne savent pas, soit parce qu'ils ne veulent pas s'en occuper.

Compréhension

1. a. Selon l'auteur, la famille doit apporter à l'enfant et à l'adolescent plusieurs choses très importantes qui en feront un adulte équilibré et bien dans sa peau « [...] il est vrai que les trois besoins essentiels de l'enfant et de l'adolescent sont d'être aimé, sécurisé et valorisé ». On doit entourer un enfant de beaucoup d'amour et d'affection pour qu'il se sente aimé ; l'adolescent, au sein de sa famille, doit se sentir protégé ; il est bon pour cela de lui donner des points de repère, une ligne de conduite à suivre, et de lui faire tenir un rôle afin qu'il sente qu'il fait partie d'un groupe, et que ce groupe compte pour lui.

La famille doit aussi soutenir l'enfant qui rencontre des échecs et l'encourager en lui apportant son soutien.

b. Si la famille ne remplit pas son rôle, l'enfant, l'adolescent va chercher ailleurs ce qui lui manque : et souvent, c'est dans un groupe qu'il trouve l'amitié en tissant des liens avec des jeunes qui ressentent les mêmes manques.

2. Un jeune qui intègre une bande le fait parce qu'il en ressent le besoin. Il se sent frustré sur plusieurs plans : amour, sécurité, confiance en soi, et il pense qu'il va y trouver une compensation : « [...] la bande répond d'abord [...] au besoin d'affection », « [...] elle (la bande) ôte l'impression de solitude et d'abandon ».

De plus, « la bande satisfait au désir de sécurité ». « L'autorité du chef remplace à sa manière celle de la famille. » Quand le père ou la mère se montrent indifférents à l'éducation de leurs enfants, et qu'ils ne font rien pour s'en occuper, les adolescents livrés à eux-mêmes ressentent une espèce de désarroi et se tournent alors vers des bandes bien structurées, avec un chef, et où chacun tient un rôle.

Enfin, dans une bande, ils apprennent à avoir confiance en eux. Souvent victimes d'échecs scolaires, ils n'ont pas de diplômes, pas de travail, pas d'argent, se sentent tout à fait inutiles, sont complètement dévalorisés. « Marqués par l'échec, installés dans le sentiment d'infériorité, ils trouvent dans et par la bande l'occasion et la possibilité d'une revalorisation. »

3. La façon de tenir une place, de jouer un rôle dans une bande, c'est de se faire remarquer. Pour cela, c'est à celui qui prendra le plus de risques, qui fera preuve de plus de courage pour commettre des délits, des actes de vandalisme. C'est leur façon de se faire remarquer par les adultes qui jusqu'à présent ne se sont occupés d'eux que pour les brimer ou les mépriser.

Cette revalorisation que l'adolescent trouve au sein d'un groupe n'est donc pas ce qu'il y a de mieux.

4. Pour traiter cette question, il faut coller au plus près à l'actualité pour montrer que l'on se tient informé des problèmes de société.

Le développement d'une quinzaine de lignes doit :

– comporter une introduction qui annonce le sujet : partir du texte, des problèmes rencontrés par les jeunes qui se réfugient dans les bandes et en arriver aux problèmes des banlieues ;

– donner un aperçu des difficultés que rencontrent les jeunes des banlieues ;

– proposer des solutions ;

– comporter une conclusion : peut-être remettre en cause l'éducation des enfants par certains parents, à l'origine de tous ces problèmes.

Analyse grammaticale

Elle : pronom personnel, féminin singulier, mis pour le nom « bande », sujet du verbe « satisfait ».

Satisfait : verbe *satisfaire*, 3ᵉ groupe, voix active, mode indicatif, temps présent, 3ᵉ personne du singulier.

Enfin : adverbe de manière (temps), modifie le sens du verbe « satisfait ».

Le : article défini, masculin singulier, détermine le mot « désir ».

Désir : nom commun, masculin singulier, complément d'objet direct du verbe « satisfait ».

De : préposition.

Valorisation : nom commun, féminin singulier, complément du nom « désir ».

Entraînement n° 4

Vocabulaire

1. les grandes falaises de béton gris : cette expression désigne les dizaines d'immeubles de la cité des HLM. « il y a la cité des HLM. C'est une véritable cité en elle-même, avec des dizaines d'immeubles, grandes falaises de béton gris debout [...] ».

La figure de style employée ici est une métaphore, c'est-à-dire qu'on donne à un mot la valeur d'un autre présentant une analogie.

L'autre exemple est : « qui laisse flotter son nuage âcre ».

2. une esplanade : espace plat, uni et découvert devant un édifice. À Paris, l'esplanade du palais de Chaillot est bien connue des amateurs de patins à roulettes et de planches à roulettes.

3. âcre : cet adjectif qui qualifie la fumée de l'usine de crémation signifie qu'elle est forte et irritante.

Elle n'était pas d'accord avec eux et leur répondit d'un ton âcre : agressif et violent.

4. La **crémation** est l'action de brûler les cadavres. Le synonyme est l'**incinération**.

Compréhension

1. Comme le titre l'indique, le narrateur insiste particulièrement sur le fait que la cité est loin de tout, déserte et plantée dans un décor gris et triste (tout le premier paragraphe ; « c'est une cité qui ressemble à une ville désertée ». Le deuxième paragraphe comporte quatre fois le mot « personne », ceux qui vont et viennent n'ont pas l'air d'être vivants :

« comme ces fantômes sans ombre ». Plus loin, il insiste aussi sur l'épaisse fumée qui empêche de voir le ciel : « son nuage âcre et lourd », « l'épais nuage qui descend de la cheminée de l'usine » et sur l'inhospitalité de cet endroit que ne fréquentent même pas les insectes : « il n'y a pas d'oiseaux par ici, ni de mouches, ni de sauterelles ».

2. Cette description est très précise quant à l'atmosphère plutôt lugubre qui règne dans la cité. L'auteur n'a pas peur d'exagérer dans le choix de ses mots pour rendre ce qu'il veut que le lecteur perçoive. (On peut citer des expressions du texte.)

3. Cette description révèle une ville déserte où personne n'a envie d'aller habiter.

Dans le premier paragraphe, l'auteur décrit objectivement ce qu'il voit ; il se laisse aller à l'exagération quand il dit « loin de la liberté ». Peut-être ces grands murs gris donnent-ils l'impression d'enfermer les habitants et de les priver de liberté !

Dans le deuxième paragraphe, l'auteur laisse aller son imagination en supposant qu'il n'y a personne dans cette cité.

Au troisième paragraphe, il exagère vraiment en parlant de fenêtres murées, d'habitants enfermés entre ces murs, mais tout cela contribue à rendre l'atmosphère plus invivable ! Il fait même allusion à des fantômes !

Les deux derniers paragraphes restent objectifs mais le choix des mots noircit encore le tableau : « une ombre fuyante », « une coccinelle égarée [...] essaie de s'échapper (et non de s'envoler), volant lourdement », « un géranium brûlé ».

4. La réponse à cette question est personnelle. On vous demande votre avis sur une question précise. Vous devez donc vous engager et donner des arguments pour étayer votre point de vue.

Vous devez rédiger un texte comportant une introduction dans laquelle vous répondrez à la question, un développement dans lequel vous donnerez les raisons de votre réponse et une conclusion qui laisse espérer une disparition progressive de ces grands ensembles.

Analyse grammaticale

Debout : adverbe, invariable, épithète de « falaises ».

Les autos : nom commun, féminin pluriel, sujet inversé du verbe « sont arrêtées ».

Aveuglées : participe passé employé comme adjectif, féminin pluriel, attribut des sujets communs « fenêtres » et « portes ».

Ceux : pronom démonstratif, masculin pluriel, sujet des verbes « vont », « viennent » et « sont ».

Grises : adjectif qualificatif, féminin pluriel, épithète du nom « murailles ».

Une ombre : nom commun, féminin singulier, sujet inversé du verbe « passe ».

Traçant : participe présent, verbe de la proposition participiale dont le sujet est « des avions ».

Entraînement n° 5

1. La structure de ce texte laisse apparaître une opposition entre la campagne et la ville.

L'auteur réussit parfaitement son effet : dans le premier paragraphe, nous entendons presque les oiseaux chanter alors que le second paragraphe nous donne envie de fuir !

Le premier paragraphe décrit en effet les campagnes françaises et l'auteur ne lésine pas sur le choix des mots qui mettent en évidence le calme et la vivacité de ces paysages : « une journée sereine et ensoleillée », « les campagnes épanouies, [...] leur nouvelle robe [...] heureuses d'exploser [...] » ; « [...] ruisselantes d'une vie retrouvée ».

Dans le deuxième paragraphe, nous arrivons dans une grande ville et l'atmosphère est à l'opposé de celle qui régnait dans la campagne ; l'auteur utilise pour sa description des mots qui sont les contraires de ceux employés dans le premier paragraphe.

Ainsi, « bruyante » s'oppose à « sereine » ; « hostilité, pollutions » s'opposent à « épanouies » ; « inquiète, méfiants, peu accueillants, visages tristes pour ne pas dire sinistres » s'opposent à « heureuses » ; « condamnés, isolés » s'opposent à « une vie retrouvée ».

2. couronnées de denses frondaisons (nous expliquerons d'abord les trois mots séparément puis l'expression dans son contexte) :

Couronné signifie « pourvu d'une couronne », cet ornement que l'on porte généralement sur la tête.

L'adjectif ***dense*** signifie « compact, épais ».

Les ***frondaisons*** sont les nouvelles pousses qui apparaissent au printemps.

Dans ce texte, il s'agit des collines couvertes d'arbres dont les feuillages épais forment comme une couronne à leur sommet.

« **martèlement** de notre cerveau » : le ***martèlement*** est le bruit du marteau qui frappe un métal.

Le ***cerveau*** désigne ici le centre qui reçoit toutes les impressions.

Dans le texte, l'auteur utilise cette métaphore pour indiquer que notre intelligence est polluée elle aussi par toutes les agressions extérieures qui agissent sur elle à coups de publicités, d'annonces et d'informations dont on nous rebat les oreilles à longueur de journée, sans interruption, comme le ferait un marteau qui frapperait sans cesse.

une triste banalisation s'ensuit :

Banaliser signifie rendre banal, enlever tout signe distinctif.

S'ensuivre veut dire suivre, être la conséquence de.

L'auteur parle de triste banalisation pour exprimer l'idée que, dans les villes, les habitants vivant dans des immeubles identiques, menant la même vie et subissant les mêmes contraintes finissent par être tous pareils, d'une morne ressemblance, sans aucune originalité.

3. a. Les grands ensembles provoquent l'ennui pour plusieurs raisons. D'abord sur le plan esthétique, la monotonie de ces immeubles qui se ressemblent est lassante. Rien n'éveille la curiosité, rien n'accroche l'œil. On ne se dit jamais, en regardant des grandes façades aux multiples fenêtres : « Que c'est beau ! », alors qu'une petite maison avec un joli jardinet ou des ornements sur la façade offrent un plus joli spectacle. Ensuite, les habitants des cités ne sortent de chez eux que pour aller prendre leur voiture ; ils n'ont aucune raison de flâner au bas de leur immeuble pour parler aux voisins alors que dans un lotissement ou dans une rue bordée de maisons, les habitants sont obligés de se voir : ils sortent leurs poubelles, ils vont chercher leur courrier, ils taillent leurs haies, ils vont à pied chez le boulanger du coin, etc.

b. D'après l'auteur, ce genre d'habitat qui est le même pour tous n'est pas compatible avec la nature humaine qui offre tant de diversité. « Alors que les cellules de notre corps portent toutes sans exception notre marque personnelle, la grande ville, avec le logement, le transport, l'habillement, la nourriture, les heures de travail, parvient à supprimer, à effacer toute originalité. »

4. « On est beaucoup plus seul dans une grande cité que dans un de nos villages. »

Même si l'on se croise, on ne se parle pas. On est des anonymes dans la foule. On est trop nombreux pour se reconnaître et se connaître. Dans ces grandes cités, les petits commerces n'existent pas, on n'a donc pas l'opportunité d'entrer en conversation avec les commerçants ni avec ceux qui pourraient fréquenter les mêmes magasins. Dans les grandes surfaces, les clients ne font que se croiser, et font preuve d'agressivité. Dans une grande ville on ne peut pas nouer de liens, on n'en a pas le temps ; il faut sans cesse se dépêcher, pris par les horaires du travail, des transports en commun, retardés par les embouteillages.

De plus, dans une grande cité, on perçoit les autres comme des ennemis : il y a celui qui ne démarre pas assez vite au feu vert, celui qui se traîne dans les couloirs du métro et qu'on n'arrive pas à doubler, celui qui appuie trop tôt sur le bouton de l'ascenseur qui part sans nous, celui qui prend notre taxi, celui qui est assis dans le bus quand on est debout, celui, qui a un énorme chariot à décharger à la caisse, etc.

Dans une petite ville ou dans un village, c'est différent ; les habitants vivent à un autre rythme. Les déplacements sont réduits, les bruits ambiants moins agressifs, voire inexistants ou même agréables (les chants d'oiseaux). On se rencontre à la boulangerie, on tient la porte pour celui qui entre derrière, on bavarde dans les files d'attente, on demande des nouvelles du petit dernier, on s'inquiète des autres. On fait peut-être semblant, mais les apparences sont plus vivables. On ne se sent pas seul. Il y a les autres avec lesquels on forme un groupe.

5. Analyse grammaticale :

– ***collines*** : nom commun, féminin pluriel, sujet inversé du verbe « vinrent ».

– ***ruisselantes*** : adjectif verbal, féminin pluriel, apposition du mot *collines.*

– ***sympathie*** : nom commun, féminin singulier, complément du nom « signe ».

3. Annales et corrigés

Durée : 2 h. Coefficient : 3.

Vous devez composer dans l'option que vous avez indiquée sur la demande d'admission à concourir et uniquement dans celle-ci. Si vous composez dans une option différente ou dans plusieurs options, **votre copie sera notée zéro.**

1. Annales, 2000 *(corrigé p. 204)*

Tout le monde l'a dit : le siècle à venir sera celui des villes et de la désertification des zones rurales. Des villes ? Non, des mégalopoles qui exigent des aménagements urbanistiques et une nouvelle gestion de l'habitat. On connaît les effets pervers de ces mouvements de populations : violence, paupérisation, racisme...

Ce qu'on appelle encore des villes sont des terrains d'affrontements entre générations, classes sociales, nationaux et étrangers. Xénophobie, haine de l'autre se substituent à la tradition d'ouverture, d'assimilation, d'échanges qui était celle des métropoles, connues depuis des siècles pour être des lieux de rencontre, de métissage, de liberté.

Au contraire, les campagnes paraissaient imperméables à la pénétration étrangère, nationale ou autre : une réputation de conservatisme ou de renfermement sur elles-mêmes. Lieux communs aujourd'hui contredits. La menace de désertification des villages et d'une population qui se réduit entraîne la fermeture des écoles, de centres de soins, de pharmacies, de boutiques d'alimentation, incite les derniers villageois à accepter et à chercher l'arrivée d'autres habitants. Et ne faut-il pas tenter de retenir les jeunes au pays, d'arrêter l'hémorragie de la fuite en ville ? Voilà qui mérite de porter attention aux mesures prises par les pouvoirs locaux, nationaux ou les municipalités. Et d'abord celles qui concernent le patrimoine.

La prise de conscience de l'importance du patrimoine (naturel, bâti ou immatériel) pour la valorisation des lieux-dits, villages ou pays, fait rapidement son chemin. Jusqu'ici négligé, voire méprisé, le patrimoine suscite une prise de conscience. Telle église romane dans un village peut être une force d'attraction, non seulement touristique, mais aussi capable de donner une plus-value à son environnement. Un savoir-faire traditionnel peut, autant qu'un monument, créer de la plus-value. D'où l'intérêt qu'on leur porte et l'attention qu'on accorde à « l'étranger » qui s'y attache et les apprécie. L'aménagement qu'il fera de la vieille ferme vouée à l'abandon et qu'il restaure fait des émules. Des métiers renaissent, des cuisines oubliées reparaissent à table, les jeunes ont moins « honte » de leur village.

Cette remise en valeur du patrimoine provoque la quête d'identités particulières. On tente de cultiver sa différence, sans imiter la ville. Au diable les sottes vieilleries du « retour à la terre », de la nostalgie d'un passé sécurisant ! Le patrimoine, aujourd'hui, est facteur de nouvelles et originales formes de cultures : « Regarde comme je suis différent et montre-moi ta différence. »

Est-ce que le développement, le renouvellement rapide des technologies ne favorisent pas cette délocalisation ? On constate, un peu partout, que s'inverse la migration des jeunes vers la ville pour inventer, parfois, dans les campagnes ou les régions des formes de vie et d'expression inédites. Il convient peut-être de détourner ce que nous croyons savoir du passé et de l'ouvrir à des genèses possibles. Alors – qui sait ? – peut-être la campagne contaminera-t-elle la ville avec un virus antiraciste et chaleureusement fraternel ?

« Villes et campagnes : nouvelle donne » par Chérif KHAZNADAR,

Le Monde, daté du vendredi 21 avril 2000.

Questions

1. Questions portant sur la compréhension du texte

a. Précisez ce que l'auteur entend par « l'importance du patrimoine (naturel, bâti et immatériel) » et illustrez ces notions à l'aide d'exemples.

b. Quelles sont les valeurs reconnues traditionnellement au monde rural et à sa population ?

c. Pensez-vous qu'un retour à la campagne des citadins soit réellement possible ? Pourquoi ?

2. Donnez une définition des termes suivants, soulignés dans le texte :

a. mégalopoles ;

b. paupérisation ;

c. xénophobie ;

d. délocalisation.

3. Questions à caractère grammatical

a. Dans chacune des phrases suivantes, trouvez la proposition subordonnée. Déterminez pour chacune d'elles sa fonction dans la phrase.

– « La menace de désertification des villages et d'une population qui se réduit entraîne la fermeture des écoles, de centres de soins, de pharmacies [...] »

– « Ce qu'on appelle encore des villes sont des terrains d'affrontements entre générations, classes sociales, nationaux et étrangers. »

b. Analysez grammaticalement chacun des termes soulignés.

« Voilà qui mérite de porter attention aux mesures prises par les pouvoirs locaux, nationaux ou les municipalités. »

« Un savoir-faire traditionnel peut, autant qu'un monument, créer de la plus-value. D'où l'intérêt qu'on leur porte et l'attention qu'on accorde à l'étranger qui s'y attache et les apprécie. »

4. Pour chacun des termes suivants vous donnerez son sens dans le texte. Puis, pour chacun d'eux, vous rédigerez une phrase où vous les emploierez dans un sens différent.

a. l'hémorragie ;

b. une plus-value.

Corrigé

1. a. « **l'importance du patrimoine** (naturel, bâti et immatériel) »

Le patrimoine d'un pays, d'une région, d'une collectivité est son héritage commun. Il est naturel s'il s'agit de végétaux, comme les forêts (la forêt de Fontainebleau), des arbres centenaires, un parc naturel, un lac, une rivière (une section de la Loire vient d'être reconnue patrimoine mondial de l'humanité). Si ce sont des monuments (les châteaux de la Loire, la Grande Muraille), des ruines (le Colisée), des ouvrages d'art, il s'agit d'un patrimoine bâti. Quant au patrimoine immatériel, il peut s'agir de cultures, de traditions, de souvenirs : les danses et les costumes folkloriques, le carnaval, des recettes de cuisine, etc.

b. Les habitants de la campagne passent pour être courageux : ils se lèvent tôt et travaillent dur toute la journée, quelles que soient les conditions météorologiques. Ils ont un côté fataliste et prennent les événements comme ils viennent, sans se poser de questions. Ils sont aussi très attachés à la terre, et c'est bien compréhensible car c'est d'elle qu'ils tirent toutes leurs ressources. Ils accordent aussi beaucoup d'importance aux traditions et à tout ce qui les relie à leur passé, à leurs ancêtres. Il ne leur viendrait pas à l'esprit de vendre un terrain ou une ferme qui appartiennent à leur famille depuis des générations. Ils continuent à exercer le métier de leurs aïeux parce que cela s'est toujours fait ; ils n'envisagent même pas de le remettre en question. Ils tiennent aussi à la famille et on voit bien souvent encore les grands-parents vivre sous le même toit que leurs enfants et petits enfants, dans la ferme ou la maison de famille. À la campagne, les vieux sont encore considérés comme des êtres humains et on les respecte.

c. Que les citadins aillent vivre à la campagne, cela s'est vu dans les années soixante-dix et cela s'est souvent soldé par des échecs. Ils pensaient naïvement que pour vivre à la campagne, il suffisait d'élever quelques poules et de cultiver un bout de jardin. Mais ils ne connaissaient rien à la terre pas plus qu'aux animaux. Que les habitants des villes aillent vivre à la campagne, le temps d'un week-end, de vacances ou qu'ils s'y installent définitivement au moment de la retraite, cela n'est pas nouveau. Que les citadins viennent s'installer à la campagne, pour faire revivre les villages, mettre le patrimoine en valeur, c'est possible et peut-être souhaitable car c'est sans doute une solution pour empêcher la désertification des campagnes, mais il faudrait être vigilant afin d'éviter que les citadins n'apportent avec eux les nuisances des villes (bruits, gaz d'échappement, déchets, délinquance, etc.)

2. a. Mégalopoles : ce sont de très grandes agglomérations urbaines ou des ensembles formés par de grandes villes proches les unes des autres.

b. Paupérisation : c'est l'appauvrissement progressif et continu d'une partie de la population.

c. Xénophobie : il s'agit du sentiment hostile qui se manifeste systématiquement à l'égard des étrangers, de tout ce qui vient de l'étranger.

d. Délocalisation : c'est l'action de délocaliser, c'est-à-dire de changer l'emplacement d'une administration, ou d'implanter une entreprise dans une nouvelle zone, pour réduire les coûts de production, par exemple.

3. a. « **La menace de désertification des villages et d'une population qui se réduit entraîne la fermeture des écoles, de centres de soins, de pharmacies [...]** »

« qui se réduit » : proposition subordonnée relative déterminative, introduite par le pronom relatif « qui », dont l'antécédent est « population », complément de cet antécédent.

« Ce qu'on appelle encore des villes sont des terrains d'affrontements entre générations, classes sociales, nationaux et étrangers. »

« Ce qu'on appelle encore des villes » : proposition subordonnée relative déterminative, introduite par la locution pronominale relative « ce qu' », sujet du verbe « sont ».

b. locaux : adjectif qualificatif, masculin pluriel, épithète de « pouvoirs ».

y : pronom personnel, mis pour « savoir-faire » et « monument », complément d'objet indirect du verbe « s'attache ».

4. a. l'hémorragie : ce terme désigne ici le mouvement très important et incontrôlable des jeunes qui quittent en masse les villages sans que l'on puisse faire quoi que ce soit pour les empêcher de partir.

Les équipes de secours sont arrivées à temps pour stopper l'hémorragie par laquelle le blessé se vidait de son sang.

b. une plus-value : les monuments auxquels on ne prête pas attention dans les villages, les professions traditionnelles, c'est-à-dire artisanales comme un maréchal-ferrant ou un souffleur de verre peuvent, si l'on sait s'y prendre, donner un intérêt nouveau et attractif à la région ; il suffit de les mettre en valeur, d'en faire une attraction et les touristes afflueront, le village se sentira moins isolé et les jeunes auront moins envie de le quitter.
En revendant cette maison six mois après l'avoir achetée, il a dû payer une taxe sur la plus-value.

2. Annales, 1999 *(corrigé p. 207)*

Astérix parodie tout ce que les petits Français apprennent à l'école concernant les vertus de leurs ancêtres, de sorte qu'ensuite ils ne pourront jamais plus les prendre au sérieux. Il est fier d'être logique et cartésien comme il convient à un Français – « ce qu'il y a de bien, chez nous, c'est qu'on est plein d'idées », dit-il –, mais Obélix, son meilleur ami, est innocent, bête, querelleur et essentiellement préoccupé de nourriture. Ainsi, les Français sont présentés comme ayant au moins un caractère double. Et ce qu'ils détestent plus encore que les étrangers, ce sont ceux de leurs compatriotes qui sont de pompeux hypocrites, les imitateurs complaisants des modes étrangères, les héros populaires et les pseudo-penseurs. L'orgueil que le Français tire de son indépendance se traduit par une extrême susceptibilité ; on l'érige en vertu, mais la conclusion est : « Tous les hommes sont fous. » Placés dans une situation difficile, ils se demandent : « Qu'est-ce qu'on fait ? » Réponse : « De la soupe ! » – et de se perdre en discussions sur le choix du menu.

Astérix se classe bon premier parmi les livres les mieux vendus en France : c'est à deux millions d'exemplaires qu'on tire chacun de ses albums, dont plus de vingt sont déjà parus. Il démontre que toutes les prétendues qualités françaises sont soit tournées en ridicule par les Français eux-mêmes, soit contrebalancées par le défaut correspondant. Ce qui aide à comprendre pourquoi *Astérix* est traduit en vingt-deux langues. L'Allemagne, censée incarner des qualités totalement différentes, est de loin le pays où il est le plus populaire. On y vend presque autant d'exemplaires qu'en France. Les Allemands rient infiniment plus des plaisanteries françaises que les Anglais ou les Américains. Pas tous les Allemands, loin de là, mais de part et d'autre du Rhin, il est évident qu'on partage souvent le même sens de la plaisanterie. Ce n'est certes pas un hasard si, d'après les sondages d'opinion, les Allemands sont le peuple pour qui les Français se sentent le plus d'amitié. Malgré leurs dissensions politiques, il existe entre eux une relation amour-haine qui les rapproche bien davantage que ne le veulent les poncifs nationaux.

Le succès d'*Astérix* s'explique également par le fait qu'il s'inscrit dans une longue tradition ; le terrain était préparé ; le personnage cadrait parfaitement avec les préjugés qu'on nourrit d'ordinaire à l'égard de la France, et il y avait depuis longtemps des Français qui aimaient se voir de la même façon qu'Astérix. Au XVIIIe siècle, l'*Encyclopédie* posait que chaque nation a son caractère propre, et que celui de la France était d'être « léger », c'est-à-dire de ne pas prendre trop au sérieux ni soi-même ni les autres. À cette qualité, elle opposait la jalousie des Italiens, l'orgueil des Écossais, l'ivrognerie des Allemands, la paresse des Irlandais et la malhonnêteté des Grecs. Un siècle plus tard, des professeurs continuaient à voir le trait dominant des Français dans leur faculté de s'amuser, à la fois intellectuellement et sensuellement, de jouer avec les idées, de mener une conversation brillante, élégante et spirituelle, de recourir à l'art pour chasser la tristesse, de le mettre au service de la vie sous toutes ses formes, de la sexualité aux jardins, car être français, c'était avant tout être artificiel. Ce qui, croyaient-ils, faisait d'eux l'opposé des Anglais, puritains et snobs, et des Américains, pratiques et insatiables. Mais entre eux, les Français n'étaient pas d'accord : les qualités qu'ils s'attribuaient, ils étaient loin de les reconnaître à la majorité ; ils avaient eux aussi leur lot de rabat-joie, de raseurs, d'esprits cupides et mesquins. La façon dont ils définissaient leur caractère ne correspondait pas à ce qu'ils étaient dans la réalité, mais à ce qu'ils désiraient être (sinon tous, du moins les plus spirituels d'entre eux). Être français était un idéal, une aspiration. Il serait faux de vouloir concilier les opinions les plus diverses en concluant que les Français sont simplement paradoxaux, contradictoires, parfois sérieux et parfois moqueurs, parfois unis et parfois divisés, et qu'en mêlant le tout on obtient un Français. Pour faire un Français, on a proposé plusieurs recettes, bien différentes, mais aujourd'hui, aucune n'est suffisante.

Texte extrait de Théodore ZELDIN : *Les Français*, 1984.

Questions

1. Questions permettant de juger de la compréhension du texte

a. Pour quelles raisons le personnage d'Astérix a-t-il autant de succès ?

b. Quels sont, d'après l'auteur, les principaux traits de caractère des Français ?

c. Êtes-vous d'accord avec le principe que posait l'*Encyclopédie* : « chaque nation a son caractère propre » ?

2. Explication d'une ou de plusieurs expressions figurant dans le texte

Définissez les mots ou expressions suivants :

pseudo-penseurs (l. 9) ;

cartésiens (l. 3) ;

préjugés (l. 29) ;

relation amour-haine (l. 26).

3. Réponse à une ou plusieurs questions de grammaire

a. Mettre à l'imparfait de l'indicatif la phrase suivante :

« Ce n'est certes pas un hasard si, d'après les sondages d'opinion, les Allemands sont le peuple pour qui les Français se sentent le plus d'amitié. »

b. Analysez grammaticalement les termes soulignés dans la phrase suivante :

« Il serait faux de vouloir concilier les opinions les plus diverses en concluant que les Français sont simplement paradoxaux, contradictoires, parfois sérieux et parfois moqueurs, parfois unis et parfois divisés et qu'en mêlant le tout on obtient un Français. »

Corrigé

1. a. Si le personnage d'Astérix a autant de succès, c'est pour plusieurs raisons.

D'abord, il caricature les valeurs qu'on essaie d'inculquer aux petits Français, ce qui leur enlève toute leur importance, et cela le rend plutôt sympathique. Il est cohérent et a du bon sens. Ce sont des qualités que les Français sont fiers de posséder et ils se reconnaissent dans leur héros.

Ensuite, Astérix ne plaît pas seulement aux Français. Dans les pays où il est traduit, on apprécie le fait que les Français soient tournés en dérision.

Enfin, Astérix correspond parfaitement au personnage du Français tel qu'il est perçu ou imaginé par les autres.

b. D'après l'auteur, les Français ont la réputation de ne rien prendre au sérieux et d'être factices, ce qui constitue leur principal trait de caractère. Ils ont l'art de tout traiter avec légèreté : « celui de la France était d'être léger », ce qui les différencie des autres.

c. « **Chaque nation a son caractère propre** » disait l'*Encyclopédie*. C'est être trop catégorique que de penser comme cela. Sur quoi se fonde-t-on pour attribuer une réputation à une nation plutôt qu'à une autre ?

Mais il est possible de trouver les raisons pour lesquelles une population a acquis une réputation. Dans une région où les métiers sont tournés vers la mer, par exemple, le rythme et les conditions de vie peuvent entraîner les hommes à consommer plus d'alcool que dans une région industrialisée où l'on travaille dans un bureau à l'abri des intempéries. Chaque caractère attribué à une nation peut sans doute trouver son explication dans un raisonnement comme celui-là.

2. Pseudo-penseurs : l'élément *pseudo* signifie « menteur », celui qui passe pour…

Un penseur réfléchit, pense profondément : ce qu'on appelle un pseudo-penseur est une personne qui croit réfléchir ou qui veut faire croire qu'elle pense, alors qu'en réalité elle est superficielle et son cerveau vide.

Dans le texte, l'auteur affirme que les Français n'aiment pas ceux qui ne sont pas authentiques.

Cartésien : ce mot vient de Descartes, philosophe dont la doctrine est un rationalisme fondé sur le doute. Un esprit cartésien est méthodique et rationnel, c'est-à-dire sensé, logique.

Préjugés : ce mot est formé du préfixe *pré* qui signifie avant et de *jugé* ; il s'agit d'une opinion préconçue, d'un jugement favorable ou non que l'on porte avant de connaître, même un peu, ce dont il s'agit.

Dans le texte, l'auteur évoque les idées toutes faites que les autres ont des Français, sans les connaître.

Relation amour-haine : ces deux mots ont des sens opposés : amour, attirance et haine, aversion. Cela signifie, dans le texte, que les Français et les Allemands, même s'ils ont ou non toutes les raisons de se détester, ne peuvent s'empêcher d'être attirés les uns par les autres.

3. a. « Ce n'était certes pas un hasard si, d'après les sondages d'opinion, les Allemands étaient le peuple pour qui les Français se sentaient le plus d'amitié. »

b. ***simplement*** : adverbe de manière, modifie le sens de l'auxiliaire « sont ».

contradictoires : adjectif qualificatif, masculin pluriel, attribut du sujet *les Français*.

on : pronom indéfini, neutre, sujet du verbe « obtient ».

un Français : nom propre, masculin singulier, complément d'objet direct du verbe « obtient ».

3. Annales, 1998 *(corrigé p. 210)*

L'univers des livres

Aucune activité humaine en fin de compte n'échappe au livre. L'univers entier, passé et présent, peut être lu, étudié et vécu dans un fauteuil. Attrait et danger d'une civilisation entièrement livresque : la vie lue remplace la vie vécue.

L'accumulation des écrits a quelque chose de désespérant : des milliers de kilomètres de rayons de livres, des millions de titres, des milliards de tirages. La source du savoir aboutit à l'océan des écrits. Qu'y prendre ? Quoi y laisser ? Cette vision pessimiste cependant n'embrasse qu'un aspect du problème. Tout d'abord le hasard fait bien les choses. Les affinités électives, ensuite, ménagent les rencontres heureuses. Et, en définitive, quel que soit le chemin parcouru, le livre va à son destinataire. Son esprit et sa lettre, sa forme et son contenu établissent cette relation d'homme à homme où chacun reçoit selon ses besoins, où chacun donne selon ses facultés. Chaque livre rend l'homme plus exigeant, chacun le rend meilleur.

Du plus lumineux au plus obscur, tout livre est le produit d'une nécessité. Même s'il ne trouve aucun lecteur, son auteur a dû le commettre : méfait véniel pour éviter le pire. Combien de calamités auraient été épargnées à l'humanité si les grands capitaines, les meneurs d'hommes avaient cherché la consécration d'auteur au début et non à la fin de leur carrière. En effet, dans la mesure où les sociétés humaines s'affinent et progressent, leur mouvement est en quelque façon lié à l'existence des livres. L'incomparable prestige des écrits est tel que le pire s'abrite derrière le meilleur, que de grands crimes se commettent à l'ombre des grands textes. Mais aucune manipulation ne peut à la longue obscurcir leur éclat. La lutte des passions, des intérêts, des *instincts ancestraux* aboutit en dernier lieu à la lutte des idées pour une vérité plus claire, plus profonde et plus universelle, lutte qui noir sur blanc se livre de page à page, d'écrit à écrit. L'étalon exact de la valeur des civilisations est donné par la qualité et le nombre de leurs livres.

À travers le temps deux constantes se manifestent dans l'évolution du livre : l'une est la recherche du plus petit volume pour le plus grand contenu ; l'autre le souci d'une conservation illimitée si possible. Les deux sont contradictoires et exigent des solutions de *compromis*. En effet signes et images, supports et façon d'assemblage vont vers la légèreté, l'exiguïté dans les limites d'une lecture aisée ; alors que la durée est garantie par le matériel lourd, encombrant, résistant. La large diffusion d'un écrit est à cet égard une chance supplémentaire d'échapper à l'oubli et à la destruction.

Le principe d'économie : atteindre un maximum d'effet avec un minimum de moyens, a toujours guidé aux bonnes époques tous ceux qui font des livres. L'harmonie des différents éléments d'un livre : texte, image, support, reliure, bref son architecture exprime dans les spécimens exemplaires *l'essence d'une société*, son niveau technique, intellectuel, artistique.

Le livre est assurément un objet ; mais à quel usage ? Objet d'art, marchandise, moyen de communication, instrument de travail, pensée en conserve, papier au poids. Il est le fait d'un individu et d'une société, la meilleure part de l'homme et la pire, Il participe de l'événement, s'en ressent, le provoque. Il est reflet, moteur, juge de l'histoire. Ami ou ennemi il a toutes les qualités d'une personne morale. Cette complexité tient au fait que malgré les apparences sa lettre est vivante, et que son essence se confond avec la vie même : il en a toutes les richesses, il en porte toutes les contradictions. Œuvre d'homme, il reflète l'univers et meut le monde.

D. R.

Questions

1. Questions permettant de juger de la compréhension du texte

a. Que veut dire l'auteur lorsqu'il affirme que « Chaque livre rend l'homme plus exigeant, chacun le rend meilleur. » (l. 12) ?

b. Expliquez la phrase suivante : « L'étalon exact de la valeur des civilisations est donné par la qualité et le nombre de leurs livres. » (l. 24-25)

c. Êtes-vous d'accord avec l'auteur lorsqu'il affirme que le livre « est le fait d'un individu et d'une société, la meilleure part de l'homme et la pire. Il participe de l'événement, s'en ressent, le provoque. Il est reflet, moteur, juge de l'histoire » ?

2. Écrivez ce paragraphe au passé simple de l'indicatif :

« Ami ou ennemi il a toutes les qualités d'une personne morale. Cette complexité tient au fait que malgré les apparences sa lettre est vivante et que son essence se confond avec la vie même : il en a toutes les richesses, il en porte toutes les contradictions. » (l. 42-44)

3. Expliquez les expressions et le mot suivants (en italique dans le texte) :

– instincts ancestraux ;

– compromis ;

– l'essence d'une société.

4. Analysez grammaticalement cette phrase :

« En effet, dans la mesure où les sociétés humaines s'affinent et progressent, leur mouvement est en quelque façon lié à l'existence des livres. » (l. 17-18)

Corrigés

1. a. « **Chaque livre rend l'homme plus exigeant, chacun le rend meilleur.** »

On dit d'une personne qu'elle est exigeante quand elle est difficile à contenter.

Quand l'auteur affirme que chaque livre rend l'homme plus exigeant, il peut vouloir dire plusieurs choses.

Si c'est du lecteur qu'il s'agit, celui-ci peut devenir difficile dans le choix de ses lectures au fur et à mesure qu'il lit de nouveaux livres ; quant à l'homme qui découvre dans les livres un univers loin de la réalité et de la vie qu'il mène quotidiennement, celui-là peut vouloir vivre comme dans les livres et ne plus se contenter de la monotonie qui l'entoure.

L'auteur pense aussi que « chaque livre le rend meilleur », c'est-à-dire supérieur à ce qu'il était avant. Cela signifie donc que chacun tire des leçons des écrits qu'il parcourt et referme un livre après en avoir pris la substantifique moelle !

b. « **L'étalon exact de la valeur des civilisations est donné par la qualité et le nombre de leurs livres.** » Un étalon désigne ici un modèle servant à définir une unité de grandeur. L'auteur veut donc dire que pour connaître exactement la valeur d'une civilisation, il suffit d'évaluer la quantité et la qualité des livres qu'elle a produits.

c. Le livre « est le fait d'un individu et d'une société, la meilleure part de l'homme et la pire. Il participe de l'événement, s'en ressent, le provoque. Il est reflet, moteur, juge de l'histoire ».

La réponse à cette question pourrait faire le développement d'une dissertation car chaque mot mériterait que l'on s'y arrête et que l'on donne son avis. Mais pour être concis, il suffit de dire que le livre reflète effectivement une société dont l'auteur est le témoin.

Tant que l'homme relate les événements tels qu'ils se passent réellement, il apporte sa contribution à l'écriture de l'histoire ; mais le danger peut venir de son interprétation des faits. À travers ses écrits, sa version plus ou moins éloignée de la vérité peut influencer un public malléable et c'est là qu'il dévoile ses mauvais côtés.

L'impact des écrits sur les lecteurs est énorme et celui qui le sait et en profite pour manipuler les foules en ayant de mauvaises intentions est habile.

2. Au passé simple : « Ami ou ennemi il **eut** toutes les qualités d'une personne morale. Cette complexité **tint** au fait que malgré les apparences sa lettre **fut** vivante et que son essence se **confondit** avec la vie même : il en **eut** toutes les richesses, il en porta toutes les contradictions. »

3. Instincts ancestraux : un instinct est une pulsion naturelle, et ce qui est ancestral est relatif aux ancêtres.

Les instincts ancestraux sont donc les sentiments spontanés qui nous été transmis dans nos gènes, par nos aïeux.

Compromis : on appelle compromis un accord obtenu par des concessions réciproques. Dans le cas présent, l'auteur pense que pour répondre aux deux exigences – la conservation éternelle des écrits sous la plus petite forme possible – il faut trouver une solution qui satisfasse les deux.

L'essence d'une société : l'essence est ce qui constitue la nature d'un être ou d'une chose. On pourrait remplacer ce mot par : *la nature profonde, le principe essentiel, la substance, la quintessence.*

4. Analyse grammaticale :

« En effet, dans la mesure où les sociétés humaines s'affinent et progressent, leur mouvement est en quelque façon lié à l'existence des livres. »

L'analyse grammaticale consiste à donner la nature et la fonction des mots qui composent une phrase.

L'analyse logique, elle, consiste à dire quelles sont les nature et fonction de chaque proposition.

En effet : locution conjonctive.

Dans la mesure où : locution conjonctive.

Les : article défini, féminin pluriel, détermine « sociétés ».

Sociétés : nom commun, féminin pluriel, sujet commun des verbes « s'affinent » et « progressent ».

Humaines : adjectif qualificatif, féminin pluriel, épithète de « sociétés ».

S'affinent : verbe « s'affiner », premier groupe, présent de l'indicatif, forme pronominale, 3e personne du pluriel.

Et : conjonction de coordination.

Progressent : verbe « progresser », présent de l'indicatif, voie active, 3e personne du pluriel.

Leur : adjectif possessif, masculin singulier, détermine le mot « mouvement ».

Mouvement : nom commun, masculin singulier, sujet du verbe « est ».

Est : auxiliaire « être », présent de l'indicatif, voix active, 3e personne du singulier.

En : préposition.

Quelque : adjectif indéfini, féminin singulier, détermine « façon ».

Façon : nom commun, féminin singulier, complément de manière de « est ».

Lié : participe passé employé comme adjectif, masculin singulier, attribut du sujet « mouvement ».

à : préposition.

L' : article défini élidé, féminin singulier, détermine le mot « existence ».

Existence : nom commun, féminin singulier, complément de « lié ».

Des : article défini contracté, masculin pluriel, détermine « livres ».

Livres : nom commun, masculin pluriel, complément du nom « existence ».

2. Géographie économique

Quelques conseils

L'épreuve de géographie économique est un peu « boudée » par les candidats. Elle n'est pourtant pas très difficile et permet d'engranger des points précieux dans le contexte du concours.

Il est nécessaire d'avoir de solides connaissances de la géographie de la France et de l'économie française. Une bonne connaissance de l'actualité à travers la lecture d'un quotidien permet de mettre à jour les informations.

Attention toutefois au piège de l'épreuve : il ne s'agit pas d'une épreuve de géographie ni d'une épreuve d'économie.

Selon votre sensibilité initiale, forcez-vous à intégrer dans votre devoir des éléments de localisation si vous êtes plutôt de formation économiste.

– Les connaissances géographiques de base (localisation des villes principales, des régions…) sont très utiles pour répondre au questionnaire de culture générale qui comporte toujours quelques questions de localisation.

– Le vocabulaire utilisé doit être précis.

– N'hésitez pas non plus à intégrer dans votre copie de petits schémas ou croquis (même simples) accompagnés d'une légende rigoureusement construite.

– Lisez bien chaque sujet pour le délimiter ou éviter hors-sujet ou contresens : « Le commerce en France » ce n'est pas la même chose que « Le commerce de la France », « Le commerce extérieur » ce n'est pas la même chose que « Les échanges extérieurs »…

– Écrivez des paragraphes courts qui mettent en valeur l'idée principale.

– Il ne s'agit pas d'effectuer une dissertation sur les sujets posés mais de répondre aux questions par des textes courts, précis, en évitant une énumération successive.

– Certains sujets méritent des développements plus importants que d'autres. Ce sera le cas quand les intitulés ne s'accompagnent pas de questions précises comportant des points d'interrogation.

– La définition des termes doit être rigoureuse. Généralement, cette question est placée à la fin de sorte que les candidats qui n'ont pas bien géré leur temps, y répondent de manière vague et générale.

– Problématisez vos introductions ; n'oubliez pas de terminer chacun des exposés par une petite conclusion de prospective.

1. Rappels de base

La situation française

Avec 549 000 km² (638 000 km² avec les départements d'outre-mer), le territoire de la France représente à peine plus de 0,4 % des terres émergées. Elle se classe au 47ᵉ rang mondial en terme de superficie, très loin derrière la Russie (plus de 17 millions de km²), la Chine, le Canada, le Brésil ou les États-Unis. Mais, à l'échelle européenne (Russie exclue), la France est au deuxième rang, légèrement derrière l'Ukraine (603 000 km²), en représentant près de 10 % de la superficie totale du continent.

Un hexagone

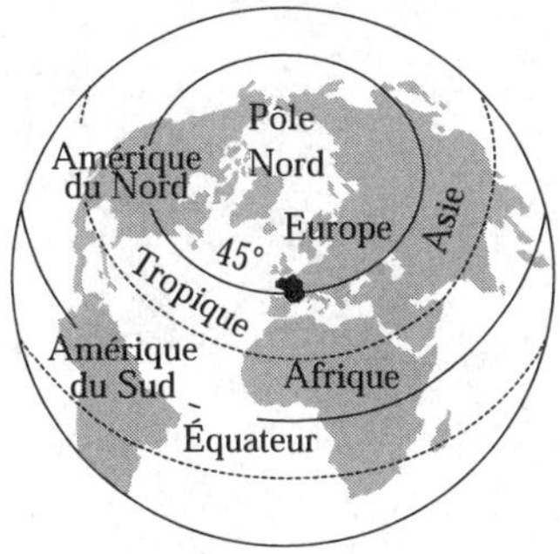

L'espace hexagonal

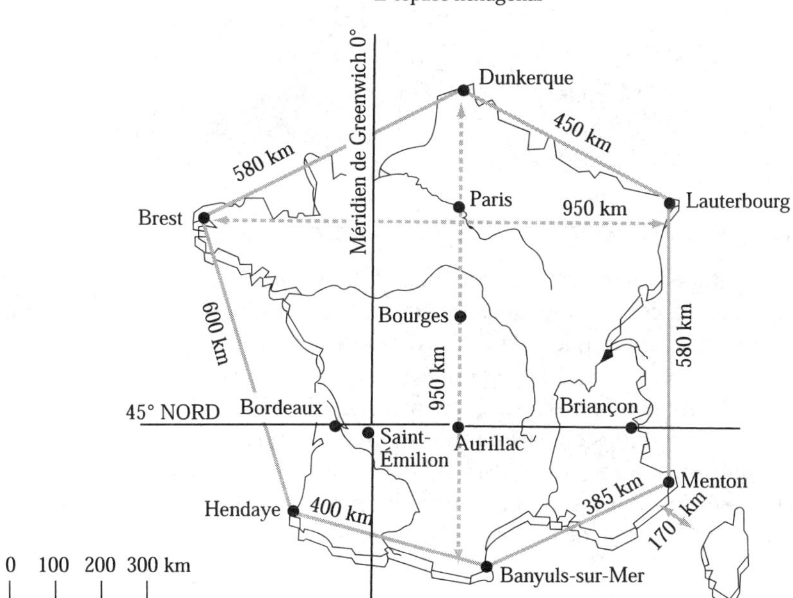

Située entre 42° 30 et 51° de latitude Nord, la France est à égale distance entre l'équateur et le pôle Nord, au cœur de la zone tempérée (Bordeaux est à 45° de latitude Nord). Sa forme générale est massive, s'inscrivant dans un hexagone presque parfait (950 km du nord au sud, 1 050 km de Brest à Menton) à l'extrémité occidentale du continent eurasiatique. Le relief est varié, opposant une France des plaines et des plateaux au nord et à l'ouest et une France plus montagneuse au sud et à l'est. Seul le Massif central présente de réelles difficultés de communication. Ailleurs, l'ouverture sur l'extérieur est aisée, que ce soit vers les grandes plaines du nord de l'Europe, vers l'Europe rhénane (à travers la porte d'Alsace), l'Europe alpine (à travers de larges vallées et des cols vers la Suisse et l'Italie). Même la barrière pyrénéenne est facilement franchissable vers l'Espagne à ses deux extrémités.

Un territoire ouvert sur les mers, les océans et le continent européen

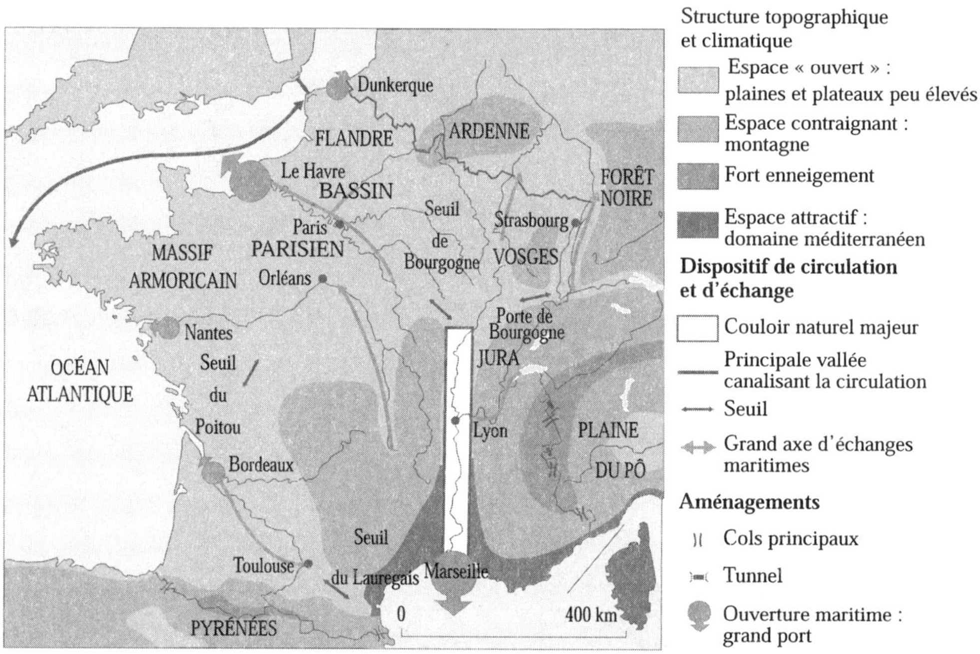

La France présente une synthèse des différents climats européens

Le climat océanique domine sur les deux tiers du territoire. Il est caractérisé par des étés frais et des hivers doux, des précipitations modérées plus accentuées en hiver et en automne. À l'est, le climat continental, que l'on retrouve au-delà du Rhin, s'esquisse avec des étés chauds et pluvieux et des hivers froids et relativement secs. Au sud-est, le climat méditerranéen est caractérisé par une sécheresse d'été marquée et un hiver doux. Entre ces trois climats dominants, on trouve des climats de transition tel le climat aquitain, où des risques de sécheresse se manifestent en été, ou encore le climat parisien où les différences de précipitations sont peu marquées d'une saison à l'autre. En montagne, les précipitations sont abondantes, notamment sous forme de neige pendant la saison froide.

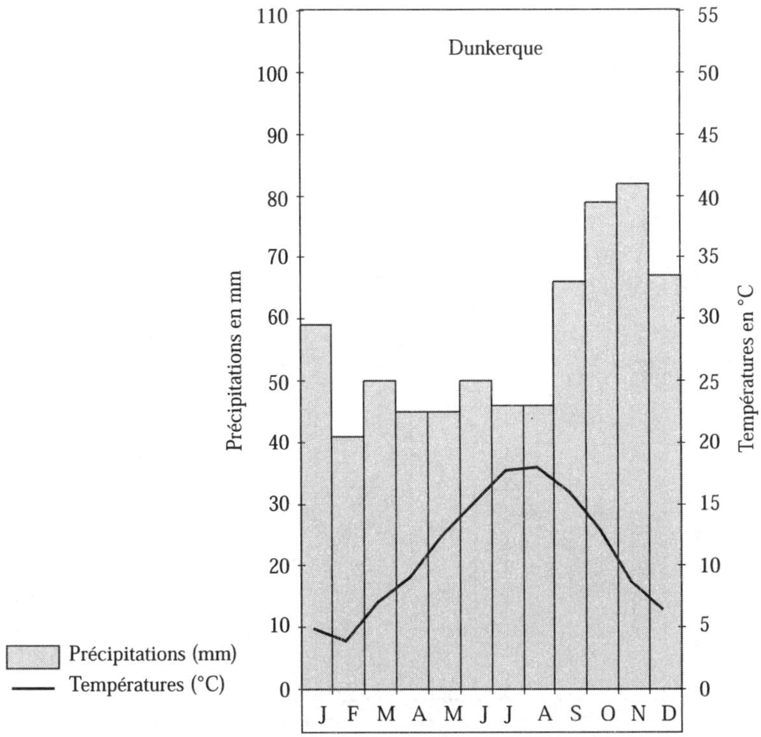
Dunkerque
Précipitations en mm
Températures en °C
110
100
90
80
70
60
50
40
30
20
10
0
55
50
45
40
35
30
25
20
15
10
5
0
J F M A M J J A S O N D
Précipitations (mm)
Températures (°C)

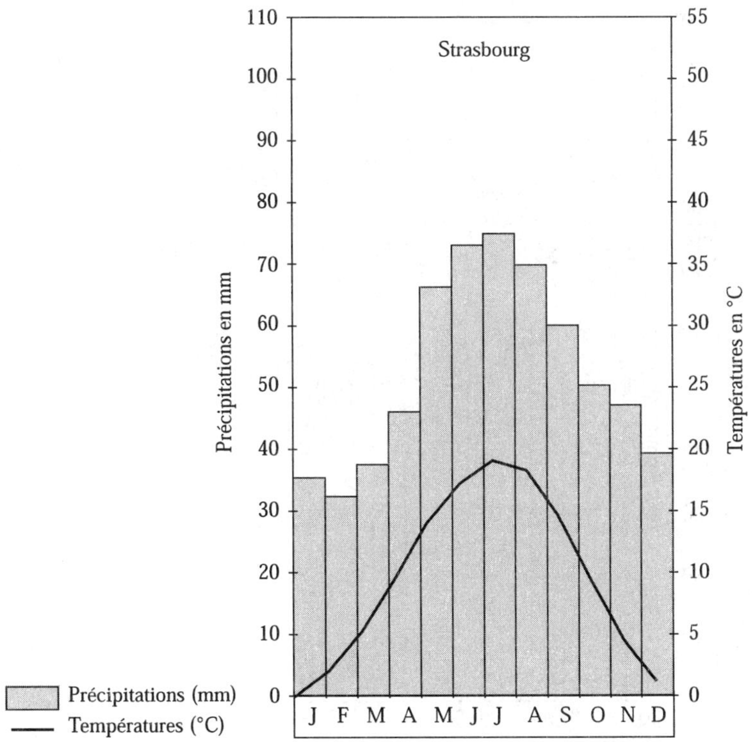
Strasbourg
Précipitations en mm
Températures en °C
110
100
90
80
70
60
50
40
30
20
10
0
55
50
45
40
35
30
25
20
15
10
5
0
J F M A M J J A S O N D
Précipitations (mm)
Températures (°C)

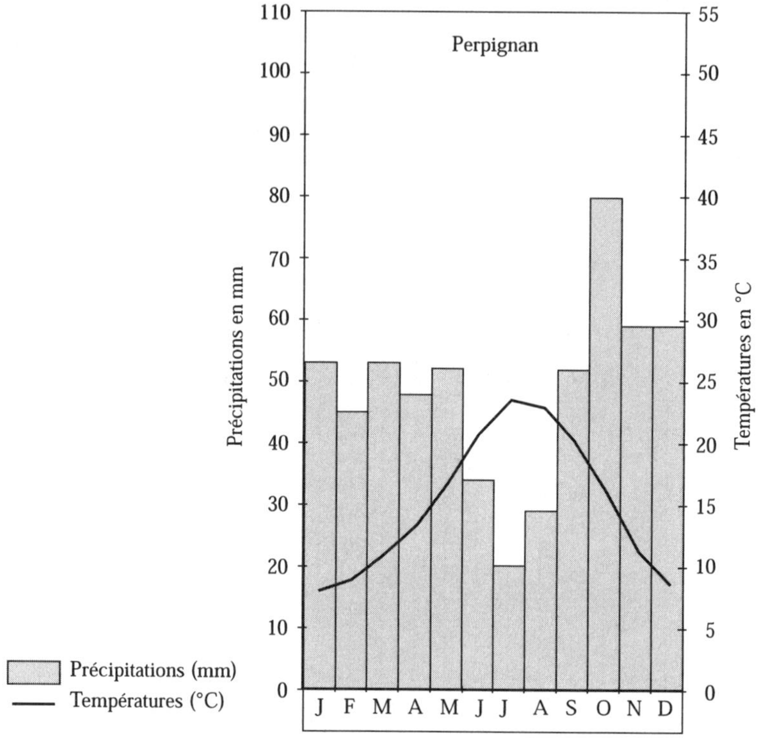
Perpignan
Précipitations en mm
Températures en °C
110
100
90
80
70
60
50
40
30
20
10
0
55
50
45
40
35
30
25
20
15
10
5
0
J F M A M J J A S O N D
Précipitations (mm)
Températures (°C)

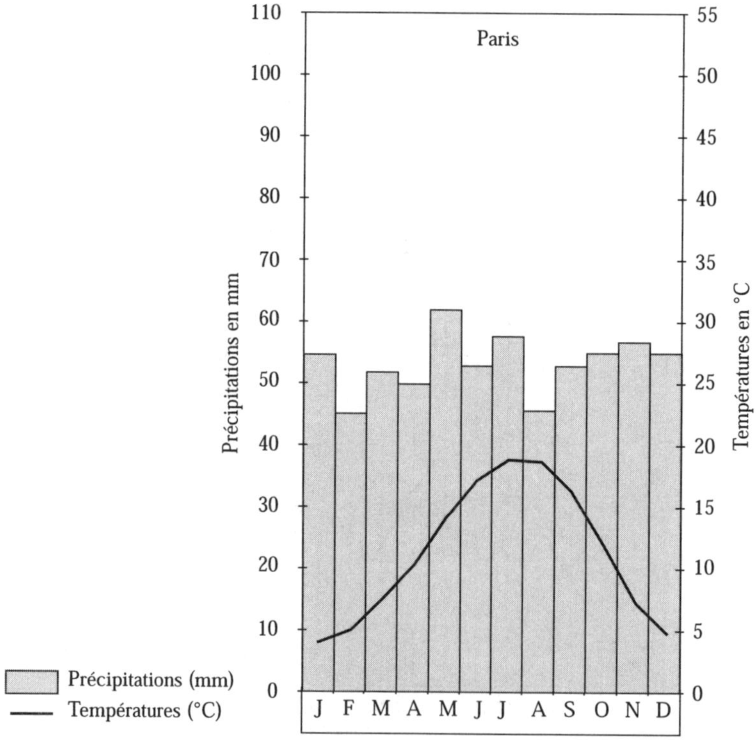
Paris
Précipitations en mm
Températures en °C
110
100
90
80
70
60
50
40
30
20
10
0
55
50
45
40
35
30
25
20
15
10
5
0
J F M A M J J A S O N D
Précipitations (mm)
Températures (°C)

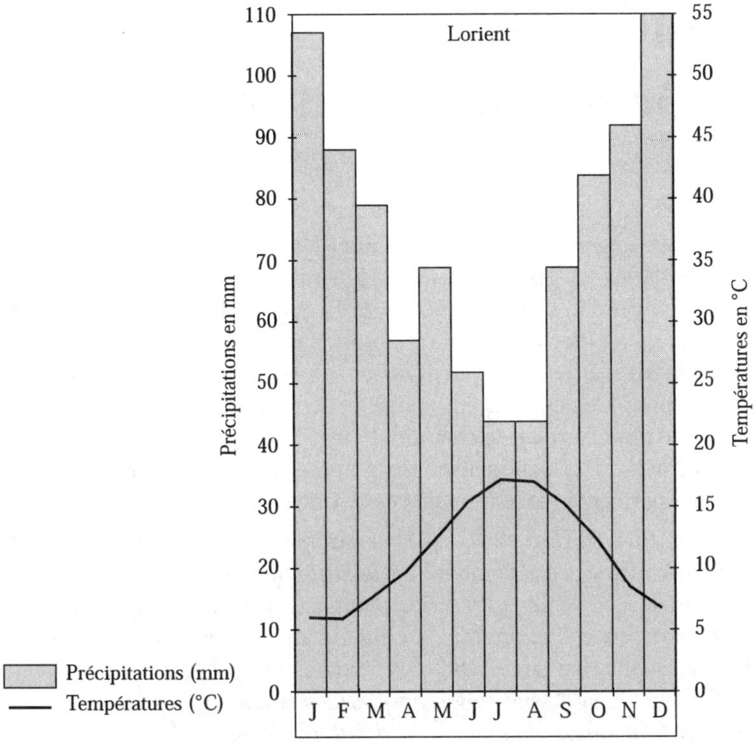
Lorient
Précipitations en mm
Températures en °C
110
100
90
80
70
60
50
40
30
20
10
0
55
50
45
40
35
30
25
20
15
10
5
0
J F M A M J J A S O N D
Précipitations (mm)
Températures (°C)

2. La planification et l'aménagement du territoire

C'est le 3 janvier 1946 que le général de Gaulle nomma Jean Monnet commissaire général au plan. Le premier plan (1947-1953) avait comme objectifs principaux de faire redémarrer l'appareil productif au lendemain des destructions de la guerre, de satisfaire les besoins essentiels de la population notamment en matière d'alimentation et d'accès au logement. Sans porter atteinte aux initiatives privées, la planification « à la française » essayait d'insuffler un nouvel état d'esprit parmi les chefs d'entreprise en dégageant des priorités : le développement de six secteurs de base, à savoir le charbon, l'électricité, le ciment, le machinisme agricole, les transports et l'acier. Les nationalisations d'après-guerre et l'aide américaine à travers le plan Marshall ont permis la réalisation de ces objectifs.

Les deux plans suivants (1954-1957 et 1957-1961) centrèrent leurs objectifs sur la modernisation de l'appareil productif tout en s'étendant à des secteurs nouveaux tels les équipements scolaires et hospitaliers. De 1962 à 1976, les plans changent de dimension dans un contexte général de forte croissance économique. La planification devient plus indicative en fixant des objectifs dont la satisfaction ne dépend plus uniquement de l'État : la planification devient *« la recherche d'une voie moyenne conciliant l'attachement à la liberté et à l'initiative individuelle avec une orientation commune du développement »*. À partir du 7e plan (1976-1980), le contexte général change (crise économique, montée du chômage) et la planification est remise en cause. Il s'agit de prendre en compte les influences de la conjoncture économique mondiale et d'éviter de recourir à des objectifs chiffrés.

Les lois de décentralisation et le changement des rapports entre l'État et les collectivités locales entraînent *de facto* une transformation du rôle du Commissariat général au plan. Il s'agit désormais « d'éclairer l'avenir et de dégager un ensemble d'actions majeures à effectuer ». Ainsi, le 9e plan (1984-1988) insiste sur la rénovation du système éducatif. La planification « à la française » est aujourd'hui en crise. Les alternances et cohabitations successives ont fait du Commissariat général au plan un outil de réflexion au service du Premier ministre.

La publication en 1947 de l'ouvrage de Jean-François Gravier, *Paris et le désert français,* fut le début d'une véritable prise de conscience de la nécessité de doter la France d'une politique d'aménagement du territoire afin de revitaliser les régions françaises progressivement vidées de leur population et de rééquilibrer le territoire.

Cette mission fut assignée à la DATAR, créée en 1963. Administration interministérielle, elle raisonne et incite les différents ministères à penser non plus simplement en terme de secteur d'activité mais en terme d'espace.

Son action fut décisive pour contrebalancer le poids du pôle parisien, développer des « métropoles d'équilibre » (1963) et soutenir les espaces ruraux fragiles. C'est sous l'impulsion de la DATAR que furent mises en place les premières décentralisations d'abord industrielles puis tertiaires. La DATAR prit une place importante dans le choix de réalisation d'un certain nombre d'aménagement, tels les aménagements touristiques des littoraux languedociens ou aquitains, les politiques d'irrigation en Provence, la préservation de l'environnement à travers les parcs naturels nationaux ou régionaux ou les localisations des infrastructures de transport (autoroutes, TGV).

À partir de 1982 et des lois de décentralisation, la DATAR devient l'instrument privilégié de la négociation et de la mise en œuvre des contrats de plan entre État et collectivités locales avant tout régionales.

L'administration territoriale

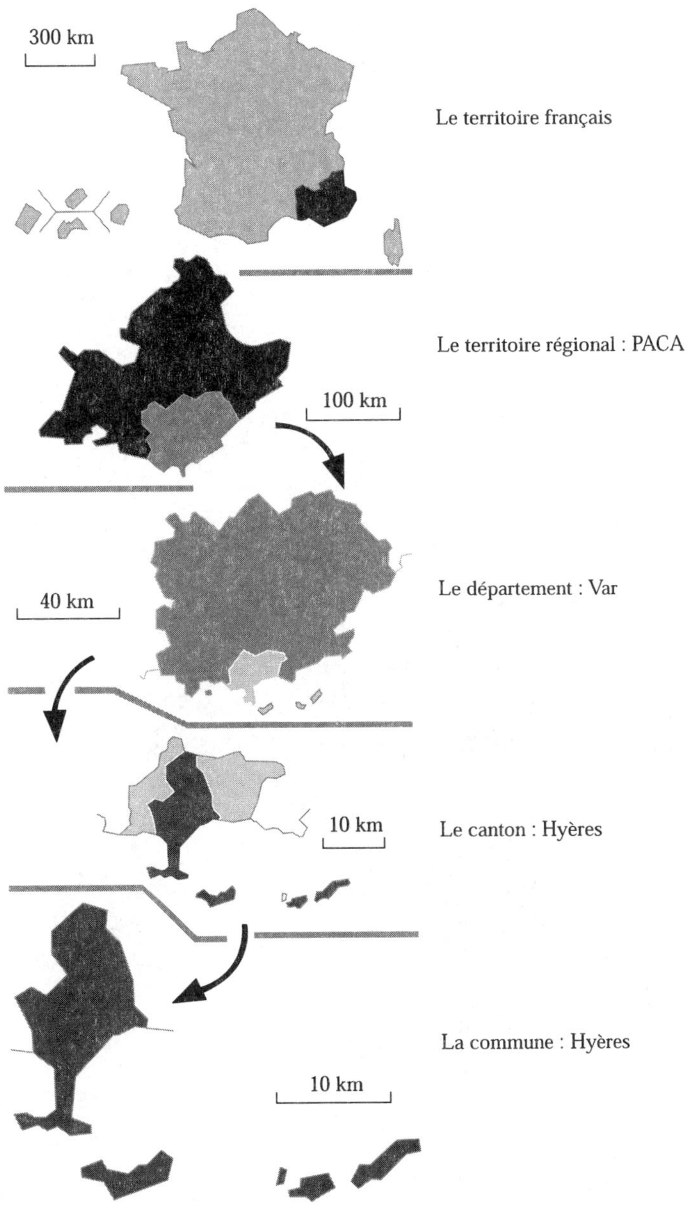

Dynamique du territoire dans les années 1950 « Paris et le désert français »

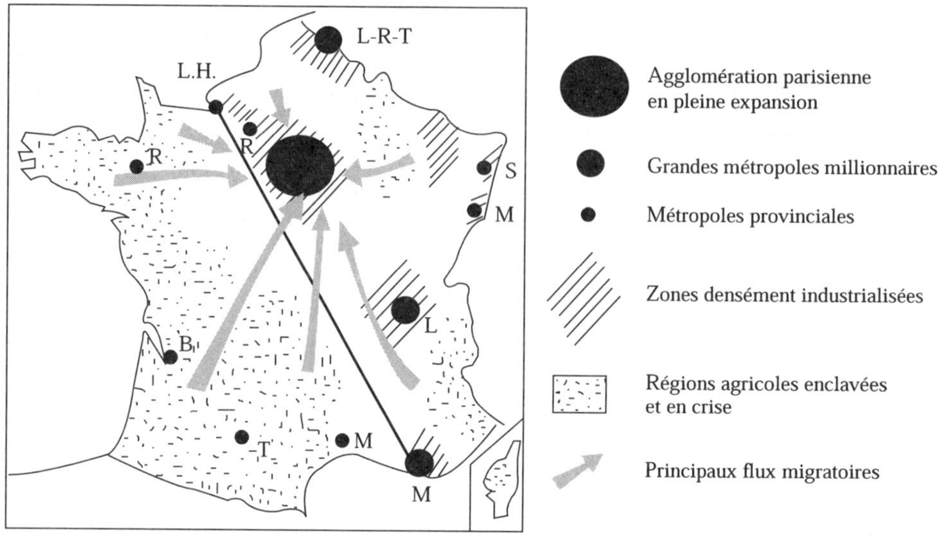

Dynamique du territoire dans les années 1990

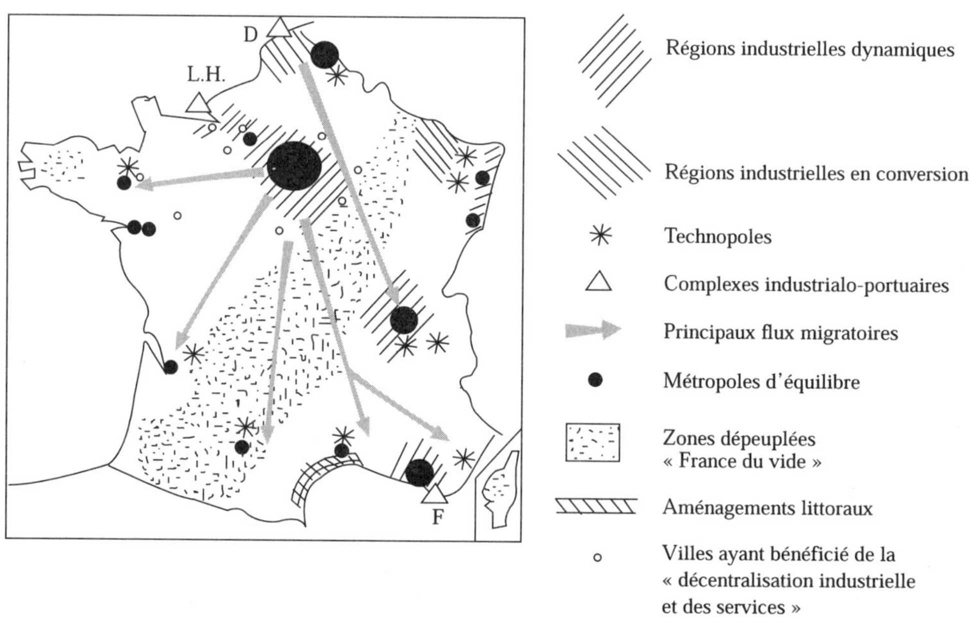

Les grands traits de l'organisation du territoire

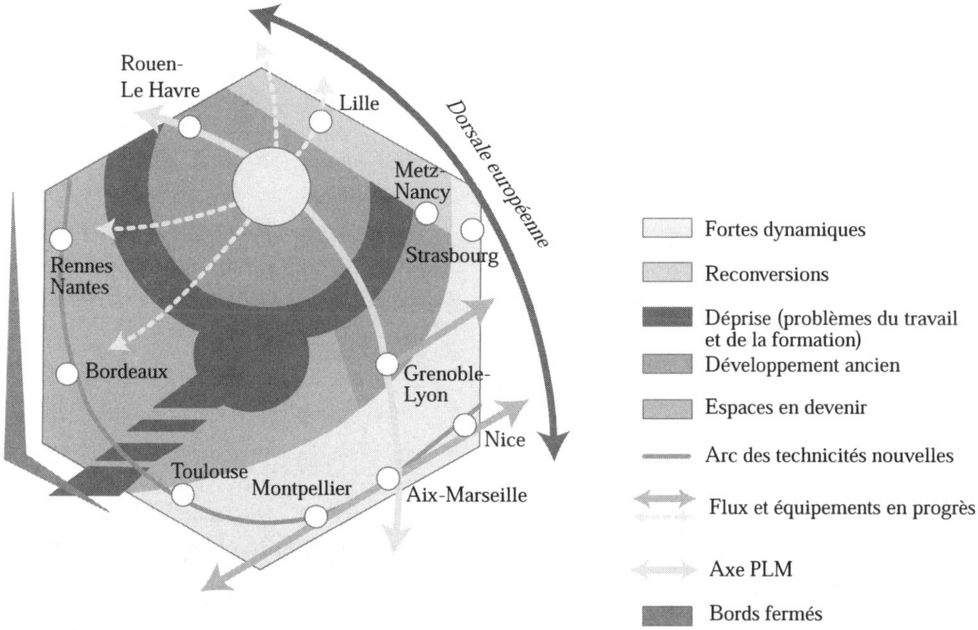

D'après R. Brunet, *La Documentation photographique*, n° 6101.
La Documentation française, 1989.

Le lexique de l'aménagement du territoire

CIADT : Comité interministériel de l'aménagement et du développement du territoire.

Ce comité définit les priorités gouvernementales en ce qui concerne l'aménagement du territoire.

DATAR : Délégation à l'aménagement du territoire et à l'action régionale.

FEDER : Fonds européens de développement régional.

Ces fonds européens permettent le cofinancement d'actions visant à réduire les écarts entre les différentes régions européennes.

FNADT : Fonds national d'aménagement et de développement du territoire.

Outil financier de l'aménagement du territoire.

FNDE : Fonds national de développement des entreprises.

Fonds visant à aider les petites entreprises.

PAT : prime d'aménagement du territoire.

Subvention versée aux entreprises s'implantant dans des zones définies.

ZAT : zones d'aménagement du territoire.

Zones caractérisées par un faible niveau de développement économique, éligibles à la PAT.

Quelques réalisations de la DATAR

Choix de huit métropoles d'équilibre (1963)

Programme de reconversion économique de la Lorraine et du Pas-de-Calais (1968)

Plan économique breton (1968)

Politique des villes nouvelles (1970)

Plan d'aménagement rural (1970)

Politique des villes moyennes (1973)

Plan routier du Massif central (1975)

Conservatoire du littoral (1975)

Contrats de pays (1975)

Contrats de plans régionaux (1984-1989-1994)

Pôles de conversion (1984)

Loi montagne (1985)

Plan Université 2000 (1991)

Loi pour l'aménagement et le développement durable du territoire (1995)

Loi d'orientation pour l'aménagement et le développement durable du territoire (1999)

Contrats de plan État-régions 2000-2006 (2000)

Contrats de pays et d'agglomération (2000)

3. La population

1. Son évolution de 1750 à nos jours

La population française a connu depuis deux siècles une évolution unique au monde. Avec 20 millions d'habitants au début du XVIIIe siècle, la France est un des pays les plus peuplés du monde, plus peuplée que l'Angleterre, l'Allemagne (dans ses limites actuelles), l'Italie et l'Espagne réunies. Dès 1750, la fécondité diminue rapidement passant, de 5 à 3,5 enfants par femme au milieu du XIXe siècle puis à 2,5 enfants par femme à la veille de la guerre de 1914-1918. Cette diminution rapide et précoce de la fécondité est unique en Europe. Parallèlement, la mortalité s'est maintenue à un haut niveau pendant un temps plus long que dans les pays voisins, ne diminuant réellement qu'à partir de 1815. Il en résulte une très faible croissance tout au long du XVIIIe et du XIXe siècle en France alors que les pays voisins connaissent à cette époque une véritable « explosion démographique ». La Première Guerre mondiale est une véritable catastrophe pour la population française : près de 1 300 000 victimes masculines et un déficit des naissances estimé à plus de 1 000 000. Malgré les lois anticonceptionnelles de 1920, lois les plus répressives votées dans un pays démocratique contre l'avortement, la contraception et la propagande antinataliste, le relèvement démographique n'a pas lieu. La fécondité, après une petite reprise en 1920, continue à chuter pour tomber à peine à plus de deux enfants par femme au milieu des années 1930. Le passage à l'âge de la fécondité des générations creuses de la Première Guerre mondiale, cumulé aux années de crise économique, conduit à une diminution rapide du solde naturel et les décès l'emportent sur les naissances à la veille du second conflit mondial.

Le relèvement démographique de l'après-guerre est très vigoureux. Amorcé dès 1943, le « baby-boom » est caractérisé par un haut niveau de fécondité (qui atteint 3 enfants par femme), un relèvement de la natalité (qui dépasse 20 pour 1 000) et une diminution rapide de la mortalité (notamment infantile). Le solde naturel annuel de 1945 à 1965 oscille entre + 0,5 % à + 1,0 %, soit un niveau supérieur à ce qu'avait connu la France durant les deux siècles précédents.

Depuis 1965, la chute de la fécondité a été extrêmement rapide. En moins de 10 ans, elle baisse d'un enfant par femme en moyenne. Depuis cette date, la fécondité connaît des variations annuelles et se maintient en dessous de 1,9 enfant par femme. Le passage à l'âge de la fécondité des générations nombreuses du baby-boom a compensé cette baisse de la fécondité. Il en a résulté un taux de natalité certes en baisse mais qui s'est maintenu au-delà de 13 pour 1 000. La mortalité a connu un déclin parallèle.

Paradoxalement, la croissance démographique de la France est aujourd'hui plus élevée que celle des autres pays de l'Union européenne qui ont connu un effondrement de la fécondité beaucoup plus tardif mais plus brutal qu'en France.

Avec un taux de mortalité infantile de 4,4 pour 1 000 (contre plus de 50 pour 1 000 en 1950) et une espérance de vie de 75,2 ans pour les hommes et 82,7 ans pour les femmes (estimations de

2000), la France se place dans le trio de tête des pays du monde avec le Japon et la Suisse. Cette forte réduction de la mortalité n'empêche pas le maintien des différences et des inégalités. L'écart d'espérance de vie entre hommes et femmes s'est accentué, passant de 5,5 ans en 1947 à 7,5 ans aujourd'hui. Les inégalités régionales demeurent entre une France du Sud où l'on vit plus lontemps et une France du Nord et de l'Ouest où l'espérance de vie à la naissance est plus faible. De même les inégalités sociales restent fortes. Ainsi, à 35 ans, un cadre supérieur peut espérer vivre neuf ans de plus qu'un manœuvre ou un ouvrier spécialisé.

C'est dans le domaine de la famille que les changements récents ont été les plus brutaux. Le mariage a connu une chute spectaculaire durant les 20 dernières années, même si on constate une certaine reprise depuis deux ans, dont l'origine semble être les mesures fiscales de l'amendement Courson. Aujourd'hui, près d'un couple sur six n'est pas marié. La part des naissances hors mariage, marginales jusqu'en 1967 où elles représentaient 6 % des naissances, ne cesse d'augmenter. Près de 45 % des naissances s'effectuent désormais en dehors du mariage (53 % pour la naissance du premier enfant). À la famille nucléaire traditionnelle se juxtaposent aujourd'hui d'autres types de modèles familiaux comme les familles recomposées, les familles monoparentales voire même l'homoparentalité.

La structure par âge

Elle reflète l'histoire démographique du dernier siècle. La guerre de 1914-1918 est encore visible au sommet de la pyramide des âges (déficit des naissances). Il en résulte un faible nombre de personnes aujourd'hui âgées de 79 à 83 ans. La population à l'âge actif est particulièrement nombreuse (conséquence du baby-boom), avec plus de 26,5 millions d'actifs au recensement de 1999. Quant à la base de la pyramide, elle est rétrécie. Les évolutions dans les années à venir sont prévisibles. Dès 2005, le nombre de personnes âgées de 85 ans et plus augmentera fortement. À la même date, les premières générations nombreuses du baby-boom atteindront l'âge de la retraite, entraînant un vieillissement rapide de la population française.

La part des 65 ans et plus devrait atteindre 16,6 % en 2005 et dépasser 21 % dès 2020 ce qui n'est pas sans poser de nombreux problèmes (concernant le financement des retraites par exemple).

	1962	**1968**	**1975**	**1982**	**1990**	**1999**
0 à 19 ans	32,2 %	32,2 %	30,7 %	28,7 %	26,5 %	24,6 %
20 à 39 ans	26,6 %	26,4%	27,9 %	30,3 %	30,3 %	28,1 %
40 à 59 ans	23,1 %	22,6 %	22,5 %	22,5 %	23,3 %	26,0 %
60 à 75 ans	13,2 %	13,7 %	13,3 %	11,9 %	12,8 %	13,6 %
75 ans et +	4,9 %	5,1 %	5,6 %	6,6 %	7,1 %	7,7 %
Total	**100 %**	**100 %**	**100 %**	**100 %**	**100 %**	**100 %**
Population (en milliers)	46 460	49 655	52 599	54 295	56 625	58 521

Source : Recensement de la population, INSEE

Les mouvements migratoires

Alors que la Grande-Bretagne, l'Allemagne, l'Italie et les autres pays européens ont « exporté » des dizaines de millions d'habitants vers l'Amérique et l'Afrique, la France n'a quasiment pas participé à l'expansion du peuplement européen au XIXe siècle et au début du XXe. Au contraire, la France a été très tôt un pays d'immigration (plus d'un million d'étrangers en 1911). Les populations concernées furent d'abord celle des pays frontaliers : Belgique, Suisse et Espagne. Au lendemain de la Première Guerre mondiale, le bassin migratoire s'élargit : Russes, juifs d'Europe centrale, Italiens et surtout Polonais. Réduite dans les années 1930 par la crise économique, l'immigration devient méditerranéenne dans les années 1950. On assiste successivement à des vagues migratoires (espagnoles, puis maghrébines et portugaises, et enfin yougoslaves, turcs, asiatiques et africaines). Cette immigration a été fondamentale pour l'économie française durant les « trente glorieuses ». Des accords d'apport de main-d'œuvre furent conclus entre la France et certains États tandis que l'immigration spontanée était fortement encouragée par les gouvernements successifs jusqu'au début de la crise économique. Le nombre d'étrangers et d'immigrés en France est quasiment stable depuis 25 ans.

Aujourd'hui, la proportion d'étrangers et d'immigrés en France est voisine de ce qu'elle était au recensement de 1931 (autour de 8 %).

2. La répartition de la population française

Les 59 millions de Français métropolitains sont répartis de manière très inégale sur le territoire national. Comparée à ses voisins, avec une densité de 106 habitants au km^2, la France est sous-peuplée. La densité de population de la France, conséquence de deux siècles de faible croissance démographique, est moyenne dans le contexte européen. La densité est très faible par rapport aux 421 hab./km^2 des Pays-Bas, aux 334 hab./km^2 de la Belgique, aux 241 hab./km^2 du Royaume-Uni ou aux 231 hab./km^2 de l'Allemagne. Même l'Italie, la Suisse, la Pologne, la Hongrie, le Danemark ou le Portugal ont des densités moyennes supérieures à celle de la France. À l'intérieur du territoire national, le contraste des densités est ancien entre une France intégrée au grand foyer de peuplement ouest-européen (Nord, Île-de-France, Alsace) et une « France du vide » où les densités dépassent à peine 25 hab./km^2. Cette France peu peuplée forme une diagonale entre le Sud-Ouest, le Massif central, la Champagne et les Ardennes. Les faibles densités qu'on y rencontrent sont la conséquence d'une déprise rurale. On peut aussi y ajouter les grands massifs montagneux des Pyrénées, des Alpes et de la Corse. La « France du plein », outre les régions déjà citées, correspond aussi aux grandes vallées et aux zones littorales.

Région	Population en 1999	Superficie (en km^2)	Densité (hab/km^2)
Alsace	1 734 145	8 280	209
Aquitaine	2 908 359	41 408	70
Auvergne	1 308 878	26 013	50

Bourgogne	1 610 067	31 582	51
Bretagne	2 906 197	27 208	107
Centre	2 440 329	39 151	62
Champagne-Ardenne	1 342 363	25 606	52
Corse	260 196	8 680	30
Franche-Comté	1 117 059	16 202	69
Île-de-France	10 952 011	12 012	912
Languedoc-Roussillon	2 295 648	27 376	84
Limousin	710 939	16 942	42
Lorraine	2 310 376	23 547	98
Midi-Pyrénées	2 551 687	45 348	56
Nord-Pas-de-Calais	3 996 588	12 414	322
Basse-Normandie	1 422 193	17 589	81
Haute-Normandie	1 780 192	12 317	145
Pays de la Loire	3 222 061	32 082	100
Picardie	1 857 834	19 399	96
Poitou-Charentes	1 640 068	25 809	64
Provence-Alpes-Côte d'Azur	4 506 151	31 400	144
Rhône-Alpes	5 645 407	43 698	129
Guadeloupe	422 496	1 779	237
Guyane	157 213	83 534	2
Martinique	381 427	1 102	346
Réunion	706 300	2 512	281
Total métropole	**58 518 748**	**551 500**	**106**

Les 4/5e de la population vivent en ville, mais on assiste depuis une vingtaine d'années à un mouvement de desserrement de la population des centres des villes vers la périphérie, y compris dans les zones rurales qui auréolent les grandes agglomérations (phénomène de rurbanisation). Le « rural profond », lui, connaît toujours un mouvement de désertification démographique accentué par un vieillissement très prononcé de la population (le département de la Creuse compte près de 15 % de population âgés de 75 ans et plus !).

Le réseau urbain français est très déséquilibré, opposant l'agglomération parisienne (qui rassemble près d'un Français sur cinq) et des villes de taille beaucoup plus réduite. La métropole parisienne a tendance à « annexer » des villes situées jusqu'à 100 km comme Chartres ou Orléans. Seules les agglomérations lilloise, marseillaise et lyonnaise dépassent le million d'habitants (soit 10 fois moins que l'agglomération parisienne !). En revanche, les villes moyennes sont légion, de même que les petites villes.

Les agglomérations de plus de 500 000 habitants en 1999

Aire urbaine (délimitation 1990)	Population au recensement de 1999
Paris	10 562 000
Lyon	1 598 000
Marseille-Aix-en-Provence	1 398 000
Lille	1 108 000
Toulouse	917 000
Bordeaux	882 000
Nantes	674 000
Strasbourg	557 000
Nice	556 000
Grenoble	505 000

Source : RGP 1999, INSEE

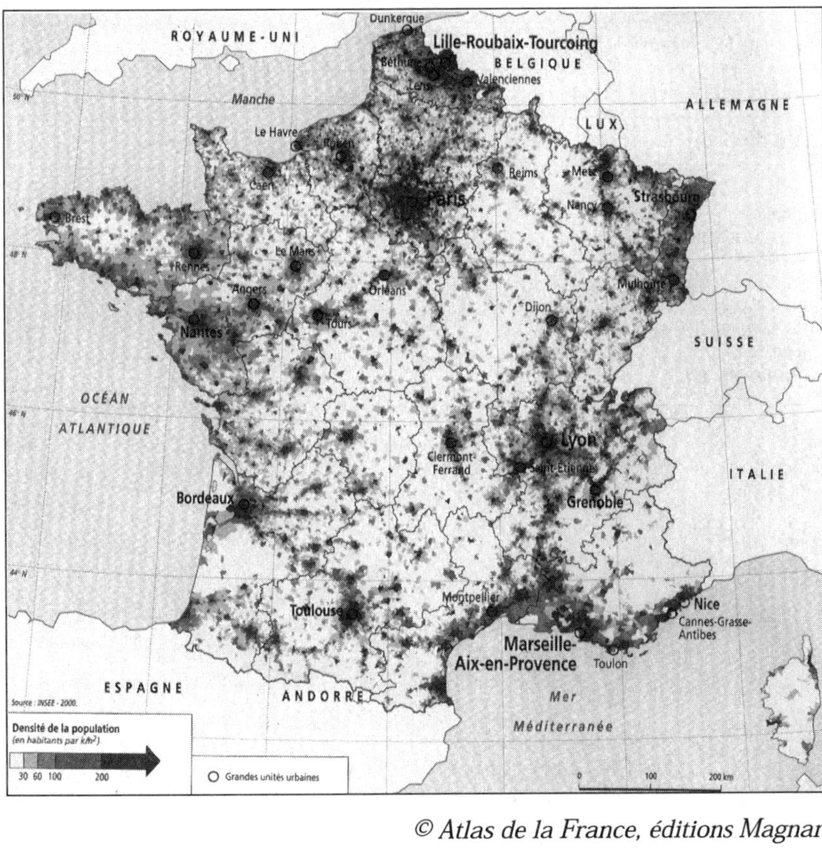

© Atlas de la France, éditions Magnard, 2000.

3. Les migrations intérieures

Depuis une dizaine d'années, les mouvements internes se sont intensifiés. Les zones attractives se concentrent dans les Alpes et dans le Sud et, plus récemment, dans l'Ouest de la France. De même, le Sud-Ouest apparaît de plus en plus dynamique. L'Aquitaine a connu un solde migratoire positif de + 111 000 habitants entre 1990 et 1999. Des villes comme Toulouse, Annecy, Chambéry, Montpellier, Poitiers, Rennes ou La Rochelle connaissent des taux de croissance annuels supérieurs à + 1 %. Au contraire, le Nord et l'Est connaissent des mouvements migratoires négatifs (solde migratoire négatif de – 117 000 pour la région Nord-Pas-de-Calais). Des agglomérations comme Valenciennes, Lens, Béthune ou Thionville perdent des habitants, de même que Le Havre ou Saint-Étienne.

Cinquante d'ans d'évolutions démographiques

	1950	1975	2000
Population	41 600 000	52 600 000	58 900 000
Taux de natalité (pour 1 000)	20,5	14,1	13,2
Taux de mortalité (pour 1 000)	12,7	10,6	9,1
Accroissement naturel (pour 100)	0,8	0,4	0,4
Taux de mortalité infantile (pour 1 000)	52	13,8	4,4
Nombre de mariages	331 100	387 400	285 000
Nombre de divorces	34 700	55 600	120 000
Indice de fécondité	2,93	1,93	1,89
Âge moyen à la maternité	27,4	26,7	29,4
Naissances hors mariage (pour 100)	4,5	8,5	43
Espérance de vie (homme)	63,4 ans	69 ans	74,9 ans
Espérance de vie (femme)	69,2 ans	76,9 ans	82,3 ans

Solde naturel en France (1750-2000)

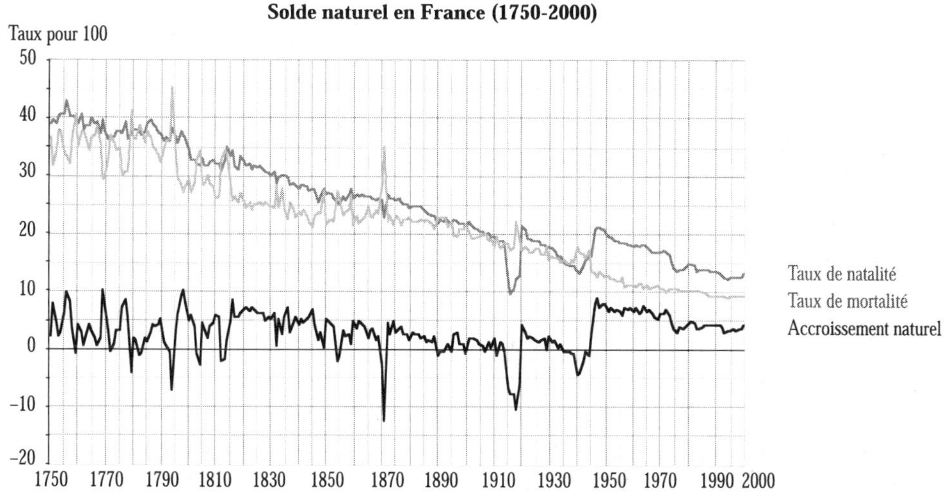

La fécondité et le renouvellement des générations (1855-2000)

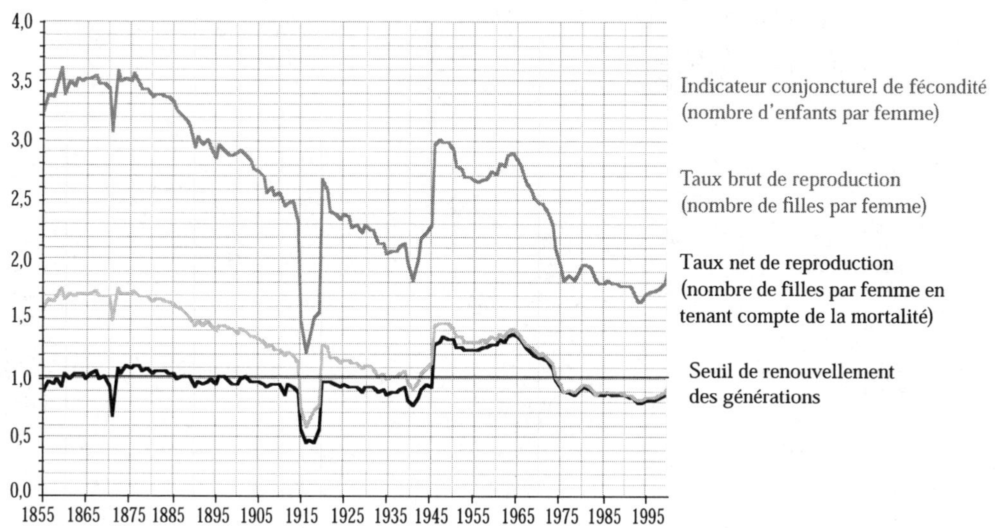

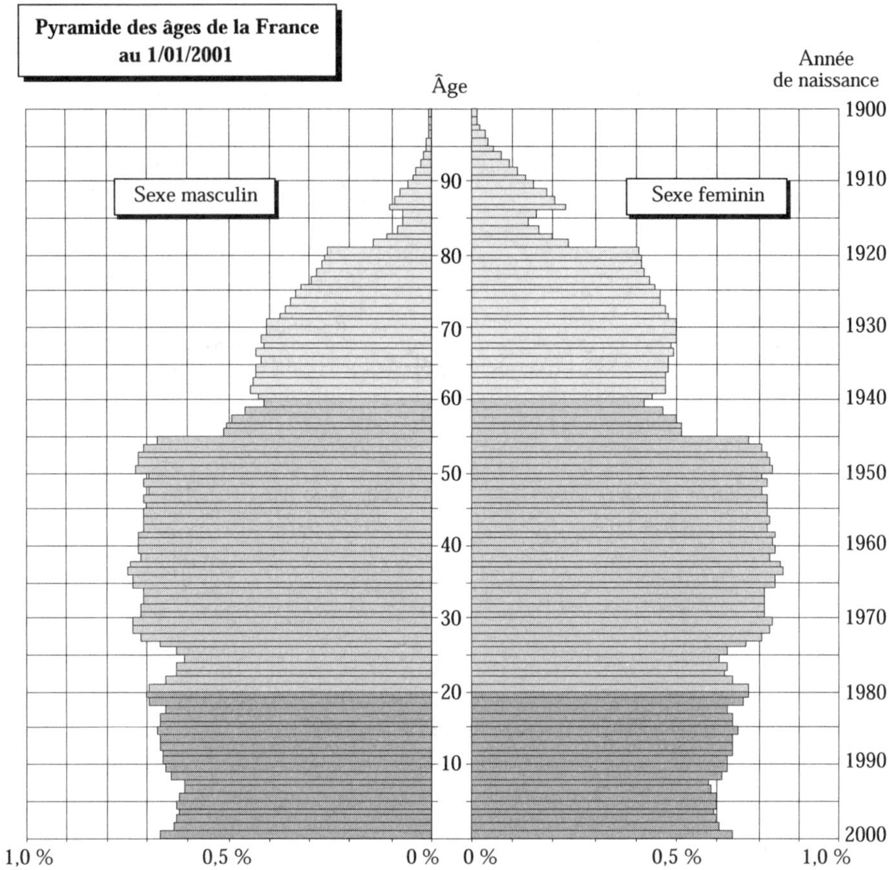
Pyramide des âges de la France
au 1/01/2001
Âge
Année
de naissance
Sexe masculin
Sexe feminin
90
80
70
60
50
40
30
20
10
1900
1910
1920
1930
1940
1950
1960
1970
1980
1990
2000
1,0 %
0,5 %
0 %
0 %
0,5 %
1,0 %

4. L'agriculture

1. Son poids dans l'économie

L'ensemble du secteur agricole et agroalimentaire pèse un peu moins de 5 % dans l'économie nationale française, soit 421 milliards de francs (64 milliards d'euros) pour un PIB total de 9 174 milliards (1 400 milliards d'euros) en 2000. Cette part est en constante diminution depuis une vingtaine d'années (7 % en 1982) et s'explique avant tout par la baisse relative des prix des matières agricoles.

Valeur ajoutée (en milliards de francs)

	1980	1990	2000
Agriculture	113,6	200,7	200,9
Industries agroalimentaires	78,8	172,2	220,0
PIB marchand	2 926,1	6 620,9	9 174,0

Source : INSEE.

2. La population agricole

La population active agricole ne représente plus aujourd'hui que 885 000 actifs (contre 5 000 000 en 1960, 2 000 000 en 1975), soit 1,5 % de la population totale. Cette population agricole est vieillie et pratique en majorité une double activité, cette seconde activité apportant un revenu complémentaire primordial dans les petites exploitations. L'agrotourisme et la vente directe de produits fermiers se développent au détriment du modèle classique ancien du « paysan-ouvrier »

Le nombre d'exploitations agricoles continue à décroître à un rythme soutenu (de l'ordre de 3 à 4 % par an, et on ne compte plus que 620 000 exploitations (estimations 2000) contre 1 000 000 en 1988 et 2 000 000 en 1960. Cette forte diminution du nombre d'exploitations agricoles (avant tout les plus petites) s'accompagne d'une augmentation de la taille des exploitations (23 ha en moyenne en 1979, 42 ha en 1997) mais la France reste encore un pays où la petite exploitation familiale aux faibles revenus survit tant bien que mal. Les conséquences de la réforme de la PAC (Politique agricole commune) en 1992 et les crises récurrentes qui touchent les exploitations d'élevage depuis quelques années ne peuvent qu'accroître la disparition des exploitations les plus fragiles dans les prochaines années.

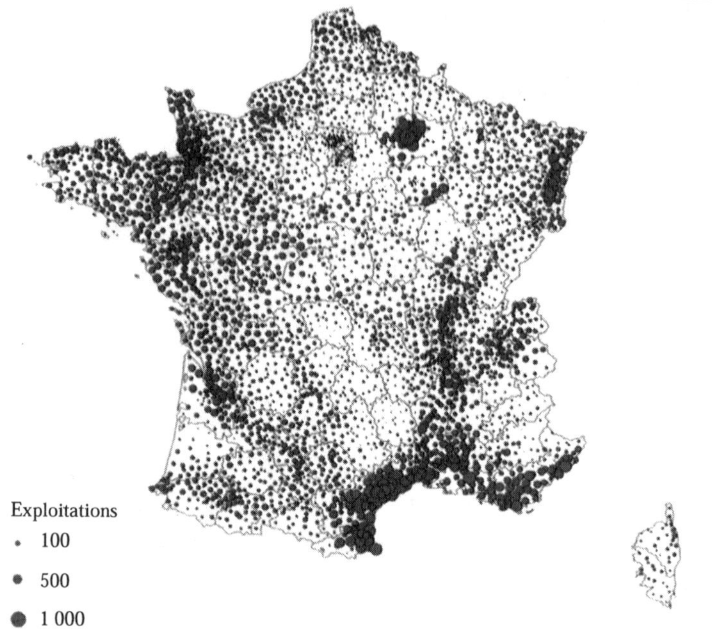

Les exploitations de moins de 5 hectares

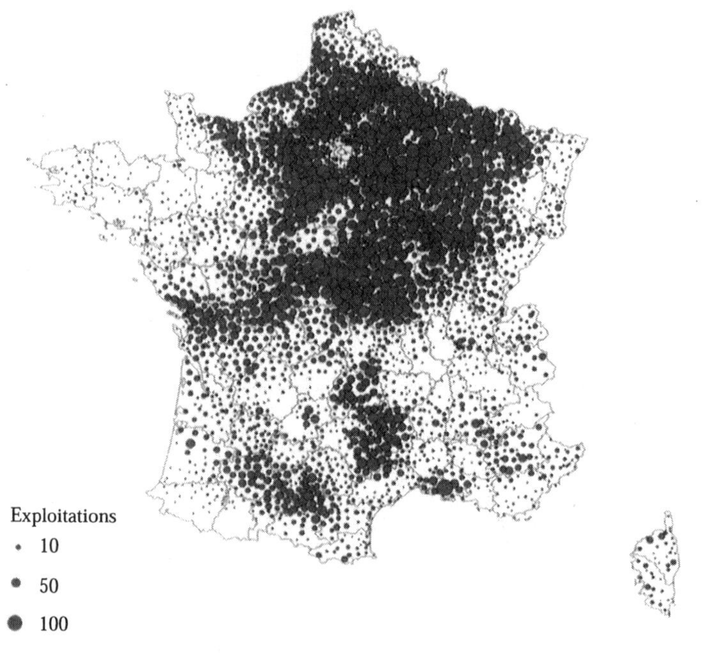

Les exploitations de 100 hectares et plus

3. Le territoire agricole

L'agriculture couvre 33 millions d'hectares, soit 60 % du territoire national. La SAU (superficie agricole utile) est en diminution régulière avec l'urbanisation (–500 km^2 par an en moyenne, ce qui correspond à près de 2 500 000 ha depuis 1950), mais il n'en demeure pas moins qu'elle forme le principal territoire agricole de l'Union européenne.

Territoire (en hectares)	2000
Terres arables	**18 345 000**
Dont céréales	9 196 000
Oléagineux	2 031 000
Cultures industrielles et pommes de terre	921 000
Plantes fourragères	4 181 000
Prairies artificielles	2 717 000
Jardins et vergers familiaux	201 000
Jachère	1 206 000
Cultures permanentes	**11 489 000**
Dont surfaces toujours en herbe	10 338 000
Vignes	917 000
Cultures fruitières	214 000
Superficie agricole utilisée	**29 834 000**
Territoire agricole non cultivé	2 902 000
Bois, forêts et peupleraies	15 204 000
Territoire non agricole (y compris eaux et étangs)	6 968 000
Surface totale (IGN)	**54 909 000**

Source : AGRESTE.

La répartition de la SAU en fonction de ses grandes composantes (terres arables, superficie toujours en herbe et cultures permanentes) n'a que très peu varié entre 1980 et 2000. Les terres arables représentent légèrement plus de 60 % de la SAU contre 35 % pour les superficies toujours en herbe. En revanche, depuis 1992, les superficies consacrées aux céréales, aux oléagineux et aux protéagineux sont en diminution alors que les surfaces en jachère augmentent en liaison avec le taux de gel obligatoire imposé par la Politique agricole commune.

4. La modernisation

Celle-ci se traduit par une transformation rapide des paysages agricoles. Le remembrement, c'est-à-dire le regroupement des parcelles, amorcé dans les années 1950, s'est largement poursuivi même si, en raison de ses conséquences environnementales, il est aujourd'hui de plus en plus contesté. L'augmentation de la taille moyenne des parcelles a permis une forte mécanisation (1 267 000 tracteurs en 1997 dont 30 % de plus de 80 chevaux contre 6 % en 1980) et une intense utilisation des engrais chimiques : phosphore, potasse et surtout engrais azotés (98 kg à l'hectare !).

Les superficies irriguées ont plus que doublé dans les 20 dernières années (1 910 000 ha en 1997) et concernent avant tout les parcelles de céréales (surtout le maïs) et les fourrages.

Cette intensification des cultures se traduit par une hausse des rendements agricoles. De 1990 à 2000, le rendement à l'hectare pour le maïs grain est passé de 60 quintaux à 90, pour le blé tendre de 65 à 75. Ce modèle productiviste est particulièrement visible à travers les liens de plus en plus serrés entre l'industrie agroalimentaires et les exploitations agricoles qui font de l'agriculture française, y compris l'élevage, une agriculture largement intégrée. Le secteur agroalimentaire occupe 370 000 salariés en France ; il est largement dominé par quelques grands groupes multinationaux, surtout dans l'industrie des corps gras et des produits laitiers.

5. Les productions

La France est le premier pays agricole de l'Union européenne. En ce qui concerne les céréales, blé et maïs ont connu de fortes augmentations depuis 20 ans, tandis que les autres céréales (les céréales dites secondaires) poursuivent leur déclin, notamment pour le seigle et l'avoine. Parmi les transformations importantes, on observe aussi un développement des cultures oléagineuses (colza et tournesol notamment). En revanche, la France reste fortement déficitaire (et dépendante des États-Unis) en ce qui concerne le soja (moins de 80 000 ha cultivés) et les protéagineux. La France est aussi le pays de la vigne et du vin. Si les vins ordinaires connaissent périodiquement des crises de commercialisation, il n'en est pas de même des vins de qualité (les vignobles en AOC représentent à peu près la moitié des superficies totales).

Les cultures industrielles (tabac et pomme de terre notamment) ont fortement régressé alors que les cultures légumières et fruitières connaissent un essor constant.

Avec 20 millions de têtes de bovins, la France possède le premier troupeau de l'Union européenne. La crise de la « vache folle » (encélophatie spongiforme bovine) a fortement pesé sur la consommation depuis 1995. L'élevage est largement concentré dans l'Ouest, le

Nord et les régions de moyenne montagne. L'élevage porcin et de volailles est aussi concentré dans l'Ouest français. Il s'agit avant tout de gros élevages industriels en « hors-sol ».

6. L'agriculture dans les DOM

La SAU représente 155 000 ha dans les départements d'outre-mer. Les exploitations sont très petites (moins de 5 ha en moyenne) et la population agricole constitue encore une part importante de la population active (9 %). Les productions sont orientées vers la consommation locale en produits frais (légumes et fruits) ainsi qu'en banane exportée vers l'Union européenne et en canne à sucre, elle aussi exportée sous forme de sucre ou de rhum.

7. Comparaisons européennes

	Exploitations (en milliers)	SAU (en milliers d'ha)	SAU moyenne (en ha)	Main-d'œuvre totale
Allemagne	534,4	17 160,0	32,1	656 800
Autriche	210,1	3 415,1	16,3	177 600
Belgique	67,2	1 382,7	20,6	79 100
Danemark	63,2	2 688,6	42,6	97 900
Espagne	1 208,3	25 630,1	21,2	1 099 000
Finlande	91,4	2 171,6	23,7	125 700
France	679,8	28 331,3	41,7	958 100
Grèce	821,4	3 498,7	4,3	597 300
Irlande	147,8	4 342,4	29,4	202 300
Italie	2 315,2	14 833,1	6,4	1 798 100
Luxembourg	3,0	126,6	42,5	5 000
Pays-Bas	107,9	2 010,5	18,6	208 700
Portugal	416,7	3 822,1	9,2	519 800
Royaume-Uni	233,2	16 168,9	69,3	416 000
Suède	89,6	3 109,1	34,7	81 800
Union européenne	6 989,1	128 690,8	18,4	7 023 200

Source : EUROSTAT 1997.

Géographie des principales productions agricoles (végétales et animales)

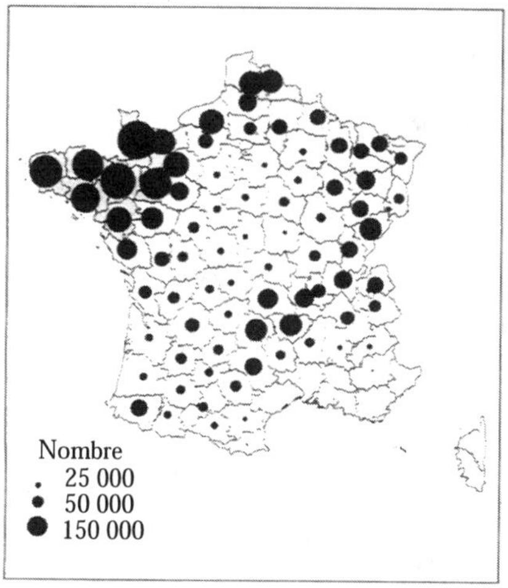

1. Les vaches laitières

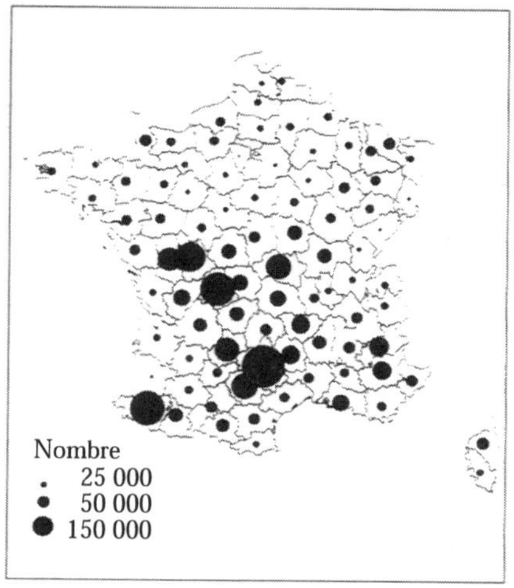

2. Les brebis

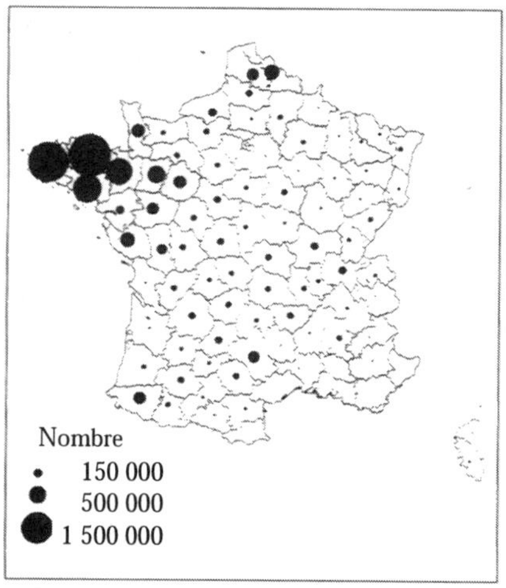

3. Les porcs

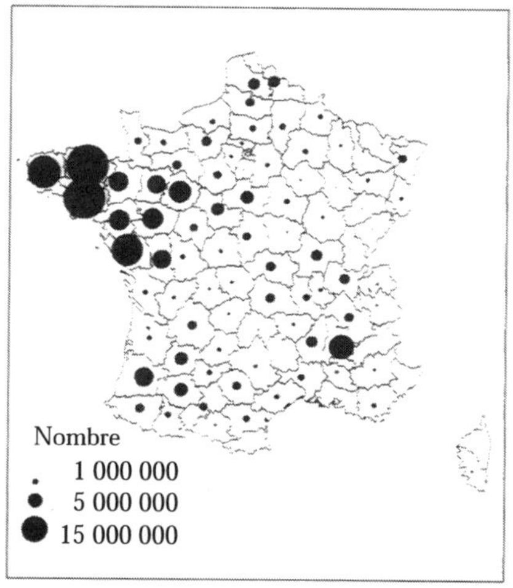

4. Les volailles

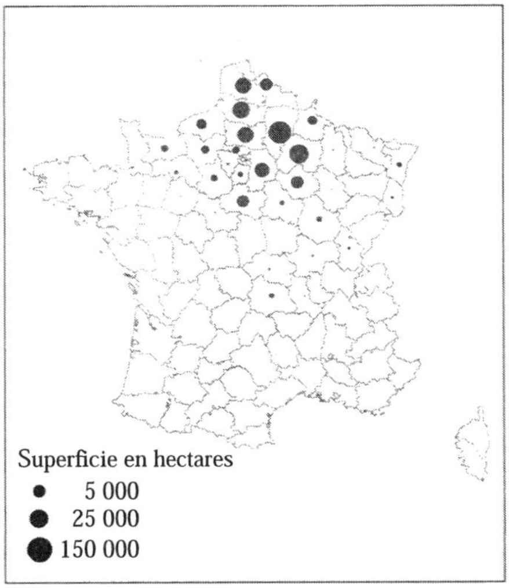

5. Les betteraves industrielles

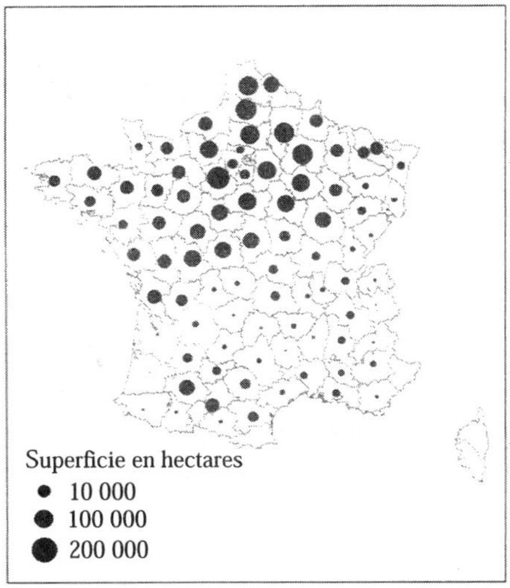

6. Le blé

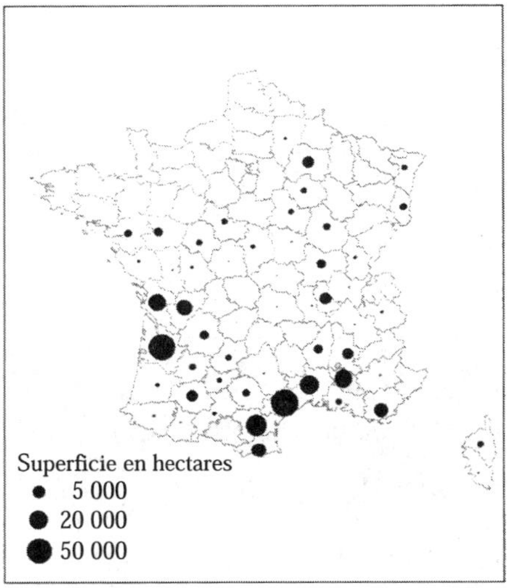

7. La vigne

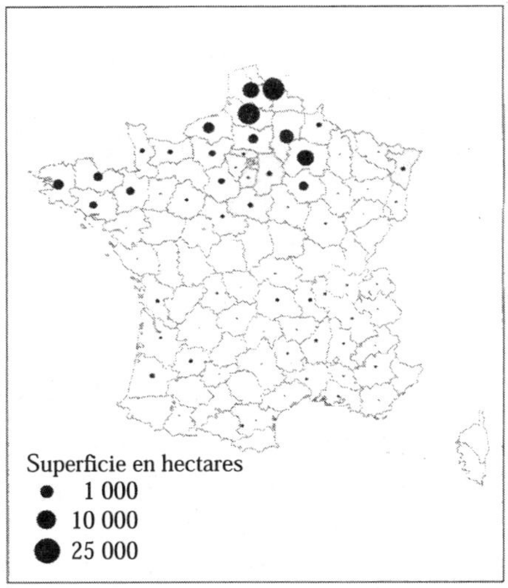

8. Les pommes de terre

8. La forêt

Les espaces boisés occupent près de 30 % du territoire national. Les forêts de feuillus dominent largement (63,4 % des superficies) devant les résineux (27,4 %). Seulement 28 % des forêts françaises sont communales ou domaniales et sont soumises au régime forestier de l'Office national des forêts (ONF). Le reste de la forêt est soumis au régime privé et la grande propriété domine (25 ha ou plus).

Les tempêtes de décembre 1999, en mettant à bas l'équivalent de trois récoltes annuelles (près de 100 millions de m^3), ont profondément désorganisé la récolte et la commercialisation du bois.

5. La pêche et les ressources de la mer

La pêche française représente, bon an mal, an près de 600 000 tonnes de poissons par an (à comparer avec les 40 millions de tonnes de production en Chine ou les 6 millions de tonnes annuelles du Japon), soit 0,5 % de la production mondiale. Même dans le contexte européen, la production est faible, loin derrière la Norvège, le Danemark ou l'Espagne

Les fonds proches des littoraux ont tendance à s'épuiser en raison d'une surexploitation (des « quotas » de pêche ont été instaurés dès 1984 par l'Europe) et il est désormais nécessaire d'aller pêcher de plus en plus loin en zone froide ou tropicale. La petite pêche artisanale a connu de très graves difficultés ces vingt dernières années (le nombre de pêcheurs a diminué de moitié entre 1970 et 1999). La modernisation est lente et les bateaux de gros tonnage ne représentent qu'une infime partie de la flotte.

	Nombre	Pourcentage
Moins de 12 mètres	4 377	74,0 %
De 12 à 16 mètres	547	9,3 %
De 16 à 25 mètres	826	14,0 %
De 25 à 38 mètres	86	1,5 %
Plus de 38 mètres	70	1,2 %
TOTAL	5 906	100,0 %

Source : DPMA 1999.

Les grands ports de pêche sont avant tout situés en Bretagne (Lorient, Concarneau, Le Guilvinec) qui fournit 51,3 % du tonnage total. Le plus grand port de pêche, Boulogne (avec plus de 100 000 tonnes par an), est néanmoins situé sur la Manche. Les ports méditerranéens ne fournissent qu'une faible part de la production totale (7,5 %).

L'aquaculture (notamment en saumon, daurade et bar) commence à se développer, surtout dans la région Nord-Pas-de-Calais, mais n'atteint pas les énormes quantités que l'on peut trouver dans les pays scandinaves ou même en Grèce.

Il en résulte un déficit commercial très important (plus de 13 milliards de francs, 2 milliards d'euros), les importations provenant avant tout du Royaume-Uni, de Norvège et d'Espagne.

6. L'industrie

1. Forces et faiblesses de l'industrie française

L'industrie française est la quatrième industrie du monde (derrière les États-Unis, le Japon et l'Allemagne) alors même qu'elle ne possède ou n'exploite que très peu de ressources naturelles. En très forte croissance durant les « trente glorieuses », l'industrie française connaît depuis une vingtaine d'années une période de mutation sans précédent se traduisant par une grande concentration des entreprises et une diminution notable des emplois. Aujourd'hui, le secteur industriel n'occupe plus que 20 % des actifs contre près du double au milieu des années 1960.

La France reste le pays des petites et moyennes entreprises. Seuls quelques secteurs sont très concentrés (industries automobile, sidérurgique, chimique et aéronautique). Cet émiettement permet de répondre plus facilement et plus rapidement à la variation de la demande. En contrepartie, ces entreprises ont beaucoup plus de mal à résister à la concurrence étrangère, notamment celle des pays émergents d'Asie. Il en résulte des « restructurations » ou des « redéploiements » qui mettent à mal l'économie de certaines villes ou régions. Souvent, le tissu industriel régional est peu diversifié et la mono-activité domine.

Les localisations industrielles restent profondément marquées par le poids du passé. Les emplois industriels dominent à l'est d'une ligne Le Havre–Marseille, en passant par Clermont-Ferrand. À l'ouest de cette ligne, seuls quelques bassins industriels existent (Nantes-Saint-Nazaire, Toulouse, Bordeaux).

Les anciennes régions industrielles marquées au XIXe siècle par le textile, le charbon et l'acier continuent leur difficile reconversion avec des destinées variables. La Lorraine n'en finit toujours pas de payer la « crise de la sidérurgie » et accumule plans sociaux sur plans sociaux. Les vallées vosgiennes continuent à voir disparaître les entreprises textiles. En revanche, quelques nouvelles industries, parfois de très haute technologie, se sont implantées dans le « couloir mosellan » à Nancy ou Metz. La reconversion du bassin houiller du Nord s'est avant effectuée avec l'appui de l'État et, plus récemment, l'implantation de capitaux étrangers (Toyota à Valenciennes par exemple). Il n'en demeure pas moins que l'emploi industriel, qui représentait plus de 40 % de l'emploi total en 1975, n'en représente plus que 20 % aujourd'hui.

Les espaces industriels français dans la dynamique européenne

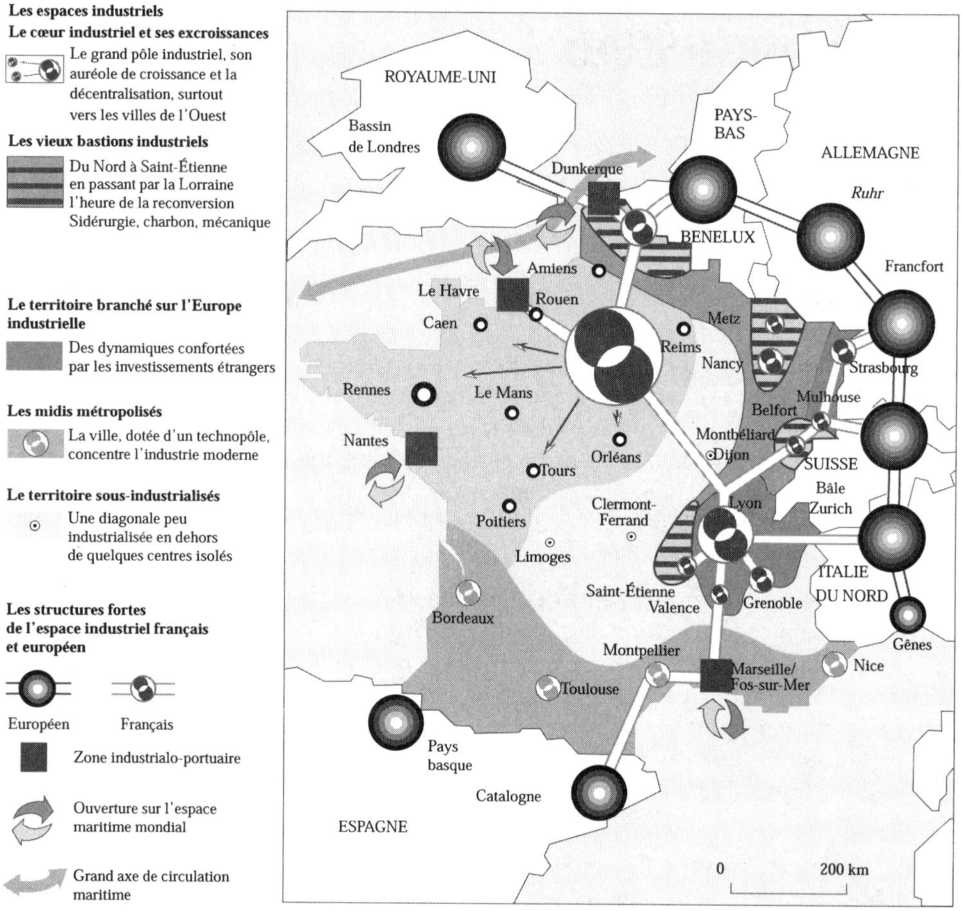

2. Les grands secteurs industriels

La sidérurgie

Les chiffres clefs : 20,2 millions de tonnes en 1999, 2,6 % de la production mondiale (11e rang mondial, 3e rang européen après l'Allemagne et l'Italie).

Le secteur est dominé par le groupe Usinor, 3e entreprise mondiale dans son secteur. Après 20 ans de crise continue, le secteur retrouve la croissance depuis 1997, bénéficiant de l'environnement de la reprise économique. L'effectif salarié a connu des coupes sombres, y compris dans les dernières années (– 5 % par an en moyenne !) après le recentrage progressif d'Usinor vers les produits de haute valeur ajoutée, tels les aciers inoxydables.

Parallèlement aux grandes unités littorales (Dunkerque et Fos-sur-Mer) implantées à la fin des années 1960, de multiples petites unités de production se sont développées près des grands centres urbains en liaison avec le recyclage et la récupération des ferrailles. Cette nouvelle activité représente aujourd'hui 44 % de la production nationale d'acier. Mais les vieilles unités de production du Nord et des vallées lorraines disparaissent une à une (Denain, Anzin, Valenciennes, Longwy, Hagondange, Homécourt, Neuves-Maisons, etc.).

L'industrie automobile

Les chiffres clefs : 2,8 millions de véhicules en 1999, 6,9 % de la production mondiale (4e rang mondial, 2e rang européen derrière l'Allemagne).

Ce secteur industriel emploie directement plus de 300 000 personnes. En comptant les équipementiers et les emplois induits, il fait vivre près de 2 600 000 personnes soit un actif sur dix. À cause de la concurrence étrangère, l'industrie automobile française a dû continuer à se restructurer pour améliorer encore sa compétitivité et sa productivité. Entre 1990 et 1997, le secteur a encore perdu 70 000 emplois. Depuis quelques années, ce sont surtout les sous-traitants et les équipementiers qui connaissent d'importants plans sociaux.

La localisation de l'industrie automobile superpose des strates d'implantations successives : berceaux d'origine de la fin du XIXe et du début du XXe siècle en région parisienne (Renault et Citroën) et à Sochaux et Mulhouse (Peugeot), grandes unités de production à la fin des années 1950 (basse vallée de la Seine), décentralisation vers l'Ouest dans les années 1960 (Rennes, Le Mans), usines de montage dans le Nord et l'Est pour compenser les pertes d'emploi du secteur minier et sidérurgique (Douai, Bouchain, Hagondange), et implantation étrangère dans les années 1980 et 1990.

L'industrie textile et l'habillement

Les chiffres clefs : moins de 1 % du chiffre d'affaires de l'industrie française.

À l'origine de la révolution industrielle, ce secteur n'en finit pas de connaître des réductions d'effectifs et des délocalisations industrielles vers l'Asie du Sud, l'Afrique du Nord et, plus récemment, l'Europe de l'Est.

Il est avant tout constitué (à 95 %) de petites et moyennes entreprises très spécialisées. Certaines villes et régions ont vécu de véritables drames après la fermeture d'usines ou la liquidation d'activités centenaires : industrie du mouchoir dans le Chometais, industrie du linge de maison dans les vallées vosgiennes, tapisserie dans les Ardennes et les Charentes, etc.

De plus, certaines activités « nouvelles » (industrie de la moquette, des revêtements muraux), localisées dans le Nord et en région Rhône-Alpes, subissent depuis quelques années une forte contraction de la demande intérieure.

Les industries aéronautiques et spatiales

Chiffres clefs : 2e rang mondial (après les États-Unis), plus de 100 000 emplois directs, 3e rang mondial dans le domaine spatial (après les États-Unis et la Russie).

Depuis l'origine de l'aviation, la France est à la pointe de cette industrie. Aujourd'hui, c'est dans le cadre de la coopération européenne qu'elle joue un rôle pilote. Pour la première fois, Airbus a dépassé le géant américain Boeing en 1999 grâce à sa gamme des A320. En passe de devenir une société de plein droit, Airbus s'attaque désormais au marché très prometteur (en raison de la croissance prévisionnelle du transport aérien et de la saturation des aéroports concernant les mouvements d'avion) des avions « gros porteur ». La décision prise en juin 2000 de lancer le programme A380 était un pari risqué tant les investissements étaient gigantesques. Aujourd'hui, ce pari est en passe d'être gagné et l'A380 entrera en service avant 2006.

Le dynamisme de la construction européenne s'observe aussi dans le domaine spatial. Ariane effectue désormais 60 % des envois des satellites occidentaux. Dans ce domaine comme dans celui de l'aérospatial, les fusions et regroupements ainsi que le désengagement progressif de l'État sont en cours de réalisation avec la naissance de la société EADS (European Aeronautic Defense Space).

La région parisienne et la région toulousaine concentrent la majorité des emplois.

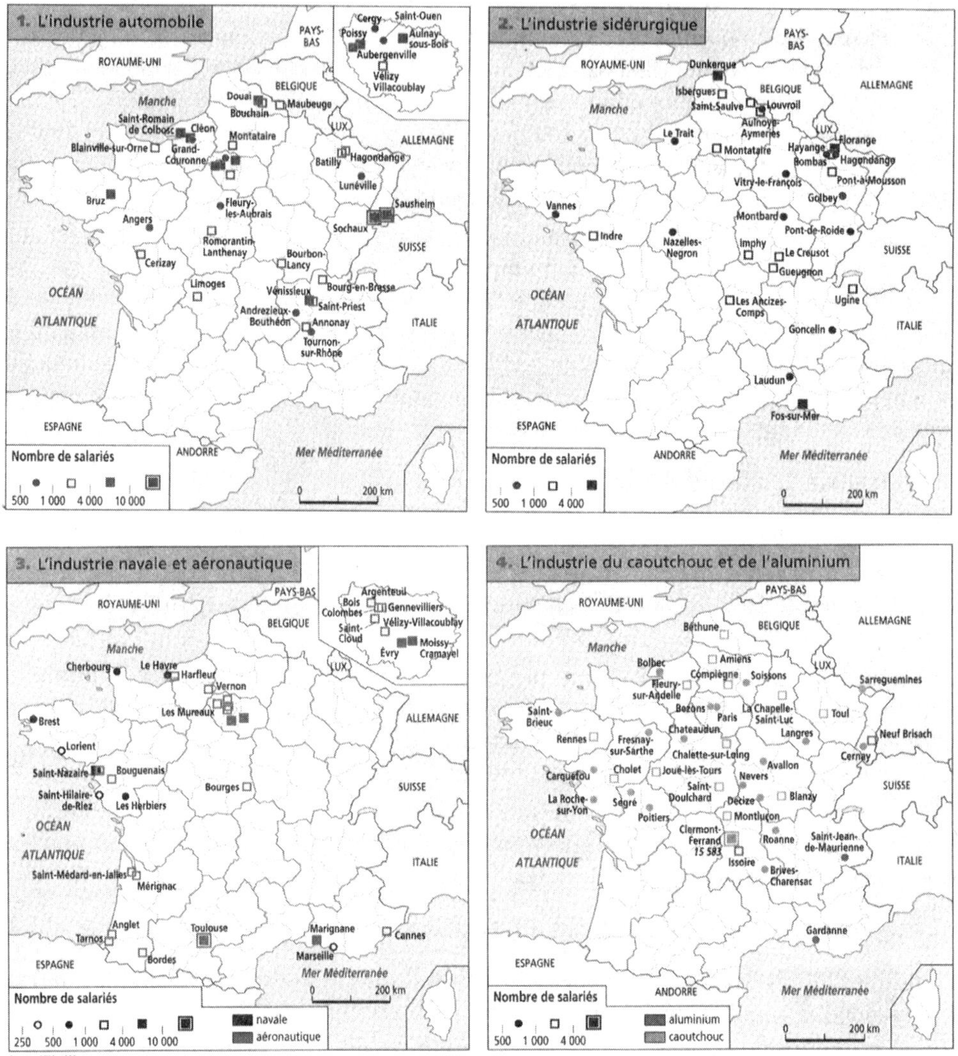

Source : SESSI 1999.

© Atlas de la France, éditions Magnard, 2000.

7. Les échanges intérieurs

1. Les transports de marchandises

Le poids de l'activité de transport dans l'économie nationale est resté le même entre 1960 et 2000 (autour de 4,5 % du PIB), mais ce secteur a connu des mutations très rapides. La part du transport ferroviaire est passée de 60 % à 20 % tandis que celle du transport routier, inversement, est passée de 29 % à 75 %.

En moins de 40 ans, la route s'est substituée au rail, qu'il s'agisse du transport des pondéreux ou des biens de consommation courante.

Durant la même période, le transport fluvial s'est effondré de 11 % à moins de 3 %.

Plus souple et moins coûteux, le transport routier a bénéficié de l'expansion du réseau routier et autoroutier qui s'est largement développé au cours des années 1970 et 1980 alors qu'au contraire le réseau SNCF voyait sa longueur totale diminuer (6 000 km de lignes ont été fermés entre 1964 et 1994). Le transport routier a répondu aux attentes des entreprises qui ont progressivement adopté de nouvelles normes dans la gestion des stocks (système des flux tendus).

Le trafic intérieur de marchandises de 1982 à 1998

	Trafic ferroviaire	Trafic routier	Navigation intérieure	Oléoducs	Ensemble	Trafic total (mrds t-km)
1982	24,7 %	59,0 %	4,3 %	12,0 %	100,0 %	215,1
1985	23,6 %	61,0 %	3,7 %	11,7 %	100,0 %	211,3
1990	18,3 %	70,1 %	3,0 %	9,6 %	100,0 %	267,8
1995	15,1 %	74,0 %	2,3 %	8,6 %	100,0 %	299,3
1998	15,5 %	74,5 %	2,2 %	7,8 %	100,0 %	325,8

Source : INSEE.

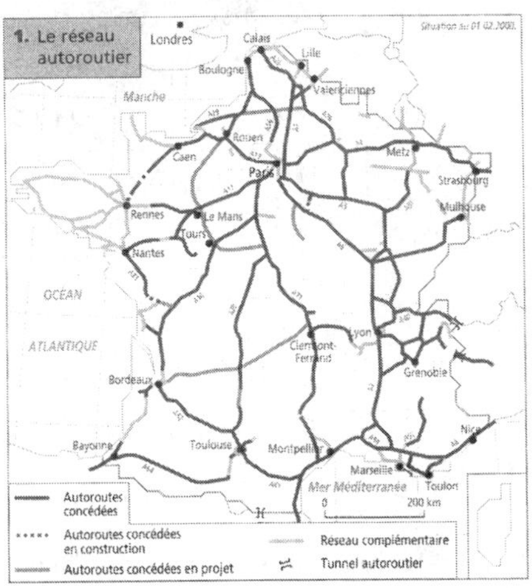

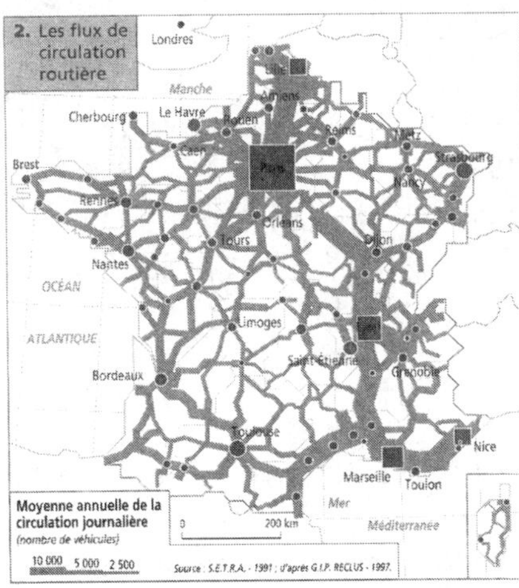

2. Le transport de voyageurs

Le trafic de voyageurs a connu une évolution identique. Aujourd'hui, 90 % des déplacements (mesurés en voyageurs-km) s'effectuent par la route. Il est vrai qu'en quarante ans, le parc automobile a explosé, passant de moins de 3 millions en 1955 à plus de 27 000 000 aujourd'hui ! Le développement du TGV à partir de 1980 a donné un nouveau souffle au transport ferroviaire de voyageurs, surtout sur les distances de l'ordre de 500 km, mais la situation a tendance à s'aggraver sur le réseau classique.

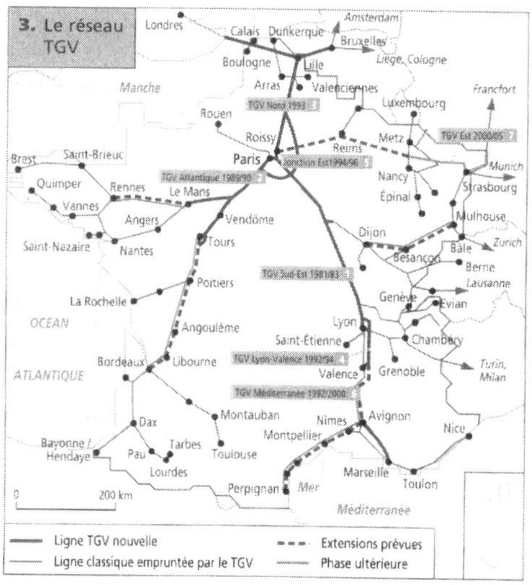

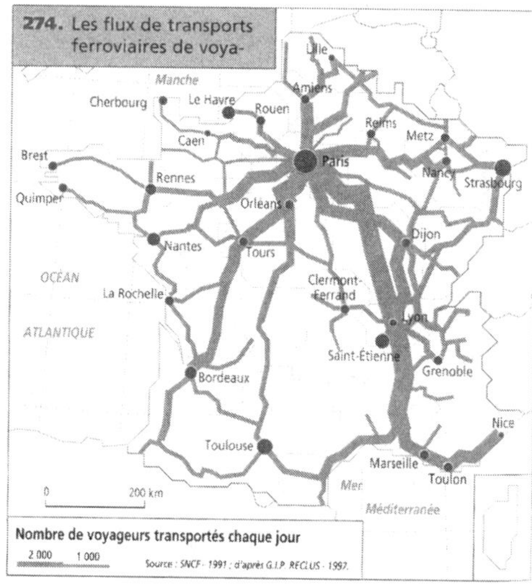

© Atlas de la France, éditions Magnard, 2000.

Le trafic intérieur de voyageurs de 1985 à 1998

	Véhicules particuliers	Bus et cars	Transports ferroviaires	Transports aériens	Trafic (mrds voyageurs-km)
1985	80,9 %	6,1 %	11,7 %	1,2 %	605,2
1990	82,2 %	5,8 %	10,4 %	1,6 %	712,2
1995	84,8 %	5,3 %	8,2 %	1,6 %	783,1
1998	84,3 %	5,1 %	8,9 %	1,7 %	840,1

Source : INSEE.

3. Le dynamisme commercial

Le commerce représente aujourd'hui près de 2 800 000 salariés auxquels il faut ajouter 700 000 non-salariés (données 2000) soit un actif sur huit. En quinze ans (1985-2000) l'emploi salarié dans le commerce n'a cessé de progresser, gagnant 450 000 emplois (+20 %). Tous les secteurs commerciaux n'ont pas le même dynamisme. Le commerce, l'entretien et la réparation automobile de même que le commerce des carburants sont en recul ou en stagnation. Il en est de même du petit commerce alimentaire. Bon nombre de petits commerces ont ainsi disparu, notamment dans les zones rurales. Le commerce spécialisé (petites ou grandes surfaces), dans le domaine de la culture, du sport et des loisirs a connu une expansion considérable en une dizaine d'années. Après avoir été le pays du petit commerçant et du marché hebdomadaire, la France s'est tournée massivement vers la grande surface. 87 % des ménages français se rendent au moins une fois par semaine dans une grande surface (hypermarché ou supermarché) et y effectuent plus des deux tiers de leurs dépenses alimentaires. Les supérettes et les petites alimentations alimentaires générales ne se maintiennent généralement qu'en centre-ville ou dans les petits bourgs, et doivent adapter leurs horaires à une clientèle qui les perçoit avant tout comme du commerce de dépannage. Les marchés gardent leurs adeptes mais concernent avant tout une population désormais âgée. Seules parmi les petits commerçants, les boulangeries se maintiennent tandis que les autres commerces spécialisés (boucheries et poissonneries) sont de plus en plus concurrencés par les grandes surfaces. La grande évolution des cinq dernières années dans le domaine commercial est la percée très rapide des « discounters » (les maxidiscomptes) fréquentés désormais par un ménage sur dix (surtout des ménages modestes). Quant au commerce en ligne (le « e-commerce »), il ne représente même pas 0,1 % du chiffre d'affaires total et concerne avant tout des entreprises déjà existantes (entreprises de vente par correspondance, commerces spécialisés de culture ou de loisirs, grandes surfaces). Le décollage est lent et la « vente en ligne » est dix fois moindre en France qu'en… Corée du Sud !

8. Les échanges extérieurs

1. La quatrième puissance commerciale du monde

La France est, avec 5,2 % du commerce mondial, au quatrième rang derrière les États-Unis, le Japon et l'Allemagne. Ses principaux partenaires commerciaux sont avant tout ses voisins (l'Allemagne en premier) ainsi que les autres pays de l'Union européenne (63,1 % du commerce de la France). L'Europe tout entière participe pour plus de 70 % des échanges extérieurs de la France.

États-Unis, Japon et Chine sont les autres principaux partenaires commerciaux de la France. Les NPI (nouveaux pays industrialisés) représentent une part assez faible dans les échanges commerciaux avec la France mais en très forte augmentation depuis quelques années. Ainsi, la Chine, au 10e rang des partenaires de la France, a connu une augmentation de ses exportations et de ses importations avec notre pays de l'ordre de 60 % au cours des trois dernières années !

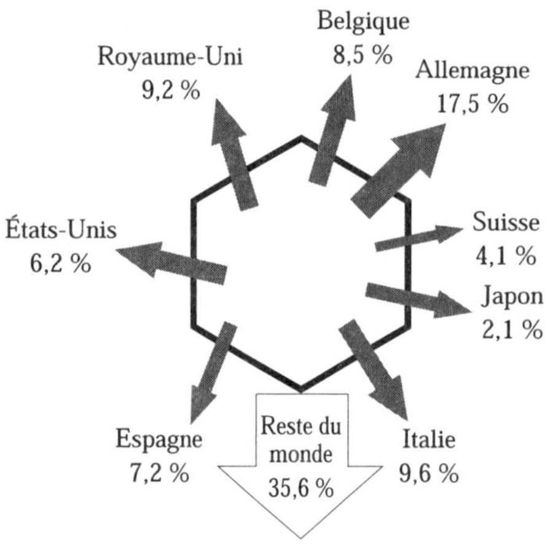

1. La répartition des exportations en 1996.

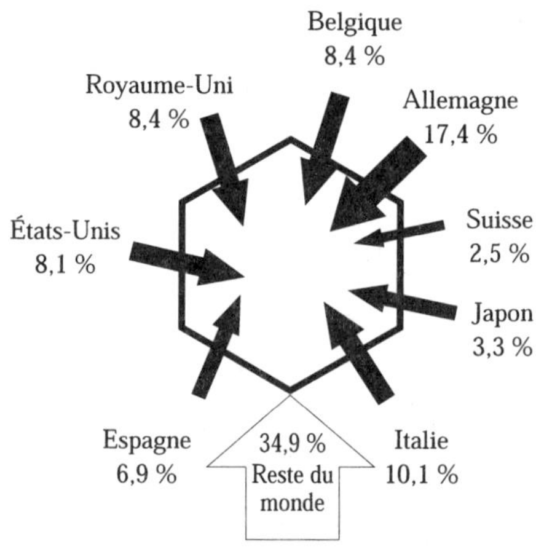

2. La répartition des importations en 1996.

2. Les importations et les exportations

La France importe surtout des matières premières notamment énergétiques (pétrole brut, gaz et charbon). Après avoir été longtemps dépendante des pays du Moyen-Orient pour ses importations pétrolières, la France a diversifié ses sources d'approvisionnement (Royaume-Uni, Norvège, Nigeria, Venezuela). La France importe aussi des produits alimentaires tropicaux (café, cacao, fruits) ainsi que des produits d'élevage dont la consommation intérieure a fortement augmenté au cours de la dernière décennie, comme la viande de porc par exemple.

L'essentiel des importations concerne malgré tout des produits industriels (acier, chimie), des biens d'équipement (automobiles, machines-outils) et des biens de consommation (appareils électriques, électroménagers, textile).

Les produits industriels forment la majeure partie des exportations. Les industries aéronautique, aérospatiale et automobile fournissent une grande partie des excédents commerciaux. Il en est de même avec les produits agricoles. La France est un des premiers pays exportateurs de produits agricoles du monde (céréales, sucre, viande, vin, lait, etc.) même si elle reste fortement dépendante des États-Unis et du Brésil pour les protéagineux (soja, sorgho) qui fournissent une grande partie de l'alimentation du bétail depuis l'interdiction des farines animales.

Après le choc pétrolier de 1973, la balance commerciale de la France a été fortement déficitaire en raison de l'augmentation des coûts énergétiques. Depuis 1991, la balance commerciale est de nouveau positive, ce qui traduit une réelle amélioration de la compétitivité des produits français face à la concurrence étrangère.

Couverture commerciale

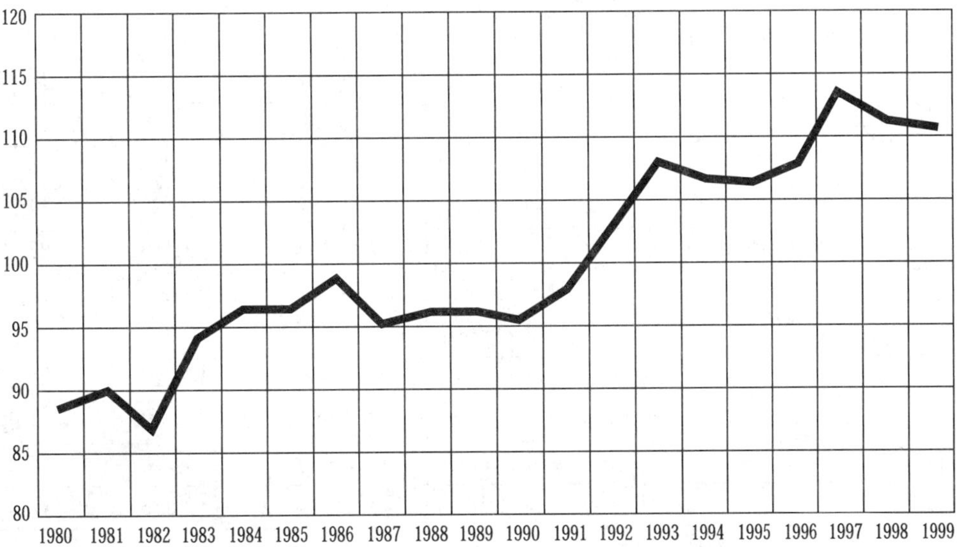

Le commerce extérieur de la France en 1999 (en milliards de francs)	Importations	Exportations	Solde
Agriculture	**50,990**	**66,245**	**15,255**
Industrie	**1 746,380**	**1 796,176**	**49,796**
Industries agricoles et alimentaires	**130,335**	**177,348**	**47,013**
Industrie de la viande et du lait	34,010	51,404	17,394
Autres industries agricoles et alimentaires	96,325	125,944	29,619
Industries des biens de consommation	**280,593**	**257,543**	**–23,050**
Habillement et cuir	83,640	48,345	–35,295
Édition, imprimerie et reproduction	14,119	13,215	– 0,904

Pharmacie, parfumerie et entretien	70,617	117,182	46,565
Industries des équipements du foyer	112,217	78,801	–33,416
Industries automobiles	**196,468**	**250,373**	**53,905**
Industries des biens d'équipement	**420,449**	**475,091**	**54,642**
Construction navale, aéronautique et ferroviaire	88,725	146,306	57,581
Industries des biens d'équipement mécaniques	157,912	167,589	9,677
Industries des équipements électriques	173,812	161,196	–12,616
Industries des biens intermédiaires	**590,145**	**585,601**	**–4,544**
Industries des produits minéraux	39,166	34,964	–4,202
Industrie textile	50,643	46,492	–4,151
Industrie du bois et papier	65,332	48,498	–16,834
Chimie, caoutchouc, plastique	210,303	217,973	7,670
Métallurgie et transformation des métaux	125,704	123,519	–2,185
Industries des composants électriques	98,997	114,155	15,158
Énergie	**128,390**	**50,220**	**–78,170**
Carburants	126,528	31,026	–95,502
Eau, gaz et électricité	1,862	19,194	17,332
Services marchands	**201,438**	**239,358**	**37,920**
Commerce	16,219	31,873	15,654
Transports	56,136	63,967	7,831
Activités financières	13,966	14,220	0,254
Intermédiaires financiers	7,981	9,042	1,061
Assurances	5,985	5,178	–0,807
Services aux entreprises	102,049	119,353	17,304
Postes et télécommunications	5,075	5,658	0,583
Conseils et assistance Services opérationnels	47,664 42,844	65,054 34,448	17,390 –8,396
Recherche et développement	6,466	14,193	7,727
Services aux particuliers	13,068	9,945	–3,123
Activités culturelles, sportives et récréatives	13,066	9,944	–3,122
Ensemble	**2 080,444**	**2 301,996**	**221,552**

Source : INSEE.

9. Annales 2000

Durée : 2 h. Coefficient : 3.

Vous devez composer dans l'option que vous avez indiquée sur la demande d'admission à concourir et uniquement dans celle-ci. Si vous composez dans une option différente ou dans plusieurs options, **votre copie sera notée zéro**.

1. L'industrie automobile française

a. Forces et faiblesses de l'industrie automobile française.

b. Lieux d'implantation des sites de production.

c. Perspectives d'évolution pour ce type d'industrie.

2. Les échanges extérieurs de la France

a. Citez les principaux types de produits importés par la France. D'où proviennent ces produits ?

b. Citez les principaux types de produits exportés par la France. À quels pays sont-ils destinés ?

3. Le littoral français

a. Indiquez sur une carte de France les principaux ports de commerce et de pêche.

b. Quels avantages la France tire-t-elle de ses façades maritimes ?

4. Définissez les termes suivants :

– plate-forme continentale ;

– pyramide des âges ;

– exode rural.

Corrigé

1. L'industrie automobile française

L'industrie automobile française est au quatrième rang mondial (deuxième rang européen après l'Allemagne) et fait vivre directement ou indirectement près de 10 % de la population active, soit 2 600 000 personnes en comptant les industries annexes (les équipementiers) et les activités induites (garagistes, assureurs, concessionnaires, etc.). C'est dire l'importance de ce secteur industriel dans l'économie française.

a. Forces et faiblesses de l'industrie automobile française

La France a été un des berceaux de l'automobile. L'industrie bénéficie de ce fait d'un savoir-faire incontestable et d'une compétence technologique inégalée. Longtemps fragmentée en une multitude de constructeurs (une cinquantaine après la Seconde Guerre mondiale), elle a bénéficié durant quarante ans d'une intervention de l'État qui en avait fait (nationalisation de Renault en 1945 par le gouvernement du général de Gaulle) une vitrine sociale et un instrument fondamental de la planification et de l'aménagement du territoire. Depuis 1976, l'industrie automobile a connu un phénomène de concentration. Aujourd'hui subsistent deux grands groupes : Renault et Peugeot SA dont la taille est suffisante pour affronter la concurrence des autres constructeurs européens (allemands et italiens) ou mondiaux (américains et japonais). En vingt ans la restructuration et la modernisation de l'appareil productif ont été menés : robotisation pour diminuer les coûts de production, recours à la sous-traitance et à des équipementiers pour externaliser les coûts, politique commerciale plus agressive sur le marché national et international (Il n'en demeure pas moins que face aux géants américains Ford et General Motors et japonais Toyota les producteurs français pèsent un poids nettement moins important. Les politiques d'alliance avec d'autres producteurs étrangers pour conquérir de nouveaux marchés se sont révélées parfois hasardeuses (la tentative malheureuse de Renault sur le marché américain). Cependant, en Asie, l'ensemble Renault-Nissan a renforcé ses parts de marché tout en escomptant être bien placé sur le marché chinois considéré comme le marché du XXIe siècle.

b. Lieux et implantations des sites de production

La production a été longtemps implantée en région parisienne, en région lyonnaise et à Sochaux-Montbelliard (sites historiques de Renault, Berliet et Peugeot). De grandes unités de production (usines regroupant des dizaines de milliers de travailleurs) ont été implantées dans les années 1950 et 1960 dans la basse vallée de la Seine (Cléon, Flins, Poissy) et dans l'Ouest français (Rennes). D'autres unités de production ont été implantées, sous l'impulsion de l'État dans les années 1970 et 1980 dans les vieilles régions industrielles qui subissaient de plein fouet la fermeture des bassins houillers et des usines sidérurgiques (Douai dans le Nord, Hagondange en Lorraine). Plus récemment, des usines de montage de firmes étrangères ont été, ou vont être implantées (Ford à Bordeaux, Toyota à Valenciennes) dans des régions touchées par un fort taux de chômage.

c. Perspectives d'évolution pour ce type d'industrie

De par l'importance de ses exportations, l'industrie automobile française est très sensible aux aléas économiques extérieurs. La crise financière asiatique, l'effondrement de la consommation en Europe orientale ont eu des conséquences immédiates sur le niveau de production et sur l'emploi. La pénétration du marché intérieur français par les sept autres grands groupes mondiaux qui dominent la production mondiale demeure préoccupante. Pour résister, la modernisation des sites de production, le recours à des équipementiers autres que nationaux (ce qui n'est pas sans poser des problèmes à des firmes comme Valéo ou Michelin) doivent sans cesse se poursuivre. De même, il semble nécessaire de prendre des parts de marché dans le secteur « haut de gamme » qui dégage le plus de profits, face à une conjoncture qui peut très vite se dégrader. Il n'en demeure pas moins, face à des alliances qui se font désormais à l'échelle mondiale entre des groupes qui pèsent tous plus de 5 000 000 de véhicules produits, qu'il ne semble pas y avoir place pour deux firmes françaises indépendantes.

Symbole de la société de consommation, moteur de la croissance économique sous les « trente glorieuses », l'industrie automobile française a connu depuis 25 ans des crises d'adaptation à la mondialisation qui se sont traduit par de nombreuses pertes d'emplois (350 000 emplois en 1973, 150 000 aujourd'hui). La bataille pour la « survie » est désormais planétaire et même les anciens « grands » ou des firmes prestigieuses ne sont pas à l'abri de revers qui les font passer sous contrôle étranger (Nissan, Mitsubishi, Mazda, Daewoo, Saab, Volvo, Rover, etc.). Si Renault-Nissan semble s'adapter à cette nouvelle stratégie, Peugeot SA reste aujourd'hui indépendant. Quelles que soient les alliances qui ne manqueront pas d'avoir lieu à l'avenir, la masse de l'emploi en France diminuera inéluctablement. Le temps des usines de montage concentrant en France des milliers d'ouvriers spécialisés est désormais révolu : la fermeture du site de Billancourt en est un des symboles.

2. Les échanges extérieurs de la France

La France est une des principales puissances commerciales du monde, au 4e rang mondial derrière les États-Unis, l'Allemagne et le Japon. Depuis une dizaine d'années, les échanges (et notamment les exportations) se sont fortement accrus, faisant de la France un des pays les plus ouverts de la planète.

a. Les principaux types de produits importés par la France

– Les produits de l'industrie (hors énergie) sont de loin (83 %) la première source des importations françaises. Les produits de l'industrie automobile proviennent d'Allemagne et d'Italie ; les produits des industries des biens (consommation, équipement et intermédiaire) proviennent en très large majorité des pays de l'UE suivis des pays émergents d'Asie (les NPI), du Japon et des États-Unis.

– Les produits énergétiques (notamment le pétrole brut) concentrent 6 % des importations, la seule facture pétrolière s'élevant à 65 milliards de francs (10 milliards d'euros). La part en provenance des pays du Moyen-Orient a sensiblement diminué ces dix dernières années et désormais, le pétrole en provenance de la mer du Nord (Royaume-Uni et Norvège) talonne la part en provenance de l'Arabie Saoudite. Depuis trois ans, on observe une montée en puissance (certes encore limitée) du pétrole provenant des pays de l'ex-URSS et de l'Afrique (Nigeria). La répartition est très différente en ce qui concerne le gaz naturel dont les importations ont fortement augmenté ces dix dernières années : pays de la mer de Nord (30 %), Russie (30 %), Algérie (25 %) et Pays-Bas (15 %). Pour le charbon, c'est désormais l'Australie qui est le premier fournisseur de la France devant l'Afrique du Sud.

– Les produits alimentaires constituent le troisième grand groupe de produits importés. Contrairement à ce que l'on pourrait supposer, la majorité des importations des produits de l'agriculture, de la sylviculture et de la pêche proviennent des pays de l'Union européenne (55 % en valeur). Viennent ensuite les produits tropicaux tels que le café, le cacao, les oléagineux, etc. (Afrique essentiellement pour 20 %).

Au total, parmi les dix premiers pays fournisseurs de la France, on trouve six pays frontaliers (Allemagne, Italie, Royaume-Uni, Benelux, Espagne et Suisse), un autre pays européen (les Pays-Bas), les États-Unis, le Japon et la Chine. À elle seule, l'Union européenne concentre presque les deux tiers des importations françaises.

b. Les principaux types de produits exportés par la France

– Les produits manufacturés forment la principale source des exportations françaises (84 %) avec, en tête, des produits comme l'automobile et l'aéronautique. Là encore, ce sont les pays européens qui sont les principaux clients de la France (Allemagne, Royaume-Uni et Espagne).

– Les produits de l'agriculture et de l'industrie agroalimentaire dégagent un excédent commercial important (mais moindre qu'auparavant lorsque l'on disait que « l'agriculture était le pétrole vert de la France »). Les productions agricoles (céréales, produits laitiers, etc.) sont avant tout destinées aux pays européens, sauf le champagne et les vins de qualité qui connaissent un rayonnement mondial avec une explosion des exportations vers les États-Unis, le Canada et le Japon au moment des festivités de l'an 2000.

L'Allemagne est le premier partenaire commercial de la France avec 600 milliards de francs d'échanges commerciaux (soit 17 % des échanges). En y ajoutant les pays voisins (Royaume-Uni, Italie, Belgique, Suisse et Espagne), l'ensemble forme 55 % des échanges. L'Union européenne concentre 63 % des échanges. Les autres partenaires commerciaux de la France sont très loin derrière : États-Unis (au 5e rang, à peine plus que la Belgique), Japon (9e rang derrière la Suisse) et Chine (au 10e rang, mais en forte croissance depuis quelques années).

3. Le littoral français

a. Les principaux ports de commerce et de pêche en France

On localisera sur la carte de France :

– les ports de pêche : Boulogne, Concarneau, Lorient, Le Guilvinec, Fécamp, La Rochelle, Saint-Jean-de-Luz (sur la côte atlantique), Sète sur la côte méditerranéenne ;

– les ports de commerce : Marseille, Le Havre, Dunkerque, Calais, Nantes, Rouen et Bordeaux.

b. Les avantages des façades maritimes de la France

Outre les activités portuaires (dont on relativisera l'importance face aux géants comme Rotterdam et même Hambourg et Anvers en mer du Nord et Barcelone ou Gênes en mer Méditerranée), la pêche (dont la production doit être relativisée face à la production danoise, espagnole et même anglaise), on insistera sur les activités de tourisme (la France est devenue la première destination touristique mondiale et la Côte d'Azur un des tout premiers « gisements » touristiques de la planète).

4. Définitions

– plate-forme continentale : extension du continent sous la mer à faible profondeur avant le talus continental. La plate-forme continentale est très développée sur les côtes atlantiques. Elle est très réduite (à peine quelques kilomètres, voire centaines de mètres) sur la côte méditerranéenne ;

– pyramide des âges : représentation graphique sous la forme d'un double histogramme horizontal représentant les effectifs (généralement en pourcentage de la population totale) des deux sexes par âge ou classe d'âges. Les effectifs sont superposés en âge croissant. Les hommes sont représentés à gauche et les femmes à droite. La forme de la pyramide des âges dépend du niveau de fécondité, de la mortalité et de l'histoire de la population ;

– exode rural : mouvement migratoire (le terme « exode » est très imagé) de la population rurale vers les zones urbaines.

3. Connaissances professionnelles

Annales, 2000

Durée : 2 h. Coefficient : 3.

Cette option sera choisie par les candidats ayant fait des études spécialisées.

Nous donnons le sujet proposé à la session 2000 afin de leur fournir une indication sur la manière dont se présente cette épreuve optionnelle.

Vous devez composer dans l'option que vous avez indiquée sur la demande d'admission à concourir et uniquement dans celle-ci. Si vous composez dans une option différente ou dans plusieurs options, **votre copie sera notée zéro**.

Option F : connaissances techniques de navigation maritime

Chaque réponse sera précédée de son numéro.

1. Au cours d'une mission estivale de surveillance générale à la mer, vous vous rendez dans un port de la côte atlantique pour lequel la carte marine indique, à son entrée, une sonde de 0,5 m. Le tirant d'eau de votre embarcation est de 2,5 m.

Sachant que l'annuaire des marées indique une basse mer à 10 h 00 (UTC + 1) = 0,5 m et une pleine mer à 16 h 30 (UTC + 1) = 5 m, combien de temps après la basse mer pourrez-vous vous présenter dans ce port, en prenant un pied de pilote de 0,5 m ?

2. Quels feux doivent porter un navire sans erre, un navire au mouillage et un navire échoué ?

3. Quelles mesures doivent être prises lors d'une avarie de barre ?

4. Expliquez en quoi les lois de Buys-Ballot sont déterminantes pour la compréhension de la météorologie marine.

Option G : connaissances techniques de mécanique maritime et de sécurité

Chaque réponse sera précédée de son numéro.

1. Quels sont les avantages et les inconvénients d'un turbo-compresseur ?

2. Quelles sont les conséquences d'un mauvais réglage des soupapes ?

3. Carburation d'un moteur à essence. Définissez :

a. combustion déflagrante ;

b. front de flamme ;

c. richesse d'un mélange.

4. Avec quel(s) type(s) d'extincteur(s) peut-on combattre un feu de liquide inflammable ?

Option H : connaissances techniques de mécanique automobile

Chaque réponse sera précédée de son numéro.

1. La transmission de la force motrice :

a. Rôle.

b. Principe de fonctionnement.

c. Principales sources de pannes et réparations.

2. Les précautions d'utilisation d'un véhicule turbo-compressé.

Option I : connaissances techniques de télécommunications

Chaque réponse sera précédée de son numéro.

1. Émission – réception

a. Donnez une définition de la modulation.

b. Quels sont les différents types de modulation analogique continue non linéaire ?

c. Quelles sont leurs caractéristiques respectives ?

d. Établissez la comparaison de ces différents modes de modulation.

2. Logique

a. Convertissez 11011 de base 2 en mode décimal.

b. Convertissez (EDF) de base 16 en mode décimal.

c. À l'aide des portes logiques NON, ET, OU établissez le schéma permettant d'obtenir l'équation :

$$S = (\overline{E1} * E2) + \overline{E3}.$$

Faites la table de vérité de S en fonction des entrées El, E2, E3.

3. Électricité

Entre les bornes d'un générateur de force électromotrice $E = 120$ V et de résistance $R = 1{,}5\ \Omega$ on monte en parallèle trois résistances :

$$R_1 = 11\ \Omega\,; \quad R_2 = 22\ \Omega\,; \quad R_3 = 33\ \Omega.$$

a. Faites le schéma électrique.

b. Calculez :

– la résistance équivalente aux trois résistances R_1, R_2, R_3 ;
– l'intensité du courant débité par le générateur ;
– la différence de potentiel entre les bornes du générateur ;
– l'intensité du courant qui traverse chacune des trois résistances.

4. Comptabilité commerciale

Conseils généraux

La lecture du sujet

• Tout d'abord, un mot d'ordre : NE PANIQUEZ PAS !

• Les deux heures imparties sont suffisantes pour traiter tous les exercices qui composent le sujet. Mais il ne faut pas trop traîner, surtout lorsqu'il y a des calculs à effectuer sans machine. Par conséquent, exercez-vous dès que possible à faire des divisions ; n'oubliez pas le contrôle de vraisemblance de vos résultats.

• Lisez bien ce qui vous est demandé, respectez impérativement l'ordre chronologique du journal.

La présentation du travail

Les incontournables du journal :

– le libellé : la référence d'un document (par exemple un numéro de facture), sauf pour les écritures de régularisation, le détail du calcul suffit.

– la partie double : n'oubliez pas les centimes, même si aucun nombre n'en contient.

• Totalisez les colonnes chiffrées si vous en avez le temps en fin de travail.

• Les numéros du Plan comptable général : en cas d'oubli, essayez de vous souvenir du numéro de la classe.

Connaissances requises

• Vous devez connaître les termes et les documents comptables.

• Dans les sujets des deux dernières années, des écritures d'inventaire ont été demandées : il y en avait une dans chacun des trois exercices de 1999.

• Même si la session 1999 n'en tenait pas compte, vous devez savoir que le taux normal de TVA, depuis avril 2000, est de 19,60 %.

• Vous devrez vous habituer, à partir de janvier 2002, aux sommes exprimées en euros et non plus en francs.

***Rappel :** le taux de conversion est le suivant : 1 euro = 6,55957 francs.*

Bibliographie

***1.** Pour aller un peu plus loin dans vos connaissances et parfaire vos savoirs, vous trouverez dans l'ouvrage Comptabilité générale et gestion des entreprises de J.-J. Friedrich (Hachette supérieur) l'approfondissement de nombreux points du programme.*

***2.** La référence des professionnels est le Mémento pratique **comptable** de Francis Lefebvre, éditions Francis Lefebvre.*

1. Rappels de base

1. L'analyse comptable

La comptabilité est une technique permettant la transcription des événements et opérations liés à l'activité de l'entreprise. Ces opérations s'analysent en **flux** ou **mouvements** de richesses.

Chaque opération (achat, vente, règlement d'une charge) donne lieu à l'émission d'un document spécifique, d'une facture, d'un bordereau, d'un chèque.

Ces documents, appelés **pièces comptables**, servent de base aux **enregistrements comptables**.

1. Les flux et leur analyse

Un flux exprime une entrée ou une sortie de richesses dans l'entreprise.

Ainsi, une vente de marchandises valant 50 € et payée en espèces a pour pièce comptable de référence une **facture** et/ou une **pièce de caisse**.

Elle se représente ainsi :

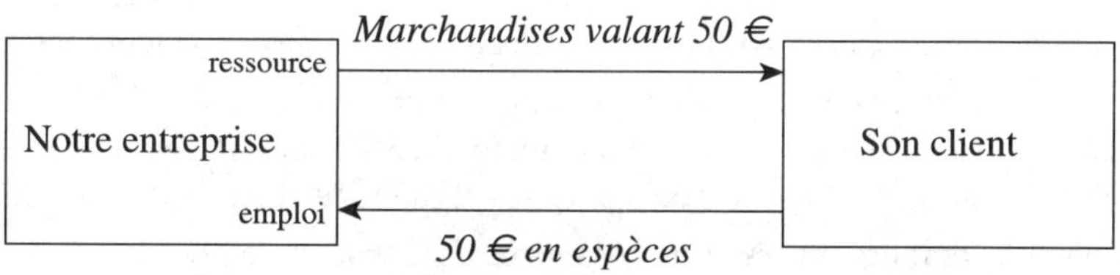

Le point de départ du flux est la **ressource**, les comptables utilisent le mot **crédit**.

Le point d'arrivée du flux est l'**emploi**, les comptables utilisent le mot **débit**.

Ainsi, du point de vue de notre entreprise, pour cette opération, nous pouvons écrire :

Le flux ayant son point de départ chez nous est le flux de marchandise :

Crédit = vente de marchandises, 50 €.

Le flux ayant son arrivée chez nous est le flux d'espèces :

Débit = (espèces en) caisse, 50 €.

2. Les enregistrements comptables

Ils s'effectuent deux fois :

– dans le journal de l'entreprise ;

– au grand livre des comptes.

a. Le journal

C'est un document retraçant les différentes opérations dans l'**ordre chronologique** de leur arrivée. Sa forme a beaucoup évolué avec le temps et notamment grâce à l'utilisation de l'outil informatique. Cependant la présentation traditionnelle d'une « écriture » au journal sous sa forme manuscrite est la suivante :

La vente de marchandises valant 50 € et réglée en espèces s'enregistre au journal comme suit :

date de l'opération

numéro des comptes utilisés

nom du compte débité — *nom du compte crédité* — *sommes débit et crédit*

	1/9/…		
530	Caisse	50,00	
707	Ventes marchandises		50,00
	Facture n° 107		

libellé de l'opération : référence du document justifiant l'enregistrement comptable

b. Le grand livre des comptes

Au cours d'une même journée, et *a fortiori* au cours d'une semaine, d'un mois, nous pouvons observer que la caisse, par exemple, est intervenue plusieurs fois. Parfois en « débit », parfois en « crédit ».

Comment savoir en fin de journée ce qu'il reste en caisse ? Il existe un outil qui permet de connaître rapidement, en limitant le risque d'erreurs ou d'omissions, la situation de la caisse : c'est le **compte caisse**. Il s'agit d'un tableau spécifique, dans lequel toutes les opérations faisant intervenir la caisse seront transcrites au fur et à mesure de leur réalisation.

De la même manière, pour les opérations faisant intervenir la banque, l'entreprise utilisera un compte banque. Elle se servira d'un compte clients pour enregistrer les mouvements de ses créances, d'un compte fournisseurs pour les règlements différés de ses achats, etc.

L'ensemble des comptes utilisés dans une entreprise s'intitule le grand livre des comptes.

1. la présentation classique du compte

N° 530	Nom du compte : *Caisse*				
Débit / Recettes (emplois)			Crédit / Dépenses (ressources)		
Date	Libellé	Somme	Date	Libellé	Somme
1/09	*Report à nouveau*	*218,00*	*15/10*	*Achat de timbres postaux*	*10,12*
2/09	*Vente facture n° 107*	*50,00*		*Achat d'une revue spécialisée*	*5,00*

Remarque : la somme dont dispose l'entreprise à son compte caisse le 1er septembre s'élève à 218 €. Elle est inscrite en première ligne sur le compte, avec, pour libellé, l'expression « **report à nouveau** ».

Ce report à nouveau correspond à la synthèse des opérations antérieures déjà analysées.

Dans cet exemple, pour l'entreprise, c'est un emploi, un débit, une manière d'utiliser ses avoirs.

2. La présentation simplifiée du compte

Lorsque l'on fait un exercice de comptabilité, il arrive qu'un très grand nombre de comptes soient utilisés. Reproduire le tracé dans son intégralité serait une perte considérable de place, donc de papier, mais aussi de temps.

Il existe une convention liant les « travailleurs » de la comptabilité (auteurs, enseignants, élèves, etc.) : **le compte en T.**

C'est une simplification du tracé usuel :

Débit	Caisse	Crédit
On inscrit de ce côté les emplois, ***débits***		On inscrit de ce côté les ressources, ***crédits***

Remarque : à côté de chaque somme, uniquement la date ou le numéro d'ordre de l'opération.

3. Le solde du compte

Lorsque de nombreuses écritures sont enregistrées dans un même compte, il peut être utile d'en calculer le **solde**, autrement dit la position à un moment donné.

Pour ce faire, il convient de totaliser les montants inscrits au débit du compte, puis de procéder de même avec les enregistrements inscrits au crédit.

La différence entre le total des débits et celui des crédits représente le solde du compte.

Si le total des débits est supérieur au total des crédits, le solde est qualifié de **débiteur** ; dans le cas contraire, le solde est **créditeur**.

Si nous reprenons l'exemple du compte caisse présenté dans le point **1.**, nous avons :

– total des débits = 218 + 50 soit 268 € ;

– total des crédits = 10,12 + 5 soit 15,12 € ;

– solde = 268 – 15,12 = 252,88 €. Ce solde est débiteur.

Remarquons que le solde de la caisse ne peut être que débiteur ou nul, en aucun cas créditeur.

c. La règle de la partie double

Une même somme est toujours inscrite dans deux comptes différents, au débit d'un compte et au crédit d'un autre.

Pour toute opération : **Emploi = Ressource ou**

Débit = Crédit

Ainsi, la vente de marchandises valant 50 € s'enregistrera au grand livre des comptes comme suit :

D	Caisses	C
(report à nouveau) *218,00*		*(...........)*
50,00		*(...........)*

D	Ventes de marchandises	C
		50,00

2. L'organisation comptable

L'entreprise procède à ses enregistrements comptables au journal et dans le grand livre des comptes en respectant un certain nombre de contraintes.

1. La normalisation comptable

Le nouveau plan comptable général a été mis en place par le Conseil national de la comptabilité en 1982. Il impose aux gestionnaires une normalisation des enregistrements et des traitements comptables. Cette normalisation existait bien avant 1982, sa nouvelle version remaniée par un arrêté du 22 juin 1999 respecte les conventions européennes.

Elle est obligatoire car l'administration fiscale est susceptible de contrôler les livres comptables de l'entreprise. Ces documents doivent donc être tenus dans le respect de la législation et de la normalisation afin de simplifier les procédures de vérification.

La clarté, la transparence sont des atouts pour le gestionnaire de l'entreprise.

Elle est aussi très utile aux relations de l'entreprise avec les tiers : banques, fournisseurs, clients, etc., en cas de litige par exemple.

2. Le cadre comptable

Le grand livre des comptes d'une entreprise est stable, fixe. Il est en principe adapté à ses besoins. Mais l'intitulé exact de ces comptes, leur classement ne sont pas choisis par l'entreprise, **ils sont extraits de la liste des comptes, établie par le plan comptable général**.

Selon la nature des opérations qu'elle réalise et selon sa taille, l'entreprise choisit à l'intérieur de cette liste un nombre plus ou moins important de comptes.

Ainsi, une entreprise de taille moyenne pourra utiliser, pour enregistrer ses mouvements de disponibilités, les comptes : *banque* et *caisse*, alors qu'une entreprise de taille importante utilisera pour le seul compte caisse la liste suivante : *caisse siège social, caisse succursale (ou usine) A, caisse succursale (ou usine) B,* etc.

a. Les différentes catégories de comptes

Le plan comptable général prévoit trois familles de comptes : bilan, gestion, spéciaux.

Seules les deux premières familles, les plus souvent utilisées, font partie du cadre de notre étude.

Types de comptes	Classement des comptes	Pourquoi les mettre ensemble ? Quel est leur point commun ?
Comptes de bilan	Classe 1, comptes de capitaux.	Ce sont les ressources stables, disponibles pour longtemps.
	Classe 2, comptes d'immobilisations.	Ce sont les emplois stables, les outils de production.
	Classe 3, comptes de stocks.	Ce sont les matières premières, marchandises, produits finis.
	Classe 4, comptes de tiers.	Ce sont tous les partenaires de l'entreprise.
	Classe 5, comptes financiers.	Ils décrivent la trésorerie de l'entreprise.
Comptes de gestion	Classe 6, comptes de charges.	Ce sont les dépenses occasionnées par l'activité de l'entreprise.
	Classe 7, comptes de produits.	Ce sont les recettes de l'entreprise.

b. La structure décimale de la liste des comptes

• Chacune des **classes** est divisée en **comptes principaux**, d'ordre 2, autrement dit comportant deux chiffres. Exemple 60 Achats.

• Les comptes principaux se décomposent en **comptes divisionnaires**, d'ordre 3 (avec trois chiffres), afin de permettre une analyse plus fine de la situation patrimoniale de l'entreprise, de ses charges ou de ses produits.

Par exemple : 601 Achats stockés, matières premières.
607 Achats de marchandises.

• Des **sous-comptes** d'ordre 4, 5 ou 6 peuvent être ouverts par les entreprises en fonction des besoins de leur gestion. Par exemple, comptes d'ordre 4 : 6011 Matière A.
6012 Matière B.

• La mise en place des comptes nominatifs

Il est très utile pour l'entreprise d'ouvrir un compte au nom de chacun des clients qui paient à crédit, afin de mieux suivre les créances. De même, ouvrir un compte au nom de chacun des fournisseurs habituels est une nécessité pour les entreprises qui paient leurs fournisseurs à crédit.

Ces comptes individuels sont appelés comptes nominatifs. Il convient de les intégrer au plan des comptes de l'entreprise.

Un numéro d'ordre est associé au nom de chaque client, de chaque fournisseur. Ce numéro d'ordre, précédé d'un point, viendra compléter le numéro de compte extrait du PCG.

Par exemple : Fournisseur Mobilux : 401.01.

c. La balance des comptes

Périodiquement, la vérification des enregistrements effectués conduit le gestionnaire de l'entreprise à dresser un tableau de synthèse intitulé « balance des comptes ».

1. Exemples d'enregistrements comptables

Notre entreprise réalise au début de sa vie les opérations suivantes :

1. dépôt du capital initial à la banque : 10 000 €.

2. utilisation de ses avoirs en banque pour l'achat de matériels industriels valant 2 000 €.

3. achat de marchandises 1 000 € (le règlement de cet achat se fera ultérieurement).

4. ventes d'une partie de ces marchandises : 100 €, le règlement est effectué en espèces.

Ces quatre opérations conduisent aux enregistrements suivants dans les comptes :

D	512 Banque	C
(1) 10 000	2 000 (2)	

D	101 Capital	C
	10 000 (1)	

D	215 Matériel industriel	C
(2) 2 000		

D	401 Fournisseurs	C
		1 000 (3)

D	607 Achats de marchandises	C
(3) 1 000		

D	530 Caisse	C
(4) 100 €		

D	707 Ventes de marchandises	C
		100 € (4)

2. Établissement de la balance des comptes

L'entreprise peut, si elle le souhaite, établir à ce stade de son activité une balance des comptes, tableau de synthèse du grand livre qui se présentera ainsi :

Balance des comptes

Comptes		Totaux des comptes		Soldes des comptes	
N°	**Intitulés**	**Total des débits**	**Total des crédits**	**Soldes débiteurs**	**Soldes créditeurs**
101	Capital		10 000		10 000
215	Matériel industriel	2 000		2 000	
401	Fournisseurs		1 000		1 000
512	Banque	10 000	2 000	8 000	
530	Caisse	100		100	
607	Achats de marchandises	1 000		1 000	
707	Ventes de marchandises		100		100
	Totaux	**13 100**	**13 100**	**11 100**	**11 100**

Remarque : ce document peut ne comporter que les deux dernières colonnes de chiffres à côté de la colonne « intitulés » (les totaux des comptes sont supprimés). On l'appelle alors « balance par soldes ».

3. Le rôle de la balance

L'établissement de ce document présente de nombreux avantages. Outre qu'il permet une visualisation synthétique du grand livre, ce document permet de vérifier le respect de la partie double lors des enregistrements comptables.

En effet, au bas du tableau le total des débits est bien égal au total des crédits.

L'égalité « total des soldes débiteurs égale total des soldes créditeurs » doit se vérifier également car elle découle de la précédente.

Enfin, la balance est un préalable indispensable à la construction du bilan.

3. La facturation

L'une des activités **principales** du service comptabilité de l'entreprise commerciale consiste à enregistrer les opérations d'achats et de ventes ainsi que leurs règlements.

1. *La facture de « doit »*

En droit, un contrat peut être défini comme un **accord** liant deux ou plusieurs **parties** (personnes, entreprises, organisations).

La **facture** est le support du **contrat de vente**. Les contractants sont le fournisseur et son client, l'objet du contrat est le contenu de la transaction ; autrement dit : la désignation et le prix des produits vendus, le montant à payer, les conditions de paiement et de livraison.

La facturation implique aussi le calcul et l'enregistrement du principal impôt indirect en France : la **taxe sur la valeur ajoutée**, communément appelée TVA.

a. Les réductions de prix portées sur la facture de doit

1. Les réductions à caractère commercial

Le rabais, la remise et la ristourne sont des réductions de prix à **caractère commercial** accordées aux clients.

• Le **rabais** est une réduction à caractère commercial accordée à titre exceptionnel, par exemple si la marchandise vendue présente un défaut de qualité ou un manque de variété dans le choix des couleurs, des tailles, etc.

• La **remise** est une réduction à caractère commercial accordée en fonction de la « qualité du client » : clients fidèles, clients qui achètent en quantités importantes.

• La **ristourne** est souvent accordée en fin d'année aux clients avec lesquels il convient de conserver de bonnes relations commerciales.

On appelle **net commercial** le montant à payer après déduction de l'une de ces réductions. C'est ce net commercial qui doit être inscrit dans le compte « ventes » du fournisseur ou dans le compte « achats » chez le client.

2. La réduction de prix à caractère financier

L'**escompte de règlement** est une réduction de prix à caractère financier accordée aux clients qui paient comptant ou avant la date d'exigibilité une facture indiquant un montant à payer assez important. On appelle **net financier** le montant à payer après déduction de l'escompte de **règlement**.

L'escompte de règlement est toujours enregistré :

• dans le compte n° 665, escompte accordé, chez le fournisseur

• dans le compte n° 765, escompte obtenu, chez le client.

b. Les majorations portées sur la facture de doit

1. La taxe sur la valeur ajoutée, la TVA

Cet impôt est **collecté** par le fournisseur auprès de ses clients puis reversé au Trésor.

Le calcul de la TVA apparaît sur les factures. L'assiette de cet impôt est le montant total hors taxe facturé après déduction des éventuelles réductions accordées.

Il existe **deux principaux taux de TVA** : le taux réduit concerne les livres, les transports et les produits de première nécessité. Le taux normal s'applique à tous les autres produits : mobilier, vêtements, etc.

Ces taux sont assez souvent modifiés par le ministère des Finances. Ils ont été fixés à 5,5 % pour le taux réduit et à 19,6 % pour le taux normal au 1er janvier 2001.

La TVA est un impôt qui ne frappe que le consommateur final. Dès lors, les entreprises qui paient la TVA lors de leurs achats et règlements de charges sont en droit de se la faire rembourser. Pour cette raison, la TVA payée par l'entreprise est appelée TVA **déductible**.

2. Les frais de transport, de livraison, d'assurance, etc.

Ils sont parfois facturés. Ils constituent une charge courante pour l'acheteur et le plus souvent un produit des activités annexes pour le fournisseur.

Leur montant s'ajoute au prix des produits, alourdissant ainsi la base de calcul de la TVA.

3. Les emballages consignés

Il arrive que le fournisseur livre ses produits dans des emballages qu'il prête à son client afin de faciliter la livraison. Des bouteilles, des fûts, des palettes : tout dépend du produit vendu. Le client est tenu de **restituer** ces matériels **consignés**.

Le fournisseur est en droit de facturer cette consignation à charge pour lui de rembourser au moment de la restitution des emballages.

Le prix de consignation n'est pas inclus dans l'assiette de la TVA. Il s'agit d'une dette du fournisseur à l'égard de son client.

Remarque : le prix remboursé lors de la restitution peut être inférieur au prix de consignation. Il convient de se reporter au corrigé de l'exercice n° 3 proposé au concours de la session 1999 pour traiter cette éventualité.

c. L'enregistrement comptable de la facture de doit

1. La présentation des calculs sur la facture de doit

Montant brut	330,00	
Remise 2 %	6,60	
Net commercial	323,40	← Valeur nette des marchandises à enregistrer dans le compte vente du fournisseur et dans le compte achat du client
Transport facturé	11,60	← Valeur à inscrire dans le compte de produit approprié chez le vendeur et dans le compte de charge correspondant chez le client
Total hors taxe	335,00	
Escompte 10 %	33,50	← Réduction financière
Net financier	301,50	← Base de calcul de la TVA
TVA au taux de 19,60 %	59,09	← TVA collectée par le fournisseur, le client pourra se la faire rembourser par le Trésor
Emballages consignés	40,00	← Dette du fournisseur à l'égard de son client au titre de la consignation d'emballages facturée
Net à payer TTC	400,59	← Net à payer par le client à inscrire en compte

2. Les enregistrements comptables

• Enregistrement au journal du fournisseur

411	Clients	400,59	
665	Escomptes accordés	33,50	
707	Ventes de marchandises		323,40
708	Produits des activités annexes		11,60
4457	État, TVA collectée		59,09
4196	Clients, dettes pour emballages consignés		40,00
	Facture de vente n° 1		
	Totaux	434,09	434,09

• Enregistrement au journal du client

607	Achat de marchandises	323,40	
624	Transport sur achat	11,60	
4456	État, TVA déductible	59,09	
4096	Fournisseurs, créances pour emballages à rendre	40,00	
401	Fournisseurs		400,59
765	Escomptes obtenus		33,50
	Facture de vente n° 1		
	Totaux	434,09	434,09

3. Récapitulatif des comptes utilisés pour enregistrer les différents achats et ventes

Liste des comptes utilisés par le vendeur	Liste des comptes utilisés par l'acheteur
701 Vente de produits finis	601 Achats stockés de matières premières
706 Prestations de services	602 Achats stockés autres approvisionnements
707 Ventes de marchandises	606 Achats stockés de matières et fournitures
708 Produits des activités annexes	607 Achats de marchandises
	61• Services extérieurs
	62• Autres services extérieurs

2. *La facture d'avoir*

a. Son rôle

Elle matérialise la créance d'un client sur son fournisseur. Son montant est déduit le cas échéant du total à payer par le client sur le relevé de facture dressé par le fournisseur périodiquement.

Une facture d'avoir est en général émise dans deux cas :

• lors de la **restitution de marchandises** par le client ;

• lorsqu'une **réduction de prix** est accordée au client **après** l'émission et l'envoi de la facture de doit.

b. La restitution de marchandises

L'enregistrement comptable d'une facture d'avoir constatant la restitution de marchandises par le client annule tout ou partie de la comptabilisation de la facture de doit. C'est une **contre-passation** partielle ou totale.

Par exemple, le retour de marchandise valant 100 € et ayant fait l'objet d'une remise de 5 % et d'un calcul de TVA au taux normal implique les écritures ci-après :

Les enregistrements comptables

• Journal du fournisseur

707	Ventes de marchandises (95 % de 100 €)	95,00	
4457	État, TVA collectée	18,62	
411	Client		113,62
	Avoir n° …		

• Journal du client

401	Fournisseurs	113,62	
607	Achats de marchandises		95,00
4456	État, TVA déductible		18,62
	Avoir n° …		

c. La réduction accordée *a posteriori*

Le client déçu par la qualité des marchandises qu'il reçoit peut accepter, après négociation avec son fournisseur, une réduction de prix. L'avantage de cette solution est qu'elle permet d'éviter l'annulation de la transaction et la restitution.

Par exemple, des marchandises relevant du taux normal de TVA (19,6 %) et valant 2 000 € présentent un défaut d'assortiment.

Elles font l'objet d'un rabais de 40 %. L'avoir n° 2 établi par le fournisseur sera comptabilisé comme suit :

Les enregistrements comptables

• Journal du fournisseur

709	Rabais, remises et ristournes accordés (40 % de 2 000)	800,00	
4457	État, TVA collectée	156,80	
411	Client		956,80
	Avoir n° 2		

• Journal du client

401	Fournisseur	956,80	
609	Rabais, remises et ristournes obtenus		800,00
4456	État, TVA déductible		156,80
	Avoir n° 2		

4. Les règlements

La trésorerie de l'entreprise est constituée des liquidités dont elle dispose afin d'effectuer ses divers règlements : espèces en caisse, fonds disponibles en banque. Il s'agit d'un élément fondamental pour sa gestion.

En effet, **une trésorerie insuffisante peut mettre en difficulté une entreprise** même très saine, ayant une production de qualité et une clientèle importante ou fidèle.

1. Les différentes formes de règlements

a. Les règlements au comptant

1. Un règlement au comptant se fait en espèces

Le règlement en espèces n'est utilisé que pour de petites sommes. Il fait intervenir le compte **caisse**.

2. Un règlement au comptant se fait aussi par l'entremise des banques, CCP ou autres

Le titulaire d'un compte dispose de fonds qu'il a déposés auprès d'un organisme financier. Dès lors, il dispose de toute une palette de moyens de paiement au comptant : **le chèque, le virement bancaire, le prélèvement automatique, la carte bancaire.**

Les comptes de trésorerie appartiennent à la classe 5 du plan comptable général. Ils sont toujours :

- débités en cas de recette, d'entrée de fonds ;
- crédités en cas de dépense, de sortie de fonds.

b. Les règlements différés avec obtention d'un crédit

Deux options sont possibles :

- Le créancier accorde un crédit simple, dont les termes sont convenus oralement ou par écrit.
- Un crédit est accordé avec la création d'un **effet de commerce** : le plus connu et le plus largement utilisé par les commerçants est la **lettre de change**, encore appelée **traite**.

1. Le crédit simple

Les entreprises accordent souvent à leurs clients habituels un crédit de quelques semaines, ce qui entretient de bonnes relations commerciales ; en fait, **le commerce est fondé sur le crédit**. Cette forme de crédit repose uniquement sur la confiance.

2. Le crédit avec création d'un effet de commerce

• La lettre de change ou traite

C'est l'un des modes de règlement différé le plus couramment utilisé. Il permet le règlement « à échéance » d'une dette, en général après accord entre un client et son fournisseur. **Il ne peut être utilisé que par les commerçants et leurs banques**.

• Le billet à ordre

L'effet de commerce peut prendre cette autre forme. C'est un mode de paiement toujours légalement admis, mais de moins en moins utilisé par les professionnels. Il bénéficie cependant de toutes les garanties relatives au droit cambiaire.

Remarque : l'échéance d'un effet de commerce est à 30 jours fin de mois, lorsque le délai accordé pour le règlement de la traite est de 30 jours à partir de la fin du mois au cours duquel la traite a été créée.
Exemple : une traite émise le 10 mars, réglable à 30 jours fin de mois devra être payée le 30 avril. Il arrive que des traites aient une échéance de 60 jours, 90 jours, voire 120 jours fin de mois.

2. La comptabilisation des règlements

a. Les comptes utilisés pour l'enregistrement des règlements

Comptabilité	Règlement	Comptes utilisés
Du client	Au comptant	Crédit d'un compte de trésorerie : 512, 514, 530
	Crédit simple	Crédit du compte n° 401 fournisseur ou n° 404 fournisseur d'immobilisation
	Avec un effet de commerce	Crédit du compte n° : 403 fournisseur, effet à payer ou n° 405 fournisseur d'immobilisation, effet à payer
Du fournisseur	Au comptant	Débit d'un compte de trésorerie : 512, 514, 530
	Crédit simple	Débit du compte n° 411 client
	Avec un effet de commerce	Débit du compte n° 413 client, effet à recevoir

b. Les enregistrements comptables

La vente d'un matériel informatique valant 1 380 € hors taxes et dont le règlement se fait par traite à 30 jours fin de mois s'effectue comme suit lorsque la facture et la traite sont émises au même moment :

1. Enregistrement de la vente avec une création de traite

• Journal du fournisseur

Compte	Libellé	Débit	Crédit
413	Clients, effet à recevoir	1 650,48	
707	Ventes de marchandises		1 380,00
4457	État, TVA collectée		270,48
	Facture n° …, traite n° …		

• Journal du client

Compte	Libellé	Débit	Crédit
401	Matériels de bureau	1 380,00	
4456	État, TVA déductible	270,48	
405	Fournisseur d'immobilisations, Effets à payer		1 650,48
	Facture n° …, traite n° …		

2. Paiement de la traite à l'échéance

Les effets étant toujours domiciliés, ce travail s'effectue par l'entremise des banques. La banque du fournisseur chargé de l'encaissement peut retenir des frais en rémunération du service rendu. Dans notre exemple, cette commission s'élève à 3,00 € dont 0,5 € de TVA.

• **Journal du fournisseur**

512	Banque	1 647,48	
627	Services bancaires	2,50	
4456	État, TVA déductible	0,50	
413	Client, effets à recevoir		1 650,48
	Pour solde du compte crédité		

• **Journal du client**

405	Fournisseur d'immobilisations, effets à payer	1 650,48	
512	Banque		1 650,48
	Pour solde du compte débité		

5. L'inventaire comptable : la dépréciation des immobilisations

L'inventaire comptable se pratique chaque année en fin d'exercice comptable. Son principal objectif est la détermination du bénéfice fiscal et l'établissement d'un **bilan** donnant une image fidèle du **patrimoine** de l'entreprise.

L'inventaire comptable implique donc l'examen de tous les comptes de l'entreprise et leur ajustement à la réalité. Les écritures qui en découlent sont toutes enregistrées à la date fixée pour la fin de l'exercice, le plus souvent le 31 décembre de chaque année.

Les principaux travaux d'inventaires entrant dans le cadre de notre étude concernent :

– les amortissements des immobilisations ;

– l'enregistrement des provisions pour dépréciation de l'actif circulant, que nous verrons dans le prochain chapitre.

1. *La justification économique de la dépréciation des immobilisations*

Bien souvent, les immobilisations de l'entreprise perdent de la valeur. Cette dépréciation peut être définitive, elle fait alors l'objet d'un **amortissement**. Lorsque la dépréciation est seulement probable, il convient de constituer une **provision**.

La provision pour dépréciation d'une immobilisation se calcule et s'enregistre comme une provision pour dépréciation d'un bien de l'actif circulant, traité dans le chapitre suivant.

La seule (petite) difficulté concerne le choix des comptes. Par exemple, la provision pour dépréciation d'un terrain s'enregistre par le débit du compte n° 681 et le crédit du compte n° 2911.

La provision pour dépréciation d'un fonds de commerce s'enregistre par le débit du compte n° 681 et le crédit du compte n° 2907, etc.

Notez, pour ce qui est du numéro du compte d'une provision pour dépréciation, le chiffre « **9** » qui se cale sur la deuxième position du numéro du compte du bien déprécié.

2. Le calcul de l'amortissement des immobilisations

Lorsqu'une immobilisation perd de sa valeur du fait de l'**usure** ou de l'obsolescence, c'est **toujours** un **amortissement** qu'il faut calculer et comptabiliser.

L'usure du bien est une cause importante de la dépréciation. Cette usure est liée à l'utilisation du bien dans le cadre de l'activité de l'entreprise. Il est donc légitime de considérer cette dépréciation comme une **charge** liée à l'activité de l'entreprise.

La contrepartie de cette charge n'est pas une dépense, mais une diminution de la valeur nette, réelle, actuelle des biens.

Pour cette raison, s'agissant d'amortissement, le terme utilisé au lieu de « charge » est « **dotation** ». illisible

a. L'évaluation de l'amortissement

La méthode de calcul à appliquer

Il en existe plusieurs. Celle qui sera utilisée ici s'intitule « amortissement linéaire ou constant ».

On admet que la dépréciation a la même valeur chaque année.

Remarque : la pratique de l'amortissement **dégressif**, assez souvent utilisée, sort du cadre de notre étude. Vous vous reporterez, si nécessaire, à la bibliographie recommandée dans les « Conseils généraux ».

b. La base de calcul

La base de calcul retenue pour déterminer le montant de l'amortissement est le **coût d'acquisition hors taxe**, lorsque le bien a été acheté par l'entreprise (ou le coût de production lorsque le bien a été produit par l'entreprise pour elle-même).

c. Le taux d'amortissement

Il s'exprime le plus souvent en pourcentage. Par exemple, si la durée de vie d'un bien est estimée à cinq ans, le bien est considéré comme perdant 1/5 de sa valeur chaque année. Le taux d'amortissement sera de 1/5 = 0,20 = 20 %.

d. L'annuité d'amortissement

Elle exprime le montant forfaitaire de la dépréciation du bien pour un exercice comptable donné, autrement dit pour une année.

Par exemple, un véhicule a été acquis au prix de 11 500 € hors taxe l'an dernier. Il est amortissable en 5 ans. Le montant de l'annuité d'amortissement pour l'année en cours sera :

Dotation annuelle à l'amortissement : 11 500 × 20 % = 2 300 €.

Cette annuité d'amortissement sera calculée à la fin de l'exercice comptable (qui correspond souvent avec l'année civile), soit le 31 décembre.

1. Le tableau d'amortissement

Supposons que ce matériel ait été acquis le premier janvier. Le tableau d'amortissement se présentera comme suit :

année	base	taux	dotation	cumul	valeur comptable nette
1	11 500	20,00 %	2 300	2 300	9 200
2	11 500	20,00 %	2 300	4 600	6 900
3	11 500	20,00 %	2 300	6 900	4 600
4	11 500	20,00 %	2 300	9 200	2 300
5	11 500	20,00 %	2 300	11 500	0

2. Le cas particulier de la première annuité : acquisition en cours d'année

• Exposé du problème

Toutes les immobilisations ne sont pas acquises le 1er janvier. Au contraire, elles sont le plus souvent achetées en cours d'année.

La dépréciation que l'on peut mesurer pour l'année d'acquisition est donc **inférieure** à la dépréciation relative à une année entière d'utilisation.

Il faut donc calculer la première annuité d'amortissement au ***prorata temporis***, c'est-à-dire en tenant compte de la durée exacte d'utilisation. Dans ce cas, la dernière annuité d'amortissement aura, elle aussi, un montant inférieur à celui de l'annuité normale complète.

Lorsque l'on totalise la première et la dernière annuité, le montant total de ces deux annuités partielles sera égal à une annuité normale, complète.

Supposons à présent que le bien ait été acquis le 8 juillet.

• Solution proposée

Le calcul au *prorata temporis* se fait alors en **jours** et non pas en mois.

La première dotation sera donc égale à :

$$\text{dotation normale} \times \frac{\text{nombre de jours d'utilisation}}{\text{360 jours}}.$$

Remarque : pour les comptables, l'année comporte 360 jours et non pas 365, ceci afin de simplifier les calculs. Mais lorsque l'on dénombre la durée d'utilisation d'un bien, c'est le nombre exact de jours par mois qui est décompté (par exemple 31 jours en janvier, 28 ou 29 jours en février, etc.).

• **Nouveau tableau d'amortissement**

date d'acquisition du bien :	07/07/01				
date fin d'exercice comptable	31/12/01				
durée première annuité	**177 jours**				
durée exercice comptable	**360 jours**				
année	base	taux	dotation	cumul	valeur comptable nette
1	11 500	20,00 %	1 130,83	1 130,83	10 369,17
2	11 500	20,00 %	2 300,00	3 430,83	8 069,17
3	11 500	20,00 %	2 300,00	5 730,83	5 769,17
4	11 500	20,00 %	2 300,00	8 030,83	3 469,17
5	11 500	20,00 %	2 300,00	10 330,83	1 169,17
6	11 500	20,00 %	1 169,17	11 500,00	0,00

3. Le bien peut être mis en service le premier jour d'un mois

Souvent les exercices proposés prévoient une acquisition le 1er août, ou le 1er juin… ou le 15 novembre.

Il peut être intéressant, dans ce cas, de calculer l'amortissement **au prorata du nombre de mois** et non pas au prorata du nombre de jours. Cela simplifie souvent les calculs.

Un cas de ce type est traité dans le corrigé de l'exercice n° 2 ayant été proposé au concours de la session 1998. Nous vous invitons à vous y reporter.

3. *L'enregistrement comptable de l'amortissement*

a. La charge

Le compte de charge à **débiter** pour comptabiliser les **dotations** aux amortissements est le compte n° 681 : dotation aux amortissements et provisions d'exploitation.

b. La dépréciation de l'actif immobilisé

Elle sera enregistrée dans des comptes de classe 2, appelés « comptes d'actif soustractifs ». Les soldes de ces comptes sont toujours **créditeurs**. Leurs valeurs viennent en déduction de la valeur des comptes auxquels ils sont rattachés.

Remarque : les numéros des comptes d'actif dans lesquels on doit inscrire la dépréciation des biens comportent le chiffre **8** en deuxième position du numéro de compte, soit 2**8**13 pour l'amortissement des constructions par exemple.

c. L'écriture comptable

Enregistrement au journal de l'écriture, permettant de comptabiliser la dotation aux amortissements relative au véhicule acquis par notre entreprise à la fin de l'année $n + 1$.

681 2818	DAP d'exploitation Amortissement des autres immobilisations corporelles suivant tableau de calcul extra-comptable	2 300,00	 2 300,00

6. L'inventaire comptable : La dépréciation de l'actif circulant

Les moins-values qui affectent les biens de l'entreprise doivent faire l'objet de provisions pour dépréciation dès qu'elles sont connues et donc **probables**. C'est la **règle de prudence** imposée par le plan comptable général.

1. La dépréciation des stocks

Les produits en stock peuvent perdre de la valeur pour différentes raisons : l'obsolescence ou la dégradation par exemple.

Cette moins-value ne sera effective qu'au moment de la vente, mais elle fait l'objet d'une dotation aux provisions au plus tard au moment de l'inventaire comptable.

• **Exposé du problème**

Exemple : le stock de marchandises disponible en magasin a fait l'objet d'une dégradation qui risque de lui faire perdre le quart de sa valeur. Ce stock a été enregistré lors de son acquisition pour un coût de 1 200 €.

• **Enregistrement comptable de la provision pour dépréciation**

681	DAP d'exploitation	300,00	
397	Provision pour dépréciation des stocks de marchandises		300,00
	suivant inventaire physique		

2. Les régularisations relatives aux créances

Certains clients de l'entreprise sont parfois dans l'impossibilité d'honorer tout ou partie de leur dette en raison de difficultés financières graves. Au moment de l'inventaire comptable, certains enregistrements doivent donc être effectués.

L'état de nos créances à problèmes appelées **créances douteuses** est le suivant au 31/12/…

Nom des clients	**Créance TTC**	**Taux de TVA**	**Montant hors taxe**	**Provision déjà constituée**	**Nouvelles informations obtenues cette année**
Polyglad	777,40	19,60 %	650	150,00	Règlement enregistré, la provision n'a plus de raison d'être
Justin	478,40	19,60 %	400	aucune	Perte prévue 50 % du nominal
Salmon	334,88	19,60 %	280	aucune	Définitivement insolvable

Tout d'abord, il convient de remarquer que le client Polyglad est en difficulté depuis un certain temps puisqu'une provision a déjà été constituée, le concernant.

En revanche, Justin et Salmon sont de nouveaux clients en difficulté.

a. Les créances irrécupérables

Nous observons que Salmon est définitivement insolvable, il convient donc d'annuler cette créance et de l'enregistrer comme une perte.

• L'écriture au journal se présente comme suit :

654	Perte sur créance irrécouvrable	280,00	
4455	État TVA à décaisser	54,88	334,88
411	Clients		
	Salmon définitivement insolvable		

Remarque : la perte est égale au nominal de la créance. Le montant de la TVA non perçue est une perte pour le Trésor et se déduit du montant de la taxe à lui reverser pour les opérations de la période.

b. Les nouveaux clients douteux

Pour ce qui concerne Justin, il est seulement en difficulté.

Dans un premier temps, il convient de séparer la créance le concernant de celles qui sont saines en enregistrant son montant dans un compte spécifique.

• L'écriture au journal se présente comme suit :

416	Clients douteux	478,40	
411	Clients		478,40
	Justin perte probable 50 % du nominal		

c. Les nouvelles dotations de l'exercice

Pour finir le traitement des créances douteuses de l'exercice, il faut constituer une provision d'un montant égal à celui de la perte prévue.

Pour Justin il faut donc faire une dotation égale à 50 % du montant hors taxe de la créance, soit 200 €.

• L'écriture au journal se présente comme suit :

681	DAP d'exploitation	200,00	
491	Provision pour dépréciation des créances		200,00
	Justin perte prévue 50 % du nominal		

Remarque : la TVA non perçue pour règlement insuffisant ou nul est une perte pour le Trésor et non pas pour l'entreprise, c'est la raison pour laquelle la base de calcul de la provision est toujours le montant hors taxe des créances.

d. Le réajustement des provisions antérieurement constituées

S'agissant du client Polyglad, le service comptable nous indique que le règlement a été effectué ; notre inquiétude a été vaine et la provision constituée n'a plus de raison d'être.

Il convient donc de l'annuler.

• **L'écriture à enregistrer est la suivante :**

491	Provision pour dépréciation des créances	150,00	
781	RAP exploitation		150,00
	Polyglad		

Conclusion

Tous les biens d'actifs peuvent perdre de la valeur. Ce n'est pas un inventaire exhaustif des différentes situations pouvant être envisagées qui vous est proposé ici.

Les **corrigés de deux sujets** de concours (1998 et 1999) qui vous sont proposés ci-après complèteront utilement les notions qui vous sont présentées ici.

À l'issue des travaux d'évaluation et de régularisation que sont les travaux d'inventaire, le **bilan,** document **central** de toute étude comptable et financière, est établi.

Ses règles de construction et l'analyse des informations qu'il regroupe sont exposées dans le corrigé du 3e exercice proposé au concours de la session 1998.

2. Annales et corrigés

1. Annales, 1999 *(corrigé p. 283)*

Durée : 2 h. Coefficient : 3.

Vous devez composer dans l'option que vous avez indiquée sur la demande d'admission à concourir et uniquement dans celle-ci. Si vous composez dans une option différente ou dans plusieurs options, **votre copie sera notée zéro**.

Pour les exercices suivants, il est précisé que :

– les montants sont exprimés en francs français ;

– les exercices comptables coïncident avec l'année civile ;

– sauf indication contraire, les opérations ne sont pas imposables à la TVA.

Exercice n° 1

La Société des imprimeries stéphanoises réunies (SISR) commande une presse à imprimer auprès de la Société Gutemberg installée en Suisse. Le prix total de la machine s'élève à 880 000 francs.

Le 15/02/1998, la SISR règle un acompte de 280 000 francs par virement bancaire à la Société Gutemberg, en Suisse.

Le 01/04/1998, la SISR réceptionne la presse accompagnée de sa facture. Le 01/05/1998, la Société Gutemberg effectue le règlement du solde.

Le 31/12/1998, lors des travaux d'inventaire, il vous est indiqué que la presse à imprimer Gutemberg est amortie sur une période de huit ans selon le système linéaire.

Le 01/10/1999, la presse à imprimer Gutemberg est cédée au prix de 650 000 francs à la Société Primatür qui est un imprimeur installé en Suisse.

Dans l'ordre chronologique, passez au journal les écritures relatives à l'acquisition et à la cession de la presse à imprimer de la marque Gutemberg ainsi que les écritures d'inventaire nécessaires aux 31/12/1998 et 31/12/1999.

Exercice n° 2

Pour financer l'acquisition d'une immobilisation, la Société des imprimeries stéphanoises réunies contracte un emprunt auprès de l'Union des banques de Zurich (UBZ).

Le montant de l'emprunt s'élève à 800 000 francs et est remboursable par périodes semestrielles. Les fonds sont mis à disposition de la SISR le 30/03/1998.

Un extrait du tableau des échéances vous est remis :

Dates	Amortissement du capital	Montant des intérêts	Montant de l'échéance
01/10/1998	100 000 francs	32 000 francs	132 000 francs
01/04/1999	100 000 francs	28 000 francs	128 000 francs

Les intérêts étant payables à l'échéance, le service financier de la SISR chiffre à 9 333 francs la part des intérêts correspondant à la période du 01/10/1998 au 31/12/1998.

Dans l'ordre chronologique, passez au journal les écritures relatives à la souscription de l'emprunt et aux deux premières échéances de remboursement ainsi que les écritures de régularisation nécessaires.

Exercice n° 3

La Compagnie laitière du Mont-Gerbier (CLMG) vend du lait conditionné en bouteilles de verre perdu qui sont livrées dans des caisses consignées.

Le 23/02/1998, la CLMG établit la facture concernant la livraison en Suisse à son client la chaîne de supérettes « l'Escale » :

– 60 000 bouteilles de lait à 3 francs .... 180 000 francs ;

– consignation de 10 000 caisses à 5 francs .... 50 000 francs.

Le 26/02/1998, la CLMG accorde un escompte de 2 % à son client « l'Escale » qui règle ce jour les bouteilles de lait par virement bancaire international.

Le 05/03/1998, la CLMG réceptionne en retour de son client « l'Escale » 8 000 caisses ayant fait l'objet de la consignation. Les caisses sont reprises sur une base de 4 francs l'unité.

Le 07/06/1998, le représentant commercial helvétique informe la CLMG que la chaîne de supérettes « l'Escale » fait l'objet d'une procédure de faillite. Le même jour, le recouvrement de la créance est confié au cabinet Buller & Bartini Associés.

Le 31/12/1998, le cabinet Buller & Bartini Associés adresse un certificat indiquant que la créance de « l'Escale » est définitivement irrécouvrable.

Dans l'ordre chronologique, passez au journal les écritures relatives à ces opérations.

Corrigés

Exercice n° 1

1. Quelques commentaires avant d'aborder le corrigé

- Cet exercice fait référence à vos connaissances relatives aux immobilisations.
- Il n'y a pas de difficulté particulière si ce n'est le calcul de l'amortissement.
- Pensez au contrôle de vraisemblance du résultat de votre amortissement.

a) L'acompte

• 238 débité (on ne tient pas compte de la TVA, elle sera sur la facture) par le compte,

• 512 banque crédité.

b) L'acquisition

• compte de classe **2** débité (entrée du bien),

• compte de TVA débité : 4456 (à ne pas utiliser selon les consignes de l'exercice),

• compte 404 Fournisseurs d'immobilisations crédité.

c) L'annuité d'amortissement

Se reporter pages 276 et suivantes pour les conseils sur l'amortissement.

Le système de l'amortissement linéaire était imposé, ce qui facilitait la tâche.

La presse ayant un coût de 880 000 F amortis sur 8 ans, le montant maximum d'amortissement pour un an est de 110 000 F (880 000/8).

En l'absence d'indication précise, on considérera ici que la date de mise en service est le 1er avril.

Il y a donc 9 mois pris en compte pour 1998 (d'avril à décembre) et 9 mois d'amortissement pour l'année 1999 (de janvier à septembre).

• compte 6**8**1 débité (plus de charges – on la nomme calculée),

• compte de l'immobilisation avec un **8** en deuxième position (amoindrissement de la valeur de l'actif crédité).

d) La cession

Plusieurs possibilités d'enregistrements existent, notamment au niveau du choix des dates.

1. Pour cet exercice

On vous demande les écritures d'inventaire nécessaires, c'est pour cela qu'il faut enregistrer en trois temps :

• Première écriture : elle fait référence à la cession (écriture du 1/10). On débite le compte 462 (ou 512 s'il y a un règlement bancaire) par le crédit du compte 775.

• La deuxième écriture régularise, à la date de l'inventaire (31/12 dans notre cas), le complément d'amortissement.

• Enfin, la dernière – toujours à la date de l'inventaire – décrit la sortie de l'immobilisation avec l'apparition du compte 675 qui, par différence avec le compte 775, aboutira soit à une plus-value (775 > 675), soit à une moins-value (675 < 775).

2. Pour d'autres exercices

On peut enregistrer les trois écritures précédentes à la date de cession.

2. Corrigé : passation des écritures au journal

	15/02/1998		
238	Avances et acomptes	280 000,00	
512	Banque		280 000,00
	Virement bancaire		
	01/04/1998		
2154	Matériel industriel	880 000,00	
404	Fournisseur d'immobilisations		880 000,00
	Facture		
	01/05/1998		
404	Fournisseur d'immobilisations	880 000,00	
238	Avances et acomptes		280 000,00
404	Banque		600 000,00
	Virement bancaire		
	31/12/1998		
68112	DAP – Immobilisations corporelles	82 500,00	
28154	Amortissement matériel industriel		82 500,00
	(880 000/8) × 9/12		
	01/10/1999		
462	Créances sur cessions d'immobilisations	650 000,00	
7752	Produits de cession d'éléments d'actif		650 000,00
	Facture		
	31/12/1999		
68112	DAP – Immobilisations corporelles	82 500,00	
28154	Amortissement matériel industriel		82 500,00
	Amortissement complémentaire presse *(880 000/8) × 9/12*		
	31/12/1999		
28154	Amortissement matériel industriel	165 000,00	
6752	Valeurs comptables des éléments d'actifs cédés	715 000,00	
2154	Matériel industriel		880 000,00
	Cession presse		
	31/12/1999		
	Total	3 735 000,00	3 735 000,00

Exercice n° 2

1. Quelques commentaires avant d'aborder le corrigé

Cet exercice ne présente aucune difficulté si l'on connaît la structure des écritures de l'emprunt.

a) Émission

- 512 débité (plus d'argent), mais
- 164 crédité (plus de dettes).

b) Remboursement

- 164 débité (moins de dettes),
- 661 débité (plus de charges financières),
- 512 crédité (moins d'argent).

c) Régularisation

- 661 débité,
- par le compte 1688 crédité, alors qu'il n'y a pas de document.

Explications complémentaires sur cette partie de l'exercice la plus difficile à résoudre :

1. En avril 1999, on va payer une échéance (flux financier) qui couvre la période du 1er octobre 1998 au 30 mars 1999. Or, la règle d'indépendance des exercices comptables fait supporter à chacun d'eux **exclusivement ses** charges et **ses** produits.

2. Il faut donc régulariser à la date d'inventaire (ici le 31/12) pour faire apparaître les 3 mois d'intérêt (d'octobre 98 à décembre 98) à **inclure** dans les charges financières de l'exercice qui s'achève.

Le compte 1688 est un compte **provisoire** qui permet de prendre en compte cette charge qui ne sera payée que l'année suivante.

3. Ce compte disparaîtra par l'écriture de contre-passation (la même écriture que celle du 31/12 mais inversée), qui devra être enregistrée au début de l'exercice 1999, en janvier.

4. Ainsi :

– L'exercice 1998 aura supporté les 32 000 francs (dans le compte 661) d'avril à septembre, plus les 9 333 francs d'octobre à décembre.

– L'exercice 1999 dans ses charges financières sera diminué de ce montant.

5. Remarque importante

La phrase : « *Passez les écritures de régularisation nécessaires* » sous-entend au moins deux écritures d'inventaire.

Sachant que la première est celle du 31/12/1998, que l'écriture du 31/12/1999 n'est pas demandée, il faut en déduire que la seconde écriture est celle de la contre-passation.

2. Corrigé : passation des écritures au journal

	30/03/1998		
512	Banque	800 000,00	
164	Emprunts		800 000,00
	UBZ		
	01/10/1998		
164	Emprunts	100 000,00	
661	Charges d'intérêts	32 000,00	
512	Banque		132 000,00
	UBZ remboursement semestriel		
	31/12/1998		
661	Charges d'intérêts	9 333,00	
1688	Intérêts courus		9 333,00
	3 mois d'intérêts : du 1/10/98 au 31/12/99		
	01/01/1999		
1688	Intérêts courus	9 333,00	
661	Charges d'intérêts		9 333,00
	Contre-passation des intérêts courus		
	01/04/1999		
164	Emprunts	100 000,00	
661	Charges d'intérêts	28 000,00	
512	Banque		128 000,00
	UBZ remboursement semestriel		
	01/04/1999		
	Total	1 078 666,00	1 078 666,00

Exercice n° 3

1. Quelques commentaires avant d'aborder le corrigé

a) Les différents types d'emballages

Ne pas confondre les emballages perdus avec les emballages consignés.

• Les emballages perdus sont vendus aux clients avec le produit.

Exemples : la barquette de fraises, la bouteille plastique contenant une boisson gazeuse.

Ils ne font pas l'objet d'un traitement comptable car leur faible valeur est incluse dans le prix de vente.

• Les emballages consignés sont des emballages récupérables.

Exemples : fûts, caisses, palettes.

Ils sont provisoirement conservés par les clients et repris dans des conditions commerciales déterminées.

L'entreprise consigne (prête) ces emballages aux clients en facturant un montant pour inciter ces derniers à les restituer.

Le numéro du PCG est le 4196 chez le fournisseur, 4096 pour le client.

Le 9 en troisième position inverse le sens classique du compte.

b) L'enregistrement comptable de la consignation des emballages

1. Les différents cas qui peuvent être envisagés :

• Non-restitution des emballages :

– à considérer comme une vente pour le fournisseur (7088 cessions d'approvisionnements) ;

– à considérer comme un achat pour le client (60265 emballages récupérables non identifiables).

• Restitution des emballages consignés au prix de consignation : on annule la consignation par l'écriture : (4196/411 chez le fournisseur, 401/4096 chez le fournisseur).

• Restitution des emballages consignés à un prix inférieur au prix de consignation :

– il y a un boni de consignation pour le fournisseur, qui s'enregistre dans le compte n° 7086 Boni sur reprise d'emballages consignés) ;

– il y a un mali de consignation pour le client (6136 Malis sur emballages).

2. Détails des calculs relatifs à l'opération du 05/03/1998

– 4196 40 000 francs car 8 000 emballages à 5 francs (valeur d'entrée = valeur de sortie),

– 411 32 000 francs car 8 000 emballages repris à 4 francs,

– 7086 8 000 francs car 1 franc de boni sur 8 000 emballages (consignation : 5 francs, déconsignation : 4 francs).

Ces derniers sont considérés comme vendus par la CLMG.

Remarque :

Dans cet exercice on ne tient pas compte, comme il est indiqué dans l'énoncé, de l'incidence de la TVA.

Vous pourrez approfondir le cas des clients douteux et les cas qui s'y rattachent.

2. Corrigé : passation des écritures au journal

	23/02/1998		
411	Clients	230 000,00	
701	Ventes de produits finis		180 000,00
4196	Clients – dettes pour emballages consignés		50 000,00
	Facture		
	26/02/1998		
512	Banque	176 400,00	
665	Escomptes accordés	3 600,00	
411	Clients		180 000,00
	Virement bancaire international		
	05/03/1998		
4196	Clients – Dettes pour emballages consignés	40 000,00	
411	Clients		32 000,00
7086	Bonis sur reprises d'emballages		8 000,00
	Déconsignation 8 000		
	07/06/1998		
416	Clients douteux	18 000,00	
411	Clients		18 000,00
	Escale : procédure de faillite		
	31/12/1998		
654	Pertes sur créances irrécouvrables	18 000,00	
416	Clients douteux		18 000,00
	Certificat		
	Total	486 000,00	486 000,00

2. Annales, 1998 *(corrigé p. 290)*

Durée : 2 h. Coefficient : 3.

Vous devez composer dans l'option que vous avez indiquée sur la demande d'admission à concourir et **uniquement dans celle-ci**. Si vous composez dans une option différente ou dans plusieurs options, **votre copie sera notée zéro.**

Exercice n° 1

• 5 juin. La société Larcheri, spécialisée dans la vente des fruits et légumes, reçoit la facture n° 56 du fournisseur Mandord :

– micro-ordinateur	8 500 F HT
– imprimante	1 500 F HT
– 10 cartouches d'encre	500 F HT
	10 500 F HT

Règlement à 30 jours. TVA 20,60 %.

• 8 juin. La société Larcheri adresse à son client Atoutu la facture n° 22 :
– marchandises   17 000 F HT ;
– remise 5 % et escompte de 2 % pour règlement au comptant ;
– TVA 20,60 %.

• 12 juin. Réception de la facture d'avoir de la société Mandord pour 5 cartouches d'encre défectueuses (prix unitaire 25 F HT).

• 17 juin. Règlement de la facture n° 245 BG du fournisseur Delmotte par traite :
– montant nominal de la traite 53 600 F TTC ;
– frais bancaires 175 F.

Passer les écritures au journal de la société Larcheri.

Exercice n° 2

La SARL Duchemin a acquis le 15 septembre 1994 une machine-outil :
– prix d'achat HT : 252 000 F ;
– durée de vie probable : 5 ans ;
– amortissement linéaire ;
– TVA 20,60 %.

Présenter le tableau d'amortissement et passer l'écriture d'amortissement du matériel au 31/12/1997.

– Le portefeuille de titres de la SARL Duchemin comprend, lors de l'inventaire le 31/12/1997.

Type	Quantités achetées	Date d'achat	Prix d'achat	Cours moyen au 31/12/1996	Cours moyen au 31/12/1997
Sommer	20	01.04.96	420	400	470
Agerap	5	02.02.97	500	480	530

Passer au journal les écritures d'inventaires au 31 décembre 1997.

Exercice n° 3

Donner une définition succincte du bilan et présenter le bilan sous forme de tableau en indiquant les principales rubriques qui le composent.

Corrigés

Exercice n° 1

1. Quelques commentaires avant d'aborder le corrigé

• Exercice classique dans lequel on trouve des écritures simples avec des difficultés dans le choix des numéros de comptes.

• En cas de doute, fiez-vous à votre première idée.

• Il faudra effectuer rapidement les calculs, surtout les multiplications.

a) Acquisition d'immobilisations avec des fournitures (écriture du 5/06)

On englobe l'ensemble du TTC dans le numéro 404, mais on aurait pu différencier les achats (pour 2 000 F hors taxe + 196 F de TVA) sous le compte 401.

Le *Mémento Lefebvre* ne donne pas d'indications sur ce point.

Pour savoir si vous maîtrisez ce type d'écriture, examinez l'exercice 1 de la session 1999.

b) Vente avec un escompte (écriture du 8/06)

Il faut passer l'écriture de paiement même si le document n'est pas mentionné. En effet, un paiement au comptant sous-entend un règlement sous huitaine. Or, celui-ci n'apparaît pas dans les opérations qui suivent.

On peut penser que le règlement est mentionné sur la facture (par le compte Banque vu le montant).

c) Retour de marchandises (écriture du 12/06)

On aurait utilisé le compte 60225 crédité si cela avait été un renvoi de cartouches au fournisseur.

Dans ce cas, on a gardé les cartouches défectueuses pour lesquelles un rabais de 50 % est accordé par la société Mandord.

En effet, le prix facturé sur la facture de doit du 5 juin était de 50 F par cartouche, l'avoir indique un prix unitaire ramené à 25 F par cartouche défectueuse.

2. Corrigé : passation des écritures au journal

	5/06/1998		
2183	Matériel informatique	8 500,00	
6064	Fournitures administratives	1 500,00	
60225	Fournitures de bureau	500,00	
44562	TVA sur immobilisations	1 666,00	
44566	TVA sur autres biens et services	392,00	
404	Fournisseur d'immobilisations		12 558,00
	Facture n° 66		
	08/06/1998		
411	Client	19 087,36	
665	Escompte accordé	323,00	
707	Ventes de marchandises		16 150,00
44571	TVA collectée		3 260,36
	Facture n° 22, Atoutu		
	08/06/1998		
512	Banque	19 087,36	
411	Clients		19 087,36
	Client Atoutu, chèque		

	12/06/1998		
401	Fournisseur	149,50	
6092	RRR obtenus sur achats d'autres approv.		125,00
44566	TVA sur autres biens et services		24,50
	Facture d'avoir		
	17/06/1998		
403	Fournisseurs – Effets à payer	53 600,00	
6275	Frais sur effets	175,00	
512	Banque		53 775,00
	Traite, fournisseur Delmotte		
	17/06/1998		
	Total	104 663,68	104 663,68

Exercice n° 2

1. Règles et conseils pour le tableau d'amortissement

a) Les règles

• On prend en compte le nombre exact de jours entre les mois, avec une année comptable de 360 jours.

• N'oubliez pas que la date prise en compte est celle de la *mise en service* de l'immobilisation.

• Il faut que la valeur comptable nette soit zéro à la fin du tableau (sinon, il y a une erreur).

b) Les conseils

• N'hésitez pas à compter sur vos doigts pour dénombrer les mois à prendre en compte entre la date de mise en service et la date de clôture de l'exercice – ici le 31/12 à défaut d'indications contraires.

• Comme il n'y a pas d'indications précises, on considérera dans notre cas que c'est le 15/9/1994.

• Chaque fois que possible, on calculera la durée d'utilisation du bien en nombre de mois (dans ce cas, le dénominateur est 12), les dates données (mise en service le 1er ou le 15e jour du mois) laissent apparaître la pertinence de cette simplification.

• La colonne amortissement cumulé n'est pas obligatoire.

c) Les calculs

• Amortissement 1994 : $252\ 000 \times \frac{1}{5} \times \left(\frac{3{,}5}{12}\right)$ (du 15 septembre au 31 décembre) ;

• Amortissement année entière : $252\ 000 \times \frac{1}{5}$;

• Dernière annuité :

– soit en calculant $252\ 000 \times \frac{1}{5} \times \left(\frac{8{,}5}{12}\right)$ (en vérifiant qu'avec la première on arrive à 12 mois) ;

– soit en soustrayant la première annuité à l'annuité entière (50 400 – 14 700).

2. Corrigé : Le tableau d'amortissement

Tableau d'amortissement				
Type	**Machine-outil**		Amortissement : **linéaire**	
Date d'acquisition :	**15/09/1994**		Durée :	**5 ans**
Année	Valeur début	Amortissement	Amortissements cumulés	Valeur comptable nette
1994	252 000	14 700	14 700	237 300
1995	237 300	50 400	65 100	186 900
1996	186 900	50 400	115 500	136 500
1997	136 500	50 400	165 900	86 100
1998	86 100	50 400	216 300	35 700
1999	35 700	35 700	252 000	0

3. Les provisions

Cet exercice se termine par un problème facile sur les provisions du portefeuille titres.

Il sera l'occasion de revoir en détail ce point du programme.

a) Terminologie

• La provision constate la diminution de valeur d'un élément de l'actif mais celle-ci a un **caractère de réversibilité** que n'a pas l'amortissement.

• L'action est une partie du capital d'une société de capitaux (SA, SARL). Cela donne droit à un dividende lorsque l'entreprise réalise un bénéfice. On parle de parts sociales pour les sociétés de personnes (SNC).

• L'obligation est un droit de créance sur une société. On souscrit à un emprunt qui donne droit annuellement à un intérêt dont le taux est déterminé à l'avance.

La différence juridique et la nature du placement se traduisent dans le plan comptable.

b) Numérotation prévue par le plan comptable général

26 Participations	(on possède 10 % du capital de l'entreprise)
2611 Actions	
27 Autres immobilisations financières	(placement durable)
2711 Actions	
2721 Obligations	
50 Valeurs mobilières de placement	(placement à but spéculatif)
503 Actions	
506 Obligations	

Remarque : lors de l'achat de titres, il y a des frais bancaires enregistrés dans le compte **6271** Frais sur titres.

c) L'évaluation des titres en portefeuille

• Le cours moyen du mois de l'inventaire (ici décembre) est la référence pour les titres cotés, pour ceux non cotés on utilise la valeur probable de négociation.

• À la fin de chaque exercice, on va comparer le cours moyen du titre à son coût d'achat.

Deux cas peuvent se présenter à la fin de la première d'année d'achat :

1. Une baisse apparaît, comme pour le titre **Sommer** au 31/12/1996.

On doit constater une provision $(400 - 420) \times 20$:

– 68**6** débité, le résultat baisse (le 6 en troisième position signale le caractère financier) ;

– par le crédit du compte concerné avec un 9 en deuxième position qui signale le caractère de la provision (comme le 8 marque un compte d'amortissement).

2. Une hausse apparaît, comme pour le titre **Agerap** au 31/12/1997 : acheté 500 F le 02/02/1997, il cote 520 F au 31/12/1997.

Conformément au **principe de prudence** édicté par le plan comptable général, on n'enregistre pas cette plus-value probable.

Attention, ici, il ne fallait pas tomber dans le piège de passer une provision sur la seule lecture du cours moyen au 31/12/1996. À cette date, on ne possédait pas ces titres !

3. **Aux inventaires suivants,** on va réajuster la provision. Quatre cas sont possibles :

• Le cours est inchangé, on ne passe aucune écriture.

• Le cours a encore baissé, on constate un complément de provision (écriture identique à la provision initiale – les montants étant différents selon la baisse du cours).

• Le cours a grimpé mais pas suffisamment pour annuler totalement la provision. On annule partiellement la provision.

• Le cours est supérieur à la valeur d'achat, il faut annuler la totalité de la provision. C'est le cas en 1997 avec le titre **Sommer**.

Pour les deux derniers cas, l'écriture sera la suivante :

Au débit, le compte de provision.

Au crédit, le compte **786** Reprises sur provisions (il y a une hausse de la valeur de l'actif par la diminution de la provision, le résultat augmente).

4. Corrigé : passation de l'écriture au journal

	31/12/1997		
5903	Provisions pour dépréciation des actions	400,00	
78665	Reprises sur provisions des VMP		400,00
	Sommer, provision 1996 annulée (400 – 420) × 20		

Exercice n° 3

1. Corrigé

a) Définition succincte

Le bilan est une photographie, à une date donnée, de la situation patrimoniale de l'entreprise.

b) Modèle de bilan

Actif	**Bilan au 31/12/1997**	**Passif**
Actif immobilisé Immobilisations incorporelles Immobilisations corporelles Immobilisations financières		*Capitaux propres* Capital Résultat
Total 1		Total 1
Actif circulant Stock Clients Disponibilités		*Dettes* Emprunts Fournisseurs Autres dettes
Total 2		Total 2
Total général (Total 1 + Total 2)		Total général (Total 1 + Total 2)

Remarque : on aurait pu utiliser l'exercice 2 pour inclure les valeurs mobilières de placement (juste avant le poste Disponibilités).

2. Quelques commentaires sur le bilan

a) L'actif

L'actif regroupe les **emplois**, c'est ce que l'entreprise possède.

On trouve deux grands postes :

- l'actif immobilisé ;
- l'actif circulant.

1. L'actif immobilisé

Il représente ce qui va être conservé **durablement** par l'entreprise et qui sert à la production. On classe les immobilisations en trois rubriques. Voici les rubriques avec les exemples les plus couramment utilisés :

- Immobilisations incorporelles : brevets, droit au bail, fonds commercial.
- Immobilisations corporelles : terrains, bâtiments, matériel industriel, matériel de transport, matériel de bureau et d'informatique, mobilier.
- Immobilisations financières : titres de participation, titres immobilisés.

2. L'actif circulant

Il représente le **cycle d'exploitation** : ce qui est acheté est stocké puis vendu aux clients avant que les règlements ne soient déposés en banque ou en caisse (c'est la trésorerie).

Remarque : plus on descend dans les postes, plus ceux-ci sont mobilisables.

b) Le passif

Le passif regroupe les ressources, c'est ce que l'entreprise doit.

1. Le capital

Il représente l'apport des associés ou des actionnaires (ressources long terme).

2. Le résultat

C'est une ressource interne (créée par l'entreprise). Cela peut être :

- soit un bénéfice (il s'ajoute aux capitaux propres) ;
- soit une perte (dans ce cas, elle se retranche).

3. Les dettes

Elles sont classées par ordre d'exigibilité décroissante (du long terme au court terme : de l'emprunt au fournisseur).

5. Connaissances économiques, juridiques et commerciales

Conseils, bibliographie et méthodologie

1. Conseils généraux

Parmi les épreuves d'admissibilité, ***l'épreuve n° 2 a une durée de 2 heures et un coefficient 3****. Elle consiste à traiter des questions portant sur des* ***thèmes à vocation économique, juridique et commerciale.***

Le champ des connaissances couvert par le concours d'agent de constatation des douanes concerne[a] *:*

– ***Connaissances économiques :*** *les problèmes économiques actuels (chômage, inflation, grands équilibres, croissance).*

– ***Connaissances juridiques :*** *le statut juridique de l'entreprise ; l'activité contractuelle de l'entreprise (les contrats, les règlements, la responsabilité de l'entreprise, l'assurance) ; les institutions (président de la République, gouvernement, Parlement, élaboration des lois et des règlements, institutions juridictionnelles, collectivités territoriales).*

– ***Connaissances commerciales :*** *l'entreprise et son environnement (le circuit économique) ; l'entreprise et la production (présentation générale de l'entreprise, classification selon l'activité) ; la croissance de l'entreprise et la concentration ; les prélèvements et la redistribution (fiscalité, dépenses publiques, prélèvements sociaux).*

Le programme couvre donc les aspects économiques et juridiques de la vie des agents économiques (principalement les entreprises et l'État) dans leur environnement. Il convient alors pour le candidat d'appréhender les mécanismes économiques et juridiques fondamentaux (circuit économique, déséquilibres économiques contemporains, contrats, responsabilités, redistribution, etc).

Outre la nécessité pour le candidat de se tenir au fait de l'actualité économique, la préparation du concours nécessite la lecture de la presse, de certaines revues et d'ouvrages.

2. Bibliographie

– La presse : le candidat doit d'ores et déjà s'imprégner de l'évolution économique, juridique et commerciale en lisant la presse. La lecture d'un quotidien comme Les Échos *semble tout particulièrement indiquée.*

– ***Les revues :***

• *Pour les connaissances économiques :* L'Expansion, Le Nouvel Économiste, Alternatives économiques, Capital.

• *Pour les connaissances juridiques :* Le Particulier, Management, L'Entreprise.

• *Pour les connaissances commerciales :* L'Entreprise, Management, L'Expansion.

– ***Les ouvrages :*** *manuels d'un niveau BTS en économie générale, économie d'entreprise et droit semblent particulièrement indiqués ; citons, par exemple, les ouvrages de BTS 1 et 2 chez Hachette (*Économie générale *de Dupuy, Larchevèque et Nava,* Économie d'entreprise *de Caillat, Keradec, Larue et Pelletier,* Droit *de Kacimi, Kadouch, Pieulle et Tardif).*

a. Documentation publiée par le ministère des Finances et de l'Industrie relative au concours d'agent de constatation des douanes.

– **La consultation de certains sites Internet** peut enrichir cette documentation :

Pour les connaissances économiques :

www.lesechos.fr : site des Échos *;*

www.insee.fr : site de l'INSEE.

Pour les connaissances juridiques :

www.leparticulier.fr : site de la revue juridique Le Particulier *;*

www.lentreprise.fr : site de la revue : L'Entreprise *;*

www.apce.gouv.fr : site de l'agence pour la création d'entreprise (statut juridique des entreprises) ;

www.servicepublic.fr : site de l'administration publique (institutions, etc).

Pour les connaissances commerciales :

www.finances.gouv.fr : site du ministère de l'Économie et des Finances (fiscalité, etc).

3. Méthodologie

Le questionnement concernant cette épreuve se présente toujours de la même façon. Le thème abordé est indiqué puis une série de questions précises suivent.

Exemple : *1. Le chômage*

a. *Donnez les définitions des termes suivants : chômage conjoncturel et chômage structurel.*

b. *Que signifient les sigles ANPE, BIT, INSEE ?*

c. *Quelles sont les causes du chômage ? Quelles solutions ont été proposées par les pouvoirs publics pour lutter contre le chômage ?*

Dans les deux sujets précédents (1999 et 2000), on peut constater que le questionnement comportait trois questions principales abordant deux ou trois thèmes (économique et juridique ou économique, juridique et commercial).

Les questions sont de natures différentes : les unes portent sur un savoir-faire particulier identifié : définir, repérer les différences. D'autres sont des questions de connaissances plus globales où il convient de présenter un contenu conforme aux exigences de la question.

Pour répondre à un tel sujet, le respect d'une certaine méthodologie s'impose.

Présentation générale des réponses : une introduction

Chaque thème ou question générique doit être introduit. L'introduction doit comporter trois parties : l'annonce du thème et la définition des termes, les questions posées et la structure adoptée pour la réponse.

*– **L'annonce du thème** : un événement lié à l'actualité, un chiffre ou un bref historique peut amener le thème.*

*– **Les questions** : elles doivent être parfaitement comprises du candidat qui doit être particulièrement vigilant. Il faut relever les termes du sujet, en comprendre le sens exact (qu'attend le correcteur du candidat, quelle compétence est mise en œuvre ?) et comprendre le sens de la question (justification, moyens, etc.).*

*– **La structure de la réponse** : elle doit être rigoureuse et permettre de répondre de façon progressive et exhaustive aux questions posées.*

Formulation des questions et réponses

Les questions proposées dans les sujets sont des questions de connaissance ou d'analyse.

Capacités	*Terminologie de questionnement*
Connaître : *Le candidat doit être capable de restituer les notions apprises lors de la préparation du concours et conformes aux exigences du programme.* *Ex. : que signifient les sigles ANPE, BIT, INSEE ?*	*– Quels(les) sont les…* *– Donnez les définitions…* *– Que signifient…*
Analyser : *Le candidat doit être capable de rechercher les raisons, les causes, les motifs qui ont entraîné un problème ou qui vont justifier une action.* *Ex. : Quelles sont les causes du chômage, quelles solutions ont été proposées par les pouvoirs publics pour lutter contre le chômage ?*	*– Quels(les) sont … Pour (ou afin de)…* *– Quelles sont les différences existant entre…* *– Quel est le rôle de … dans…*

*• **Les questions de définition** : le candidat doit être capable de restituer des définitions apprises par cœur ou de construire une définition personnelle à partir de mots clés. La définition ne se bâtit pas à partir d'un exemple, elle doit être neutre. Il est plus facile de commencer la définition par un substantif.*

*Exemple pour la définition du chômage structurel : **déséquilibre durabl**e sur le marché du travail représenté par…*

Cette formulation est préférable à : « Il s'agit de … » ou « Par exemple, il y a du chômage quand … ».

*• **Les questions concernant des différences :** il s'agit là d'une question d'analyse. Outre la définition des notions proposées, il faut indiquer les éléments qui les différencient ; l'exercice est plus difficile.*

*• **Les questions comportant une démonstration :** le candidat doit faire l'inventaire de ces connaissances et les articuler pour répondre à la question.*

Par exemple : « Quelles sont les politiques que les pouvoirs publics peuvent mettre en œuvre afin de favoriser la croissance économique ? »

Parmi ses connaissances, le candidat devra faire un choix pertinent et le justifier en démontrant l'impact de certaines politiques sur la relance de la croissance économique.

Rédaction et expression

La présentation de la copie doit être impeccable. Les questions doivent être traitées distinctement avec des sauts de ligne repérant les différentes idées et la structure des réponses.

La rédaction doit être claire ; le candidat doit s'exprimer précisément ; il faut éviter les contresens et les hors-sujets ; la réponse doit être conforme à la question posée dans son contenu et dans les capacités attendues du candidat.

Gestion du temps

Dans un premier temps, le candidat doit prendre connaissance du sujet (repérer les thèmes et lire les questions). Alors le temps pourra être réparti en fonction de la difficulté des questions et des connaissances du candidat. Les questions d'analyse sont, en général, plus longues car elles demandent un temps de réflexion au candidat. Les questions de connaissances ne posent, a priori, aucune difficulté si le candidat connaît le contenu.

Pour chaque question, les étapes sont les mêmes :

– lecture et compréhension de la question ;

– recherche des connaissances nécessaires à la réponse ;

– structuration des idées (plan de la réponse) ;

– rédaction ;

– vérification de la pertinence de la réponse par rapport à la question.

À la fin de l'épreuve, il est essentiel pour le candidat de garder 10 minutes pour relire son travail et corriger les fautes.

Annales et corrigés

1. Sujet 2000

1. La croissance économique : quelles sont les politiques que les pouvoirs publics peuvent mettre en œuvre afin de la favoriser ?

La question est complexe et demande un temps de réflexion pour mobiliser ses connaissances. Par ailleurs, la réponse devra être introduite.

• La croissance correspond à l'augmentation des richesses nationales ; elle se mesure par la progression d'un agrégat économique (le PIB) sur une longue période. Elle s'accompagne de changements de structure, en particulier dans la répartition sectorielle des activités (évolution dans le PIB et dans l'emploi).

La croissance naît à partir de conditions économiques et sociales spécifiques qui déterminent un processus comportant plusieurs étapes. La croissance ne s'impose pas ; elle repose sur des politiques qui déterminent son intensité. Pour favoriser la croissance, l'État dispose de nombreux moyens qu'il emploie selon des degrés divers en fonction de la conjoncture. Ainsi, l'État peut orienter l'activité économique en utilisant des instruments traditionnels de la politique économique (exemple : politique budgétaire, politique monétaire).

Plusieurs facteurs contribuent également à la croissance :

– le travail sur le plan qualitatif ce facteur repose sur la formation et l'organisation du travail ;

– le capital technique utilisé conjointement à la main-d'œuvre pour assurer la production. Le renouvellement du capital technique est favorisé par une politique tendant à diminuer les taux d'intérêt ;

– le progrès technique joue un rôle fondamental dans le processus de croissance. Il stimule la demande en proposant de nouveaux produits et il permet de réduire les coûts de production en contribuant à améliorer la productivité du travail.

L'État soutient l'économie en accordant des subventions, en développant les infrastructures, etc.

2. Le Conseil constitutionnel : rôle et prérogatives

C'est une question descriptive qui demande de bien connaître le sujet. Aucune improvisation ne peut être faite. Il faut répondre précisément à la question posée.

• Le Conseil constitutionnel comprend neuf membres, dont le mandat dure neuf ans et n'est pas renouvelable. Le Conseil constitutionnel se renouvelle par tiers tous les trois ans. Trois des membres sont nommés par le président de la République, trois par le président de l'Assemblée nationale, trois par le président du Sénat. En sus des neuf membres prévus ci-dessus, font de droit partie à vie du Conseil constitutionnel les anciens présidents de la

République. Son président est nommé par le président de la République. Il a voix prépondérante en cas de partage. Les fonctions de membre du Conseil constitutionnel sont incompatibles avec celles de ministre ou de membre du Parlement. Son rôle et ses prérogatives sont prévus dans les textes.

Le Conseil constitutionnel veille à la régularité de l'élection du président de la République. Il examine les réclamations et proclame les résultats du scrutin.

Le Conseil constitutionnel statue, en cas de contestation, sur la régularité de l'élection des députés et des sénateurs. Il veille à la régularité des opérations de référendum et en proclame les résultats.

Les lois organiques, avant leur promulgation, et les règlements des assemblées parlementaires, avant leur mise en application, doivent être soumis au Conseil constitutionnel qui se prononce sur leur conformité à la Constitution. Une disposition déclarée inconstitutionnelle ne peut être promulguée ni mise en application. Les décisions du Conseil constitutionnel ne sont susceptibles d'aucun recours. Elles s'imposent aux pouvoirs publics et à toutes les autorités administratives et juridictionnelles.

3. Quelles sont les différences entre la loi, le décret et l'arrêté ministériel ?

La question est complexe, car elle nécessite une excellente connaissance des sources de droit ; de plus, elle demande une analyse. Donc, à partir des définitions de la loi, du décret et de l'arrêté ministériel, il convient d'en montrer les différences.

• Les sources du droit sont nombreuses. La plupart émanent d'une institution publique nationale :

– La loi est votée par le Parlement (mise en œuvre du pouvoir législatif). Elle est obligatoire sur tout le territoire français. Les domaines de la loi sont définis par l'article 34 de la Constitution. Une fois voté, le texte est transmis au président de la République qui est chargé de promulguer la loi.

Les décrets et arrêtés sont pris par le pouvoir réglementaire :

– Le décret est un acte qui émane soit du conseil des ministres soit du Premier ministre. On distingue deux catégories de décrets : les *décrets d'application* qui assurent la mise en application concrète d'une loi et les *décrets autonomes* qui sont pris spontanément par le pouvoir exécutif dans les domaines qui ne relèvent pas des domaines de la loi. (article 37 de la Constitution)

– L'arrêté ministériel est un acte administratif de portée générale ou individuelle émanant d'un ou de plusieurs ministres.

En ce qui concerne la hiérarchie des sources de droit, la loi est supérieure au décret et à l'arrêté ministériel. Les sources ainsi inférieures doivent donc être conformes aux sources supérieures.

2. Sujet 1999

1. Le chômage

a. Donnez les définitions des termes suivants : chômage conjoncturel et chômage structurel.

Cette question nécessite une définition du chômage et des différentes formes de chômage.

• Le chômage, constitué de la population active inoccupée, peut revêtir plusieurs formes :

– le chômage conjoncturel est lié à une baisse temporaire de l'activité ;

– le chômage structurel est lié à la baisse à long terme de l'activité économique.

b. Que signifient les sigles : ANPE, BIT, INSEE ?

La signification des sigles proposés amène à s'interroger sur le lien qu'il peut y avoir entre chacun d'eux.

• Être chômeur n'a pas la même signification selon les différents organismes chargés du calcul. En France plusieurs définitions sont utilisées : celle de l'ANPE correspond par exemple aux demandeurs d'emploi en fin de mois.

– ANPE signifie agence nationale pour l'emploi.

– Le BIT est le Bureau international du travail.

– L'INSEE est l'Institut national des statistiques et études économiques.

c. Quelles sont les causes du chômage ? Quelles solutions ont été proposées par les pouvoirs publics pour lutter contre le chômage ?

La question ici est double ; il faut donc répondre en deux temps, donner les causes du chômage tout d'abord, puis les solutions. La réponse, construite, nécessite une courte introduction.

• Pendant plus de 20 ans, le chômage s'est développé en France, il concerne aujourd'hui environ deux millions de personnes. Tandis que les gouvernements multiplient les plans pour l'emploi, chacun est amené à penser que l'alternance activité et non-activité risque de perdurer même si la baisse du chômage est enfin devenue une réalité.

Les causes du chômage sont nombreuses. On peut distinguer les causes théoriques et les causes empiriques.

Les causes théoriques

– Pour les classiques le chômage est dû à une insuffisance de l'offre sur le marché des biens et services.

– Pour les keynésiens le déséquilibre sur le marché du travail peut trouver sa cause dans une insuffisance de la demande sur le marché des biens et services. L'anticipation d'une faible demande favorise donc le chômage.

Les causes empiriques

– La stagnation de l'investissement et la faiblesse de la demande intérieure : le blocage des salaires, les taux d'intérêt élevés expliquent en partie la faiblesse de la demande globale et l'augmentation du chômage.

– Les coûts salariaux trop élevés incitent les entreprises à développer les investissements de productivité au détriment de l'emploi.

– Les bouleversements technologiques suppriment des emplois à court terme.

– La concurrence internationale, notamment les délocalisations vers des pays en voie de développement, est à l'origine des suppressions d'emplois dans certains secteurs.

– Les restructurations industrielles liées à la recherche d'économies d'échelle expliquent les pertes d'emplois.

– L'évolution démographique et en particulier l'activité des femmes sont parfois rendues responsables de l'évolution du taux de chômage.

Pendant plus de vingt ans **toutes les politiques de l'emploi** mises en œuvre par les gouvernements successifs ont échoué. Il s'agissait de politiques passives consistant principalement à indemniser les chômeurs et à proposer des reconversions aux salariés licenciés. Actuellement la lutte contre le chômage fait l'objet de politiques plus actives ; elles consistent à favoriser les créations d'emplois et à éviter les licenciements dans les entreprises. Concernant l'offre de travail, les mesures prises visent à la réduire (réduction de la durée du travail, mesure en faveur des chômeurs créateurs d'entreprise) ; concernant la demande de travail, elle est stimulée par les mesures législatives proposées (contrats permettant d'accroître la flexibilité, aménagement du temps de travail, aides à l'embauche).

Par ailleurs, les mesures consistant à relancer l'activité économique permettent de rendre durables les créations d'emploi.

2. Le Sénat sous la Ve République

a. Quel est le mode d'élection des sénateurs ? Quelle place occupe le président du Sénat dans les institutions de la Ve République ?

La question est double. La réponse sera d'abord descriptive, puis elle présentera une analyse du système.

• Les sénateurs sont élus au suffrage universel indirect pour 9 ans avec renouvellement par tiers tous les 3 ans. Le collège électoral comprend : les députés, les conseillers régionaux, les conseillers généraux, les conseillers municipaux. Les scrutins majoritaire et proportionnel coexistent.

Le président du Sénat est élu après chaque renouvellement. Il dirige les débats, il assure l'intérim en cas de décès ou d'absence prolongée du président de la République, il nomme trois membres du Conseil constitutionnel.

b. Quel est le rôle du Sénat dans l'élaboration de la loi ?

La question n'est pas difficile mais elle nécessite de restituer le rôle du Sénat.

• Le Sénat et l'Assemblée nationale composent le Parlement (pouvoir législatif). Le Sénat a donc l'initiative des lois : propositions.

Les deux assemblées votent les textes dans les mêmes termes : système de navette.

3. L'entreprise : quelle politique commerciale l'entreprise doit-elle conduire pour favoriser ses exportations ?

La question nécessite de mobiliser ses connaissances pour répondre de façon précise à la question. La réponse est assez consistante et exige une phrase introductive.

• L'entreprise favorise ses exportations en adoptant une politique d'internationalisation. Cette politique peut revêtir plusieurs formes :

– L'exportation

Elle consiste à vendre ses produits ou services sur les marchés étrangers. Il existe trois formes d'exportations :

– *L'exportation directe* : elle évite les intermédiaires, elle permet de faire l'apprentissage des marchés étrangers et d'éliminer les rémunérations des intermédiaires. L'entreprise exportatrice crée un service export et rémunère un salarié qui est basé à l'étranger.

– *L'exportation indirecte* : elle dispense l'entreprise de tout investissement et de toute présence personnelle sur le marché étranger. **L'entreprise vend à un exportateur du pays d'origine qui revend en son nom dans le pays étranger**.

– *L'exportation associée* : des entreprises se réunissent pour constituer un groupement exportateur qui se dote, grâce aux contributions des participants, de moyens communs de prospection et de vente (création d'un GIE).

– **La FMN (firme multinationale) :** elle se définit par ses caractéristiques :

• Présence dans de nombreux pays (activité productrice, commerciale et financière).

• Collecte et diffusion internationale des capitaux.

• Nationalité variée des dirigeants.

• Stratégie mondiale du groupe.

• Portage avec une grande entreprise exportatrice.

– **Réseau de distribution à l'étranger :** plusieurs procédés permettent de constituer des réseaux de distribution :

• la franchise internationale ;

• la licence étrangère ;

• la filiale de distribution a trois rôles : importateur dans le pays d'origine ; vendeur dans le pays d'implantation ; prestataire de services après-vente.

Deuxième partie

Épreuve d'admission

L'entretien avec le jury

Déroulement d'un entretien

Maintenant que vous avez réussi les épreuves écrites, vous êtes convoqué pour l'oral. L'entretien avec le jury est une épreuve essentielle. C'est elle qui est affectée du plus gros coefficient (4). Elle est définie par les textes comme un « entretien avec un jury (sans préparation) sur un ou plusieurs sujets permettant d'apprécier les qualités de réflexion du candidat ».

L'épreuve de contrôle des opérations commerciales et d'administration générale est distincte de celle de la surveillance. Elle ne se déroule pas au même moment, mais elle est du même type. De plus, certains candidats se présentent aux deux.

Nous allons examiner sa forme et son contenu.

1. Considérations préliminaires

1. Conditions matérielles

Le lieu

Alors que les épreuves écrites sont organisées régionalement, les oraux se déroulent à Nevers pour tous les admissibles, au Centre régional de dédouanement. Attention, le centre d'examens se trouve à plusieurs kilomètres de la gare. Si vous vous rendez à Nevers en train, prévoyez donc le temps du trajet en autobus ou en taxi depuis la gare. Si vous êtes convoqué le matin et si vos moyens vous le permettent, prévoyez de passer la nuit précédente à Nevers car une nuit dans le train permet rarement de se détendre et chaque heure de sommeil est précieuse pour aborder l'oral dans de bonnes conditions.

L'heure

Les convocations sont regroupées par demi-journées. Vous serez donc convoqué pour une matinée ou une après-midi. Lors de votre arrivée au Centre (vers 8 h ou 14 h), vous serez accueilli et pris en charge par la Commission de surveillance. Après une brève présentation de l'épreuve devant tous les candidats réunis, on vous communiquera votre heure exacte de passage devant le jury.

Certains candidats passeront donc immédiatement, mais d'autres devront attendre, parfois plusieurs heures. Il vous faut donc impérativement prévoir comment vous occuper pendant l'attente (lecture d'un quotidien bien informé par exemple).

Le jury

Il est composé de personnes provenant de l'encadrement de votre futur métier. Étant donné le grand nombre d'admissibles, plusieurs jurys siègent simultanément. En 2000, ils étaient six, qui ont siégé pendant deux semaines. L'ensemble est présidé par le responsable du service de recrutement.

Chaque jury est composé de quatre personnes. Il est présidé par un cadre supérieur de votre administration (de rang au moins égal à celui d'inspecteur principal), assisté de trois agents (généralement inspecteur, contrôleur principal ou contrôleur). L'ensemble des jurys se concerte avant le début des épreuves et à nouveau à la fin des auditions pour harmoniser les critères de sélection.

L'entretien se déroule « à bâtons rompus », c'est-à-dire sans préparation. Cela signifie que le jury vous interrogera sur toute question qui lui paraîtra intéressante dans le but de mieux vous connaître. Les questions porteront, vous vous en doutez, essentiellement sur :

- vos motivations personnelles ;
- votre connaissance du métier auquel vous vous destinez ;
- votre intérêt pour les grands problèmes de société du moment.

2. Philosophie de l'épreuve

Pour aborder cette épreuve dans les meilleures conditions, il faut se rappeler quelques évidences. Tout d'abord, elle n'est ni une épreuve « professionnelle » (pas de question de cours) ni un entretien « psychologique » (vous n'y racontez pas votre vie). Si vous êtes présent à ces épreuves d'admission, c'est parce que vous avez déjà fait la preuve de vos capacités à l'écrit. À quoi sert-elle donc ? À mettre en relief des qualités humaines que les épreuves écrites peuvent difficilement montrer : vos motivations, votre ouverture d'esprit, votre capacité à dialoguer, à analyser des problèmes. Elle vous donne l'occasion de faire valoir vos qualités de réflexion, qui donneront au jury l'envie de travailler avec vous. Il s'agit donc d'un entretien ouvert dans lequel le jury vous est *a priori* favorable.

De quoi allez-vous parler avec le jury ? De vous. Même lorsqu'il vous parle de tout autre sujet, n'oubliez jamais que c'est de vous qu'il est question.

Sur quels éléments le jury se fondera-t-il pour vous juger ? Sur le résultat de vos épreuves d'admissibilité, sur votre *curriculum vitae* et surtout sur le déroulement de l'entretien.

3. Quelques rappels de psychologie élémentaire

L'angoisse de l'oral

Cette angoisse est très différente de celle de l'écrit. À l'écrit, devant la feuille blanche, vous avez peut-être ressenti des nœuds à l'estomac ou le trou de mémoire subit. Mais vous étiez toujours seul devant votre feuille, c'est-à-dire avec vous-même. Vous ne pouviez accuser personne de vos faiblesses.

À l'oral, vous vous trouvez seul devant un groupe de personnes physiquement présentes. Elles vous impressionnent par leur nombre et leur autorité. Le rapport de force semble donc vous être très défavorable. Vous osez à peine les regarder, alors qu'elles vous écoutent (avec plus ou moins d'attention), vous regardent (vous dévisagent), parfois rient ou parlent entre elles. Vous vous sentez jugé immédiatement. Vous n'êtes plus protégé par l'anonymat de l'écrit.

De plus, la rature n'est pas possible, ni le coup de gomme. Ce qui est dit est dit. Vous n'avez pas le droit à l'erreur. Impossible de dire : « Je déchire cette feuille et je recommence sur une autre. » Vous vous sentez généralement dans la situation très inconfortable du suspect devant le commissaire car vous savez que « tout ce que vous direz pourra être retenu contre vous ». Voilà donc de sérieux motifs de vous inquiéter.

Et pourtant, la réalité est tout autre.

À propos de chats et de souris

Plus vous avez peur du jury et moins vous comprenez ce qu'il est réellement. La plupart des candidats ne perçoivent le jury que négativement. Ils se le représentent comme une bande de tortionnaires dont le seul plaisir est de faire souffrir les candidats avant de les éliminer une fois qu'ils sont lassés de jouer avec eux, comme le chat avec la souris…

Mais cette image est absolument fausse, ou tout au moins purement fantasmatique. De plus, elle pousse le candidat à se présenter lui-même en position de victime, ce qui risque fortement d'agacer le jury et de le conduire à se comporter en « chat ». Il peut certes arriver qu'un membre de jury ait des tendances « sadiques » (ou des revanches à prendre contre sa femme ou son chef qui le maltraite…) et qu'il prenne un malin plaisir à persécuter les candidats. Mais il faut bien garder présent à l'esprit :

1. que c'est un cas très exceptionnel ;

2. qu'un membre du jury ne fait jamais la majorité à lui seul ;

3. que le rôle du président de jury est précisément de contenir de telles dérives ;

4. que rien ne réveille plus sûrement ce genre de tendances perverses que la vue d'un candidat qui se pose d'entrée de jeu en victime fragile, donc tentante, et déjà consentante.

Qu'est-ce donc qu'un jury ?

C'est tout simplement un groupe de personnes réunies pour recruter des professionnels. Leur souci principal n'est donc en aucune façon d'éliminer des candidats, mais au contraire d'en recruter, ce qui n'est pas tout à fait la même chose. Nous tirerons de cette observation le principe suivant :

Principe n° 1
Le jury ne cherche pas à vous prendre en défaut, mais à trouver vos qualités.

Pour comprendre cela, il faut vous « mettre à la place » du jury. Vous ne pouvez évidemment pas le faire réellement, mais rien n'empêche un petit effort d'imagination pour vous représenter quelques éléments clés de la situation.

En premier lieu, le déroulement du temps, car le jury vit l'entretien selon un temps radicalement différent du vôtre.

La question du temps : à propos d'entonnoir

Le temps du candidat

Tout candidat sait, d'expérience, que le temps de l'épreuve ressemble à une sorte de vaste entonnoir qui se resserre de jour en jour à mesure qu'il se rapproche du concours et de l'entretien. Il compte les mois, puis les semaines, les jours, les heures qui le séparent de l'instant fatidique où sa carrière va se jouer. Il vit cette attente au rythme croissant de sa nervosité, de ses insomnies, aigreurs d'estomac et autres contractures musculaires. Point de répit, mais au contraire une tension croissante (parfois artérielle) à mesure que le délai se raccourcit. Tout va se jouer pour vous en un laps de temps très court vers lequel toute votre vie passée converge : vingt minutes pendant lesquelles… Pour vous, le temps est court et entièrement focalisé sur un jour et une heure précis : le jour et l'heure de votre passage.

Le temps du jury

Pour les membres du jury, c'est l'inverse : le temps est essentiellement long, très long, trop long.

Demandez-vous tout d'abord pendant combien d'heures (de jours ?) le jury va rester assis à écouter les candidats. Combien de candidats ? Mais d'abord, combien de temps par candidat ? De 10 à 15 minutes. En comptant la délibération et parfois la pause-café, cela peut aller jusqu'à une demi-heure pour un candidat.

Le compte est donc simple : pendant une demi-journée, le jury peut recevoir jusqu'à une dizaine de candidats. C'est-à-dire une vingtaine en une journée. Or, certains jurés siègent pendant plusieurs jours, voire plusieurs semaines. Mettez-vous à leur place. Sur l'ensemble des candidats qui auront défilé, combien les auront intéressés ? Vous connaissez la réponse aussi bien qu'eux : la plupart des candidats sont d'abominables raseurs qui débitent des banalités d'une voix monocorde en croyant bien faire, et dépensent des trésors d'imagination pour ne pas répondre aux questions qu'on leur pose (croyant que ce sont des pièges !). En un mot, ils se confondent avec la grisaille des murs.

À la fin de la journée, de combien de candidats le jury se souviendra-t-il ? Très exactement de ceux qui auront su l'intéresser. Ceux dont on se sera dit : « Voici une personne avec qui j'aimerais travailler. »

Nous tirons de cette observation un deuxième principe :

Principe n° 2
Le pire ennemi du candidat, c'est l'ennui du jury[1].

D'ailleurs la question se pose concrètement à la fin de chaque demi-journée, lorsque le jury récapitule les candidats de la séance. Elle se pose à nouveau à la fin de la session. Si on ne se souvient pas d'un candidat, il a fort peu de chances d'être retenu.

2. L'entretien

Le moment fatidique est arrivé. Vous êtes convié à entrer dans la salle.

1. La présentation

Naturellement, vous saluez le jury. Ne vous contentez pas d'un vague « Bonjour M'sieurs-dames ». Les jurés aiment que l'on s'adresse à eux personnellement :

– Vous vous avancez devant la table de votre jury.

1. Notamment en période de digestion. Soyez particulièrement vigilant si vous passez vers 2 h de l'après-midi. Souvent ces messieurs du jury déjeunent entre eux et arrosent leurs souvenirs de carrière communs. Ils ont donc la somnolence facile.

– Vous saluez l'ensemble des jurés en les regardant avec amabilité (non feinte, svp.). S'il se trouve des dames dans le jury, vous précisez : « Bonjour Madame ou Mesdames. »

– Vous attendez (sans affectation) que l'on vous invite à vous asseoir.

– Vous vous asseyez.

– En aucun cas vous ne partez en pleurant et en disant que personne ne vous aime.

La tenue vestimentaire

L'habit ne fait pas le moine, cependant la tenue vestimentaire influence le jugement de l'interlocuteur. Vous en faites vous-même l'expérience lorsque vous rencontrez une personne pour la première fois. Même si vous vous en défendez, vous ne pouvez vous empêcher de juger les personnes « sur leur mine ». Vous savez fort bien qu'un seul regard sur l'habillement vous suffit pour ranger quelqu'un dans une catégorie sociale (ou de métier ou d'âge).

Si vous n'en êtes pas convaincu, regardez avec un peu d'attention une série télévisée ou un film quelconque et vous verrez sans peine qu'on devine généralement dès sa première apparition si un personnage est un pauvre ou un riche, un jeune ou un vieux, mais surtout un « bon » ou un « méchant ».

C'est la raison pour laquelle il faut réfléchir à ce que vous porterez lors de l'entretien. Il ne faut surtout pas que votre tenue vestimentaire provoque des commentaires du jury, ni positifs ni négatifs. Vous êtes là pour faire apprécier vos qualités humaines et non pas pour une exhibition de mode. Mais il ne faut pas non plus que les membres du jury pensent que vous vous moquez d'eux parce que vous vous présentez trop mal habillé, ni que vous leur fassiez sentir que vous êtes mieux habillé qu'eux. La règle est de simple bon sens : ni trop, ni trop peu. Pas d'élégance ostentatoire, ni de négligence ostentatoire. Si vous n'avez pas l'habitude de la cravate, c'est peut-être le moment de vous y mettre, car vous n'y échapperez pas par la suite. Et le jury risque de regretter que vous n'ayez pas fait « un petit effort » pour la circonstance. Même si vous êtes aussi beau que Brad Pitt ou Leonardo di Caprio, ne vous présentez pas avec une barbe de trois jours (pourtant d'un si bel effet sur les photos de mode...).

En résumé, tâchez de ne pas ressembler uniquement à une image de mode, ni à une caricature de « rond-de-cuir ». Soyez simplement un interlocuteur agréable.

Il est à remarquer que le manque de soins vestimentaires est beaucoup plus fréquent chez les hommes que chez les femmes.

L'attitude physique

Tout le monde sait que l'attitude physique compte pour beaucoup dans l'impression que l'on donne à ses interlocuteurs. Cependant, méfiez-vous des « recettes » qui vous garantissent que telle couleur de vêtements signifie tel trait de caractère, ou que telle position des pieds « traduit » tel sentiment profond. Ces types de codes sont à peu près aussi scientifiques que les horoscopes de votre hebdomadaire préféré ou que la « numérologie » pratiquée à propos de votre date de naissance dans certaines entreprises.

La seule recette est qu'il faut avoir l'air naturel. Mais ce n'est pas seulement pour faire bonne impression. C'est également pour vous-même et pour des raisons techniques car certaines mauvaises positions du corps gênent considérablement l'élocution. Il s'agit bien sûr de toutes celles qui gênent la respiration. Vous pouvez aisément les éviter en appliquant quelques règles simples :

– Quand vous vous asseyez, appuyez le dos sur le dossier de votre chaise de manière à libérer vos bras, donc vos épaules, donc vos poumons, donc votre respiration.

– N'appuyez pas les coudes sur la table, pour la même raison que ci-dessus.

– Décroisez les genoux, pour la même raison.

– Respirez à fond.

Pensez à vous adresser à tous les membres du jury, c'est-à-dire en les regardant l'un après l'autre. Aucun d'entre eux ne doit se sentir exclu. De même, vous vous efforcerez de ne pas répondre uniquement à celui qui vous a posé la question, mais de prendre les autres à témoin. Enfin, vous tâcherez d'être le plus souriant possible (facile à dire !).

Mettez-vous « à leur place » : pourquoi auraient-ils envie de recruter un candidat à la mine rébarbative ? Bien sûr, il est difficile de sourire spontanément à des gens que l'on considère comme des ogres, mais il faut s'y efforcer. Si vous n'y arrivez pas par conviction, utilisez la fameuse « méthode Coué[2] ».

2. Quelques rappels de physiologie élémentaire

Dans la vie courante, la plupart des gens croient respirer, mais respirent à peine. Ils gonflent légèrement la poitrine et n'emplissent d'air que le haut des poumons. En état de stress, c'est encore pire et ils cessent pratiquement de respirer, alors que c'est justement à ce moment que le corps a besoin du maximum d'oxygène. C'est une situation d'effort, tout comme celle du sport par exemple. C'est là qu'il faudrait mobiliser tout l'air des poumons, notamment dans la partie basse (respiration abdominale).

De très nombreux candidats abordent l'entretien avec une respiration minimum. Le peu d'air qu'ils ont inspiré leur permet à peine de parler et ils se retrouvent en situation de quasi-asphyxie à la fin de chaque phrase. Ils sont donc guettés par le symptôme bien connu des candidats sous le nom de « trou » ou de « blanc », cet état où l'on ne sait plus ce que l'on fait ici ni de quoi il est question. Cet accident, qui survient généralement vers la troisième ou la quatrième phrase de l'entretien, est dû à une mauvaise irrigation du cerveau.

On pense généralement que la respiration ne joue un rôle que pour les activités physiques, mais elle en joue un tout aussi important pour les activités intellectuelles car le cerveau, bien que n'étant pas un muscle, utilise lui aussi une grande quantité de sang et d'oxygène. Un cerveau mal irrigué ne contrôle plus ni la parole ni la pensée. Un seul remède, connu depuis toujours : une respiration régulière, permettant l'oxygénation du sang qui irrigue toutes les cellules du corps et particulièrement celles du cerveau.

Le seul moyen de lutter contre le stress est donc de respirer profondément. C'est d'ailleurs également le moyen de plus sûr d'éviter ce genre d'accident. Mais il s'agit d'une respiration lente et complète, composée d'une inspiration et d'une expiration profondes, sans tricher. Il faut remplir d'air les poumons tout entiers. Cela se travaille.

---

2. qui a fait ses preuves du temps de vos grands-parents sous d'« auto-suggestion », et qui a encore de beaux jours devant elle sous de multiples autres noms tout aussi pompeux (et parfois anglais pour faire « à la mode »).

Exercice

Si vous n'y êtes pas accoutumé, il existe trois moyens très simples de vérifier si vous respirez à fond.

– *Les épaules* : placez-vous devant une glace. Si vous ne voyez pas vos épaules se soulever pendant l'inspiration, c'est que vous gonflez insuffisamment les poumons.

– *Le son* : lorsque vous respirez à fond (et par la bouche), vous devez entendre le bruit de votre inspiration et de votre expiration. Si vous n'entendez pas le passage du souffle, c'est que vous trichez.

– *Le temps* : une respiration complète (inspiration et expiration) doit durer environ quatre secondes.

Principes n° 3 et n° 3 bis
Respirez à fond avant de commencer à parler.
Faites de même à la fin de chaque phrase.

Expériences faciles

Allumez votre poste de télévision lors d'une interview. Peu importe qui sont les interlocuteurs, homme politique, sportif, artiste, etc. Observez soigneusement leurs épaules. Si leurs épaules ne se soulèvent pas, c'est qu'ils respirent insuffisamment. Leur voix sera donc moins bien timbrée et moins agréable à écouter.

C'est la même chose pour le bruit de l'air inspiré. Vous remarquerez que la plupart des bons orateurs, ainsi que les acteurs ou les chanteurs, font du bruit en inspirant. Ce bruit ne se remarque pas, car il est produit dans la dynamique de la parole.

Les cinq avantages de la respiration profonde

En début de phrase :

– elle irrigue le cerveau ;

– elle vous laisse quelques secondes pour réfléchir à ce que vous venez d'entendre et à ce que vous allez dire (c'est ce que l'on appelle « tourner sa langue dans sa bouche avant de parler ») ;

– elle vous détend et vous permet de parler lentement et en articulant bien.

En fin de phrase :

– elle laisse à vos interlocuteurs le temps de comprendre ce que vous venez de leur dire ;

– elle leur fait attendre la suite et éveille donc leur intérêt.

Gagner du temps ?

Si vous avez eu l'occasion d'assister à des entretiens de recrutement professionnel, vous avez sans doute remarqué que beaucoup de candidats ont une tendance irrépressible à se répéter. Après avoir dit une chose, ils la répètent, parfois avec d'autres mots, et puis ils y reviennent encore. C'est très souvent inconscient.

Vous pouvez aisément faire la même observation en regardant une interview à la télévision. Certains personnages en vue se sont même fait une spécialité de ce genre de réponse, dans le seul but d'éviter de répondre à une question gênante.

Le jury qui vous entend « tourner autour du pot » ou vous répéter trop souvent pensera tout aussi logiquement que vous cherchez à gagner du temps.

En fait, ce défaut est généralement dû à plusieurs causes distinctes :

1. Vous avez peur de ne pas parler assez longtemps. Vous pensez qu'une phrase longue et alambiquée semblera plus profonde qu'une phrase courte et simple. C'est l'équivalent du style pompeux et un peu creux de beaucoup de « dissertations » au lycée.

2. Vous avez peur du silence. Vous n'osez pas cesser de parler et laisser le silence s'installer. Donc, vous « délayez » ou même vous vous répétez purement et simplement. C'est le cas typique des personnes qui racontent une anecdote avec tellement de détails qu'ils ne savent même plus pourquoi ils la racontent. Ils se perdent dans les détails.

Or, l'intéressant dans une anecdote n'est jamais l'anecdote en elle-même mais la leçon que vous en tirez (même au cours d'un repas de famille). De plus, dans un entretien, le silence a une signification très précise. Il signifie que vous avez fini de dire ce que vous vouliez dire et que vous laissez maintenant place à la réflexion de vos interlocuteurs, donc que vous les invitez à vous répondre. Ils se sentent donc pris en considération.

3. Vous cherchez consciemment à gagner du temps. Vous vous dites que plus votre réponse sera longue et moins il restera de temps à vos interlocuteurs pour vous poser d'autres questions embarrassantes. C'est une technique bien connue des parlementaires, qui se nomme l'obstruction.

Or personne n'est dupe, et surtout pas le jury. C'est donc une très mauvaise technique car d'une part on vous prendra (à juste titre) pour un tricheur et d'autre part il vous restera d'autant moins de temps pour vous mettre en valeur.

Conclusion : venez au fait directement et sans circonlocutions.

Cela présente plusieurs avantages :

– Vous donnerez une impression de franchise.

– Plus vous serez clair d'entrée de jeu et plus vous ressentirez le besoin d'illustrer vos propos par des exemples, ce qui vous permettra d'autant mieux d'enchaîner avec les problèmes de fond.

D'une certaine façon, une entrée en matière rapide vous aide à « amorcer la pompe ». Autrement dit, il faut vous jeter à l'eau.

Beaucoup de candidats ignorent qu'ils ont ce défaut. Comment le repérer ? Le moyen le plus efficace est l'enregistrement audio ou vidéo d'un entretien simulé, ou de votre *curriculum vitae*.

3. Les réactions du jury

L'une des grandes sources d'angoisse pour le candidat est le fait que l'entretien est totalement « libre ». Il n'y a aucun sujet imposé. Or, puisque tout peut arriver, le pire est à craindre. L'objet de cette partie est de vous montrer que justement, tout ne peut pas arriver, et que ce qui arrive, et que ces choses, pour l'essentiel, c'est vous qui le provoquez.

Principe n° 4
Toute réaction du jury est provoquée par une action du candidat.

Un jury n'invente rien. Il a bien d'autres soucis en tête. Il se contente de vous poser des questions en rapport avec les informations que vous lui proposez vous-même. Quelles sont donc ces informations ?

– Les grandes lignes de votre *curriculum vitae* (figurant dans votre dossier d'inscription) ;

– vos résultats d'admissibilité ;

– vous-même, c'est-à-dire :

• votre apparence extérieure (votre tenue) ;

• ce que vous dites dans les premières phrases de l'entretien ;

• vos réactions pendant la suite de l'entretien.

C'est la raison pour laquelle il est très fréquent que le jury vous accueille avec une phrase du type : « Présentez-vous. »

Il ne faut surtout pas entendre cela comme un piège. Bien au contraire. C'est justement une invitation à indiquer quels sont les terrains sur lesquels vous vous sentez à l'aise et sur lesquels vos interlocuteurs ne demandent qu'à vous suivre.

4. Le contenu

Par définition, vous ne le connaissez pas, puisque, contrairement à l'écrit, il n'y a ni questions de cours, ni sujets « tirés d'un chapeau ». Dans un sens, votre entretien est totalement improvisé. Cependant, si vous avez suivi l'analyse de l'épreuve, telle qu'elle est proposée dans les pages précédentes, vous avez compris que vous n'êtes pas du tout en situation passive, mais pour une bonne part le maître du jeu.

De ce fait, si vous avez bien préparé les idées principales que vous voulez faire passer, les « bonnes » questions viendront d'elles-mêmes. Mais pour y parvenir, il ne faut surtout pas être pris au dépourvu. Un entretien se prépare comme une bataille (encore que dans le cas présent, vous n'ayez en aucune façon affaire à des ennemis). Il faut choisir vos munitions et votre stratégie, repérer les terrains où vous voulez entraîner vos interlocuteurs, et ceux sur lesquels vous ne désirez pas vous aventurer.

Champs de batailles et munitions

Puisque vous n'avez pas de questions de cours à réviser, quelles « munitions » pouvez-vous donc préparer ?

Pour le savoir, il faut tout d'abord que vous examiniez soigneusement les quelques terrains principaux sur lesquels le jury risque fort de vous entraîner, à savoir :

1. votre propre *curriculum vitae*, (vos études, vos formations, vos emplois passés) ;

2. votre motivation ;

3. les conditions de votre future vie professionnelle ;

4. les grandes questions de l'actualité ;

5. vos goûts personnels en matière culturelle ou sportive, vos hobbies.

1. Votre *curriculum vitae*

Les éléments essentiels d'appréciation du jury viennent de votre *curriculum vitae*. Dans certains cas, votre candidature semble une suite logique de votre parcours professionnel. Mais pour beaucoup d'entre vous, ce choix est relativement tardif et peut sembler inhabituel. Il représente donc pour vous l'occasion d'expliquer les particularités de votre parcours personnel : études, formations, compétences, emplois. Il ne faut donc surtout pas avoir honte de la variété de vos expériences personnelles, susceptibles de montrer vos capacités d'adaptation.

Quoi qu'il en soit, vous ne pouvez faire l'impasse sur aucun point de votre *curriculum vitae*. S'il y a des périodes de votre vie sur lesquelles vous ne tenez pas à faire de commentaires, il ne faut pas les mentionner dans votre dossier. Tout ce qui y figure peut faire l'objet de questions. Il faut donc impérativement rassembler vos souvenirs avant l'épreuve.

En fait, la méthode la plus sûre pour éviter les questions gênantes est de vous constituer au préalable un canevas biographique. Vous y mentionnerez les trois ou quatre points forts de votre vie professionnelle (ou de vos études) et vous chercherez en quoi ils vous ont préparé à votre futur métier. Cela ne peut pas se faire au dernier moment, lorsque vous êtes pris au dépourvu par une question. Vous devez être capable de dire quelle leçon vous avez tirée de n'importe quelle période de votre existence, de n'importe quel métier. Par exemple, quand vous aurez dit dans quelle unité vous avez servi pendant votre service national, attendez-vous à entendre demander ce que cela vous a appris.

Technique de préparation

Préparez une fiche sur chacune des formations que vous avez reçues, chacun des emplois que vous avez exercés. Les lieux et les personnes, les problèmes auxquels vous avez été confronté, comment vous les avez vécus et surmontés.

Notez les anecdotes qui démontrent que vous avez de l'esprit d'initiative et le sens du service public.

C'est évidemment le moment de parler de vos compétences supplémentaires telles que les langues étrangères (à l'heure de la construction de l'Europe).

2. Votre motivation

Il faut enfin dire un mot de cette fameuse « motivation » dont on vous rebat les oreilles dans tous les entretiens d'embauche (lettre de motivation, etc.). Beaucoup de candidats prennent cette question à la légère et ils ont tort. Ils pensent que le seul désir de trouver la sécurité de l'emploi est une motivation suffisante – qu'ils n'avoueront jamais. Ils préféreront inventer de toutes pièces des phrases telles que : « Depuis ma plus tendre enfance, je rêvais d'être agent de constatation des douanes… » et autres balivernes qui ne font même plus sourire le jury.

Or, s'il est vrai que l'absence de motivation réelle (de désir) est de peu de conséquence pour exercer un quelconque métier d'exécutant ou de bureaucrate, il en va tout autrement dans les métiers qui s'exercent au contact direct de la population. Que penseriez-vous d'une infirmière qui n'aimerait pas soigner les malades, d'un instituteur qui n'aimerait pas parler à des enfants ?

On se moque souvent du postier ou du policier « à l'ancienne » qui est le confident des vieilles dames du quartier et qui anime l'équipe de foot du patronage local. On a tort, car il occupe un rôle essentiel dans la vie sociale et civique du pays. C'est un homme (une femme) de « terrain », qui paye de sa personne et qui ne s'abrite pas derrière un bureau et des règlements. Autrefois, on disait qu'il fallait « avoir la vocation » pour être policier, comme pour être instituteur. De plus, on constate beaucoup moins de dépressions nerveuses et de « bavures » chez les gens qui ont la « vocation ». Il en va évidemment de même chez les douaniers.

Principe n° 5
Renseignez-vous soigneusement sur votre futur métier.

3. Les conditions particulières du métier

Un des moyens traditionnels de savoir si une personne est vraiment motivée pour exercer un métier consiste à lui demander si elle connaît ce métier. On ne vous demande bien sûr pas de l'avoir déjà pratiqué, mais de connaître le mieux possible ses particularités. En fait, un jury n'aime pas recruter des candidats qui sont là « par hasard » – même s'ils ont par ailleurs un excellent profil professionnel. Même si vous vous présentez à tous les concours possibles et imaginables, il faut que vous ayez l'air d'être particulièrement intéressé par celui d'aujourd'hui.

Le premier chapitre du présent ouvrage vous a présenté un résumé synthétique des métiers des douanes. Mais rien ne remplace la rencontre directe avec des professionnels.

Les membres des jurys sont particulièrement sensibles au fait que les candidats s'intéressent à la vie de la « maison » dans laquelle ils ont eux-même passé tant d'années. Il est par exemple du plus mauvais effet de ne pas connaître le nom du ministre en exercice. Si vous connaissez le nom du précédent, c'est encore mieux. Cela ne « coûte pas cher » et cela fait plaisir au jury... Ils vous sauront gré de cet intérêt et vous considéreront d'autant plus facilement comme un futur collègue.

L'avenir des douanes en Europe

L'évolution rapide de la construction de l'Europe est évidemment l'un des aspects centraux de l'avenir de votre métier. L'administration des douanes se trouve, de ce fait, en perpétuel mouvement et doit faire face à des situations nouvelles. De plus, si on s'intéresse à l'avenir, on s'intéresse généralement aussi au passé. À l'occasion, consultez donc le site Internet des douanes, qui contient un excellent dossier sur l'histoire des douanes en France.

4. Les grandes questions de l'actualité

Repérez particulièrement celles qui concernent directement votre futur métier. Elles sont nombreuses, tant dans la vie nationale qu'internationale. Ici, vous vous efforcerez d'apparaître aux yeux du jury comme un citoyen informé et responsable. En 2001, l'actualité est malheureusement riche d'informations sur les grandes crises de l'environnement (pollution maritime, traitement des déchets nucléaires...) et de la santé publique (ESB, fièvre aphteuse...) et vous n'aurez que l'embarras du choix.

N'oubliez pas non plus que la sécurité dans les banlieues et le chômage des jeunes restent des sujets préoccupants.

Comment connaître ces questions ? En lisant soigneusement un journal bien informé chaque jour et en regardant les informations télévisées. Il ne s'agit pas pour vous de devenir économiste expert sur les effets du passage à la monnaie unique dans les économies occidentales, mais d'avoir un point de vue sur la question. Vous devez pouvoir dire si vous pensez que c'est une bonne ou une mauvaise chose, et pourquoi.

Dans des domaines qui concernent directement la vie de tous les citoyens, il serait opportun que vous ayez une idée sur un certain nombre de questions cruciales qui font souvent la « une » de l'actualité, telles que :

– la situation dans les Balkans, ou ailleurs ;

– la parité ;

– un scandale récent ;

– une déclaration fracassante d'un homme politique, etc.

Renseignez-vous également sur les « affaires » qui défrayent la chronique et sur les derniers événements marquants de l'actualité nationale et internationale (au printemps 2001, la destruction des bouddhas en Afghanistan, par exemple).

L'essentiel est de ne pas vous trouver pris totalement au dépourvu par une question d'actualité.

5. Vos goûts et intérêts personnels

Il en va de même pour les sports que vous pratiquez et pour vos goûts artistiques ou culturels.

Enfin, il est fortement conseillé de savoir répondre à la question : « Conseillez-nous un livre (ou un film). » Cette question n'est pas un piège. Elle est destinée à tester si vous avez une ouverture d'esprit dans des domaines ne concernant pas exclusivement votre métier.

Il existe bien entendu des personnes très estimables qui lisent très peu. Si c'est votre cas, répondez que vous ne pouvez pas conseiller de lecture, mais que vous appréciez telle musique, tel style de peinture ou tout autre chose. Ne répondez pas que vous n'avez de goût pour rien.

Technique de préparation

Préparez quelques fiches concernant vos hobbies, les sports que vous pratiquez, un livre que vous avez particulièrement aimé, un film… Cela vous donnera l'occasion de rechercher le nom d'un auteur que vous avez peut-être oublié et de revoir sa biographie.

6. Question subsidiaire : points forts, points faibles

C'est un « classique » de tous les entretiens : « Quels sont vos points forts et vos points faibles ? »

Vous entrez ici sur un terrain plus psychologique. En vous posant cette question, le jury ne cherche pas à connaître la vérité profonde de votre âme, mais seulement à tester votre lucidité sur vous-même, ou en d'autres termes votre capacité à l'auto-évaluation. Il ne s'agit donc pas de révéler des turpitudes cachées (vous n'êtes pas « à confesse »), mais de reconnaître que vous aussi, vous avez des faiblesses – on sait combien les détenteurs d'autorité ont du mal à l'admettre.

On fait toujours plus confiance à une personne qui connaît ses limites.

Cependant, n'égarez pas pour autant vos interlocuteurs dans le labyrinthe de vos qualités ou de vos défauts (supposés), évitez l'autoconfession. À l'inverse, ne cherchez pas non plus systématiquement des « défauts » qui sont en fait des qualités (le perfectionnisme, par exemple). Le plus facile est de proposer un exemple concret. Vous pouvez évoquer une situation où vous avez subi un échec par votre propre faute. L'intéressant sera de savoir à quel moment vous vous en êtes rendu compte et comment vous avez cherché à vous corriger.

En vous interrogeant sur vos qualités, le jury cherchera plutôt à savoir si vous avez une tendance à la vantardise. Ne vous montrez donc pas modeste à l'excès, ni fanfaron – le jury aurait vite fait de vous prendre au piège en vous demandant de prouver vos soi-disant qualités.

5. La conduite de l'entretien

Questions et réponses ouvertes ou fermées ?

Très souvent, les candidats se contentent d'attendre passivement les questions et de donner les réponses qu'ils estiment les plus proches possibles de la vérité. Ils pensent que donner « la bonne réponse » est suffisant. Ils ne comprennent donc pas pourquoi il arrive que leur « bonne réponse » ne plaise pas au jury. Ils oublient simplement de se demander POURQUOI le jury leur a posé cette question.

Exemple

Imaginons un candidat dont le *curriculum vitae* indique qu'il a travaillé un an en Irlande. Le jury ne manquera pas de lui demander quel est son whisky préféré. S'il se contente de répondre : « Le Loch Lomond ! », il ne satisfera personne car tout le monde se moque bien de savoir quelle marque il préfère. D'autant qu'aucun règlement ministériel ne stipule qu'un bon agent de constatation des douanes doive apprécier telle ou telle marque de whisky irlandais.

En revanche, on peut supposer que le jury aimerait profiter de l'occasion pour savoir :
– si le candidat s'est intéressé aux coutumes locales ;
– ce qu'il pense de l'alcoolisme en général et de sa répression en particulier ;
– s'il pense qu'il existe un lien entre chômage et alcoolisme ;
– s'il a du mal à maîtriser ses propres penchants pour la boisson.

Enfin, il est également possible qu'un membre du jury ait voulu, dans un accès de vanité, lui montrer qu'il est lui aussi un bon connaisseur de l'Irlande et notamment des bonnes marques de whisky. Dans ce cas, le candidat aurait été bien inspiré de mettre sa propre vanité dans sa poche et d'abonder dans le sens de son interlocuteur, même s'il persistait à penser que le Loch Lomond est meilleur.

On voit par cet exemple qu'au-delà de la réponse immédiate, une question (même anodine en apparence) peut évoquer des problèmes très larges. C'est évidemment votre compréhension de ces problèmes-là qui intéresse votre jury.

Principe n° 6
Le jury ne s'intéresse pas tant à l'exactitude de votre réponse qu'au problème que vous évoquez.

Cela veut dire que le jury attend de vous des réponses « ouvertes ». Pour tirer profit de ce principe, il faut donc en premier lieu que vous appreniez à distinguer les questions ouvertes des questions fermées, puis comment y répondre.

Une question fermée est une question du type :

« Quelle heure est-il ? » (« Quel est votre whisky préféré ? » dans l'exemple imaginé ci-dessus)

À une telle question, la première réponse qui vient à l'esprit est simple :

« Il est telle heure » (« J'aime le Loch Lomond. »)

Les questions fermées appellent donc des réponses fermées. On les utilise généralement dans des contextes purement utilitaires. Par exemple, si un chirurgien vous demande quel est votre groupe sanguin, c'est pour savoir s'il va pouvoir vous faire pratiquer telle transfusion sanguine. Il vous demande donc la « bonne réponse » : « Je suis de tel groupe. » Ou bien si le garagiste vous demande depuis combien de temps vous n'avez pas changé vos plaquettes de frein, il attend une réponse précise (et fermée) en fonction de laquelle il vous conseillera (ou non) de les changer.

Une question ouverte est une question du type : « Que pensez-vous de l'immigration ? »

À une telle question, on attend une réponse ouverte, c'est-à-dire problématique, du genre :

« Je pense que l'immigration pose tel ou tel problème, dans tel ou tel cas, pour telle ou telle raison. »

Or, la difficulté pour le candidat est que le jury attend des réponses ouvertes, même lorsqu'il pose des questions fermées.

Dans un oral, les questions fermées évoquent les « questions de cours » de l'école, si bien que le candidat doit faire preuve d'une grande vigilance et d'une grande maîtrise de soi pour ne pas se contenter de la seule réponse fermée.

Le jury va vous poser des questions fermées dans un certain nombre de cas, et uniquement dans ceux-là :

– Pour tester vos connaissances « techniques » sur le métier pour lequel vous postulez.

– Lorsque vous semblez avoir une attitude fuyante.

– Lorsque vous cherchez à gagner du temps ou à « noyer le poisson ».

– Lorsque vous refusez de porter un jugement.

– Mais aussi lorsqu'il est impressionné par vos connaissances et qu'il veut mesurer l'étendue de votre culture.

Le défaut de ces questions est que, si elles permettent d'obtenir (ou pas) des réponses exactes, elles ont en général pour effet de clore le débat une fois que la réponse est obtenue. Le meilleur exemple en est la banale question : « Comment allez-vous ? »

À laquelle la réponse de rigueur est : « Ça va bien, merci » (même si en réalité « ça va mal »).

C'est pourquoi l'on est toujours surpris lorsque l'interlocuteur répond que « ça va mal », car on se voit alors obligé de lui demander ce qui va mal, c'est-à-dire de s'intéresser (ou de faire semblant) à sa santé. C'est la preuve que cette question est généralement plus un moyen d'éviter l'échange que de le provoquer.

La vérification de vos connaissances

Il arrive souvent que le jury vous pose une question fermée pour vérifier si vous connaissez réellement un sujet dont vous venez de parler de votre plein gré, ou que vous avez évoqué pendant votre exposé. Il ne faut pas y voir une intention maligne, mais peut-être simplement de la sympathie, car un membre du jury peut s'intéresser à la même chose que vous (l'archéologie mérovingienne ou les armes à feu par exemple).

Analyse d'un échange

« Quelle est votre loisir favori ? » (question ouverte)

« L'aquarelle. » (réponse fermée)

« Quelle est la différence entre la gouache et l'aquarelle ? » (question fermée)

Si vous ne connaissez pas la différence entre la gouache et l'aquarelle, vous êtes perdu ! Car votre interlocuteur est peut-être lui-même un spécialiste de l'aquarelle. Mais, si vous êtes réellement aquarelliste, vous connaissez la différence et cela occasionnera un échange de vues captivant. Mais si vous n'avez dit cela que pour faire bonne impression, vous vous retrouverez dans les cordes au premier round...

Principe n° 7
Ne bluffez jamais !

Reconnaissez votre ignorance avec le sourire. Personne ne vous tiendra rigueur de ne pas savoir qui a cassé le vase de Soissons. Vous observerez donc scrupuleusement la règle de prudence suivante :

Principe n° 8
N'évoquez jamais spontanément un sujet que vous ne connaissez pas.

Principes n° 9 et n° 9 bis
À question ouverte, réponse ouverte.
À question fermée, réponse également ouverte.

Faut-il dire ce que l'on pense vraiment ?

« Que pensez-vous de la peine de mort ? »

« Êtes-vous pour ou contre le PACS ? »

Ce type de questions embarrasse souvent les candidats car ils pensent que, la peine de mort étant désormais abrogée en France depuis...[3], cela ferait mauvais effet d'en être partisan. En d'autres termes, un « bon » fonctionnaire a-t-il le droit d'avoir des jugements personnels ? La réponse est simple : non seulement il en a le droit, mais il en a le devoir car il est également un citoyen. Cela ne signifie pas pour autant qu'il ait l'intention de ne pas appliquer une loi avec laquelle il est personnellement en désaccord (même si, à l'occasion du procès Papon, la question a été très officiellement posée.)

Avantage annexe

Beaucoup de candidats se donnent un mal infini pour ne pas livrer leur jugement quand on le leur demande. Ils dépensent des trésors d'imagination pour donner des points de vue « moyens », « passe-partout », sur lesquels personne ne peut jamais rien leur contester. En répondant franchement (et en argumentant), ils s'épargneront bien des maladresses.

Et si l'on n'est pas d'accord avec le jury ?

Il faut le dire. Bien sûr, il ne s'agit pas de défendre à tout crin que L'Inter de Milan est le meilleur club de football du monde si un membre du jury vous soutient que c'est le Milan AC. Mais, il vous est expressément demandé de défendre votre point de vue. Peut-être avez-vous sur ce sujet – très sensible ! – des informations que vos interlocuteurs ne possèdent pas (le transfert prévu d'un joueur ?). Ils vous sauront gré de les leur communiquer au lieu de les garder pour vous.

3. Depuis quelle date, à propos ?

À l'inverse, si un de vos interlocuteurs n'est pas d'accord avec vous et que vous ne trouvez pas de terrain d'entente raisonnable, n'oubliez pas de dire que son point de vue est très intéressant, qu'il vous ouvre des horizons nouveaux et que vous allez en tenir compte à l'avenir. En un mot, les jurys détestent les « béni-oui-oui ».

Évitez enfin les affirmations du genre : « chacun son point de vue ». Car elles bloquent radicalement la discussion. Vous êtes là pour montrer votre aptitude à l'échange.

Les « questions pièges »

Elles sont la terreur des candidats. Ces fameuses questions « déstabilisatrices » qui font la une des cantines, telles que :

« Pourquoi avez-vous choisi cette cravate ? »

« Chantez-nous une chanson ! »

En y réfléchissant un tout petit peu, on s'aperçoit aisément qu'en fait elles n'existent pas. Non pas qu'elles n'aient jamais été posées (de mémoire d'examinateur ou de candidat...). Elles l'ont sans doute été, mais elles ne devraient pas l'avoir été. Ce sont en effet des questions aussi funestes pour le jury que pour le candidat. Il faut plutôt se demander ce que le candidat a bien pu dire (ou ne pas dire) pour que le jury en arrive (bien malgré lui) à de telles extrémités. Ces questions incongrues ne sont pas de vraies questions. Elles ne sont que des symptômes du désarroi du jury qui ne sait vraiment plus quoi demander au candidat, qui ne sait plus « par quel bout le prendre ».

À qui sont-elles posées ? À des candidats qui n'ont décidément rien à raconter, ou qui semblent si évidemment bluffeurs que n'importe qui aurait envie de les mettre en contradiction avec eux-mêmes. Cela n'est bien sûr pas votre cas car vous cherchez véritablement à établir le dialogue avec votre jury.

Principe n° 10
Il n'y a pas de questions pièges, il n'y a que des candidats qui les provoquent.

3. La préparation

La meilleure préparation à l'oral du concours consiste sans doute à observer quelques règles de bon sens :

1. Mise en forme physique, pour lutter contre le stress.

2. Entraînement à la respiration et à la bonne élocution.

3. Pas de « bachotage », mais une mise à jour de votre *curriculum vitae* et de vos connaissances des métiers des douanes et des questions d'actualité.

4. Enfin, rien ne vous interdit d'apprendre par cœur les dix « principes » que vous avez pu lire au cours de ce chapitre, et de les afficher au-dessus de votre lit pour les garder présents à l'esprit.

Annexes

1. La vie des douaniers

Avant de se présenter à un concours, il est prudent de se renseigner sur les conditions réelles du métier pour lequel on postule. En effet, il n'est pas rare que des candidats s'aperçoivent, une fois reçus, qu'ils s'étaient fait une idée très erronée de la réalité, et parfois qu'ils auraient mieux fait de s'engager dans une autre voie.

De plus, il vous est vivement conseillé, pour l'oral (voir p. 309), de connaître un tant soit peu la « maison » dans laquelle vous cherchez à entrer. Les jurys sont très sensibles au fait que les candidats s'intéressent au métier, qu'ils connaissent un peu son histoire, ses missions, son jargon. C'est un signe de motivation qui suffit souvent à faire la différence avec certains candidats qui se présentent à n'importe quel concours « à tout hasard ». Si vous avez déjà une idée assez précise de votre futur métier, les membres du jury vous considéreront plus facilement comme un collègue.

Si vous vous présentez à un concours de gardien de la paix, il vous est aisé de vous rendre au commissariat de votre quartier et de discuter avec ceux qui y travaillent. Pour le concours d'une école d'infirmières, vous irez aussi facilement vous renseigner dans un hôpital ou une clinique auprès des professionnels.

Pour les douanes, le problème est différent, car il s'agit d'une administration couvrant des domaines d'activités extrêmement variés, tant par leurs objets que par leurs lieux de travail et leurs méthodes. Dans certaines missions, vous serez percepteur d'impôts, dans d'autres, mécanicien, ou maître-chien, chimiste ou détective… Certains candidats connaissent des amis ou des membres de leur famille dans le métier, si bien qu'ils en ont une idée assez précise. Pour ceux qui n'ont pas cette chance, nous allons présenter dans ce chapitre un tableau succinct de la gamme des « métiers » d'agent de constatation des douanes.

Nous remercions l'administration des douanes d'avoir bien voulu nous communiquer tous les renseignements figurant dans cette présentation.

1. Des missions d'une diversité inattendue

Le grand public ne connaît généralement des douanes que les agents des postes frontières qui lui font ouvrir ses bagages dans les aéroports. Mais les missions de la douane s'exercent également dans d'autres domaines souvent peu connus, tels que :

– la perception de certains impôts indirects (TVA sur les importations de marchandises, droits sur les produits pétroliers, les tabacs et les alcools) ;

– la protection des producteurs nationaux (industriels, artisans, agriculteurs) contre les importations illicites et les contrefaçons de « marques » ;

– le contrôle de la qualité et de la sécurité des produits importés et circulant dans le pays (par exemple : empêcher l'importation de produits ne répondant pas aux normes de sécurité européennes, tels que les jouets, les fours à micro-ondes, etc.) ;

– la sécurité alimentaire et sanitaire (par exemple : empêcher l'importation et la circulation de produits soumis à embargo, tels que certaines viandes provenant de certains pays) ;

– la protection de l'environnement (par exemple : le contrôle des camions transportant des produits chimiques, radioactifs, etc.) et la lutte contre les pollueurs (dégazages sauvages des pétroliers en mer, etc.) ;

– la protection des espèces menacées (trafics d'ivoire, d'animaux vivants ou naturalisés, etc) ;

– la protection du patrimoine culturel national (empêcher les exportations illicites d'œuvres d'art du patrimoine national, de pièces archéologiques ou paléontologiques) ;

– la lutte contre les trafics d'armes, de stupéfiants et le blanchiment d'argent.

2. L'éventail des métiers

Pour réaliser toutes ces missions, les douanes offrent un éventail de métiers particulièrement variés, qui se divisent en deux branches très distinctes, que les douaniers désignent par deux sigles : OP-CO (contrôle des opérations commerciales et d'administration générale) et SURV (surveillance).

Ces deux branches sont si distinctes qu'on y entre par des concours et des écoles différents (Rouen, pour l'OP-CO et La Rochelle pour la SURV). Nous présenterons successivement les traits principaux de ces deux branches.

1. L'OP-CO

Il s'agit de la branche spécifiquement « administrative » des douanes. Elle comprend environ 10 000 personnes qui travaillent dans des bureaux (et aux heures de bureau) à travers tout le pays. Ces bureaux peuvent être « de plein exercice », pour le dédouanement de tous les produits, ou bien spécialisés dans certaines activités.

Pour les bureaux de plein exercice, la douane dispose de près de 300 bureaux décentralisés polyvalents à travers le pays, qui emploient donc plusieurs milliers d'agents de constatation. Ils exercent leur activité sur toutes les catégories de produits dédouanés, tant à l'importation qu'à l'exportation.

D'autres bureaux peuvent être spécialisés. Ces bureaux, employant généralement quelques dizaines de personnes, exercent alors leurs activités sur des produits très spécifiques, donc en relation avec des professions elles-mêmes très spécialisées. Tel est le cas, par exemple, du dédouanement de produits de très haute technologie dans le secteur de l'aéro-spatiale-aéronautique, qui représente l'une des branches les plus importantes des exportations françaises. C'est également le cas du secteur des bijoux, pierres et métaux précieux, ou encore des bureaux chargés de contrôler les entrées et sorties d'œuvres d'art.

Enfin, les services de douanes exercent un certain nombre de missions qui étaient avant 1993 du ressort des impôts. Il s'agit des contributions indirectes, qui comprennent notamment les secteurs des tabacs et des alcools. Les douanes agréent et contrôlent les activités des débitants de tabac, délivrent les licences et contrôlent la totalité du cycle de production des boissons alcoolisées.

2. La SURV

Les professions de cette branche s'exercent au contact direct des biens, des moyens de transport et des personnes. Elles sont donc essentiellement des professions de « terrain ». Les agents y sont répartis dans plus de 400 unités, fixes ou mobile, qui se divisent en quatre groupes :

a. Les brigades de contrôle

Elles sont chargées du contrôle des voyageurs et des marchandises entrant dans le pays et en sortant par les postes frontières. Elles sont donc fixes. Depuis l'entrée en vigueur du Grand

Marché intérieur européen (1er janvier 1993), ces postes ne sont plus situés aux frontières géographiques du pays, mais aux frontières extérieures de la Communauté européenne :

– aux frontières de la Suisse et de l'Andorre ;

– dans les aéroports à trafic international ;

– dans les ports (Marseille, Le Havre, etc.) ;

– dans les départements et territoires d'outre-mer.

Certaines réalisations de transport très modernes ont créé de nouvelles nécessités de contrôle. Ainsi, la liaison France-Angleterre par *Eurostar* et le tunnel sous la Manche a donné lieu à l'installation d'un service particulier de contrôle à Calais Fret 1 et à la gare du Nord à Paris.

b. Les brigades d'intervention et de contrôle

Essentiellement mobiles, elles ont chacune en charge la surveillance d'une zone déterminée du territoire (nommée « penthière » en jargon). Elles sont constituées de petites équipes avec véhicules, capables d'interventions très rapides à tout moment et en tout lieu.

c. Les brigades de recherche

Chargées du recueil de renseignements sur la fraude, ces brigades effectuent un travail d'enquête et d'investigation.

d. Les unités aéronavales

Chargées de la surveillance en mer, leurs membres sont des marins et des aviateurs. Les garde-côtes disposent de vedettes, d'avions et d'hélicoptères. Ils interviennent souvent dans les opérations de défense de l'environnement (lors du naufrage de l'*Erika* par exemple).

3. Qualités particulières

Les métiers des douanes s'apprennent dans les deux écoles nationales qui accueillent les lauréats des concours, puis dans l'école de Neuilly-sur-Seine, pour ceux qui accèdent à la catégorie A (inspecteurs). Cependant, tous les professionnels vous diront qu'ils ont surtout appris leur métier sur le terrain. En effet, l'école ne pourra vous enseigner que les cadres réglementaires théoriques de votre future activité. Pour faire face à l'infinie diversité des cas pouvant se rencontrer dans la vie réelle, c'est l'expérience qui compte.

Les douaniers aiment à rappeler qu'en anglais les douanes se nomment *customs*, c'est-à-dire « coutumes », ce qui signifie que leur expérience s'acquiert par une longue fréquentation des hommes et des marchandises (le « flair »).

Disponibilité

Les métiers de la SURV s'exercent en uniforme et en armes. Ses unités interviennent de jour comme de nuit, la semaine et les week-ends et jours fériés. Les agents qui y travaillent doivent donc être particulièrement disponibles.

Qualités physiques

Vous devrez faire preuve d'aptitudes et d'une résistance physiques particulières étant donné que vous devrez parfois intervenir dans des conditions extrêmes.

Qualités psychologiques

Vos missions vous mettront au contact quotidien de la délinquance (parfois de haut niveau), donc de grande dangerosité, notamment dans la lutte contre le trafic de stupéfiants. Vous devrez donc faire preuve d'un grand contrôle de vos réactions car vous serez armé.

De plus, vous serez également souvent en présence de ressortissants étrangers, d'origine et de langues les plus diverses, souvent en situation difficile. On connaît par exemple les drames humains de l'immigration clandestine dans les camions des « passeurs » en provenance des pays d'Europe centrale ou du Maghreb ou dans les bateaux en provenance du Moyen-Orient.

Dans tous ces cas délicats, l'agent des douanes est évidemment encadré et assisté de très près par ses collègues et par sa hiérarchie.

Quelques atouts pour les candidats :

– des connaissances en droit ;

– la connaissance de langues étrangères ;

– une excellente forme physique ;

– des connaissances techniques (mécanique, etc.).

Ces deux derniers atouts vous serviront bien sûr particulièrement pour certains métiers de la SURV.

4. Perspectives de carrière

L'administration des douanes est l'une de celles où règne la plus grande mobilité à tous les échelons.

L'agent des douanes peut en effet être affecté à des missions très variées selon les nécessités du service.

Mais il peut aussi, selon ses désirs et ses aptitudes, aisément changer de branche ou de spécialité en cours de carrière. L'éventail des connaissances nécessaires aux divers métiers est si vaste qu'il ne peut évidemment pas être couvert par la seule période de formation initiale, qu'elle ait lieu à l'École nationale de Rouen ou à celle de La Rochelle. C'est pourquoi le service de la formation professionnelle propose des formations de tous niveaux permettant une progression et une diversification adaptées à tous les besoins.

5. Pour en savoir plus

La douane est organisée en 40 directions régionales, qui peuvent couvrir plusieurs départements. Vous avez tout intérêt à vous adresser au service du recrutement de la direction dont vous dépendez (voir la liste des adresses en annexe). Ce service se fera un plaisir de répondre à toutes vos questions.

Si vous en avez le moyen, consultez le site Internet des douanes (http://www.finances.gouv.fr./douane), qui contient notamment un dossier fort bien présenté sur l'histoire des douanes en France (les jurys apprécient toujours...).

2. Liste des diplômes ou titres ouvrant accès aux concours externes d'agent de constatation des douanes et droits indirects

Avertissement : les informations contenues dans ce document sont à jour au 1er mai 1998.

1. Ouvrant accès à la branche opérations commerciales – administration générale

– Baccalauréat (première partie)

– Brevet d'agent technique agricole

– Brevet élémentaire

– Brevet d'enseignement agricole

– Brevet d'enseignement commercial

– Brevet d'enseignement industriel

– Brevet d'étude du premier cycle (BEPC)

– Brevet des collèges

– Brevet (séries : collège, technologique, professionnelle)

– Brevet d'études professionnelles

– Brevet d'études professionnelles agricoles

– Brevet supérieur d'études commerciales (première partie)

– Certificat d'aptitude professionnelle

– Certificat de capacité en droit (premier examen)

– Certificat délivré par le chef d'établissement public ou d'un établissement privé sous contrat d'association attestant que le candidat a poursuivi ses études jusqu'à la classe de seconde inclusivement (second cycle des enseignements de second degré général, technique et agricole)

– Certificat d'études administratives délivré à l'issue de la première année d'enseignement par l'École pratique d'administration de Strasbourg (EPAS)

– Certificat de fin d'études professionnelles secondaires (CFEPS)

– Certificat de fin d'études secondaires (CFES)

– Diplôme d'État français d'assistant ou d'assistante de service social

– Diplôme d'études agricoles du second degré

– Diplôme d'études supérieures techniques du CNAM

– Diplôme de fin d'études des écoles régionales d'agriculture

– Diplôme ou titres homologués au niveau V et au-dessus, dans les groupes 29, 30, 31 et 32 en application de la loi n° 71-577 du 16 juillet 1971

– Diplôme ouvrant accès aux concours de contrôleur stagiaire des douanes (branche du contrôle des opérations commerciales et administration générale).

2. Ouvrant accès à la branche de la surveillance

– Baccalauréat (première partie)

– Brevet d'agent technique agricole

– Brevet élémentaire

– Brevet d'enseignement agricole

– Brevet d'enseignement commercial

– Brevet d'enseignement industriel

– Brevet d'étude du premier cycle (BEPC)

– Brevet des collèges

– Brevet (séries : collège, technologique, professionnelle)

– Brevet d'études professionnelles

– Brevet d'études professionnelles agricoles

– Brevet supérieur d'études commerciales (première partie)

– Certificat d'aptitude professionnelle

– Certificat de capacité en droit (premier examen)

– Certificat délivré par le chef d'établissement public ou d'un établissement privé sous contrat d'association attestant que le candidat a poursuivi ses études jusqu'à la classe de seconde inclusivement (second cycle des enseignements de second degré général, technique et agricole)

– Certificat d'études administratives délivré à l'issue de la première année d'enseignement par l'École pratique d'administration de Strasbourg (EPAS)

– Certificat de fin d'études professionnelles secondaires (CFEPS)

– Certificat de fin d'études secondaires (CFES)

– Diplôme d'État français d'assistant ou d'assistante de service social

– Diplôme d'études agricoles du second degré

– Diplôme d'études supérieures techniques du CNAM

– Diplôme de fin d'études des écoles régionales d'agriculture

– Diplôme ou titres homologués au niveau V et au-dessus, dans les groupes 29, 30, 31 et 32 en application de la loi n° 71-577 du 16 juillet 1971

– Diplôme ouvrant accès aux concours de contrôleur stagiaire des douanes (branche du contrôle des opérations commerciales et administration générale)

– Brevet de lieutenant de pêche

– Brevet de motoriste de pêche

– Brevet de patron de pêche

– Brevet élémentaire de mécanicien radar sol délivré par l'armée de l'air

– Brevet élémentaire de premier degré de mécanicien automobile de l'École supérieure d'application du matériel de l'armée de terre (ESAM de Bourges)

– Brevet élémentaire radio de bord délivré par l'armée de l'air

– Brevet d'études professionnelles maritimes de marin de commerce

– BMP 2 de mécanicien de l'ALAT

– BMP 2 de pilote de l'ALAT

– BMP 2 techniques radio ou faisceaux hertziens délivré par l'armée de terre

– Brevet d'aptitude technique délivré par les écoles de formation de la marine nationale dans le domaine des radiocommunications

– Brevet supérieur de contrôleur d'opérations aériennes

– Brevet supérieur de détecteur délivré par la marine nationale

– Brevet supérieur de détecteur anti-sous-marin délivré par la marine nationale

– Brevet supérieur d'électromécanicien d'aéronautique délivré par la marine nationale

– Brevet supérieur d'électromécanicien de sécurité délivré par la marine nationale

– Brevet supérieur d'électronicien d'aéronautique délivré par la marine nationale

– Brevet supérieur d'électronicien de bord délivré par la marine nationale

– Brevet supérieur instrument électronique de bord délivré par l'armée de l'air

– Brevet supérieur de manœuvrier délivré par la marine nationale

– Brevet supérieur de mécanicien d'aéronautique délivré par la marine nationale

– Brevet supérieur de mécanicien de bord délivré par la marine nationale

– Brevet supérieur de mécanicien d'équipage délivré par l'armée de l'air

– Brevet supérieur de mécanicien du service général délivré par la marine nationale

– Brevet supérieur de timonier délivré par la marine nationale

– Certificat d'aptitude professionnelle de marin de commerce

– Certificat technique de deuxième degré (CT 2) mécanicien auto-engins blindés, délivré par l'armée de terre

– Certificat technique de deuxième degré (CT 2) support radio-FH délivré par l'École supérieure de l'armée de terre de Rennes

– Certificat technique de premier degré (CT 1) technique radio délivré par la gendarmerie

– Diplômes des télécommunications et de l'informatique délivrés par l'École des sous-officiers de la gendarmerie nationale du Mans

– Diplômes de technicien radio-sol délivrés par l'école technique de l'armée de l'air de Rochefort

– Diplômes ouvrant accès au concours de contrôleur stagiaire des douanes (branche de la surveillance).

3. Programmes

Avertissement : les informations contenues dans ce document sont à jour au 1er mai 1998.

1. Programme des épreuves écrites d'admissibilité – Opérations commerciales et surveillance

Épreuve écrite d'admissibilité n° 1 (Durée : 1 h 30. Coefficient : 3)

Réponse à des questionnaires à choix multiples destinés à vérifier les connaissances de base en matière de français, de mathématiques, de connaissances générales et les capacités du candidat à suivre un raisonnement logique.

– Français : orthographe, vocabulaire et grammaire.

– Mathématiques : connaissances de base en arithmétique, algèbre et géométrie.

– Connaissances générales : histoire, géographie, sciences, littérature, instruction civique et actualité.

– Logique.

Épreuve écrite d'admissibilité n° 2 (Durée : 2 h. Coefficient : 3)

Option a : Français

À partir d'un texte remis aux candidats :

- questions permettant de juger la compréhension du texte
- explication d'une ou de plusieurs expressions y figurant
- réponse à une ou plusieurs questions de grammaire

Option b : Géographie économique

La France :

- la situation physique
- la planification française et l'aménagement du territoire
- la population
- l'agriculture
- la pêche et les ressources de la mer
- l'industrie
- les échanges intérieurs
- les échanges extérieurs

Option c : Connaissances professionnelles

- Missions et champ d'intervention de l'administration des douanes
- Fondements juridiques de l'action de l'administration des douanes

– Le personnel de l'administration des douanes :
- les différents corps et grades
- les droits et obligations des agents

– Organisation et fonctionnement des services :
- organisation des services : services centraux, services déconcentrés à compétence fonctionnelle, services déconcentrés à compétence territoriale
- organisation, méthodes et moyens des services de la branche du contrôle des opérations commerciales et d'administration générale
- organisation, méthodes et moyens des services de la branche de la surveillance

– Régimes douaniers, procédures de dédouanement et réglementations que la douane est chargée d'appliquer

– Contentieux douanier

– Comptabilité des receveurs

– Contributions indirectes : législation, réglementation et contentieux

Option d : Comptabilité commerciale

– Définition et utilité de la comptabilité commerciale
– Les documents commerciaux et les pièces comptables
– Les principaux documents : factures, bordereaux, comptes courants
– Les modes de règlement des opérations commerciales : règlement au comptant, règlement à terme
– Les comptes : les diverses espèces de comptes ; leur classification dans le plan comptable général : jeu de comptes, comptabilité en partie simple, comptabilité en partie double
– Les livres de comptabilité et leur tenue
– Inventaire et bilan

Option e : Connaissances économiques, juridiques et commerciales

– Connaissances économiques
- les problèmes économiques actuels (chômage, inflation, grands équilibres, croissance)

– Connaissances juridiques
- le statut juridique de l'entreprise
- l'activité contractuelle de l'entreprise (les contrats, les règlements, la responsabilité de l'entreprise, l'assurance)
- les institutions (président de la République, gouvernement, Parlement, élaboration des lois et des règlements, institutions juridictionnelles, collectivités territoriales)

– Connaissances commerciales
- l'entreprise et son environnement (le circuit économique)
- l'entreprise et la production (présentation générale de l'entreprise, classification selon l'activité)
- l'entreprise et le marché (la politique commerciale de l'entreprise, les échanges avec l'extérieur)
- la croissance de l'entreprise et la concentration
- les prélèvements et la redistribution (fiscalité, dépenses publiques, prélèvements sociaux)

Option f : Connaissances techniques de navigation maritime

Navigation
- les instruments de navigation
- les documents de navigation, leur correction, l'information du navigateur
- la réglementation de la circulation maritime
- la navigation côtière ou à vue ; l'estime
- la navigation radio-électrique et les appareils de positionnement

Météorologie
- la circulation générale de l'atmosphère
- les anticyclones et les dépressions ; le régime des vents
- les systèmes nuageux et les fronts
- l'information météorologique

Sécurité
- les incendies ; les pannes et avaries
- les matériels de lutte contre le feu et les voies d'eau
- les modalités d'intervention en cas d'incendie ou de voie d'eau
- la sauvegarde des vies humaines

Commandement
- les fonctions, prérogatives et devoirs des commandants et des différents membres d'équipage

Option g : Connaissances techniques de mécanique maritime et de sécurité

Moteur Diesel
- le principe du quatre temps et du deux temps, cycle
- le descriptif des organes principaux
- l'alimentation en air (principe et but de la suralimentation)
- l'alimentation en combustible
- la réfrigération et l'équilibre thermique
- le graissage
- la distribution
- les liaisons moteur - propulseur
- les auxiliaires
- l'entretien courant

Moteur à essence
- les principes généraux de fonctionnement

Les auxiliaires machine
- la construction et l'architecture navale
- l'appareil propulsif et l'appareil à gouverner
- l'électricité (notions générales, alternateurs, moteurs et accumulateurs)
- les appareils de contrôle et les systèmes de sécurité des moteurs

La sécurité
- la classification des feux
- les moyens de lutte contre l'incendie et les voies d'eau
- la sécurité du travail, prévention et exercices

Option h : Connaissances techniques de mécanique automobile

Moteurs à combustion interne

– généralités : principes types

– l'équilibre thermique, le refroidissement, le rendement thermique

– la classification géométrique selon le nombre de cylindres

– les cycles théoriques de fonctionnement à deux et à quatre temps : les inconvénients et les remèdes. Le diagramme pression-volume

– les moteurs à allumage commandé : à carburation, à injection

– les moteurs à allumage par compression (à injection) : Diesel et semi-Diesel ; les régimes lents, les régimes rapides ; l'adaptation des moteurs Diesel aux véhicules automobiles

– les mélanges explosifs : les combustibles, les carburants, les comburants

– la lubrification des moteurs : les lubrifiants, les additifs

– l'injection électronique : principes généraux ; présentation des divers systèmes. Terminologie

– la dépollution (principes généraux, techniques sur les moteurs modernes, description, fonctionnement et terminologie)

Autres organes d'un véhicule automobile

– la structure d'un véhicule automobile

– les organes d'un véhicule automobile

– les accessoires de démarrage des moteurs

– la transmission de la puissance sur un véhicule automobile

– la climatisation et la ventilation d'un véhicule automobile

– l'électricité : notions générales ; les accumulateurs électriques ; les circuits de charge ; les alternateurs ; les moteurs électriques ; les appareils de contrôle et d'alarme

– les circuits et les commandes d'un véhicule automobile

Entretien et réparation

– les plans d'entretien type

– l'organisation pratique d'une réparation

– les contrôles techniques automobiles (objectifs, organes contrôlés, normes légales)

Réglementation

– les réglementations appliquées au regard du code de la route

– les règles concernant les véhicules et les conducteurs

– les réglementations applicables aux ateliers de réparation et à l'entretien

Option i : Connaissances techniques de télécommunications

Électricité

– les théorèmes généraux

– les circuits passifs – quadripôles

Électronique générale

– les transistors (étude statique et dynamique)

– l'amplification BF, HF, de puissance, différentielle

– les amplificateurs opérationnels

– la boucle à verrouillage de phase (PLL)

Logique

– les systèmes de numération

– le codage (binaire, arithmétique)

– les compteurs – éléments de mémoire

Commutation – circuits spéciaux
- le transistor en commutation
- les portes logiques – bascules
- les triggers – monostables – astables – oscillateurs numériques
- les générateurs de rampes – comparateurs – temporisateurs

Alimentation
- les convertisseurs
- la régulation : à transistor – à circuit intégré
- l'alimentation à découpage

Modulations analogiques
- la transmission d'un signal modulé
- la modification de la fréquence porteuse
- la modulation d'amplitude (différents types dont BLU)
- la modulation angulaire (fréquence et phase)

Modulations numériques
- les modulations analogiques d'impulsions
- la modulation par impulsions codées
- la modulation numérique différentielle
- la transmission et multiplexage numérique

Émission - réception
- l'organisation générale d'un émetteur/récepteur VHF, UHF, HF-BLU
- l'architecture des récepteurs – circuits annexes
- les antennes (principes généraux – propagation en espace libre)

Algorithmique
- les structures fondamentales
- l'analyse d'un problème

2. Nature des épreuves orales d'admission Opérations commerciales – Administration générale et surveillance

Épreuve orale n° 1 obligatoire (Durée : dix à quinze minutes ; coefficient : 4)

Entretien avec un jury (sans préparation) sur un ou plusieurs sujets permettant d'apprécier les qualités de réflexion du candidat.

Épreuve orale n° 2 facultative (Durée : dix à quinze minutes ; coefficient : 1)

Interrogation de langue étrangère (sans préparation) consistant en une conversation dans une langue étrangère choisie lors du dépôt de la demande d'admission à concourir. Les candidats ont le choix entre les langues suivantes : allemand, anglais, espagnol ou italien.

Épreuve n° 3 obligatoire

Pour les candidats du concours externe de la branche de la surveillance et facultative pour les autres candidats (coefficient 1).

Épreuves d'exercices physiques :

– course à pied : 100 m pour les hommes,
60 m pour les femmes.

– course à pied : 1 000 m pour les hommes,
300 m pour les femmes.

– saut en hauteur.

– lancer du poids : 6 kg pour les hommes,
4 kg pour les femmes.

– natation : 50 m nage libre, départ plongé.

Remarques :

– Les candidats désirant subir les épreuves facultatives doivent le préciser lors du dépôt de leur demande d'admission à concourir.

– Les épreuves sont notées de 0 à 20. Toute note inférieure à 5 sur 20 aux épreuves obligatoires est éliminatoire.

– Pour les épreuves facultatives, seuls les points au-dessus de 10 sont pris en compte.

– Chaque note est multipliée par le coefficient correspondant. La somme des points ainsi obtenus forme le total des points du candidat.

En revanche, s'il est inscrit simultanément aux concours des deux branches et choisit au concours de la surveillance une des options spécifiques de cette branche de l'épreuve n° 2 :

f) connaissances techniques de navigation maritime

g) connaissances techniques de mécanique maritime et de sécurité

h) connaissances techniques de mécanique automobile

i) connaissances techniques de télécommunications

il devra forcément choisir une autre option au concours des opérations commerciales, parmi celles citées au paragraphe précédent (**a**, **b**, **c**, **d**, **e** des épreuves d'admissibilité). Dans ce cas, le candidat présentera l'épreuve écrite n° 1 (QCM) et successivement deux épreuves écrites n° 2.

4. Barèmes de l'épreuve d'exercices physiques

Hommes

Notes	100 m	1 000 m	Saut en hauteur (en mètres)	Poids de 6 kg (en mètres)	Natation 50 m (nage libre)
20	11" 8/10	2' 50"	1,65	12,06	38"
19	12"	2' 52"	1,61	11,53	40"
18	12" 2/10	2' 55"	1,57	10,91	42"
17	12" 4/10	3'	1,53	10,32	44"
16	12" 6/10	3' 05"	1,49	9,77	46"
15	12" 9/10	3' 10"	1,45	9,24	48"
14	13" 2/10	3' 15"	1,40	8,56	50"
13	13" 5/10	3' 20"	1,35	8,19	53"
12	13" 8/10	3' 25"	1,30	7,41	56"
11	14" 1/10	3' 30"	1,25	6,82	59"
10	14" 4/10	3' 40"	1,20	6,28	1' 02"
9	14" 7/10	3' 50"	1,17	5,94	1' 05"
8	15"	4'	1,13	5,47	1' 08"
7	15" 4/10	4' 10"	1,10	5,17	1' 12"
6	15" 8/10	4' 20"	1,05	4,50	1' 16"
5	16" 2/10	4' 30"	1,00	4,25	1' 20"
4	16" 5/10	4' 40"	0,95	4,00	1' 25"
3	17"	4' 50"	0,90	3,75	1' 30"
2	17" 5/10	4' 55"	0,85	3,50	1' 35
1	18"	5'	0,80	3,25	sans limite de temps

Conditions de déroulement de l'épreuve

Course de 100 m : un seul essai, course individuelle.

Course de 1 000 m : course en ligne, par 2, 3, 5 candidats suivant l'effectif.

Saut en hauteur : trois essais à chaque hauteur.

Lancer du poids de 6 kg : trois essais non consécutifs (le meilleur essai comptant).

Natation : 50 mètres nage libre, départ plongé. Il est permis de changer de nage en cours de trajet.

Nota : toute performance qui se traduirait par une fraction de note sera appréciée à la note inférieure.

Femmes

Notes	60 m	300 m	Saut en hauteur (en mètres)	Poids de 4 kg (en mètres)	Natation 50 m (nage libre)
20	8" 8/10	48"	1,30	8,00	49"
19	9"	49"	1,28	7,75	52"
18	9" 2/10	50"	1,26	7,50	56"
17	9" 4/10	51"	1,24	7,25	1'
16	9" 6/10	52"	1,22	7,00	1' 04"
15	9" 8/10	53"	1,20	6,75	1' 08"
14	10"	54"	1,18	6,50	1' 12"
13	10" 2/10	55"	1,15	6,25	1' 16"
12	10" 4/10	56"	1,12	6,00	1' 20"
11	10" 6/10	58"	1,09	5,75	1' 24"
10	10" 8/10	1'	1,06	5,50	1' 26"
9	11"	1' 02"	1,03	5,25	1' 32"
8	11" 2/10	1' 04"	1,00	5,00	1' 36"
7	11" 4/10	1' 06"	0,95	4,75	1' 40"
6	11" 6/10	1' 08"	0,90	4,50	1' 44"
5	11" 8/10	1' 10"	0,85	4,25	1' 48"
4	12"	1' 12"	0,80	4,00	1' 52"
3	12" 5/10	1' 14"	0,75	3,50	1' 56"
2	13"	1' 16"	0,70	3,00	2'
1	14"	1' 20"	0,65	2,50	sans limite de temps

Conditions de déroulement de l'épreuve

Course de 60 m : un seul essai, course individuelle.

Course de 300 m : course en ligne, par 2, 3, 5 candidates suivant l'effectif.

Saut en hauteur : trois essais à chaque hauteur.

Lancer du poids de 4 kg : trois essais non consécutifs (le meilleur essai comptant).

Natation : 50 mètres nage libre, départ plongé. Il est permis de changer de nage en cours de trajet.

Remarque : toute performance qui se traduirait par une fraction de note sera appréciée à la note inférieure.

5. Coordonnées des directions régionales des douanes et droits indirects

Pour retirer les demandes d'admission à concourir et pour tous renseignements concernant les concours, s'adresser à la direction régionale la plus proche de votre domicile.

Centre	Adresse	Téléphone
Auvergne	8, rue de Rabanesse BP 15 63033 Clermont-Ferrand Cedex 1	04 73 34 79 00
Basse-Normandie	44, quai Vendeuvre BP 3131 14019 Caen Cedex 2	02 31 39 46 46
Bayonne	6, rue Albert 1er BP 2 64109 Bayonne Cedex	05 59 48 68 80
Bordeaux	1, quai de la Douane BP 60 33024 Bordeaux Cedex	05 57 81 03 60
Bourgogne	6, rue Nicolas Berthot BP 1508 21033 Dijon Cedex	03 80 58 20 20
Bretagne	8, cours des Alliés CS. 11205 35012 Rennes Cedex	02 99 65 01 99
Centre	10, boulevard de Verdun BP 2427 45032 Orléans Cedex 1	02 38 77 46 00
Chambéry	1, rue Waldeck Rousseau BP 1154 73011 Chambéry Cedex	04 79 33 80 70
Champagne-Ardenne	110, rue du Jard BP 382 51063 Reims Cedex	03 26 50 54 00
Corse	3, parc Cunéo d'Omano BP 328 20179 Ajaccio Cedex 1	04 95 51 71 71
Dunkerque	2, rue de Paris BP 6531 59386 Dunkerque Cedex 01	03 28 29 25 50
Franche-Comté	8, rue de la Préfecture 25031 Besançon Cedex	03 81 65 24 24
Le Havre	201, boulevard de Strasbourg BP 27 76083 Le Havre Cedex	02 35 19 51 00

Léman	6, rue des Alouettes BP 517 74014 Annecy Cedex	04 50 67 03 10
Lille	5, rue de Courtrai BP 683 59033 Lille Cedex	03 28 36 36 36
Lyon	6, rue Charles Biennier BP 2353 69215 Lyon Cedex 02	04 72 77 39 00
Marseille	48, avenue Schumann 13224 Marseille Cedex 1	04 91 14 15 16
Metz	25, avenue du maréchal Foch BP 61074 57036 Metz Cedex 01	03 87 39 99 00
Midi-Pyrénées	Hôtel des douanes 7, place Alfonse Jourdain BP 825 31080 Toulouse Cedex 6	05 62 15 12 50
Montpellier	Hôtel des douanes 18, rue Paul Brousse 34056 Montpellier Cedex 1	04 67 20 44 00
Mulhouse	13, rue du Tilleul BP 3029 68061 Mulhouse Cedex	03 89 66 94 00
Nancy	Hôtel des finances rue Cyfflé BP CO 061 54036 Nancy Cedex	03 83 17 72 00
Nice	18, rue Tonduti de l'Escarène BP 1459 06008 Nice Cedex 1	04 93 13 78 13
Paris-Île-de-France	Service examens et concours 3, rue de l'Église BP 21 94471 Boissy-Saint-Léger Cedex Accès : terminus RER A	01 45 10 23 30
Pays de la Loire	7, place Mellinet BP 78410 44184 Nantes Cedex 4	02 40 44 34 00
Perpignan	7, avenue Pierre Cambres BP 1069 66102 Perpignan Cedex	04 68 66 29 00
Picardie	39, rue Pierre Rollin BP 009 80091 Amiens Cedex 3	03 22 46 85 00
Poitiers	32, rue Salvador Allende BP 545 86020 Poitiers Cedex	05 49 42 32 00
Provence	Hôtel des douanes boulevard du Château double 13098 Aix-en-Provence Cedex 02	04 42 95 27 50

Rouen	13, avenue du Mont-Riboudet BP 4084 76022 Rouen Cedex	02 35 52 36 52
Strasbourg	11, avenue de la Liberté BP 1004 67070 Strasbourg Cedex	03 88 21 22 50
Valenciennes	41-47, boulevard Watteau BP 459 59322 Valenciennes Cedex	03 27 23 77 00
Guadeloupe	Chemin du stade gouverneur général Félix Éboué 97109 Basse-Terre	0 590 99 45 30
Guyane	8, rue Louis Blanc BP 5026 97305 Cayenne Cedex	0 594 29 74 74
Martinique	Plateau Roy Cluny BP 630 97261 Fort-de-France Cedex	0 596 70 73 33 0 596 70 72 72
Réunion	7, avenue de la Victoire 97488 Saint-Denis Cedex	0 262 90 81 00
Saint-Pierre-et-Miquelon	Quai mimosa BP 4209 97500 Saint-Pierre-et-Miquelon	05 08 41 30 24
Polynésie française	BP 9006 98715 Motu Uta Papeete	00 689 50 55 50
Nouvelle-Calédonie	1, rue de la République BP 13 98845 Nouméa Cedex	00 687 26 53 01 00 687 26 53 00
Mayotte	Bureau des douanes Dzaoudzi BP 9 97610 Mayotte	0 269 60 10 14
Wallis-et-Futuna (Antenne)	AKA-AKA– UVEA– BP 06 98600 UVEA – Wallis-et-Futuna	00 681 72 25 71

Réalisation : Alpha-Edit
Achevé d'imprimer : juin 2001
Dépôt légal : juin 2001
N° d'éditeur : 7060